华东师范大学精品教材建设专项基金资助

教育康复创业管理与实践

陈东帆 周 琪 安 楠 著

上海大学出版社
·上海·

图书在版编目(CIP)数据

教育康复创业管理与实践 / 陈东帆,周琪,安楠著
. —上海:上海大学出版社,2023.6
ISBN 978-7-5671-4740-9

Ⅰ.①教… Ⅱ.①陈… ②周… ③安… Ⅲ.①儿童教育-教育康复 Ⅳ.①G760

中国国家版本馆 CIP 数据核字(2023)第 107309 号

责任编辑　王悦生
封面设计　缪炎栩
技术编辑　金　鑫　钱宇坤

教育康复创业管理与实践

陈东帆　周　琪　安　楠　著
上海大学出版社出版发行
(上海市上大路 99 号　邮政编码 200444)
(https://www.shupress.cn　发行热线 021-66135112)
出版人　戴骏豪

*

南京展望文化发展有限公司排版
商务印书馆上海印刷有限公司印刷　各地新华书店经销
开本 787 mm×1092 mm　1/16　印张 17.25　字数 446 千
2023 年 6 月第 1 版　2023 年 6 月第 1 次印刷
ISBN 978-7-5671-4740-9/G·3523　定价 58.00 元

版权所有　侵权必究
如发现本书有印装质量问题请与印刷厂质量科联系
联系电话: 021-56324200

序 | Preface

从陈东帆的经历中我能感受到学科交叉的意义和价值。陈东帆是我的博士研究生，研究方向是机械自动化，是一个标准的"理工男"，在原来的上海工业大学机器人系攻读本科和硕士研究生，并于1997年在上海大学获得博士学位，毕业后留校任教。我看着他一路成长，十年前调入华东师范大学，由理工科转入教育学专业，我感觉这是一个好选择，可以实现学科交叉，探索一个全新的领域，也应该有全新的学术成就。

在上海大学期间，我推荐陈东帆到日本软件公司进修，后他应聘担任央企上市公司高管，再出任上海大学科技园区副总经理分管大学生创业工作。调入华师大后，陈东帆由这些工作经历转而开设创业管理课程、辅导学生参加创业比赛，自然是轻车熟路屡有斩获，这是一个符合逻辑、事半功倍的发展思路。

今天，我看了陈东帆的《教育康复创业管理与实践》书稿，第一次了解教育康复行业，与民生相关，服务于残障儿童康复，我认为陈东帆从事的是一项功德无量的事业。期望本书能够成为这个行业的创业路标，通过创业实践助推教育康复行业的发展，出现一个又一个创业企业群体，帮助社会解决民生问题：开设高品质的康复机构，严格管理，规范培训，建立完整的服务档案；研发高新技术产品，让康复技术走进残障儿童家庭；加强儿童康复理念的宣传工作，动员全社会关心残障儿童康复事业。

正如本书所述，我们正身处一个最好的时代，工业4.0必然带来新的技术发展和技术突破，产生新的康复技术，加上非常充分的创业管理资源，可以创造无限的可能，让残障儿童在色彩斑斓的世界中，享受盛世的阳光和雨露。

非常欣慰地看到陈东帆十年来的蛰伏和努力，提炼多方位的信息，切换思考的角度，最终完成本书的编著，这是一种可贵的实践，既是从专业角度出发，不断思考本专业对社会的影响及社会对专业需求反馈的动态过程，又是华东师范大学教育接轨社会、教育服务社会的办学宗旨的体现。

本书由上海大学出版社编辑出版，上海大学是陈东帆出发的地方，似乎他所有的经历都是为了今天这一时刻而准备的。

上海大学原党委书记、常委副校长、终身教授　方明伦

前言 | Foreword

目前我国约有 500 万名残障儿童,康复服务的需求迫切,需求量巨大。仅靠技术力量、学科研究和社会捐赠,无法实现"人人享有康复服务"的目标,还需要鼓励创业活动、依靠商业力量,高效配置社会资源,才能惠及每一名残障儿童,让全国边远和贫困地区的残障儿童也能得到及时、有效、完善的康复治疗。

《教育康复创业管理与实践》主要论述教育康复创业的基本思想和实现方法,结合"医教结合"思想和现代服务业的发展思路,探讨教育康复行业面临康复产品单一、康复机构"小作坊"运作以及慈善公益组织发展缓慢等问题的解决途径。本书内容涵盖国家政策、康复市场分析、SWOT 模型、技术方案和融资财务计划,不仅可以助力读者树立康复创业的自主意识,也有助于塑造教育康复从业者的企业家精神、团队合作精神和职业能力。本书另一特色是以案例分析入手,重点论述教育康复领域的三种创业模式:康复服务机构运行模式、公益专项基金项目运营模式和康复技术产品研发模式。

本书可作为培养教育康复领域高素质的管理人才、职业经理人和创业者的教材。本书结构合理,内容详尽,分两个部分共六个章节展开具体论述,独立成篇又互有联系,兼顾实用性和教学目标。第一部分为第一章至第三章,通过从宏观角度开展政策汇总、资料梳理和分类整合,以期为读者打下较为坚实的理论基础。第二部分为第四章至第六章,从创业原理切入,以一个教育康复创业计划书案例和三个教育康复创业模式案例,阐述观点,形成创业计划,分析公司运行过程中所遇到的问题。该部分的具有较强的操作指导性和实际效用,既可作为教育康复的创业指导,也可作为中小企业管理者的参考资料。在此基础上,本书还对中国残疾人康复政策进行了较为全面的汇总,列于附录。

随着政府对特殊教育以及医疗康复领域支持力度的逐年加强,资金投入大幅增加,教育康复行业规模日益扩大,但是缺乏对政策解读、商业知识和创业管理等方面的专业指导,希望《教育康复创业管理与实践》的出版能够帮助改善当前的行业短板,为教育康复行业的发展尽绵薄之力。

教育康复行业在我国处于起步阶段,发展潜力巨大,产业前景广阔,社会效益显著,本教材旨在引领教育康复行业、特殊教育行业和医疗康复行业发展,用商业力量推动社会进步。

目录 | Contents

第一章　绪论 ··· 001
　第一节　教育康复行业的时代背景 ·· 001
　第二节　儿童教育康复市场规模 ·· 011
　第三节　创新创业的助推力 ··· 021
　第四节　教育康复行业的服务管理部门 ··· 029
　参考文献 ··· 030

第二章　教育康复行业分析 ··· 034
　第一节　学科建设 ·· 034
　第二节　康复机构概况 ·· 040
　第三节　残障儿童数量 ·· 047
　第四节　康复师数量 ··· 057
　第五节　中国残疾人康复政策 ··· 065
　参考文献 ··· 074

第三章　康复辅助设备与评估工具 ··· 077
　第一节　听觉功能评估与训练 ··· 078
　第二节　言语功能评估与训练 ··· 086
　第三节　语言能力评估与训练 ··· 096
　第四节　认知能力评估与训练 ··· 103
　第五节　情绪行为评估与训练 ··· 112
　第六节　运动功能评估与训练 ··· 119
　第七节　学习能力评估与训练 ··· 131
　参考文献 ··· 137

第四章　教育康复行业创业准备 ·· 140
　第一节　创业计划书基本要求 ··· 140
　第二节　行业分析方法 ·· 142
　第三节　社会组织和社会企业 ··· 149

第四节　基本财务知识 158
参考文献 169

第五章　创业计划案例——基于人机交互技术的孤独症儿童教育康复解决方案 171
第一节　计划书内容 171
第二节　创业计划案例：基于人机交互技术的孤独症儿童教育康复解决方案 173

第六章　教育康复行业创业实践 221
第一节　儿童康复机构 221
第二节　公益专项基金项目 236
第三节　大学生创业实践 242
参考文献 252

附录1　残疾预防和残疾人康复条例 253

附录2　关于加快推进康复医疗工作发展的意见 258

附录3　"十四五"特殊教育发展提升行动计划 262

后记 266

第一章
绪 论

> 【本章教学目标】
> 1. 了解教育康复行业的时代背景与市场前景。
> 2. 了解教育康复行业的管理部门。
> 3. 了解大学生创新创业的发展趋势。

教育康复行业是一个兼具政策性和市场性双重特质的行业,既紧贴民生福利,又切合政策导向,同时充满商业价值,我们分析创业发展运行规律,以期培育一大批优秀企业和企业家,实现政策导向、社会需求与企业发展的高度统一。

在我国教育康复行业起步之际,我们编写了这本《教育康复创业管理与实践》,希望新生代企业家能够在这个新领域继往开来,共创辉煌。作为教育康复学及相关专业学生的创新创业指导书籍,《教育康复创业管理与实践》将围绕以下问题展开讨论:何为教育康复行业?教育康复行业的核心技术产品是什么?教育康复行业有哪些创业模式?

华东师范大学康复科学系创始人杜晓新教授强调:言之有理,操之有物,行之有效。教育与康复的跨学科融合推动学科建设和专业科研,促进康复技术更新并已经产生规模化效应,教育康复行业迎来发展的关键时刻。但是面对巨大的需求和纷繁的产品,势必需要通过一个"引力场"来规范秩序,这个"引力场"就是教育康复创业的原动力,它将使得技术、人才和资金得到最优化的整合和配置。

第一节 教育康复行业的时代背景

中国改革开放40年来,全国居民人均可支配收入由171元增加到2.6万元,中等收入群体持续扩大[1],人均GDP稳步提升,随之而来的是人均购买力快速增长,我们正身处一个崭新的时代。在稳定的国内社会经济与科技发展进程中,人民群众对于生活质量的要求也在逐步提高。

在21世纪前20年的飞速发展中,全国范围内的教育康复行业雏形已经逐渐形成,具体内容包括残障儿童的教育康复设备、辅具产品和康复服务,其虽归属现代服务业,但与医疗康复类、高科技类和民生类行业相交融,行业发展前景广阔,具备实现产业化的潜力,符合中国产业发展定位。

一、教育康复行业的界定

教育康复行业是顺应社会发展需求而产生的新兴行业,在医教结合、综合康复理念指导下,为残障儿童提供融合教育与专业的康复服务,促进其全面发展。在教育康复行业中,包含教育康复设备和教育康复服务两部分内容,前者主要指医疗设备、康复设备、教育设备和康复辅具等;后者则是指基于教育康复设备,由医院康复医师、特殊教育教师和康复机构康复师为残障儿童提供评估、训练等服务。

从产业链的角度看,教育康复设备和教育康复服务两类业务形态恰好形成良性互补。一方面,教育康复设备的研发、生产和销售具有较大的业务规模和市场潜力,但是会因为销量的波动而影响资金的回笼;另一方面,教育康复服务可以带来良好而稳定的现金流,随着规模逐步扩张,其收益将成为行业的重要盈利点。两种业务形态的有效结合可以使整体业务在规模、增长、盈利与风控上具有较大的竞争优势,保障整个行业的投资价值。

二、教育康复的服务对象与内容

在定义教育康复的服务对象时,我们需要从残联定义的残疾儿童和特殊教育中的特殊儿童两个角度出发综合考虑。残疾儿童是指在精神、生理、人体结构上,某种组织、功能丧失或障碍,全部或部分丧失从事某种活动能力的儿童[2]。根据中国残联发布的残疾人残疾分类和分级标准,按不同残疾分为视力残疾、听力残疾、言语残疾、肢体残疾、智力残疾、精神残疾和多重残疾。在特殊教育中,对于特殊儿童有广义和狭义的不同理解。从广义上讲,特殊儿童是指与正常儿童在各方面有显著差异的各类儿童。这些差异可表现在智力、感官、情绪、肢体、行为或言语等方面,既包括发展上低于正常的儿童,也包括高于正常发展的儿童以及有轻微违法犯罪的儿童。在《美国特殊教育百科全书》中特殊儿童分为天才、智力落后、身体和感官有缺陷(视觉障碍、听觉障碍)、肢体残疾及其他健康损害、言语障碍、行为异常、学习障碍等类型。从狭义上讲,特殊儿童专指残疾儿童,即身心发展上有各种缺陷的儿童,又称"缺陷儿童""障碍儿童",包括智力残疾、听力残疾、视力残疾、肢体残疾、言语障碍、情绪与行为障碍、多重残疾等类型。

在此,我们采纳对特殊儿童的狭义理解,结合残疾儿童的分类,将教育康复行业的服务对象定义为残障儿童,包括残疾儿童和问题儿童[3]。问题儿童是指一些有严重行为异常、情绪障碍的儿童,如学习障碍儿童、情绪与行为障碍儿童、孤独症儿童等[3],其中,情绪与行为障碍、孤独症在2006年被列为精神残疾。以下简要介绍各类残疾儿童和问题儿童的主要特点。

(一)残疾儿童

1. 视力残疾

视力残疾是指由于各种原因导致双眼视力低下并且不能矫正或双眼视野缩小,以致影响其日常生活和社会参与。视力残疾包括盲及低视力两类四级。按视力和视野状态分级,其中盲为视力残疾一级(无光感至最佳矫正视力<0.02或视野半径<5度)和二级(0.02≤最佳矫正视力<0.05或视野半径<10度),低视力为视力残疾三级(0.05≤最佳矫正视力<0.1)和四级(0.1≤最佳矫正视力<0.3)。视力残疾均指双眼而言,若双眼视力不同,则以视力较好的一眼为准。如仅有单眼为视力残疾,而另一眼的视力达到或优于0.3,则不属于视力残疾范畴。视野以注视点为中心,视野半径小于10度者,不论其视力如何均属于盲。

2. 听力残疾

听力残疾是指由于各种原因导致双耳不同程度的永久性听力障碍,听不到或听不清周围环境声及言语声(经治疗一年以上不愈者),以致影响其日常生活和社会参与。听力残疾包括听力完全丧失及有残留听力但辨音不清、不能进行听说交往两类。听力残疾分为四级:听觉系统的结构和功能极重度损伤,较好耳平均听力损失大于 90 dB HL 为一级;听觉系统的结构和功能重度损伤,较好耳平均听力损失在 81—90 dB HL 之间为二级;听觉系统的结构和功能中重度损伤,较好耳平均听力损失在 61—80 dB HL 之间为三级;听觉系统的结构和功能中度损伤,较好耳平均听力损失在 41—60 dB HL 之间为四级。3 岁以内儿童,残疾程度一、二、三级的定为残疾人。听力残疾儿童往往伴有言语、语言方面的障碍以及认知能力发展迟缓等问题,需要接受特殊教育与相应的康复训练。[2]

3. 言语残疾

言语残疾是指由于各种原因导致的不同程度的言语障碍,经治疗一年以上不愈或病程超过两年,而不能或难以进行正常的言语交流活动,以致影响其日常生活和社会参与,包括失语、运动性构音障碍、器质性构音障碍、发声障碍、儿童言语发育迟滞、听力障碍所致的言语障碍、口吃等。3 岁以下不定残。言语残疾分为四级:脑和/或发音器官的结构、功能极重度损伤,无任何言语功能或语音清晰度小于等于 10% 为一级;脑和/或发音器官的结构、功能重度损伤,具有一定的发声及言语能力,语音清晰度在 11%—25% 之间为二级;脑和/或发音器官的结构、功能中度损伤,可以进行部分言语交流,语音清晰度在 26%—45% 之间为三级;脑和/或发音器官的结构、功能轻度损伤,能进行简单会话,但用较长句表达困难,语音清晰度在 46%—65% 之间为四级。

4. 肢体残疾

肢体残疾是指身体运动系统的结构、功能损伤造成的四肢残缺或四肢、躯干麻痹(瘫痪)、畸形等导致儿童运动功能不同程度丧失以及活动受限或参与的局限[2],如因脑瘫、脊柱裂、脊髓损伤、肌营养不良等疾病造成的肢体残疾的儿童可表现为抓握、坐立、行走等运动中存在障碍。在现有的特殊教育学校中,肢体残疾儿童主要为脑瘫儿童。临床上一般根据肌张力的高低和运动性质对脑瘫进行分类,主要包括肌张力低下型、肌张力过高型(强直型和震颤型)、手足徐动型、共济失调型以及混合型。调查研究表明,多数脑瘫儿童伴有智力障碍。对于肢体残疾尤其是脑瘫儿童,一定要根据明确的医学诊断,制订与实施有针对性的教育康复训练计划。[3]

5. 智力残疾

智力残疾是指智力显著低于儿童平均水平,并伴有适应行为的障碍。智力残疾儿童是在智力发育期间(18 岁之前),由于各种有害因素导致的精神发育不全或智力迟滞。此类儿童在有特殊教育需要的儿童中所占的比例较高,是教育康复的主要对象。[4]对智力残疾儿童按 0—6 岁和 7 岁及以上两个年龄段发育商(DQ)、智商(IQ)和适应行为(AB)进行分级。0—6 岁儿童发育商小于 72 的直接按发育商分级,发育商在 72—75 之间的按适应行为分级。7 岁及以上按智商、适应行为分级;当两者的分值不在同一级时,按适应行为分级。儿童智力残疾分级见表 1-1。

表 1-1 儿童智力残疾分级

级 别	智力发育水平		社会适应能力
	发育商(DQ) 0—6 岁	智商(IQ) 7 岁及以上	适应行为(AB)
一级	≤25	≤20	极重度
二级	26—39	20—34	重度

续 表

级 别	智力发育水平		社会适应能力
	发育商(DQ) 0—6岁	智商(IQ) 7岁及以上	适应行为(AB)
三级	40—54	35—49	中度
四级	55—75	50—69	轻度

适应行为表现：

极重度——不能与人交流、不能自理、不能参与任何活动、身体移动能力很差；需要环境提供全面的支持，全部生活由他人照料。

重度——与人交往能力差、生活方面很难达到自理、运动能力发展较差；需要环境提供广泛的支持，大部分生活由他人照料。

中度——能以简单的方式与人交流、生活能部分自理、能做简单的家务劳动、能参与一些简单的社会活动；需要环境提供有限的支持，部分生活由他人照料。

轻度——能生活自理、能承担一般的家务劳动或工作、对周围环境有较好的辨别能力、能与人交流和交往、能比较正常地参与社会活动；需要环境提供间歇的支持，一般情况下生活不需要由他人照料。

6. 精神残疾

精神残疾是指各类精神障碍持续一年以上未痊愈，由于存在认知、情感和行为障碍，以致影响其日常生活和社会参与。精神残疾可由以下精神疾病引起：精神分裂症；情感性、反应性精神障碍；脑器质性与躯体疾病所致的精神障碍；精神活性物质所致的精神障碍；儿童、少年期精神障碍；其他精神障碍。精神障碍儿童依据适应行为的表现分成四级：适应行为极重度障碍为一级；适应行为重度障碍为二级；适应行为中度障碍为三级；适应行为轻度障碍为四级。在 2006 年第二次全国人口抽样调查中，我国将孤独症(旧称自闭症)和情绪与行为障碍两类群体归为精神残疾，其定义及特征如下。

(1) 孤独症

美国《残疾人教育法》(Individuals with Disabilities Education Act, IDEA)对孤独症的定义为：一种影响言语和非言语交流、社会互动的发展障碍，一般在 3 岁以前出现影响儿童行为的症状。美国的《精神障碍诊断与统计手册(第五版)》[Diagnostic and Statistical Manual of Mental Disorders(5th ed), DSM - 5]将广泛性发育障碍中的孤独症、阿斯伯格综合征、儿童期瓦解性障碍、非特定的广泛性发育障碍统一归类为孤独症谱系障碍，并强调两大主要临床表现：① 持久性的社会交流/交往障碍(包括社会互动和情绪互动困难、维持关系严重困难和非言语交流困难)；② 狭隘兴趣和重复刻板的行为方式(包括对惯常模式等非常固执，拒绝变化；重复的言语或行动；强调特定的兴趣；整合感官知觉信息存在困难或寻找感官刺激或避免感官刺激)。目前国际上通用的 ASD 诊断量表有：ASD 诊断访谈量表-修订版(Autism Diagnostic Interview Revised, ADI - R)和 ASD 诊断观察量表(Autism Observation Schedule, ADOS)。

(2) 情绪与行为障碍

在我国目前还没有形成对情绪与行为障碍明确的定义，本书采纳 2004 年美国《残疾人教育法》(IDEA)，将儿童情绪障碍的定义修订为：情绪障碍是指较长时间内表现出下列一种或一种以上的特征，并且问题较严重和明显，以致对学生学业成就产生不利影响：① 学习能力缺乏,但无法由智力、感知或健康因素来解释;② 不能与同伴和教师建立或维持令人满意的人际关系;③ 在正常环境中,表现出不恰当的行为或情感;④ 通常伴有不愉快心境或忧郁;⑤ 因个人或学校问题引发身体症状或恐惧的倾向。该术语包括精神分裂症儿童,不包括社会性适应不良儿童,除非已被确认出有情绪障碍。[5]

7. 多重残疾

多重残疾是指同时存在视力残疾、听力残疾、言语残疾、肢体残疾、智力残疾、精神残疾中的两种或两种以上残疾,如:既有智力残疾又有视力残疾的儿童,或者除智力残疾与视力残疾之外,还有肢体残疾的儿童。多重残疾按所属残疾中残疾程度最重类别的分级确定其残疾等级。

(二) 问题儿童

随着社会的发展,单纯生理性致残的比例逐渐下降,而心理失调、情绪障碍、行为方式异常的问题越来越突出。故自 20 世纪 80 年代以来,特殊教育的范围不断扩大,涉及面越来越广,关注点已从残疾儿童的教育康复扩展到对问题儿童的教育康复。

- 学习障碍儿童

学习障碍也称学业不良或学习困难,学习困难的定义有很多,但至今尚无被普遍接受的定义。美国《残疾人教育法》(IDEA)给出的总体定义为:学习困难是指学龄期儿童在一个或多个基本的心理过程中存在障碍,包括理解或运用语言进行说话或书写,这种障碍表现为在听、说、读、写、思考、拼写或者数学计算方面存在的障碍。然而,在教育与康复训练实践中,大多采用学习困难的操作定义,即必须同时符合以下两个标准:① 学生智力发展水平在正常范围内;② 学生的主要学科成绩(如语文、数学)在一段时间内低于同龄学生平均成绩 1.5 个标准差以上。有调查资料显示:在普通学校内学习困难儿童约占儿童总数的 3%—5%,由于学习困难儿童绝对数量较大,有必要对其进行相应的教育与康复训练。

三、中国教育康复面临的挑战和机遇

近 20 年来,在各级政府的政策引导下,大量资金汇聚教育康复领域,兴建特殊教育学校和儿童康复机构,购买康复设备,创设高校教育康复学专业,初步形成了教育康复行业。相对于中国体量庞大的各类万亿级市场,譬如汽车市场或是房地产市场,残障儿童教育康复行业是一个细分的小规模市场,起步较晚,这个行业里还没有大型国企或央企,且因为语言和文化的缘由,也没有知名外企强势介入,更没有出现上市企业集团,因此,小微企业潜力巨大,市场机会千载难逢。结合教育康复行业市场规模与需求现状,我们预测,未来 5 年内或将出现教育康复行业独角兽企业,顺势发展成为行业领袖。

但是,目前行业发展依然是困难重重、问题多多、痛点频频。究其原因,主要是慈善力量单薄,市场机制不够完善,无法形成社会合力解决中国社会教育康复资源的配置和分布不均的问题,教育康复行业处于发展的关键期和转型的临界点。康复机构发展所遇困难主要集中在以下五个方面。

(一) 康复师职业资格难以认定

由于没有国家统一认定的康复师职业资格认证考试,在民办康复中心、残联康复机构或是民政福利机构工作的康复师既没有纳入教师职业序列,也不属于医师范畴。

这一状况不利于中国教育康复事业的良性发展。首先,康复师会因缺乏职称而丧失职业归属感和认同感。人才是行业发展的核心因素,教育康复行业人才匮乏,需要完善职业资格认定体系,吸引更多优秀人才,才能发生质的飞跃。其次,民办康复机构康复师晋升空间狭窄、收入偏低[6],建立和完善职称考核机制,有利于增加康复师收入,调动康复师的工作积极性,也有利于康复机构建立一支稳定的康复师团队。再者,康复师职业资格认定可以推进康复机构及从业人员的规范化建设,改善儿童康复质量,提高儿童康复效率,这不仅是对康复师职业的肯定,也是对康复机构的支持,更是对康复对象的负责。

相比之下,国外的康复师职业资格认定体系更为完善、成熟。以言语治疗师为例,执业必须有国家认定的职业资格。在美国,美国言语语言听力协会(American Speech-language-Hearing Association, ASHA)临床能力证书(CCC)是国家认可的言语语言病理学(CCC-SLP)领域的专业证书。要成为言语治疗师,首先需要在 ASHA 授权的高校学习相关专业并取得硕士或博士学位,之后需参加 Praxis 考试,再进行总计不少于 1 260 小时、共计 9 个月的全职实习,实习结束,ASHA 会对学习和实习经历开展审查认定,通过认定后颁发言语治疗师证书,为保证证书长期有效,言语治疗师还需接受继续教育。

对于我国而言,可以适当借鉴国外的经验,融入本土化的人才培养和资格认定体系。鉴于康复领域门类众多,需要建立专门类别的职称序列,以促进康复师专业化水平的提高。其实,我国在康复师职业资格认定方面已经做出了一些努力和尝试,譬如,中国聋儿康复研究中心早在 2005 年就印发了《关于印发〈听力语言康复教师执业资格准入管理办法〉等的通知》。

总之,我国康复师职业资格认定工作任重而道远。一方面,要在国家层面建立分门别类的康复师资格认定体系,提高康复师培训质量和培训的针对性,增加更多有关康复技能训练的内容,使其在各自领域更加专业;另一方面,为了培养更多优秀的康复师、壮大教育康复师资队伍,应加强教育康复学专业的建设,设立康复技术实验室,支持高校完善实验室配备,加强高校教师的培养,并建立从中职、高职到本科、研究生等较为完整的康复服务专业人才培养体系。

(二) 缺少实用性强的康复技术产品与方案

目前,在残障儿童康复领域,市场上缺乏行之有效、性能卓越的康复技术产品。大多数康复产品停留在科研机构和大学实验室中,缺少将产品应用到具体康复过程中的技术解决方案和应用案例。

高技术产品将有效弥补传统教育康复行业的诸多不足。首先,康复领域人才匮乏、专业康复师数量不足的问题已日益凸显,将机器人、虚拟现实(VR)等技术应用于残障儿童的干预训练中能够有效解决康复专业人才紧缺的问题。其次,相比人为手段,高新技术方案在一些场合更适合于患者康复。以孤独症为例,这是一种广泛发展的,以社会交往障碍、沟通缺陷和行为刻板为主要临床特征的障碍类型。相比与人的互动,孤独症患儿更倾向于无人干扰地在线交流或与物接触。值得一提的是,通过将机器人技术和 VR 仿真技术结合,可以增强孤独症患者训练时的注意力、提供更大的训练刺激,康复疗效明显提高。

2021 年不少孤独症康复技术创新者在孤独症康复痛点的解决方案上取得了相关的成果。ALSOLIFE 将数字疗法这一创新解决方案应用于孤独症的诊断和干预中,并与北京大学第六医院、北京大学神经科学研究所、中国科学院心理研究所、西安交通大学基础医学院、微软亚洲研究院、北京大学健康医疗大数据国家研究院和北京语言大学语言康复学院等机构开展了一系列科研和调查合作;针对孤独症康复机构和康复人才的匮乏问题,"大米和小米"作为一家国内知名的孤独症以及广泛性发育障碍儿童康复的服务平台,启动了"服务百万孤独症儿童家庭"的新战略,采用国内外先进的干预康复理论和方法,以大数据、机器学习为助力,为儿童成长发育提供优质服务产品。此外,"大米和小米"先后在深圳、广州、东莞、北京、上海、郑州、武汉、成都等城市陆续筹备了康复干预中心,力争惠及更多的孤独症儿童。为了填补国内孤独症早期筛查体系的空缺,在2021年10月,首都医科大学附属北京安定医院、清华大学无障碍发展研究院、北京正在关怀科技有限公司(恩启)联合研发的一款AI数字诊疗系统——"孤独症谱系障碍筛查与辅助诊断系统"启动了大规模、多中心临床研究,并计划应用到由北京安定医院牵头的孤独症大规模流行病学调查中。

总之,为推进康复技术产品与技术方案的进一步发展,落实国家《"十四五"残疾人保障和发展规划》提出的要求,我国应大力支持互联网康复项目和科技助残项目等,扶持智能化康复器具、康复设备等关键技术研究与产品推广应用,鼓励计算机领域专家和教育康复专业学者的跨学科合作,解决诸多发展中的技术难题[7]。

(三)无法便捷申报各类政府补贴

民办康复机构存在多头登记、多重管理的现象。例如在《北京市民办残疾人康复服务机构调研报告》中写道:这是历史原因造成的,1999年以前,政府尚未出台民办非企业单位登记条例,民办残疾人康复机构大都找教委、卫生局领取兴办许可证,领不到就在工商局登记为工商法人,还有一些单位依附各级残联,以其下属部门的名义开展康复服务。进入21世纪后,这些机构大多进行了民非登记。但由于复杂的历史原因,工商法人、民非法人、部门附属的康复机构等仍然并存。[8]

具体来讲,康复机构如果归属残联管理,可以享受残联定点补贴;归属医疗事业可以享受医保和新农合医疗补贴;归属教育部门可以享受项目经费。尽管选择多样,但由于申办程序不够公开透明,机构负责人初入市场时大多无所适从,需要花费大量的时间和精力了解各政府部门的各种项目申报渠道。

目前,很多民办康复机构是患儿家长创办的,以患儿母亲为主。她们经历了孩子康复的全部过程,积累了一定康复经验,出于让更多孩子享受康复服务的理念转而创办康复机构。但由于时代进步和通信手段更迭,家长群体往往不能像大学生等青年群体创业时那样可以对各种信息进行敏锐的收集与了解,也无法灵活通过多种渠道解决创业痛点问题。在很多新闻报道中,都谈及患儿家长创办康复机构时面临严重资金短缺问题,而解决这一问题的途径,大多是通过贷款、借款等方式自己筹资。例如,广东佛山邓妈妈创办的孤独症儿童康复机构——心语工作坊,成立初期靠自己每月贴钱维持运作,后来民政局出台了低保孤独症儿童补助文件,在政府扶持下机构才艰难地走了下去。

中国社会科学院社会政策研究中心于2008年对北京民办康复机构发展状况的调查显示,由于资金缺乏,大多数机构处于亏损或亏损边缘,一些机构勉强维持,另一些则负债运营[8]。2016年,《上海市儿童孤独症康复机构现状研究》结果表明,在被抽样的46家孤独症儿童康复机构中,近50%的机构面临经费短缺的困境。一位康复中心管理人员称,民办康复机构资金来源主要靠国家项目补助以及向家长收取的相关费用,筹资渠道较为狭窄[9]。经过十多年的发展,机构发展资金不足问题依旧存在,尽管北京、上海等地的情况稍有缓解,但在全国范围来看,资金问题仍然颇为棘手。

在调研众多教育康复机构的运营情况后可以得知:康复机构获取的资金支持与其知名度、被认可度成正比。往往规模越大、品牌越响的机构,政府对其支持力度越大,机构的发展空间也越大,越办越好。而大多数民办康复机构由于水电房租费用、基础设备投入和教师技能培训投入等资金压力,既没有稳定的运营环境,也不具备持续发展优势,机构运行困难重重。

我国早在2007年就对医保工作做了调整,并发布《关于开展城镇居民基本医疗保险试点的指导意见》,要求将政府新增的医疗卫生支出主要用于补贴居民医疗保险账户,而非对医疗卫生机构增加投入[10]。2009年财政部也明确要将医改8 500亿元资金中的近七成用于患者一方,这明确了医改的总基调是补需方,而非补供方。在教育康复领域也呈现类似的情况,资金侧重于流向患者将促进康复机构的市场化竞争,这有利于机构提高自身的运行效率、降低服务价格,同时也能让更多的患儿享受到康复服务。

在康复机构的发展上,政府要加大支持与投入,拓宽资助渠道,采用民办公助的形式,支持机构发展,譬如在2022年新冠肺炎疫情期间,上海及时出台规定,所有租赁国企物业的民办非企康复机构可以享受6个月的房租减免政策[11],此举极大地提振了康复机构"共度时艰、服务社会"的信心和决心。

(四) 行业缺乏统一的康复标准认定体系

尽管一些康复机构研制了儿童发展障碍的早期筛查量表并开发出优质本土化课程,例如东方启音言语康复中心提供专业儿童言语发展早期筛查,ALSOLIFE为每位患儿精确评估能力水平,但行业整体上缺乏统一、完备的康复标准,各地机构对儿童功能障碍无法进行功能细分。因此,建立残障儿童各类障碍的统一评定标准是中国教育康复行业的一大挑战。下面我们以孤独症、语言障碍、智力障碍和情绪与行为障碍为例进行说明。

首先,我国缺乏本土化儿童孤独症诊断标准和筛查量表。儿童孤独症的确诊需要两级筛查和一级诊断,一级筛查的量表有CHAT、M-CHAT、CHAT-23、SRS等,二级筛查的量表有ABC、CABS、STAT、AQ等,最后的诊断量表又有ADI-R、ADOS、CARS。其中,ADI-R在欧美国家被广泛应用,在国内因为缺乏具有较高专业知识水平和从业技能的人士,造成该量表的使用度较低。

其次,在语言方面,缺乏全国儿童汉语言能力的常模体系,亟待制定基于普通话和方言的统一诊断和康复标准。然而中国土地广袤,各地文化千差万别、方言种类众多,如何制定统一的标准将成为全国各地学者合力攻关的难题。

再次,在儿童智力障碍方面,我国虽然制定了智力残疾的分级标准,但尚未制定统一的评定体系。一方面,对智力障碍群体的评估大多依赖机构从外引进的智力量表,且机构只通过智力量表测试结果评定智力发展水平,而忽视对儿童的语言、专注力等进行系统的评判;另一方面,儿童测试结果可信度低,在不同的量表测试下所得结果不一致,同一量表测试多次的结果也不一致。同时,测试所用量表的有效性也有待提高。

最后,在情绪与行为障碍方面,情绪与行为障碍儿童使用的测定量表包括有《儿童行为测查表》(CBCL)、《儿童行为检核表》(CBC)、《行为障碍系统筛查量表》(SSBD)、《行为与情绪等级量表》(BERS)、《康纳斯问卷》(包括父母问卷和教师问卷)等,各地机构本身采用的量表就有可能不同,对测试结果的评估标准也有不同。业内目前没有统一规范的内容来指导,一些机构照搬欧美国家或日本的评定模式,一些则借鉴我国港台地区的经验。

总之,教育康复行业亟待完善各类障碍的评定标准,公布适合中国本土的残障儿童评定量表,减少机构"摸着石头过河"独自探索的现象,让机构少走弯路、趋于规范统一,以尽可能避免儿童因被误诊、漏诊、过度诊断而错过及时有效的康复治疗。

还要补充的是,在一种障碍的评估中,针对不同年龄段的患儿可能存在不同的量表,或者量表的使用者分为康复师、家长等不同群体,我们不能否认这些量表各具特色、各有优点,也不会在确定统一评定标准时,片面肯定某一种量表而否决其他的量表。我们的工作,应该是在已有量表的基础上,参考国外先进经验,立足我国的实际情况,统一规范并向康复机构明确:针对不同障碍、不同年龄段的患儿,应该采用何种评定办法、采用哪种量表、如何评定等,要尽可能详细标注量表中每一项的打分标准,以避免因康复师个人主观判断的不同而导致的评定结果差异。

(五)没有建立统一的连锁品牌和管理体系

截至2019年底,全国已有残疾人康复机构9 775个,但没有一家企业成长为全国驰名的康复服务品牌,也没有一家企业建立连锁式的统一收费和财务体系、统一品牌标识以及规范化科室设计方案等。

康复机构的创立者多是康复师或是残障儿童的家长,康复师自不必说,患儿家长大多也不具备与管理专业相关的学习实践经历,导致机构的经营管理缺乏系统理论的支撑;康复机构的准入机制不完善,市场也缺乏统一规范,使得机构很难在市场中形成行业自律意识。例如部分机构自身存在运营管理不规范、科室设置混乱、康复标准混杂、训练资源分散和技术层次偏低等问题,而机构与机构之间又存在各自为政、缺乏交流等问题。

然而,不能否认,经过十多年的积累、沉淀,已经出现一些发展势头较好的区域性康复连锁机构的雏形,值得我们去学习和借鉴。下面将简要介绍三家康复机构在运营、管理方面的经验。

东方启音言语康复中心(简称东方启音),成立于2007年,为言语障碍儿童提供个性化专业课程,与国际优秀机构、高校合作,配有研发团队和师资团队,研发团队又细分为发音口肌课程研发团队、认知逻辑课程研发团队、职业训练感觉运动课程研发团队。同时,该机构现在致力于搭建线上线下联动的一站式服务平台,提供在家、在校及在机构的干预服务。凭借优秀的运营管理,东方启音于2017年的B轮融资中收到了由北极光创投、斯道资本、F-Prime基金共同创投、长岭资本跟投的共计2 500万美元的融资;2021年6月又收到由淡马锡、泰康保险、千骥资本联合创投的共计8 300万美元的融资,这是国内儿童言语康复和孤独症干预领域规模最大的单笔C轮融资;2022年3月,东方启音再获国内知名基金共计3 000万美元的融资。

深圳市复米健康科技有限公司(简称"大米和小米"),成立于2014年,是专业的孤独症谱系及广泛性发育障碍儿童服务平台,以微信公众平台为主阵地,以b站、小红书等媒体为主流内容渠道,同时建立线下康复训练中心,开发了具有完善自主知识产权的RICE康复干预体系,在全国主要城市建立了近30家RICE康复中心。在管理方面,"大米和小米"有从康复师到特级专家的"陀螺型"人才晋升和发展体系、完善的师资培训,还有从督导、高级督导到由康复、人工智能领域国内外知名专家组成的学术委员会的超级督导系统。根据最新情况,"大米和小米"在2020年获得了奥博资本2 000万美元的C轮融资支持,这离不开其科学、自成体系的运营管理办法。

ALSOLIFE,成立于2017年,是中国最大的孤独症线上社区,同时开设线下机构为孩子提供长期、密集、高质量的康复服务。机构从A(认知+学业)、L(生存+生活)、S(社会+社交)和O(职业)的生活干预理念出发,建立中国特殊儿童的评估干预平台并不断进行升级,开展线上微课,与国际、国内众多机构、学者达成合作协议,发起孤独症公益项目等,取得了不错的成效。在2020年5月和2021年5月的国际行为分析协会学术年会上,ALSOLIFE被两次介绍给与会专家学者,在2020年收到了光谷人才基金、约印医疗基金的A+轮共计3 000万元人民币的融资支持。

综合上述案例介绍,创办儿童康复连锁机构可以借鉴行业成熟的连锁示范企业在运营、管理方面的经验。首先,需要树立"儿童至上"的服务理念,结合高技术在教育康复中的实际运用,采取"线上+线下"的模式,运用互联网、5G、虚拟现实(VR)等技术激发企业康复产品研发活力;其次,要建立完善的师资培养体系、康复督导体系、人才(职业)晋升体系、行政管理体系等;最后,抓住发展全国连锁门店的机遇,逐步建立统一的收费和财务体系。

四、教育康复行业的新势力分析

现在,中国在历史进程中积累的强大能量已经充分爆发出来了,为实现国家复兴提供了势不可挡的磅礴力量,尤其重要的是,随着一些民间新势力的出现,企业家精神和公民独立意识被不断唤醒,其中有三股势力对于教育康复行业的发展尤其重要,分别是互联网、社会组织和企业家阶层。

(一) 互联网

虽然互联网诞生于美国,但它对中国社会的改造,远远超越其对美国社会的改造。首先,互联网打开了年轻一代的创业渠道。自20世纪90年代中期进入中国以来,中国互联网经济除了技术来自美国之外,在商业模式上几乎全数革新,强劲的国有资本在这个瞬息万变的领域逐渐失去主导地位,因此造就了"阳光创业的一代",这批年轻的创业者积累了惊人的财富,而且完成了中国企业与国际资本的对接,在纳斯达克和纽约证券交易所上市的一百多家中国公司几乎都与互联网产业有关,如阿里巴巴、京东、哔哩哔哩。其次,互联网在中国的受众群体广泛。根据中国互联网络信息中心CNNIC发布的《2021年全国未成年人互联网使用情况研究报告》,截至2021年12月,我国网民规模达到了10.32亿人,互联网普及率达73%,而未成年网民的规模达1.91亿人,其中10岁以下的孩子占4.3%[12]。最后,互联网在资讯传播方面极具影响力。互联网重构了中国的媒体和社交生态,特别是微信的出现,让传统的舆论管制方式无所适从,它们成为了言论自由、舆论监督和推动政务公开的新平台。在互联网上出现的所有东西都是有记忆的,并且以一个极快的速度传播,当日在网上发布的一条视频,可以在不出1个小时之内广泛传播到各大社交媒体,让无数的人看到,截至2021年12月,我国网络视频用户规模达9.75亿户,占整体网民的94.5%。

结合康复行业来看,康复资讯通过互联网能够得到更有效的传播。尤其在近几年新冠肺炎疫情的影响之下,互联网成为重要的学习、社交和获取疫情动态的工具,而在线医疗用户的规模也达到了2.98亿户,有更多的互联网企业加入竞争,例如"字节跳动"对多家医疗平台进行投资,为旗下品牌"小荷健康"进行了业务升级拓展,美团上线"百寿健康网",打造综合类医疗健康平台。截至2021年6月,我国互联网医院总数已超1 600家。按照这个趋势发展,康复行业依靠互联网不单单能传播相关资讯,还能发展各种康复应用和平台,让更多网民能在线上接触到相关的知识,及时预防、发现和治疗障碍或疾病。

不断创新的互联网技术也能够应用到康复行业上,随着人工智能的发展和在医疗行业上的落地应用,医疗数字化进程不断加快,大力推动了病情追踪和药物研发的技术发展,同时我们从小学生互联网普及率达到92.1%的数据中可以得出,未成年人对互联网并不抵触,日后针对儿童的康复训练也可以融入互联网技术,例如人工智能,一方面让康复训练不再是枯燥无聊的,另一方面也提升了治疗的质量和效率。

(二) 社会组织

自明清以来民间就活跃着两种社会组织:一是数以十万计的基层宗族组织,二是以乡籍为纽带、遍布于2万个市镇的商会,它们成为民间自主管理的基础。到了现代,尤其近十年来,各种社会组织如雨后春笋般出现,这是中国进入公民社会和中产时代的标志性事件,它们在上百个领域以各种方式展现民间的自主力量。社会组织在政府与民众互动、协同治理中获得了广阔的发展空间,其参与社会事务的意识和能力也渐渐提升,随着社会组织的总体规模在不断扩大,组织形态也逐渐增多。《社会组织蓝皮书:中国社会组织报告(2021)》中指出,近年来我国社会组织数量呈现快速增长态势,截至2020年底,全国共有社会组织89.4万个,吸纳了1 061.9万名社会各类人员就业,其中基金会发展速度加快,社会影响力也进一步提升,存在着广阔的成长空间,截至2020年底,全国基金会共有8 432个,较2019年增加了847个[13]。根据中国民政部印发的《"十四五"社会组织发展规划》所示,截至2020年底,全国社会组织固定资产共4 785.5亿元,而慈善组织数量达11 260个[14]。随着中国互联网普及率的提高,中国拥有全球范围数量最多的网民,以网络为依托的虚拟社会组织也因此得到了快速的发展,对社会生活的诸多方面产生重要影响。

近年随着政府公共服务支出的增加,公共服务供给方式也有不少创新,结合社会组织发展,康复行业所投入的资源也势必会增加,这对康复行业未来的发展有很大的帮助。

(三)企业家阶层

根据《人民日报》的报道显示,截至2021年底,全国登记在册的个体工商户已达1.03亿户,而私营企业的数量则达到4 842万户,个私从业人员达4亿人[15]。中国历史上从未出现过人数如此庞大、拥有力量的有产者阶层,可谓"千年之一大变"。在改革开放之初中国的个体工商户还不到1万户,在市场主体中的比重不足1%,私营企业是在优胜劣汰的市场竞争中成长的,短短40多年的时间,一些个体工商户及私营企业从一开始作为市场中不起眼的角色,变成如今支撑国家经济的重要支柱。以华为公司为例,华为公司成立至今不到40年,根据华为公布的数据,2021年的全球营收为6 368亿元,净利润1 137亿元,即便是在新冠肺炎疫情对经济造成重大打击的时期,华为的盈利能力还是一直在增长的,同年华为对于新技术的研发投入高达1 427亿元。在全国高新技术的开发区中,民营科技企业占到了70%以上,所提供的科技创新成果也占了70%以上[16],中小企业在政策和科技发展的帮助下也在逐步发展。

透过数据我们可以看到民营企业对于国家的发展是不可或缺的,它们掌握着庞大的资产和人力资源,对于推动和开发新技术有很大的影响力,相信在未来私营企业一定能更有力地带动康复行业的发展,而企业展示出来的独立自主、拼搏奋进的精神将为全社会注入新的活力,这种精神也将传递到下一代,并带来深远影响。

总括而言,上述三股新动能势力构成本书的基本观点,互联网技术升级推动康复技术的发展和康复资讯的传播,为康复效率带来跨越性的提升;爱心慈善人士在政府带领下开展公益活动,举办社会组织性质的康复机构;企业在市场化的环境中研发最新康复产品(服务)。借助这三股新动能势力服务广大残障儿童,可以有效推动我国教育康复行业的发展,掌控和驾驭未来的走向。

第二节 儿童教育康复市场规模

中国残疾人数量众多,康复机构与康复师处于供不应求的状态,儿童教育康复行业出现很大的人才缺口,发展前景广阔,可以预见未来10年内会有许多优秀的康复师进入康复行业,助力康复事业的发展;与此同时,随着教育康复市场规模日益扩大,大量资金不断涌入,教育康复行业迎来发展契机。

一、健康服务业规模

健康服务业是一个大产业概念,康复市场是其中一个重要领域,儿童教育康复市场虽是小众规模却引人关注,尤其是孤独症,由于近年来其发病率居高不下,引发各界高度重视。下面就健康服务业、康复市场规模、孤独症康复市场做进一步讨论。

(一)健康服务业

2013年10月14日,国务院公布的《国务院关于促进健康服务业发展的若干意见》(以下简称《意见》)明确指出,健康服务业包括医疗护理、康复保健、健身养生等众多领域,是现代服务业的重要组成部分和薄弱环节[17]。《意见》提出,到2020年,中国将基本建立覆盖全生命周期、内涵丰富、结构合理的健康服务业体系,打造一批知名品牌和良性循环的健康服务产业集群;健康服务业总规模达到8万亿元以上,成为推动经济社会持续发展的重要力量。

(二)康复市场规模

据亿渡数据2020年的报告预测,到2025年中国康复行业市场规模能够达到2 920亿元,如图1-1所示。2020年,中国康复行业市场规模从2016年的575亿元增至1 220亿元,CAGR(复合年均增率)为20.69%。其中,康复医疗器械市场规模为380亿元,2016—2020年的CAGR为21.39%;康复医疗服务市场规模为840亿元,2016—2020年的CAGR为20.38%。到2025年,预计中国康复行业市场规模将增至2 920亿元,2021—2025年的CAGR为16.59%。其中,康复医疗器械市场规模为810亿元,2021—2025年的CAGR为13.97%;康复医疗服务市场规模预计为2 110亿元,2021—2025年的CAGR为17.68%。

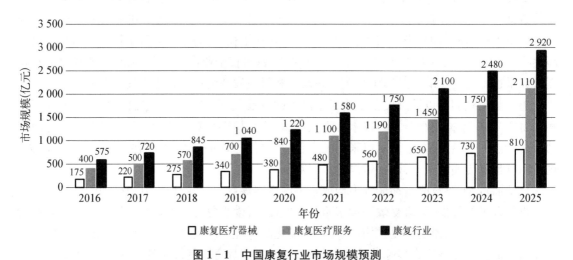

图1-1 中国康复行业市场规模预测

资料来源:亿渡数据2020年的报告;2021—2025年的数据为预测数据

慢性病康复、老年人康复、残障康复、康复外科、居家康复等康复需求空间大。随着临床医学水平的提高,因各种原因导致的暂时性功能障碍群体巨大;脑卒中发病率年年增长,因其高发病率、高致残率,康复需求随之增加;目前我国残疾人总数超8 500万人,据估计,到2030年我国残疾人数量将达到1亿人[18],残疾人数量庞大;在整体需求增加的大背景下,康复外科加速发展;居民康复医疗消费能力提升,家用康复设备需求高速增长,家庭康复市场存在巨大潜力和机遇。因此,康复医疗行业终端受益者主要涵盖老年人、慢性疾病患者、残疾人、术后功能障碍者、产后功能障碍者、重疾人群等群体,潜在康复需求巨大。

(三)孤独症康复市场

根据国务院颁布的《残疾儿童康复救助制度》,自 2018 年 10 月 1 日起,对符合条件的 0—6 岁视力、听力、言语、肢体、智力等残疾和孤独症儿童,提供手术、辅助器具配置和康复训练等救助[19]。根据政府每年的转移支付总额以及潜在市场的交易量来预计市场容量,针对每位孤独症儿童,政府康复补贴费用为每年 2.0 万—5.0 万元(全国各地补贴金额有差异),现有的登记方式与补贴体系已实现接近覆盖所有已接受康复的孤独症患儿家庭。截至 2021 年 11 月底,全国已有 33.2 万名残疾儿童接受康复救助,相较 2020 年,残疾儿童受益人数增加近 5 万名。同时,各地残联积极沟通协调相关部门,力争投入更多残疾儿童康复救助资金,并适时提高救助标准、扩大救助范围,让更多残疾儿童得到康复救助。

据保守估计,我国的孤独症儿童发生率约为 2.6‰ 且逐年增加,中国有超过 1 000 万名的孤独症患者,包括 200 多万的孤独症儿童。按照 2021 年中国常住人口出生率 1‰ 计算,孤独症患者数量将以每年超 20 万人的速度增长[20]。按目前人均康复服务费用(即人均 8 万—10 万元)推算康复服务市场容量,每年学龄前孤独症儿童康复服务的潜在市场容量超过 1 500 亿元。

二、教育康复产业快速发展、日臻成熟

康复领域包括教育康复,这是全面康复的重要组成部分。教育康复的核心内涵是儿童的教育和康复,即以教育和训练手段改善或恢复受损害的机体功能,使受损害的儿童个体重返社会、适应社会。教育康复主要依靠社会、教师(康复师)、患儿本人及其家庭,其组织形式有专门的教育机构(学校、班级、中心等),亦可在普通机构、社区、家庭内开展集体的或个别的特殊教育工作,运用一般的教育方法和结合受损机体特殊性的适当的特殊方法来实现。儿童时期是个体成长发育和接受启蒙教育的重要阶段,将康复与教育、游戏结合有助于其身心潜能获得较大可能的发展。

至 2020 年底,全国有残疾人康复机构达 10 440 个,其中残联系统康复机构有 2 550 个。康复机构在岗人员达 29.5 万人,其中,管理人员 3.1 万人,业务人员 21.3 万人,其他人员 5.1 万人[21]。在已经到来的"十四五"期间,根据《"十四五"残疾人保障和发展规划》,中国残联、教育部、民政部、人力资源社会保障部、国家卫生健康委、国家医疗保障局制定了《"十四五"残疾人康复服务实施方案》,提出主要目标:着力构建与经济社会发展相协调、与残疾人康复需求相适应的残疾人康复保障制度和服务体系;着力增强专业化康复服务能力,提升残疾康复服务质量,进一步满足城乡残疾人基本康复服务需求。到 2025 年,有需求的持证残疾人和残疾儿童接受基本康复服务的比例达 85% 以上,残疾人普遍享有安全、有效的基本康复服务[22]。

2020 年,全国共有特殊教育普通高中(部、班)104 个,在校生 10 173 人,其中听力障碍学生 6 034 人,视力障碍学生 1 491 人,其他障碍学生 2 648 人。残疾人中等职业学校(班)147 个,在校生 17 877 人,毕业生 4 281 人,毕业生中 1 461 人获得职业资格证书。全国有 13 551 名残疾人被普通高等院校录取,2 253 名残疾人进入高等特殊教育学院学习[21]。

依据中央财政报告、国家政策分析、市场投资报告以及行业规范化条例等基础文件,分析教育康复产业市场容量的发展变化(图 1-2),我们认为教育康复行业经过快速发展,已日渐成熟。

(1) 2008 年,汶川大地震使数以万计的幸存者成为需要长期康复医疗服务的伤残人士,国

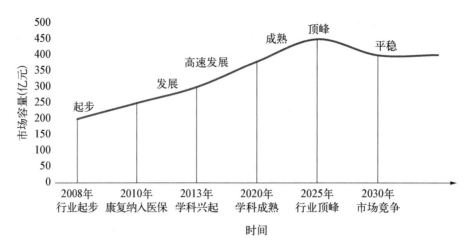

图 1-2 教育康复产业市场容量分析及预测

预测依据：中央财政、国家政策、市场投资、行业规范化条例

家对康复行业的关注度开始提升。同时,该年是我国首次举办亚洲大洋洲物理与康复医学大会之年,也是中国康复医学第五届理事会开始工作之年,是中国康复医学发展的关键之年。各级政府已经累计投入大量资金,用于购买和添置各类设备,行业处于起步阶段。

（2）2010年,是中国"十一五"规划的最后一年,《中国残疾人事业"十一五"发展纲要（2006年—2010年）》要求的各项任务全面完成,康复行业不断成长,残疾人康复状况进一步提高。该年,卫生部发布《关于将部分医疗康复项目纳入基本医疗保障范围的通知》,将脑瘫肢体综合训练等多项医疗康复项目纳入基本医疗保障范围[23],标志着康复行业进入发展阶段。

（3）2013年起,国家密集出台了一系列政策,华东师范大学率先组建教育康复学专业,各地高校相继开设各类相关专业,教育康复行业进入到高速发展阶段,这一阶段持续至2020年。其间,学科建设、技术研发和康复服务等各方面发展迅速,2019年设立华东师范大学中国言语听觉康复及科学与ICF应用研究院,成为中国唯一一家立足言语康复领域的世界卫生组织ICF成员单位；第一批教育康复学本科毕业生陆续走上工作岗位,分布在民政、残联、卫生和教育部门,逐渐成长为业务骨干或管理干部,部分学生选择自主创业,成立康复机构、康复企业等。

（4）2020年,华东师范大学获批首个医学技术类专业,设立了听力与言语康复学本科,成为全国首个拥有言听专业本硕博学位授权点的高校。康复行业进入缓慢而有序的发展阶段,各项指标逐渐完善,行业日益成熟。预计2025年,即"十四五"规划的最后一年教育康复产业的发展将到达最高点,实现行业成长与成熟之间的过渡。龙头企业初步形成或将出现独角兽上市公司,整合行业资源,成为行业领袖。

（5）我国的教育康复产业预计在2030年后进入平稳阶段,行业进行调整,优胜劣汰,优质的产品、技术和服务将进入终端家庭,这符合行业发展的正常规律。

三、刚性需求为康复市场续航

康复注重的不是治疗而是功能,"恢复患者的功能"是康复的首要目的。由于临床医学对康复的认知不断加强,患者的需求与政策的鼓励相辅相成,康复在医疗行业链条中的位置在不断地上升,康复市场已经逐渐演变成一个刚需市场。此外,一系列紧锣密鼓的扶持政策的推出,使得康复机构建设和高科技康复技术研发获得政府层面的支持,教育康复已经成为资本竞相追逐的下一个风口。

资本是市场的"风向标",多次产业热潮都来自资本的"热钱"涌动,反观康复领域,并没有像互联网医疗、人工智能等风口一般迎来资本的蜂拥,据不完全统计,2016年至2018年间的康复领域融资事件中,各类资本在这一领域投入约36亿元的资金。由此看来,相比起一年就能疯狂吸金数百亿元的领域而言,康复行业的投资来得更加理性,同时康复市场的发展机遇也更长远。

从2019年至2021年,运动康复领域共发生11起融资事件,总融资金额约为8亿元,其中邦尔骨科在2021年1月获得3亿元融资,成为近两年来的单笔最高融资[24]。而卓道医疗、德美医疗、健行仿生接连完成两轮融资,展现出了极佳的市场潜力。

在一级市场上,2021年,康复领域一级市场发生了20余起投融资事件。在二级市场上,不少上市公司开始或持续通过收购、投资的方式加注康复行业。

表1-2 2016—2022年资本市场发生的康复行业的投融资事件

序号	公司简称	成立时间	所在省份	融资时间	融资轮次	金额(万元)	币种	投资机构	细分赛道
1	朗高养老	2011	江苏	2016	新三板	—	人民币	—	居家康复护理
2	朗高养老	2011	江苏	2017	定向增发	1 814	人民币	—	居家康复护理
3	朗高养老	2011	江苏	2018	定向增发	1 456	人民币	和易瑞盛	居家康复护理
4	优德医疗	2008	河南	2016	定向增发	520	人民币	天风天睿	康复器械
5	动能趋势	2008	北京	2017	定向增发	1 000	人民币	—	康复科室建设
6	明州康复医院	2015	浙江	2017	收购	25 600	人民币	三星医疗	康复医院
7	唐邦科技	2003	天津	2018	新三板	703	人民币	—	康复器械
8	康久医疗	2011	浙江	2016	战略投资	21 400	人民币	物明投资、微医、博济医药	社区康复
9	顾连医疗	2014	上海	2017	战略投资	100 000	人民币	新风天域	康复医院
10	邦尔骨科	2012	浙江	2018	C轮	30 000	人民币	启明投资	骨科康复
11	邦尔骨科	2012	浙江	2017	B轮	20 000	人民币	金浦投资	骨科康复
12	术康/尚医科技	2014	四川	2018	B+轮	—	人民币	慧佳投资	运动康复

续 表

序号	公司简称	成立时间	所在省份	融资时间	融资轮次	金额（万元）	币种	投资机构	细分赛道
13	术康/尚医科技	2014	四川	2018	B轮	4 000	人民币	IDG资本	运动康复
14	德美医疗	2015	北京	2018	B轮	1 000	人民币	博行资本、元生创投	运动医学耗材及服务
15	德美医疗	2015	北京	2016	A轮	1 000	人民币	清控银杏	运动医学耗材及服务
16	瑞泉护理	2013	福建	2018	B轮	1 000	人民币	海富产业投资、朴弘资本、中-比投资基金	居家康复护理
17	东方启音	2010	广东	2017	B轮	2 500	美元	斯道资本、F-Prime Capital Partners、长岭资本、北极光创投	儿童康复
18	七鑫易维	2009	北京	2016	B轮	1 000	人民币	中兴合创、朗玛峰创投、清研资本、高通	康复器械
19	优复门诊	2018	上海	2018	A+	1 000	人民币	真格基金、经纬中国	骨科康复
20	优复门诊	2018	上海	2016	A轮	1 000	人民币	涌铧投资、淳元资本、国金证券	骨科康复
21	博集医疗/医数	2014	上海	2016	A轮	1 000	人民币	涌铧投资、淳元资本	骨科康复
22	聚陆医疗	2014	北京	2018	A轮	1 000	人民币	幂方资本、中卫基金、旦恩资本	心肺康复
23	聚陆医疗	2014	北京	2018	天使轮	—	人民币	旦恩资本	心肺康复
24	福寿康	2011	上海	2018	A轮	—	人民币	达晨创投、华医资本、复星医药、复容投资、麦创资本、齐亨投资	居家康复护理
25	福寿康	2011	上海	2018	天使轮	—	人民币	华医资本	居家康复护理
26	福寿康	2011	上海	2017	种子轮	—	人民币	岭南投资	居家康复护理
27	加动健康	2015	安徽	2018	A轮	1 000	人民币	建银国际	运动康复

续 表

序号	公司简称	成立时间	所在省份	融资时间	融资轮次	金额（万元）	币种	投资机构	细分赛道
28	大米和小米	2014	广东	2018	A轮	4 000	人民币	达晨创投	儿童康复
29	臻络科技/GYENNO	2013	广东	2017	A轮	1 000	人民币	光谷人才基金、约印医疗基金	智能硬件
30	臻络科技/GYENNO	2013	广东	2016	PreA轮	—	人民币	阿米巴资本	智能硬件
31	千家万户	2015	上海	2016	A轮	—	人民币	鼎聚投资	居家康复护理
32	泊康医疗	2011	北京	2018	A轮	1 000	人民币	雅惠精准医疗基金	神经康复
33	宜生到家	2015	北京	2016	A轮	5 000	人民币	世纪长河集团、合一资本、风云资本	肌骨疼痛
34	弘道运动医学诊所	2011	北京	2017	A轮	1 000	人民币	清控银杏	运动康复
35	傅里叶智能	2015	上海	2018	A轮	3 000	人民币	IDG资本、火山石资本、前海母基金、景旭创投	康复器械
36	傅里叶智能	2015	上海	2016	PreA轮	1 500	人民币	火山石资本	康复器械
37	六六脑	2012	江苏	2017	A轮	100	美元	斯道资本、北极光创投	神经康复
38	通泽医疗	2016	广东	2017	A轮	90 500	人民币	挚金资本	康复器械
39	五彩鹿	2015	北京	2018	A轮	—	人民币	国融信	儿童康复
40	卓道医疗	2015	上海	2019	PreA轮	1 000	人民币	中铂基金、幂方资本	康复器械
41	几近完美	2014	上海	2018	PreA轮	—	人民币	动域资本	肌骨疼痛
42	护礼家	2015	上海	2016	PreA轮	1 000	人民币	普华资本	居家康复护理
43	恩启/ingcare	2014	北京	2017	PreA轮	1 000	人民币	清控银杏、晨创力合	儿童康复
44	小柏家护	2015	浙江	2016	PreA轮	3 000	人民币	万豪国际	居家康复护理
45	迈步机器人	2016	广东	2018	PreA轮	1 000	人民币	联想创投、分享投资	康复器械

续 表

序号	公司简称	成立时间	所在省份	融资时间	融资轮次	金额（万元）	币种	投资机构	细分赛道
46	睿翰医疗	2016	广东	2018	PreA轮	2 000	人民币	西高投、睿鼎资本、青锐创投	康复器械
47	杰曼智能	2017	浙江	2018	天使轮	600	人民币	—	康复器械
48	体创动力	2016	江苏	2017	天使轮	2 000	人民币	熠帆资本	运动康复
49	金牌护士	2015	北京	2016	天使轮	1 000	人民币		居家康复护理
50	千含医疗	2013	北京	2016	天使轮	200	人民币	默联	智能化康复
51	健租宝	2013	北京	2017	天使轮	1 100	人民币	达晨创投、钱璟康复、龙之杰	康复器械流通
52	暖星社区	2016	上海	2017	天使轮	300	人民币	—	儿童康复
53	暖星社区	2016	上海	2017	种子轮	200	人民币	中职动力	儿童康复
54	贴心小护	2015	广东	2016	天使轮	5 000	人民币	启赋资本	产后康复
55	二毛照护	2015	北京	2016	天使轮	1 000	美元	蓝驰创投	居家康复护理
56	健行者	2015	北京	2016	天使轮	300	人民币	—	运动康复
57	欧碧堂	2006	广东	2017	天使轮	300	人民币	—	肌骨疼痛
58	颈医卫	2015	上海	2017	天使轮	500	人民币	乾明投资	肌骨疼痛
59	脉沃医疗	2016	上海	2018	天使轮	700	人民币	—	康复器械
60	E帮护	2015	北京	2016	种子轮	200	人民币	国发创投	居家康复护理
61	尖叫科技	2014	上海	2017	Pre-A轮	452.52	美元	薄将资本	康复机器人
62	迈步机器人	2016	广东	2017	天使轮	—	—	联想创投、秦有基金	康复机器人
63	欧碧堂	2006	广东	2017	天使轮	45.57	美元	—	中医脊椎康复
64	暖星社区	2016	上海	2017	天使轮	45.57	美元	—	孤独症康复
65	驿络科技	—	浙江	2017	A轮	151.9	美元	光谷人才基金、约印创投	智能硬件、可穿戴设备

续　表

序号	公司简称	成立时间	所在省份	融资时间	融资轮次	金额（万元）	币种	投资机构	细分赛道
66	健租宝	2013	北京	2017	天使轮	167.09	美元	达晨创投、钱景康复、龙之杰	康复器械租赁
67	邦尔骨科	2012	浙江	2017	B轮	3 088	美元	金浦资本	骨科康复
68	体创动力	2016	江苏	2017	天使轮	303.8	美元	借帆资本	运动康复诊所、可穿戴设备
69	信迈医疗	2012	江苏	2018	C轮	7 000	人民币	聚明创投和朴资本	康复器械
70	脉沃医疗	2016	上海	2018	天使轮	700	人民币	—	康复器械
71	聚陆医疗	2014	北京	2018	A	数千	人民币	幂方资本、天亿集团、旦恩资本	心肺康复
72	颐连医疗	—	—	2017	战略投资	15 082.96	美元	新风天域	康复专科医院
73	通泽医疗	2016	广州	2017	A轮	136.5	美元	挚金资本	康复器械
74	弘道运动医学诊所	2011	北京	2017	A轮	150.83	美元	清控银杏	运动康复诊所
75	欧欧眼保仪	2002	北京	2017	A轮	273.42	美元	—	智能硬件、眼科康复
76	脉沃医疗	—	江苏	2017	天使轮	700	人民币	—	康复器械
77	维看科技	2016	北京	2019	B轮	—	—	海银资本、巨鲸财富、中关村转化医疗科技	
78	卓道医疗	2015	上海	2019	PreA轮	数千	人民币	幂方资本、中铂基金	
79	健行仿生	2017	广东	2019	种子轮	数千	人民币	—	
80	德美医疗	2016	北京	2019	C轮	数千	人民币		
81	伟思医疗	2001	江苏	2020	IPO	—	—		
82	迈步机器人	2016	广东	2020	A轮	数千	人民币	德宁实业投资、联想创投、香洲科温	
83	健行仿生	2017	广东	2020	A轮	数千	人民币	University of Tokyo Edge Capital Partners	

续 表

序号	公司简称	成立时间	所在省份	融资时间	融资轮次	金额（万元）	币种	投资机构	细分赛道
84	德美医疗	2016	北京	2020	D轮	10 000	人民币	博行资本、启明创投、元生创投、高瓴资本	
85	优复门诊	2018	上海	2020	B轮	5 000	人民币	经纬中国、长岭资本	
86	邦尔骨科	2012	浙江	2021	D轮	30 000	人民币	王强资本、达晨财智	
87	卓道医疗	2015	上海	2021	A轮	数千	人民币	张江高科领投，联想之星跟投	康复机器人
88	迈步机器人	2016	广东	2021	A+轮	数千	人民币	星辰基金和四环医药联合领投，浙江德尼女、联想创投跟投	康复机器人
89	好博医疗	2011	江苏	2021	—	数千	人民币	毅达资本	不同技术
90	傅立叶智能	2015	上海	2021	C+	数千	人民币	上海人工智能产业投资基金	康复机器人
91	程天科技	2017	浙江	2021	A	数千	人民币	蓝驰创投	康复养老
92	傅立叶智能	2015	上海	2021	C+	数千	美元	沙特阿美旗下风险投资基金 Prosperity 7 ventures 基金	
93	司弈智能	—	—	2021	Pre-A	数千	人民币	道远资本	脑卒中康复、康复机器人
94	念通智能	2016	上海	2021	Pre-A	数千	人民币	六合创投、一栗万维	骨科康复
95	上海电气智能康复	2018	上海	2021	A	数千	人民币	泰越资本、上海恩磊投资	
96	邦邦机器人	2016	上海	2021	—	超千	美元	长岭资本	
97	傅立叶智能	2015	上海	2022	D轮	40 000	人民币	软银愿景基金2期领投，沙特阿美旗下风险投资基金 Prosperity 7 Ventures、元璟资本跟投	康复机器人

资料来源：https://t.cj.sina.com.cn/articles/view/5334569296/13df7115000100gib0，表内"—"表示未知。

第三节　创新创业的助推力

2014年9月,国务院提出"大众创业、万众创新",随后我国掀起了全民创新创业的高潮,各类创业群体蓬勃发展,显示出巨大活力。

一、全国大学生创业大赛

目前,国家层面的大学生创新创业比赛主要有两项:一项是始于1999年的"挑战杯"中国大学生创业计划竞赛,另一项则是始于2015年的中国国际"互联网+"大学生创新创业大赛。

(一)"挑战杯"中国大学生创业计划竞赛

"挑战杯"竞赛是由共青团中央、中国科协、教育部、全国学联和地方省级人民政府共同主办的全国性大学生课外学术科技创业类竞赛,始终坚持"崇尚科学、追求真知、勤奋学习、锐意创新、迎接挑战"的宗旨,在广大高校乃至社会上产生了广泛而良好的影响,被誉为当代大学生科技创新的"奥林匹克"盛会[25]。

自1999年首届"挑战杯"竞赛开始,就有全国大学生课外学术科技作品竞赛(大挑)和中国大学生创业计划竞赛(小挑)两个并列赛事,两个赛事交叉轮流开展,每两年举办一届。2014年起,"挑战杯"中国大学生创业计划竞赛改革提升为"创青春"中国大学生创业大赛,比赛周期仍为两年一届。

"挑战杯"竞赛作为国内影响最为广泛的大学生科技创新平台,是培养大学生创新创业能力的重要载体,是全面提升大学生创新意识和创新能力的有效途径,是高校实践育人体系的重要环节。

1. "挑战杯"竞赛社会影响广泛,参与度高

"挑战杯"竞赛经过多年的发展,现有国家级、省级、校级三级联动的赛制,为全国高校的学子提供参赛的机会和平台。近几年更是将港澳台众多高校积极引导参与到竞赛中,在广大青年学生中的影响力和号召力逐步增强,现已形成全民化、全球化、全体验化、绿色化、实战化和可持续化的"挑战杯"竞赛。

2. "挑战杯"竞赛专业覆盖全面,可参与性强

"大小挑"共同配合,专业几乎覆盖机械与控制、信息技术、生命科学、教育、管理、社会等各大学科门类。改革后的"创青春"大学生创业大赛更是引入了创业实践挑战赛和公益创业赛,将已毕业的创业学生融入竞赛中,将社会公益创业纳入竞赛范畴。

3. "挑战杯"竞赛考验综合素质,能力提升快

从选题、组队到研究、论证,从文本撰写到PPT制作,从作品展示到现场答辩,每一个环节都考验学生的综合能力素质。在选题过程中,学生需要结合自身专业特色,了解科技发展前沿和市场需求,方能确定选题;在组队过程中,学生需要全面剖析自身的优势和不足,互补的队员组成团队,锻炼团队协作能力;在研究、论证过程中,学生需要深入实践调研,全面了解自身作品的创新点和不足;在文本撰写和PPT制作过程中,需要学生以严谨和凝练的文字阐述研究成果,也锻炼学生现代化办公工具的应用;在作品展示和现场答辩环节,考验参赛学生的专业知识、表达能力和个人表现力。

(二)中国"互联网+"大学生创新创业大赛

中国"互联网+"大学生创新创业大赛,以"'互联网+'成就梦想,创新创业开辟未来"为主

题,由教育部与有关部委共同主办。大赛旨在深化高等教育综合改革,激发大学生的创造力,培养和造就"大众创业、万众创新"的主力军;推动赛事成果转化,促进"互联网+"新业态形成,服务经济提质增效升级;以创新引领创业、创业带动就业,推动高校毕业生更高质量创业就业。[26]

历届大赛回顾:

(1) 首届中国"互联网+"大学生创新创业大赛由教育部与有关部委和吉林省人民政府共同主办,总决赛于2015年10月21日在吉林大学闭幕。

在首届中国"互联网+"大学生创新创业大赛上,来自全国31个省份、1 800余所高校的57 000多支团队报名参赛,提交作品36 000多个,参与大学生超过20万人。经过各省(区、市)的预赛初赛,有300个项目进入全国总决赛,最终颁发金奖34个、银奖82个、铜奖184个。[27]

冠军项目:哈尔滨工程大学——"点触云安全系统"项目。

(2) 第二届中国"互联网+"大学生创新创业大赛由教育部与有关部委和湖北省人民政府共同主办,全国总决赛于2016年10月15日在华中科技大学圆满落幕。

本届大赛于2016年3月启动,参赛高校2 110所,占全国普通高校总数的81%,学生报名项目118 804个,直接参与学生为545 808人,近400家投资机构和企业参与评审并为大赛提供支持。大赛已经成为覆盖全国所有高校、面向全体大学生、影响最大的赛事活动,呼应了国家大众创业、万众创新和创新驱动发展战略的要求,促进产学研用紧密结合,带动了高校创新创业教育改革不断深化。[28]

冠军项目:西北工业大学——"翱翔系列微小卫星"项目。

(3) 第三届中国"互联网+"大学生创新创业大赛由教育部与有关部委和陕西省人民政府共同主办,总决赛在西安电子科技大学闭幕。

自2017年3月启动以来,本届大赛共吸引了2 241所高校参赛,团队报名项目37万个,参与学生150万人,参与高校与大学生数量均创新高。参赛项目内容涵盖"互联网+"现代农业、信息技术服务、文化创意、公益创业等多个领域,涌现了一批科技含量高、市场潜力大的项目。[29]

冠军项目:浙江大学杭州光珀智能科技有限公司研发的一代固态面阵激光雷达。

(4) 第四届中国"互联网+"大学生创新创业大赛由教育部等13个部委和福建省人民政府共同主办,厦门大学承办。

本届大赛以"勇立时代潮头敢闯会创,扎根中国大地书写人生华章"为主题,于2018年3月全面启动。大陆(内地)共有2 278所高校的265万名大学生、64万个团队报名参赛,超过以往三届的总和。经激烈角逐,共有400多支队伍参加总决赛。在港澳台方面,共有近百个项目参赛,从中产生20支队伍参加总决赛;国际赛道方面,来自全球50个国家的600多支队伍参赛,最终60支队伍参加总决赛。[30]

冠军项目:北京理工大学——"中云智车——未来商用无人车行业定义者"。

(5) 第五届中国"互联网+"大学生创新创业大赛由教育部等12个中央部委单位和浙江省人民政府共同主办,浙江大学和杭州市人民政府承办。

本届大赛全国总决赛于2019年10月13—15日在浙江大学圆满落幕,实现了"更全面、更国际、更中国、更教育、更创新"的办赛目标,打造了一场"百国千校"的世界大学生创新创业盛会。比赛共有来自全球五大洲124个国家和地区的457万名大学生、109万个团队报名参赛,参赛项目和学生数接近前四届大赛的总和。[31]

冠军项目：清华大学——交叉双旋翼复合推力尾桨无人直升机。

（6）第六届中国国际"互联网＋"大学生创新创业大赛由教育部等12个中央部委单位和广东省人民政府主办，华南理工大学、广州市人民政府、深圳市人民政府承办。

本届大赛正式更名为中国国际"互联网＋"大学生创新创业大赛，总决赛于2020年11月17—20日在广东华南理工大学举行[32]。大赛参赛项目涉及人工智能、航空航天、高端制造、医学生物、环境保护、能源开发、新材料、文化创意、公益服务等各个领域，推动了新一代信息技术与经济社会各领域的紧密结合。共有164个中国内地参赛项目、23个中国港澳台地区参赛项目和111个国际参赛项目从全球147万个参赛项目中脱颖而出，参与总决赛比赛[33]。

冠军项目：北京理工大学——"星网测通"项目。

（7）第七届中国国际"互联网＋"大学生创新创业大赛由教育部等12个中央部委单位和江西省人民政府共同主办，南昌大学、南昌市人民政府承办。

本届大赛以"我敢闯，我会创"为主题，共有来自121个国家和地区、4 347所院校的956万余人次报名参赛，参赛项目达228万余个，赛事规模再创新高。大赛实现了"三个覆盖"：内地院校参赛全覆盖、教育全学段参赛全覆盖、世界百强大学参赛基本覆盖[34]。2021年10月15日冠军争夺赛在南昌大学前湖校区白帆运动场举行，比赛采用线上线下相结合，以赛为主、以演为辅、赛演一体的方式，国际项目全程线上参赛[35]。

冠军项目：南昌大学中科光芯——硅基无荧光粉发光芯片产业化应用[34]。

二、中国创新创业政策解读

鼓励创业是促进就业、推动经济可持续发展的创新型途径。鼓励创业的关键在于通过制定行之有效的政策形成有利于创业的生态。大学生创业在政府的支持和社会的鼓励下，能更有计划性地执行和实施；与此同时，政府出台了科技人员与高校教师兼职的政策文件，为科技人员兼职提供法律保障，具体政策可见表1-3。

表1-3 中国创新创业政策汇总表

年 份	政 策 名 称
1999	《面向21世纪教育振兴行动计划》
2003	《关于做好2003年普通高等学校毕业生就业工作的通知》
2004	《关于深入实施"中国青年创业行动"促进青年就业工作的意见》
2005	《中共中央关于制定国民经济和社会发展第十一个五年规划的建议》
2006	《国家中长期科学和技术发展规划纲要(2006—2020年)》
2007	《关于进一步加强创业培训推进创业促进就业工作的通知》
2008	《关于促进以创业带动就业工作指导意见的通知》
2009	《关于加强普通高等学校毕业生就业工作的通知》
2010	《关于实施2010高校毕业生就业推进行动大力促进高校毕业生就业的通知》

续 表

年　份	政　策　名　称
2010	《关于实施大学生创业引领计划的通知》
2011	《国务院关于进一步做好普通高等学校毕业生就业工作的通知》
2012	《关于加强高校毕业生职业培训促进就业的通知》
2013	《国务院办公厅关于做好2013年全国普通高等学校毕业生就业工作的通知》
2014	《关于实施大学生创业引领计划的通知》
2014	《关于做好2014年全国普通高等学校毕业生就业创业工作的通知》
2015	《关于大力推进大众创业万众创新若干政策措施的意见》
2015	《关于深化改革高等学校创新创业教育改革的实施意见》
2015	《关于进一步做好新形势下就业创业工作的意见》
2017	《关于支持和鼓励事业单位专业技术人员创新创业的指导意见》
2018	《高等学校乡村振兴科技创新行动计划（2018—2022年）》

（一）大学生创业政策

1999年，教育部制定、国务院批准颁布《面向21世纪教育振兴行动计划》，其中第27条指出：加强对教师和学生的创业教育，采取措施鼓励他们自主创办高新技术企业[36]。该政策与1995年5月中共中央、国务院《关于加速科学技术进步的决定》提出的"在全国实施科教兴国的战略"这一宏观政策要求相呼应。与此同时，大学生"挑战杯"创业计划竞赛开始举办，这一大型比赛提高了大学生创业在社会层面的权威性和认可性，也在全国产生了很强的政策信号。

2002年是较为平静的一年，除去第三届创业计划大赛，教育部召开了普通高校"创业教育"试点工作会议，正式确定了九所高等学校为创业教育试点院校，并给予资金和政策的支持。同年，教育部先后召开几次创业教育试点院校座谈会，举办了"教育部创业教育骨干教师培训班"等。

2003年5月，国务院办公厅颁布的《关于做好2003年普通高等学校毕业生就业工作的通知》中要求，凡高校毕业生从事个体经营的，除国家限制的行业外，自工商部门批准其经营之日起，1年内免交登记类和管理类的各项行政事业性收费[37]。同年6月，国家工商总局发布通知，就2003年普通高等学校毕业生从事个体经营出台了有关收费优惠的具体政策。

2004年4月，共青团中央、劳动和社会保障部联合发布了《关于深入实施"中国青年创业行动"促进青年就业工作的意见》，要求从普及创业意识、培养创业能力、提供创业服务、优化创业环境、完善对青年的就业服务五方面采取措施，引导、帮助广大青年（包括大学毕业生）在创业中实现就业[38]。

2005年始，国家加大了对大学毕业生自主创业的支持力度。在接下来的2006年、2007年，《十四部门关于切实做好2006年普通高等学校毕业生就业工作的通知》（教学〔2006〕8号）第四条[39]、《国务院办公厅关于切实做好2007年普通高等学校毕业生就业工作的通知》（国办发〔2007〕26号)第三条[40]以及《关于进一步加强创业培训推进创业促进就业工作的通知》(劳社部发〔2007〕30号)[41]等政策,都是针对大学生创业优惠扶持力度的体现,其中包括了扩大创业教育试点范围、设立大学科技园以及创业孵化机构等。

2008年,受金融危机影响,劳动力市场需求萎缩。大学生就业问题日益成为社会关注的热点问题。国务院办公厅转发人力资源和社会保障部等部门发布的《关于促进以创业带动就业工作指导意见的通知》[42]。与此同时,创业政策涉及的部门较过去数量更多,类型更广。

2010年,《关于实施2010高校毕业生就业推进行动大力促进高校毕业生就业的通知》《关于实施大学生创业引领计划的通知》都表明,"以创业带动就业"是大学生毕业的新方向[43,44]。

2012年11月,中国共产党第十八次全国代表大会在北京胜利召开,大会鼓励多渠道多形式就业,促进创业带动就业。

2014年是大学生创业政策变化的重要一年。自2014年起,更多省份参与大学生创业,共同营造良好创业环境。如河南省下发了《关于进一步加大大学生创业扶持力度的通知》[45],江苏省南京市实施《南京市紫金科技人才创业特别社区条例》[46],湖北省下发《关于实施湖北省大学生创业引领计划的通知》[47]等。

2015年,国务院颁布《关于大力推进大众创业万众创新若干政策措施的意见》[48],地方政府纷纷响应政府号召,出台系列相关政策,如2016年广州市出台的大学生创业相关政策、2017年上海市出台的大学生创业相关政策等。

2018年,教育部发布《高等学校乡村振兴科技创新行动计划(2018—2022年)》通知,通知提出,发挥高校优势,通过科技创新引导、科学研究支撑行动[49]。

(二)科创成果转化政策

大学生创业是推动行业发展源源不断的动力,与此同时,产业相关的高科技人员与教师是助力产品推陈出新的重要力量。因此,学生创业与产业相关人员兼职、科技成果创新应并行发展,以拉动整体产业效能。科技人员与高校教师兼职的政策可以追溯到1981年,在发展过程中遇到无法兼顾本职和兼职关系、科创成果知识产权无法评定等问题,经过多年来相关部门的不断调整,政策逐步趋于完善,科技人员与教师已有相应的自由在本职工作外从事科创项目,促进科技成果不断向现实生产力转化。

最早对科技人员兼职作出规定的是中共中央办公厅、国务院办公厅于1981年4月23日印发的《科学技术干部管理工作试行条例》。该条例第九条第二款规定,科学技术干部在完成本职工作的前提下,经所在单位同意,可以接受外单位的临时聘请[50]。

1988年起,国家开始规范科技人员兼职。国务院办公厅于1988年1月18日转发了《国家科委关于科技人员业余兼职若干问题意见》(国办发〔1988〕4号),指出"科技人员的业余兼职,发挥了现有科技队伍的潜力,促进了人才和知识的流动,推动了科学技术为经济建设和社会发展服务,总的情况是好的"[51],同时"在如何处理本职和兼职的关系、合理分配劳动报酬以及维护单位、个人技术权益等方面也提出了新问题"[51]。

1999年,国家开始鼓励兼职转化科技成果。1999年3月国务院办公厅转发了科技部等部门制定的《关于促进科技成果转化的规定》(国办发〔1999〕29号)。该规定第5条指出,科技人员可以在完成本职工作的前提下,在其他单位兼职从事研究开发和成果转化活动[52]。也许因为教育部是该规定的制定单位之一,该规定提出,高等学校应当支持本单位科技人员利用节假日和工作日从事研究开发和成果转化活动,学校应当建章立制予以规范和保障[52]。

2009年,受金融危机的影响,科技部与教育部等七部门于2009年3月24日联合印发了

《关于动员广大科技人员服务企业的意见》(国科发政〔2009〕131号)[53]。虽然该意见并没有直接提到"兼职",但在实际操作中是以兼职服务方式为主。

《促进科技成果转化法》于2015年进行了重大修订后,国务院于2016年2月发布了《关于印发实施〈中华人民共和国促进科技成果转化法〉若干规定的通知》(国发〔2016〕16号),继续支持科技人员兼职转化科技成果[54]。

上海市响应国家号召,分别在2015年、2016年颁布了《关于完善本市科研人员双向流动的实施意见》[55]《关于完善市属公办高校专业技术人员校外兼职和在岗离岗创业工作的指导意见》[56],为上海市内科技人员和高校教师兼职提供了法律基础。

2017年,人力资源和社会保障部发布《关于支持和鼓励事业单位专业技术人员创新创业的指导意见》,支持和鼓励事业单位专业技术人员到与本单位业务领域相近企业、科研机构、高校、社会组织等兼职,或者利用与本人从事专业相关的创业项目在职创办企业,是鼓励事业单位专业技术人员合理利用时间,挖掘创新潜力的重要举措,有助于推动科技成果加快向现实生产力转化[57]。

三、企业孵化助力发展

企业孵化器这一概念最早于1959年由美国Josehp L. Mancuso提出,并在美国纽约建立了"巴特维尔"企业孵化器。国际企业孵化器协会将孵化器定义为一种企业支持计划,其对象是新创立的公司。实践证明,企业孵化器极大地提高了科技成果转化和新创企业的存活率,加快了新技术的商业化进程,营造了大众创业、万众创新的良好环境。自1987年我国第一家科技企业孵化器诞生于武汉东湖高新区以来[58],企业孵化器通过为新创办的科技型中小企业提供物理空间、基础设施支持,提供技术转移、人才引进、金融投资、市场开拓、国际合作等一系列服务,降低了科技型中小企业的创业成本,提高了其创业成功率。科技企业孵化器助推科技创新,促进就业,创造税收,取得了一系列令人瞩目的成就[59]。

据科技部火炬中心数据,截至2016年底,全国有创业孵化载体7 533家,包括孵化器3 255家、众创空间4 298家;累计孵化科技型中小企业22.3万家,累计毕业企业8.9万家,其中,上市和挂牌企业1 871家,占创业板上市企业的1/6,占新三板挂牌企业的1/10。孵化器涌现出一批知名上市科技企业,推动了高新技术产业快速发展,为新经济发展注入新动力[58]。

《国家中长期科学和技术发展规划纲要(2006—2020年)》强调,要努力实现科技企业孵化器规模与质量的同步提升[60]。考察我国国家级科技企业孵化器的运行效率,了解各地区国家级科技企业孵化器运行效率水平的差异,将有助于推动国家级科技企业孵化器的健康发展。

表1-4列出了2010—2014年我国16个省份的国家级科技企业孵化器运行效率平均指数和分解数据。

由表1-4可以得出,2010—2014年我国16个省份的国家级科技企业孵化器整体运行效率下降,年均下降14.7%,其中仅上海、江苏、重庆三个区域的国家级科技孵化器运行效率指数大于1,三个区域的国家级科技企业孵化器运行效率年均增长率分别为5.6%、9.5%、1.5%。

上海为东部沿海城市,是国家级科技企业孵化器运行较好的地区。上海市在2015年度603家国家级科技企业孵化器的考核评价中有28家进入榜单,在16个省份的研究样本中,投入指标和产出指标值均位列前茅,原因是其出台了若干支持科技企业孵化器的政策,涉及专项资金扶持及税收优惠等[59]。

表 1-4　2010—2014 年我国 16 个省份国家级科技企业孵化器运行效率结果

省　份	技术运行效率变化	技术进步变化	纯技术运行效率变化	规模运行效率变化	运行效率指数
北京	1.000	0.767	1.000	1.000	0.767
天津	1.000	0.724	1.000	1.000	0.724
辽宁	0.996	0.696	1.000	0.996	0.693
吉林	1.058	0.647	1.033	1.024	0.685
上海	1.000	1.056	1.000	1.000	1.056
江苏	1.000	1.095	1.000	1.000	1.095
浙江	0.962	0.686	1.000	0.962	0.659
福建	1.000	0.698	1.000	1.000	0.698
山东	0.970	0.756	1.000	0.970	0.814
湖北	0.998	0.835	1.000	0.998	0.917
湖南	1.000	0.563	1.000	1.000	0.563
广东	1.011	0.749	1.000	1.011	0.857
重庆	1.000	1.015	1.000	1.000	1.015
四川	1.000	0.688	1.000	1.000	0.688
云南	1.000	0.694	1.000	1.000	0.694
陕西	1.000	0.748	1.000	1.000	0.748
平均值	1.005	0.819	1.002	1.003	0.853

资料来源：徐宏毅,石茜.国家级科技企业孵化器运行效率及地区差异性研究[J].财会月刊,2018(4):43-48.DOI:10.19641/j.cnki.42-1290/f.2018.04.006.

四、资本激发成长动力

目前,在教育康复行业中,商业模式还未成熟,有四股力量正在该行业发力:第一股力量是政府力量,通过残联和民政部门,直接给康复机构的儿童提供补贴,是现有体制中最为直接的一股力量;第二股力量是慈善力量,各企业和个人纷纷解囊相助,通过直接捐款捐物或通过基金会协调、沟通进行项目管理,出资成立专项基金,定向捐助给康复机构和个人,帮助残障儿童;第三股力量是科研力量,即来自高等学校基于康复学科建设所进行的教学和科研工作,这可以带动康复人才的培养、康复技术的前端研究以及康复学科体系的建设;第四股力量是资本力量,这股力量在改革开放的进程中不断进步和发展,已经为中国社会的进步作出了巨大贡献,现在资本已经关注到教育康复行业的发展,并已逐步进入,在资本力量的推动下,康复服务机构开始进行连锁化的尝试,智能康复技术也不断推出,使得整个行业生机勃勃,充满了朝气和活力。

与此同时,我国政府支持自主创业,创业者可在多方面筹集资金,除自身积蓄外,还可以借用周边资金、合伙经营等。同时,加入孵化计划赢取创业基金也是一个很好的选择,国内基金众多,包括各高校创新课题基金、大学生创业基金、中小企业创新基金、张江基金、小巨人项目基金、小额贷款基金以及风险投资基金 PE/VC 等。另外,创业者可寻求投资人、申请银行贷款,支持项目运行。

（一）自身积蓄

目前来讲,许多成功的创业者或者企业家最初的创业基金中至少有 30% 来自自己的积蓄。从最初进入职场,到萌生创业想法再到最终付诸实践,其间大多数人会有一笔或大或小的积蓄,这使得很多创业者都会有"先打工,后创业"的计划。而这笔资金无论大小,都会成为将来创业成功的基础。

（二）借用周边资金

向自己的家人或者亲戚朋友借钱,也是许多创业者最初采取的办法之一。该方法优点是成功率比较高,投资或者利息条件更优惠,而且相对来说能更加快速地拿到钱。缺点就是,家人或者亲戚朋友可能会插手创业过程,而且一旦创业失败,创业者易产生愧疚感。

（三）合伙经营

不少人会选择合伙创业的方式来减轻开始时的资金压力,无论是资金合伙还是技术合伙,均可以缓解很大一部分压力。但是针对这一方式,要注意做好将来面对出资人所给压力或挑战的准备。

（四）加入孵化计划,赢取创业基金

在中央政府的支持下,许多城市都有了自己的创业园区,很多地方政府都为创业者提供创业基金或者孵化器的政策,也有为创业者提供办公地址和初始资金的优惠政策。

此外,现在很多知名创业扶持服务机构和基金会也会定期为创业者举办一些创业大赛和活动。创业者不妨选择去参与大赛活动,为自己赢得创业的"第一桶金"。但是,这也要求创业者需要具备足够的能力和实力,从众多创业者中脱颖而出赢得这笔资金。

（五）寻求投资人

现在涉及面最广的是天使投资,天使投资主要面向初创企业,而且投资资金也相对比较少,一般来说几万元到几十万元不等。而且投不投、投多少也主要依据投资者的个人偏好和眼光,遇到合适又看好的项目,才会考虑投资。所以,这也需要创业者自身的实力强大、能力优秀,但投资项目本身也必须有实力和前景。

（六）申请银行贷款

许多人因为贷款金额大、不熟悉其中的申办手续等原因而觉得审查过于麻烦,投入太多时间和精力不划算,就不考虑银行贷款这一方式。事实上,很多银行都设有小额担保贷款,在必要的时候也可以用于满足企业日常经营生产的资金周转,帮助企业渡过难关。

（七）众筹募资

众筹募资也是目前比较流行的一种筹集资金的办法,创业者可以将有关项目的具体方案提交到众筹平台进行申请,任何具有创意想法的人都可以在平台上启动一个创业筹集计划,然后发起募集,由其他对项目感兴趣的人来捐献部分资金。

第四节　教育康复行业的服务管理部门

教育康复行业是为有听力障碍、言语语言障碍、认知障碍、心理认知障碍等的人群提供诊断、评估、训练、监控等专业化康复服务，帮助其恢复正常言语听觉、语言认知、社会适应等功能，从而融入主流社会的行业。为此，国家层面需要制订行业发展规划，出台相关政策法规，解决行业发展的共性瓶颈问题，这就涉及政府服务和管理部门。

譬如2021年，国家卫生健康委员会、国家发展改革委员会、教育部、民政部、财政部、国家医疗保障局、国家中医药管理局、中国残联制定了《关于加快推进康复医疗工作发展的意见》[62]；2022年，教育部、国家发展改革委、民政部、财政部、人力资源社会保障部、国家卫生健康委和中国残联等七部门制定了《"十四五"特殊教育发展提升行动计划》[62]。

通过交叉比较，我们可以遴选出教育康复行业主管部门：国家市场监督管理总局、国家卫生健康委员会、教育部、民政部、中国残疾人联合会、人力资源和社会保障部、财政部、国家发展和改革委员会。

一、国家市场监督管理总局

国家市场监督管理总局的职责有：负责市场综合监督管理；负责市场主体统一登记注册；负责组织和指导市场监管综合执法工作；负责监督管理市场秩序；依法监督管理市场交易、网络商品交易及有关服务的行为；负责统一管理标准化工作，依法承担强制性国家标准的立项、编号、对外通报和授权批准发布工作；制定推荐性国家标准；依法协调指导和监督行业标准、地方标准、团体标准制定工作；负责统一管理、监督和综合协调全国认证认可工作；建立并组织实施国家统一的认证认可和合格评定监督管理制度等。

二、国家卫生健康委员会

国家卫生健康委员会主要承担以下工作：组织拟订国民健康政策，拟订卫生健康事业发展法律法规草案、政策、规划，制定部门规章和标准并组织实施；协调推进深化医药卫生体制改革，研究提出深化医药卫生体制改革重大方针、政策、措施的建议；制定并组织落实疾病预防控制规划、国家免疫规划以及严重危害人民健康公共卫生问题的干预措施，制定检疫传染病和监测传染病目录；组织拟订并协调落实应对人口老龄化政策措施，负责推进老年健康服务体系建设和医养结合工作；组织制定国家药物政策和国家基本药物制度，开展药品使用监测、临床综合评价和短缺药品预警，提出国家基本药物价格政策的建议，参与制定国家药典；制定医疗机构、医疗服务行业管理办法并监督实施，建立医疗服务评价和监督管理体系等工作。

三、教育部

教育部的主要职责有：拟订教育改革与发展的方针、政策和规划，起草有关法律法规草案并监督实施；负责各级各类教育的统筹规划和协调管理，会同有关部门制订各级各类学校的设置标准，指导各级各类学校的教育教学改革，负责教育基本信息的统计、分析和发布；负责推进义务教育均衡发展和促进教育公平，负责义务教育的宏观指导与协调，指导普通高中教育、幼儿教育和特殊教育工作等工作。

四、民政部

民政部的主要职责有：拟订民政事业发展法律法规草案、政策、规划,制定部门规章和标准并组织实施;拟订社会团体、基金会、社会服务机构等社会组织登记和监督管理办法并组织实施,依法对社会组织进行登记管理和执法监督;拟订社会救助政策、标准,统筹社会救助体系建设,负责城乡居民最低生活保障、特困人员救助供养、临时救助、生活无着流浪乞讨人员救助工作;拟订残疾人权益保护政策,统筹推进残疾人福利制度建设和康复辅助器具产业发展;拟订儿童福利、孤弃儿童保障、儿童收养、儿童救助保护政策、标准,健全农村留守儿童关爱服务体系和困境儿童保障制度;组织拟订促进慈善事业发展政策,指导社会捐助工作,负责福利彩票管理工作等。

五、中国残疾人联合会

中国残疾人联合会(简称中国残联)成立于1988年3月,是国家法律确认、国务院批准的由残疾人及其亲友和残疾人工作者组成的人民团体,是全国各类残疾人的统一组织。中国残联的宗旨是:弘扬人道主义思想,发展残疾人事业,促进残疾人平等、充分参与社会生活,共享社会物质文化成果。中国残联具有代表、服务、管理三种职能:代表残疾人共同利益,维护残疾人合法权益;团结帮助残疾人,为残疾人服务;履行法律赋予的职责,承担政府委托的任务,管理和发展残疾人事业。

六、人力资源和社会保障部

人力资源和社会保障部主要职责有:拟订养老保险全国统筹办法和全国统一的养老、失业、工伤保险关系转续办法;组织拟订养老、失业、工伤等社会保险及其补充保险基金管理和监督制度,编制相关社会保险基金预决算草案,参与拟订相关社会保障基金投资政策;会同有关部门实施全民参保计划并建立全国统一的社会保险公共服务平台等。

七、财政部

财政部主要职责有:拟订财税发展战略、规划、政策和改革方案并组织实施;分析预测宏观经济形势,参与制定宏观经济政策,提出运用财税政策实施宏观调控和综合平衡社会财力的建议;拟订中央与地方、国家与企业的分配政策,完善鼓励公益事业发展的财税政策等。

八、国家发展和改革委员会

国家发展和改革委员会主要职责有:拟订并组织实施国民经济和社会发展战略、中长期规划和年度计划;统筹提出国民经济和社会发展主要目标,监测预测预警宏观经济和社会发展态势趋势,提出宏观调控政策建议;指导推进和综合协调经济体制改革有关工作,提出相关改革建议;组织拟订社会发展战略、总体规划,统筹推进基本公共服务体系建设和收入分配制度改革,提出促进就业、完善社会保障与经济协调发展的政策建议等。

参 考 文 献

[1] 习近平在庆祝改革开放40周年大会上的讲话[EB/OL].(2018-12-18)[2020-05-06]. http://jhsjk.

people. cn/article/30474974.

[2] 北京市残疾人联合会.残疾人残疾分类和分级(GBT 26341—2010)[EB/OL].(2011-01-15)[2021-05-20]. http://www.bdpf.org.cn/n1508/n1509/n1512/c68467/content.html.

[3] 杜晓新,黄昭鸣.教育康复学导论[M].北京:北京大学出版社,2018.

[4] 中国智协.智力残疾定义和智力残疾标准[EB/OL].(2010-03-10)[2021-06-10]. https://www.capidr.org.cn/news125.html.

[5] 胡芬.美国情绪与行为障碍学生(6—21岁)的教育干预[J].社会福利(理论版),2015(4):44-48.

[6] 汤夺先,张丽,朱翠琴.残疾儿童康复机构存在的问题论析——以X省H市为例[J].安徽农业大学学报(社会科学版),2020(6):57-66.

[7] 国务院.关于印发"十四五"残疾人保障和发展规划的通知[EB/OL].(2021-07-08)[2021-09-11]. http://www.gov.cn/zhengce/content/2021-07/21/content_5626391.htm.

[8] 杨团,金锦萍,李敬,等.民办残疾人康复服务机构发展状况报告——对北京市的调查[J].学习与实践,2008(5):127-136.

[9] 许洁霜,梁霁,诸臻颖.上海市儿童孤独症康复机构现状研究[J].中国妇幼健康研究,2016(10):1221-1224.

[10] 国务院.国务院关于开展城镇居民基本医疗保险试点的指导意见[EB/OL].(2007-07-24)[2020-09-10]. http://www.gov.cn/zhuanti/2015-06/13/content_2878973.htm.

[11] 上海市人民政府.上海市人民政府关于印发《上海市加快经济恢复和重振行动方案》的通知[EB/OL]. (2022-05-29)[2022-06-20]. https://www.jinshan.gov.cn/yszc-gjshsyszc/20220529/830938.html.

[12] 中国网络信息中心.第49次《中国互联网发展状况统计报告》[R/OL].(2022-02-25)[2022-07-08]. https://www.cnnic.cn/n4/2022/0401/c88-1131.html.

[13] 黄晓勇,徐明,郭磊,等.社会组织蓝皮书:中国社会组织报告(2021)[M].北京:社会科学文献出版社, 2021:1-38.

[14] 民政部.民政部关于印发《"十四五"社会组织发展规划》的通知[EB/OL].(2021-09-30)[2021-10-30]. http://www.gov.cn/zhengce/zhengceku/2021-10/08/content_5641453.htm.

[15] 林丽鹂.全国市场主体突破1.5亿户个体工商户突破1亿户[N/OL].人民日报,2022-01-28[2022-04-05]. http://www.gov.cn/shuju/2022-01/28/content_5670906.htm.

[16] 国务院新闻办公室.国务院新闻办就科技创新有关进展情况举行发布会[EB/OL].(2022-02-27) [2022-03-30]. http://www.gov.cn/xinwen/2022-02/27/content_5676505.htm.

[17] 国务院.国务院关于促进健康服务业发展的若干意见[EB/OL].(2013-10-14)[2020-05-06]. http://www.gov.cn/zwgk/2013-10/14/content_2506399.htm.

[18] 国务院.平等、参与、共享:新中国残疾人权益保障70年[R/OL].(2019-07-25)[2020-09-09]. http://www.gov.cn/zhengce/2019-07/25/content_5414945.htm.

[19] 国务院.国务院关于建立残疾儿童康复救助制度的意见[EB/OL].(2018-06-21)[2020-08-13]. http://www.gov.cn/gongbao/content/2018/content_5306818.htm.

[20] 孙梦麟.《中国自闭症教育康复行业发展状况报告Ⅲ》发布[N/OL].中国网,(2019-04-02)[2021-08-12]. http://www.china.org.cn/chinese/2019-04/12/content_74673984.htm

[21] 中国残疾人联合会.2020年残疾人事业发展统计公报[R/OL].(2021-04-09)[2021-06-12]. https://www.cdpf.org.cn/zwgk/zccx/tjgb/d4baf2be2102461e96259fdf13852841.htm.

[22] 中国残联,教育部,民政部,等.关于印发"十四五"残疾人康复服务实施方案的通知[EB/OL].(2021-08-16)[2021-09-20]. https://www.gov.cn/zhuanti/2021-08/20/content_5650192.htm.

[23] 卫生部,人力资源社会保障部,民政部,财政部,中国残疾人联合会.将部分医疗康复项目纳入基本医疗保障范围的通知.[EB/OL].(2013-07-04)[2020-09-18]. http://www.gov.cn/fuwu/cjr/2013-07/04/content_2630748.htm.

[24] 新浪财经.资本理性还是市场冷门,千亿规模的康复行业开始"跑马圈地"了?[EB/OL].(2019-04-15)[2021-10-25]. https://t.cj.sina.com.cn/articles/view/5334569296/13df7115000100gib0.

[25] "挑战杯"全国大学生课外学术科技作品竞赛和中国大学生创业计划竞赛官网.[EB/OL].(2015-05-

15)[2021-10-25]. https://www.tiaozhanbei.net.

[26] 中国政府网. 李克强对首届中国"互联网＋"大学生创新创业大赛作出重要批示[EB/OL]. (2015-10-20)[2021-09-10]. http://www.gov.cn/guowuyuan/2015-10/20/content_2950730.htm.

[27] 中国政府网. 首届中国"互联网＋"大学生创新创业大赛总决赛落下帷幕[EB/OL]. (2015-10-21)[2020-10-20]. http://www.gov.cn/xinwen/2015-10/21/content_2951388.htm.

[28] 韩晓萌. 创新创业：让梦想起航——第二届中国"互联网＋"大学生创新创业大赛全国总决赛综述[J]. 中国高等教育, 2016(21): 8-9.

[29] 高炳. 第三届中国"互联网＋"大学生创新创业大赛总决赛开赛[N/OL]. 人民日报, 2017-09-17[2021-09-10]. http://www.gov.cn/xinwen/2017-09/17/content_5225667.htm.

[30] 刘婧婷, 胡馨. 勇立时代潮头敢闯会创 扎根中国大地书写人生华章[EB/OL]. 人民网. (2018-10-14)[2021-10-21]. http://edu.people.com.cn/gb/n1/2018/1014/c1006-30339795.html.

[31] 朱涵, 张璇. 第五届中国"互联网＋"大学生创新创业大赛决出冠亚季军[EB/OL]. 新华社. (2019-10-14)[2021-10-23]. https://baijiahao.baidu.com/s?id=1647384507394212498&wfr=spider&for=pc.

[32] 郑澍. 第六届中国国际"互联网＋"大学生创新创业大赛落幕[EB/OL]. 央广网. (2020-11-20)[2021-10-25]. https://baijiahao.baidu.com/s?id=1683873486262378585&wfr=spider&for=pc.

[33] 中国教育在线. 为大学生实现创新创业梦想打开一扇美丽的天窗[EB/OL]. 新闻中心. (2020-11-11)[2021-09-09]. https://www.eol.cn/news/yaowen/202011/t20201122_2046227.shtml.

[34] 中国科技网. 第七届"互联网＋"大赛实现世界百强大学参赛基本覆盖[EB/OL]. 中国科技网. (2021-10-09)[2021-12-25]. http://www.moe.gov.cn/fbh/live/2021/53775/mtbd/202110/t20211011_571209.html.

[35] 明艳. 南昌大学夺冠！第七届中国国际"互联网＋"大学生创新创业大赛圆满收官[EB/OL]. 新华网. (2021-10-15)[2021-12-27]. https://edu.cnr.cn/list/20211016/t20211016_525635308.shtml.

[36] 教育部, 面向21世纪教育振兴行动计划[EB/OL]. (1998-12-24)[2020-10-22]. http://www.gd.gov.cn/zwgk/gongbao/1999/13/content_post_3359580.html.

[37] 国务院办公厅. 国务院办公厅关于做好2003年普通高等学校毕业生就业工作的通知[EB/OL]. (2003-05-29)[2021-08-16]. http://www.gov.cn/gongbao/content/2003/content_62175.htm.

[38] 共青团中央劳动和社会保障部. 关于深入实施"中国青年创业行动"促进青年就业工作的意见[EB/OL]. (2004-04-09)[2021-12-22]. http://www.gqt.org.cn/documents/zqlf/200705/t20070514_26514.htm.

[39] 中央组织部, 中央宣传部, 中央编办, 等. 十四部门关于切实做好2006年普通高等学校毕业生就业工作的通知[EB/OL]. (2006-05-29)[2021-09-14]. http://www.moe.gov.cn/srcsite/A15/s3265/200605/t20060529_80071.html.

[40] 国务院办公厅. 国务院办公厅关于切实做好2007年普通高等学校毕业生就业工作的通知[EB/OL]. (2007-04-22)[2021-09-04]. http://www.gov.cn/gongbao/content/2007/content_638507.htm.

[41] 劳动和社会保障部. 关于进一步加强创业培训推进创业促进就业工作的通知[EB/OL]. (2010-05-24)[2021-09-20]. https://www.peixianedu.cn/content/show/2481.html?n3LuDs/zP2dag.html.

[42] 国务院办公厅. 国务院办公厅转发人力资源社会保障部等部门关于促进以创业带动就业工作指导意见的通知[EB/OL]. (2008-10-30)[2021-09-30]. http://www.gov.cn/zwgk/2008-10/30/content_1136088.htm.

[43] 人力资源和社会保障. 关于实施2010高校毕业生就业推进行动大力促进高校毕业生就业的通知[EB/OL]. (2010-04-07)[2021-10-10]. http://www.mohrss.gov.cn/xxgk2020/fdzdgknr/zcfg/gfxwj/jy/201407/t20140717_136578.html.

[44] 山东省人力资源和社会保障厅. 关于实施大学生创业引领计划的通知[EB/OL]. (2014-09-30)[2021-11-12]. http://www.gov.cn/zhengce/2014-09/30/content_5045342.htm.

[45] 河南省人力资源和社会保障厅, 河南省财政厅. 关于进一步加大大学生创业扶持力度的通知[EB/OL]. (2014-11-05)[2021-11-22]. https://www.jyvtc.edu.cn/jyxx/534890/552536/index.html.

[46] 江苏省人民代表大会常务委员会.关于《南京市紫金科技人才创业特别社区条例》的说明[EB/OL].(2014-07-22)[2021-09-30]. http://www.jsrd.gov.cn/qwfb/cwhgb/d_7232/201409/t20140918_120302.shtml.

[47] 湖北省人力资源和社会保障厅.关于实施湖北省大学生创业引领计划的通知[EB/OL].(2015-05-12)[2021-11-25]. https://cxcy.hue.edu.cn/2015/0512/c276a498/page.htm.

[48] 国务院.国务院关于大力推进大众创业万众创新若干政策措施的意见[EB/OL].(2015-06-16)[2021-11-25]. http://www.gov.cn/zhengce/content/2015-06/16/content_9855.htm.

[49] 教育部.关于印发《高等学校乡村振兴科技创新行动计划(2018—2022年)》的通知[EB/OL].(2019-01-04)[2021-11-26]. http://www.gov.cn/xinwen/2019-01/04/content_5354819.htm.

[50] 国务院办公厅.科学技术干部管理工作试行条例[EB/OL].(1981-04-23)[2021-11-25]. https://xuewen.cnki.net/R2009100590000842.html.

[51] 国务院.国务院批准国家科委关于科技人员业余兼职若干问题的意见[EB/OL].(1988-01-18)[2021-11-26]. http://www.gd.gov.cn/zwgk/gongbao/1988/3/content/post_3354994.html.

[52] 科技部,教育部,人事部,等.关于促进科技成果转化的若干规定[EB/OL].(1999-03-20)[2021-11-27]. https://sp.seu.edu.cn/2008/0911/c4823a44292/page.psp.

[53] 科技部.关于动员广大科技人员服务企业的意见[EB/OL].(2009-03-26)[2021-11-27]. http://www.gov.cn/govweb/gzdt/2009-03/26/content_1269496.htm.

[54] 国务院.关于印发实施《中华人民共和国促进科技成果转化法》若干规定的通知[EB/OL].(2016-03-02)[2021-11-27]. http://www.gov.cn/zhengce/content/2016-03/02/content_5048192.htm.

[55] 上海市人力资源和社会保障局.关于完善本市科研人员双向流动的实施意见[EB/OL].(2015-10-10)[2021-11-28]. http://rsj.sh.gov.cn/tzyjsrygl_17294/20200617/t0035_1390403.html.

[56] 上海市教育委员会.关于完善市属公办高校专业技术人员校外兼职和在岗离岗创业工作的指导意见[EB/OL].(2016-07-08)[2021-12-28]. http://edu.sh.gov.cn/xxgk2_zdgz_jsgz_05/20201015/v2-0015-gw_406092016002.html.

[57] 人社部.人社部印发指导意见支持和鼓励事业单位专技人员创新创业[EB/OL].(2017-03-22)[2021-11-28]. http://www.mohrss.gov.cn/SYrlzyhshbzb/dongtaixinwen/buneiyaowen/201703/t20170322_268319.html.

[58] 新华社.我国孵化器数量规模跃居世界首位[EB/OL].(2017-09-19)[2021-11-28]. http://www.gov.cn/xinwen/2017-09/19/content_5226151.htm.

[59] 徐宏毅,石茜.国家级科技企业孵化器运行效率及地区差异性研究[J].财会月刊,2018(4):43-48.

[60] 国务院.国家中长期科学和技术发展规划纲要(2006—2020年)[EB/OL].(2006-02-09)[2021-11-28]. http://www.gov.cn/jrzg/2006-02/09/content_183787.htm.

[61] 国家卫生健康委,国家发展改革委,教育部,等.关于印发加快推进康复医疗工作发展意见的通知[EB/OL].(2021-06-08)[2021-06-20]. http://www.gov.cn/zhengce/zhengceku/2021-06/17/content_5618767.htm.

[62] 教育部,国家发展改革委,民政部等.国务院办公厅关于转发教育部等部门"十四五"特殊教育发展提升行动计划的通知[EB/OL].(2021-12-31)[2022-01-02]. http://www.moe.gov.cn/jyb_xxgk/moe_1777/moe_1778/202201/t20220125_596312.html.

第二章
教育康复行业分析

> 【本章教学目标】
> 1. 理解教育康复行业的核心资源和指标。
> 2. 了解教育康复行业相关的学科建设、康复机构数量、残障儿童数量、康复师数量以及康复相关政策。

经过40多年的发展,中国人的生活水平和生命理念有了很大进步,"人人生而平等""人人享有生存权利"等人文思想已经深入人心,反映了中国社会巨大的进步。我们窥见未来教育康复行业发展机遇,在现有的技术和经济环境下,确定教育康复行业的核心指标,希望客观而全面地展现行业发展的各项数据,以吸引各类资源汇聚于此。

本章将从学科建设、康复机构概况、残障儿童数量、康复师数量和康复相关政策五个方面分析教育康复行业发展概况。

第一节 学科建设

高校教育康复类相关人才培养如火如荼,旨在培养掌握先进康复理念和专业康复技术的康复师,为基层医疗康复机构、特殊教育学校等的康复师提供职业技能培训,为解决康复专业人才匮乏的问题奠定基础。本节主要基于与教育康复行业相关的教育康复学、特殊教育学、言语听觉康复科学和康复治疗学四个相关学科进行学科建设分析。

一、教育康复学专业简介及建设现状

(一)学科体系

教育康复学是一门普通高等学校的本科专业,专业代码为040110TK,属教育学类专业,基本修业年限为四年,授予教育学学位,一级学科为教育学类。

(二)开设院校

自2013年设立该专业以来,已有10所高校开设并招收本科生,分别是华东师范大学、乐山师范学院、北京联合大学、邯郸学院、安顺学院、南京特殊教育师范学院、重庆师范大学、豫章师范学院、绥化学院、河北师范大学汇华学院。

(三)师资队伍

教育康复学教师队伍普遍由学科专业带头人及骨干教师组成,一般具有硕士或博士学位,

并拥有丰富的教育康复实践经验。具有高级职称的教师比例不低于总数的30%，其中一定数量来自基础教育学校或其他类型教育机构的兼职教师。

（四）专业标准

学生达到培养方案规定的课程及学分要求（总学分为140—160学分），符合相关规定，考核合格，准予毕业。根据学生的学业情况，符合相关规定的，在本科毕业时可授予教育学学士学位。

通识教育课程包括思想政治理论课程、大学外语、计算机基础与应用、大学体育、文化素质教育课程、创业基础课程、就业创业指导课程等。专业基础课程包括教育康复学导论、人体科学、发展心理学、认知神经科学基础、课程与教学基础、教育政策与领导、教育研究方法等。专业方向课程包括特殊儿童生理与病理、应用行为分析原理与方法、听力学基础、言语科学基础、儿童听力康复学、儿童语言康复学、儿童认知康复学、言语障碍的评估与训练、听觉功能评估与训练、构音音系障碍评估与治疗、语言障碍的评估与训练、特殊儿童认知能力评估与训练、情绪与行为障碍的评估与训练等（本专业主要教材见本章参考文献[1]）。

实践课程包括教育见习、教育实训、教育实习、教育考察、教育调查等。学生需在校内进行感觉统合训练、特殊儿童言语与沟通训练、个别化教育理论与实践、艺术治疗等实训，并在特殊教育学校、普通学校随班就读，在特教班、康复机构等进行实习。

教育康复学本科毕业论文（设计）可采取学术论文、调查报告、研究报告、实验报告、教育、教学和管理案例分析报告等多种形式。

（五）就业前景

教育康复学毕业生主要在特殊教育学校、康复中心、民政机构、医院、研究机构等从事听力障碍、言语语言障碍、脑瘫、孤独症等特殊人群的言语、听觉、认知等障碍的评定、康复、教育等工作。

（六）学科建设案例：华东师范大学教育康复学

2013年，华东师范大学结合国家政策及特殊儿童需要，向教育部提出开设教育康复学本科专业的申请，同年获批并开始招收本科生，成为国内首个开设教育康复学专业的高校。2020年，华东师范大学教育康复学成功获批国家"双一流"建设专业。在2021年软科中国大学专业排名中，华东师范大学教育康复学专业排名全国第一。

华东师范大学教育康复学系秉承"医教结合、文理结合、理论与实践相结合"的理念，师资力量雄厚，现有教师16人，其中教授3名、副教授4名、讲师5名、工程师1名、管理人员3名，所有专任教师均拥有博士学位。华东师范大学教育康复学系力求培养一批依据教育康复理念，既能从事集体教学任务，又能承担个别化康复训练任务的"双师型"（教师＋康复师）人才，服务于听力障碍、言语语言障碍、孤独症、智力障碍、脑瘫等有特殊需要的群体。

华东师范大学教育康复学专业与全国包括医院、康复机构、特教学校等的近百家单位建立了见实习联动机制，并在全国设有20多个教育康复师资培训基地，拥有100余名具有丰富临床经验的实践指导教师。专业开设十年中，多次主办全国教育康复技能大赛、全国教育康复高峰论坛、高校教育康复专业课程建设研讨会等全国性学科活动，拥有2门省部级精品课程，出版专著或教材20余部，获得国家级教学成果奖1项，省部级教学成果奖2项。

华东师范大学教育康复学专业以实验实践和创新创业为特色，融合贯通第一、第二课堂，推进"教康筑梦（CAST）计划"，支持学生多途径发展。课程资源丰富且与国际接轨。现与美国华盛顿大学、堪萨斯大学、密歇根州立大学、明尼苏达大学、威斯康辛大学，加拿大不列颠哥伦比亚大学，英国南安普顿大学等高校开展课程与人才培养合作。鼓励学生积极申报各类型研究课题，提升科研能力。据统计，在校生平均每人主持或参与2—3项科研课题，并多次获得"挑战杯"及"互联网＋"科研作品竞赛奖，2013级本科生荣获全国大学生"挑战杯"创业计划竞赛铜奖。

二、特殊教育学专业简介及建设现状

（一）学科体系

特殊教育学是一门普通高等学校本科专业，专业代码为040108，属教育学类专业，基本修业年限为四年，授予教育学学位，一级学科为教育学类。

（二）开设院校

自20世纪80年代，部分高校开始招收该专业学生，直至2012年教育部颁布的专业目录中最终更改确立其本科专业代码，特殊教育学得到了持续发展。至今有超过60所高校开设该专业并招收本科生，其中包括北京师范大学、华东师范大学、东北师范大学、西南大学、重庆师范大学、华中师范大学等。

（三）师资队伍

特殊教育学教师队伍普遍由学科专业带头人及骨干教师组成，一般具有硕士或博士学位，并拥有丰富的特殊教育实践经验。具有高级职称的教师比例不低于总数的30%，其中有一定数量来自基础教育学校或其他类型教育机构的兼职教师。

（四）专业标准

特殊教育本科学生达到培养方案规定的课程及学分要求（总学分为140—160学分），符合相关规定，考核合格，准予毕业，根据学生的学业情况，符合相关规定的，在本科毕业时可授予教育学学士学位。

通识教育课程包括思想政治理论课程、大学外语、计算机基础与应用、大学体育、文化素质教育课程等。专业基础课程包括中文、数学、英语、特殊教育学、小学心理学、小学各学科教学与研究、中国特殊教育史等。专业方向课程包括特殊儿童的生理与病理、特殊教育导论、视障儿童心理与教育、听障儿童心理与教育、智障儿童心理与教育、发展障碍儿童教育、行为矫正技术、小学语文教学法、小学数学教学法等（本专业主要教材《特殊教育学》见本章参考文献[2]）。

实践课程包括教育见习、教育实训、教育实习、教育考察、教育调查等。学生需在校内进行专业手语、专业盲文、感觉统合训练、特殊教育学校课程教材教法、特殊儿童言语与沟通训练、个别化教育理论与实践、游戏治疗等实训，并在特殊教育学校、普通学校随班就读，在特教班、康复机构、残联、特教培训机构进行实习。

特殊教育学本科毕业论文（设计）可采取学术论文，调查报告，研究报告，实验报告，教育、教学和管理案例分析报告等多种形式。

（五）就业前景

特殊教育专业毕业生就业单位主要有特殊教育学校或机构、特殊教育中等专业学校以及师范类院校、特殊儿童康复中心、教育类机构，从事学前特殊儿童早期康复、特殊儿童心理辅导、保教人员、特殊教育行政人员等工作。

（六）学科建设案例：重庆师范大学特殊教育系

重庆师范大学特殊教育系起源于1988年创建的儿童智能发展研究中心，并于1993年创办特殊儿童实验学校招收障碍儿童，同年招收特殊教育专业本科生，2000年成立重庆市高校特殊儿童心理诊断与教育技术重点实验室。2007年起，接连建成重庆市特殊教育教师市级培训基地、西部特殊教育资源中心、重庆市发展性障碍儿童研究院。2012年国家发改委批准设立"特殊教育师资培训与培养中心"，获6 700万元建设经费。

教师队伍建设方面，组建了跨专业多学科综合交叉的以专业团队为核心的人才梯队，包括在职教师与外聘合作专家。现有在职教职工25人，外聘专家8名，其中专任教师22人，博士13人，占专任教师总数的59%；硕士8人，占36%；教授3人，副教授5人，高级职称人数占专任教师总数的36%。学缘结构涉及医学、教育学、心理学、康复学等多个学科。实验室和基地建设方面，先后成立孤独症儿童研究中心、融合教育研究中心、手语与聋教育研究中心、认知神经心理研究中心、课程与教学研究中心、辅助技术资源中心、特殊儿童家长学校等。

重庆师范大学特殊教育系始终以"专业、培养、进步"为宗旨，在特殊教育的学科发展、平台建设、人才培养等方面都取得了令人瞩目的成绩，逐渐形成"以科研促教学、理论联系实际、教学与康复整合、个案引领"的专业特色，在全国享有盛誉。经20多年的发展，现已形成一支梯队、结构、职称较为合理，以实力为本位的专业教师队伍，拥有1个市级重点实验室、2门市级精品课程、2门校级精品课程。特殊教育系公开发表核心期刊学术论文100余篇，出版专著或教材20余部，已获得国家社科基金8项、自然科学基金2项、教育部重点项目6项，获得重庆市教学成果一等奖2项、三等奖1项，重庆市哲社科二等奖1项、三等奖6项。

三、听力与言语康复学专业简介及建设现状

（一）学科体系

听力与言语康复学是一门普通高等学校本科专业，专业代码为101008，属医学类专业，基本修业年限为四年，授予理学学位，一级学科为医学技术类。

（二）开设院校

自21世纪初设立听力与言语康复学专业起，共有13所高校开设并招收本科生，分别是华东师范大学、四川大学、首都医科大学、上海中医药大学、辽宁何氏医学院、滨州医学院、山东中医药大学、昆明医科大学、徐州医科大学、浙江中医药大学、福建中医药大学、中山大学新华学院、重庆医科大学。

（三）师资队伍

听力与言语康复学教师队伍普遍由学科专业带头人及骨干教师组成，一般具有硕士或博士学位，并拥有丰富的临床实践经验。具有高级职称的教师比例不低于总数的30%，其中有一定数量来自各级医疗单位或其他类型医疗机构的兼职教师。

（四）专业标准

听力与言语康复专业本科学生达到培养方案规定的课程及学分要求（总学分为140—160学分），符合相关规定，考核合格，准予毕业，根据学生的学业情况，符合相关规定的，在本科毕业时可授予理学学士学位。

通识教育课程主要包括思想政治理论课程、大学外语、计算机基础与应用、大学体育、文化素质教育课程等，专业基础课程主要包括医学伦理学、系统解剖学、有机化学、医学物理、医学生物学、病理生理学、生物化学、药理学、医学微生物学、组织学与胚胎学、病理学等。专业方向课程包括耳鼻咽喉科学、医学影像诊断学、听觉生理学、诊断听力学、助听器学、临床听力学、人工耳蜗学、儿童听力学、语言病理学、语言治疗学、语言康复学、言语障碍评估与矫治等（本专业

主要教材《诊断听力学》见本章参考文献[3])。

学生需在校内进行言语听觉康复核心技能实训,并在具有教学资格的医院康复科、耳鼻喉科、康复中心、特殊教育学校进行实习。

听力与言语康复学本科毕业论文(设计)可采取学术论文、调查报告、研究报告、实验报告、案例分析报告等多种形式。

(五)就业前景

听力与言语康复学毕业学生可进入各级医疗单位、康复类机构、助听设备企业,从事听力检测、听力障碍治疗、助听器验配、人工耳蜗调机、语言障碍治疗、言语障碍评估与矫治、康复训练、言语听觉康复等工作。

(六)学科建设案例:浙江中医药大学听力与言语康复学

浙江中医药大学听力与言语康复学专业创办于2001年,是全国最早开设的听力学高等教育本科专业。依托临床医学、中西医结合、医学技术等省一流学科,以及临床医学博士点、听力学硕士点,取得了"十一五"国家特色专业、"十二五"浙江省优势专业、"十三五"浙江省特色专业的建设成效,2019年获批为首批国家级一流本科专业建设点,曾2次荣获浙江省教学成果奖,并逐渐形成了"建立本科教育标准,引领中国听力教育发展"的专业使命感和"校院企协同育人,产教研深度融合"的专业建设特色。

浙江中医药大学听力与言语康复学专业拥有全国优秀教师1人,浙江省优秀教师2人,享受国务院特殊津贴专家1人,特聘国家973首席科学家1人,专业教师21人,其中高级职称人数占总数的52%,具有博士学位人数占总数的40%;拥有省内唯一的听力与言语康复浙江省实验教学示范中心,并于2015年、2019年被列为浙江省"十二五""十三五"重点建设项目。本专业为英国首相行动计划项目合作单位、解放军耳鼻喉研究所听力师人才联合培养基地、国家助听器验配师职业技能鉴定基地,现与美国斯达克、丹麦奥迪康、德国麦科、杭州惠耳等听力技术企业开展实验室共建、人才联合培养、海外访学项目等合作,年受捐120余万元。

四、康复治疗学专业简介及建设现状

(一)学科体系

康复治疗学是一门普通高等学校本科专业,专业代码为101005,属医学类专业,基本修业年限为四年,授予理学学士,一级学科为医学技术类。

(二)开设院校

康复治疗学专业开设时间早,发展较快,共有40余所高校招收本科生,其中包括中山大学、四川大学、重庆医科大学、南方医科大学等。

(三)师资队伍

康复治疗学及康复治疗技术教师队伍普遍由学科专业带头人及骨干教师组成,一般具有硕士或博士学位,并拥有丰富的临床实践经验。具有高级职称的教师比例不低于总数的30%,其中有一定数量来自各级医疗单位或其他类型医疗机构的兼职教师。

(四)专业标准

康复治疗学本科生达到培养方案规定的课程及学分要求(总学分为140—160学分),符合相关规定,考核合格,准予毕业,根据学生的学业情况,符合相关规定的,在本科毕业时可授予理学士学位。通识教育课程主要包括思想政治理论课程、大学外语、计算机基础与应用、大学体育、文化素质教育课程、创业基础课程、就业创业指导课程等。专业基础课程主要包括生物学、解剖学、生物化学、生理学、组织学与胚胎学、免疫学、药理学、病理学、病理生理学、诊断学、计算机学、医学统计学、文献检索学、内科学、外科学、妇产科学、儿科学、表面解剖学等。专业方向课程包括物理治疗学、作业治疗学、语言治疗学、康复护理学、康复心理学、儿童康复学、骨科康复学、内科疾病康复学、神经伤病康复学、社区康复学、传统康复学、社区生活独立技巧和伤残管理、练习与运动科学、理疗物理治疗临床科学与实践、骨骼肌肉系统物理治疗临床科学与实践、心肺系统物理治疗临床科学与实践、儿童神经与发育障碍的物理治疗管理等。

学生需在校内实训中心进行康复评定、运动治疗、作业治疗、物理因子治疗、言语治疗、中国传统康复等实训，并在具有教学资质的医院、康复中心实习。

康复治疗学本科毕业论文（设计）可采取学术论文、调查报告、研究报告、实验报告、案例分析报告等多种形式。

（五）就业前景

康复治疗学专业毕业生可进入卫生、民政、残联基层医疗机构康复医学科、康复医院（中心）、养老院、福利院或其他康复相关机构，从事物理治疗、作业治疗、言语治疗、康复评定、预防保健等工作，也可进入运动俱乐部承担康复健身指导、运动医务监督工作。

（六）学科案例：四川大学华西临床医学院康复治疗学

四川大学华西临床医学院康复治疗学专业于1997年在中华医学会（CMB）资助下率先在国内招生。2008年汶川地震后，为适应社会需求开始进一步分方向培养康复物理治疗、作业治疗、假肢矫形专业人才；假肢矫形、物理治疗、作业治疗课程先后获得相关国际认证。该专业以岗位胜任力为导向，培养具备深厚的人文底蕴、良好的职业素养、扎实的专业知识、熟练的临床技能、强烈的创新意识、宽广的国际视野的卓越物理治疗、作业治疗、假肢矫形领军人才。

四川大学华西临床医学院康复治疗学专业全面实施全课程"核心价值观"教育，积极探索专业教育与职业素养教育的有机融合。全面推行探究式-小班化教学，所有核心课程全部双语化，各方向均开设全英文课程。以一对一的形式为本科生配备导师，引导学生早期接触临床、科研、社会并开展服务，培养学生对职业的认同感和自豪感。主要服务对象涵盖生命全周期，涉及躯体功能障碍和精神心理功能障碍领域。该专业自成立以来，为我国培养了大量的高素质康复治疗专业人才，毕业生已经成为康复治疗领域的临床骨干和优秀教学师资，为广大民众提供高质量的康复服务。

四川大学华西临床医学院康复治疗学专业依托的华西医院康复医学中心，医教研全面发展，2019年康复医学中心在复旦大学专科声誉排行榜位列全国第三，拥有华西康复研究所、康复医学四川省重点实验室、物理医学与康复临床研究室。康复治疗学专业作为项目负责人拥有"九五""十五""十一五""十二五"以及国家自然科学基金项目等共计200项，项目总金额5 000余万元。主编或参与编写专著及教材46部。先后获得国际奖励——亚洲医院管理银奖1项，获得国省部级科技进步一等奖1项、二等奖1项、三等奖3项。获发明专利10项、新型专利32项。拥有全国学会主委1人、候任主委1人、副主委6人、常委14人、委员36人。

2015年与美国克瑞顿大学开启"4＋1.5作业治疗本硕连读"，2016年与美国内布拉斯加大学医学中心开启物理治疗本硕博连读。先后聘请外籍教师6人，接受澳大利亚、美国见/实习生6批次。2017年起与加拿大不列颠哥伦比亚大学联合培养博士研究生，2018年起与美国约翰霍普金斯大学、英国牛津大学联合培养博士研究生,同年与美国梅奥诊所联合培养博士后。

第二节 康复机构概况

康复机构,也称康复中心,是为因生理或心理上的缺陷导致劳动、生活和学习严重障碍者提供医治、训练与服务的医疗机构。其中,康复是指综合、协调地应用医学、社会、教育和职业的措施对患者进行训练,减轻致残因素造成的后果,使其活动能力达到尽可能高的水平。

康复机构的数量受到多方面因素的影响,如经济、人口、受教育程度、国家政策等。随着各个地区的经济水平发展不同,康复机构的数量必然也会呈现不同的趋势。我国经济发展较快的华东地区,其康复机构数量所占比例最大,占据全国康复机构数量的三分之一,其次为华中、华北等地区。

一、全国各省份康复机构数量

根据《2019年残疾人事业发展统计公报》,截至2019年底全国已有残疾人康复机构9 775个,其中,1 430个机构提供视力残疾康复服务,1 669个提供听力言语残疾康复服务,4 312个提供肢体残疾康复服务,3 529个提供智力残疾康复服务,2 022个提供精神残疾康复服务,2 238个提供孤独症儿童康复服务,1 970个提供辅助器具服务[4]。

通过查阅各省份民政网络系统,统计了2019年、2020年、2021年三年内全国31个省份"民非康复机构"的数量,调查统计结果如表2-1所示。

表2-1 2019—2021年全国31个省份"民非康复机构"数量　　　　单位:个

区域划分	所属省份	年　份		
		2019	2020	2021
华东地区	上海	329	330	335
	江苏	592	614	632
	浙江	146	168	181
	江西	111	123	138
	安徽	241	276	305
	福建	93	103	125
	山东	117	129	138
华南地区	广东	252	268	297
	广西	58	64	65
	海南	50	54	71

续 表

区域划分	所属省份	年 份		
		2019	2020	2021
华中地区	湖北	99	105	112
	湖南	154	158	179
	河南	124	131	139
华北地区	北京	323	335	343
	天津	49	53	66
	河北	57	60	62
	山西	133	145	159
	内蒙古	91	109	128
西北地区	宁夏	34	39	44
	新疆	30	38	40
	青海	12	12	13
	陕西	270	283	300
	甘肃	35	41	52
西南地区	四川	180	188	201
	云南	27	28	29
	贵州	85	94	98
	西藏	0	0	1
	重庆	87	92	101
东北地区	辽宁	42	47	51
	吉林	62	65	68
	黑龙江	63	65	67
总 计		3 946	4 217	4 540

资料来源：上海、江苏、浙江等31个省份的民政网络系统

通过将2019年、2020年、2021年这三年内全国"民非康复机构"的数量进行纵向比较，进一步得到表2-2、图2-1的结果。

表 2-2　2019—2021 年全国"民非康复机构"总数

年　份	2019	2020	2021
总计(个)	3 946	4 217	4 540
年均增长率(%)	7.26		

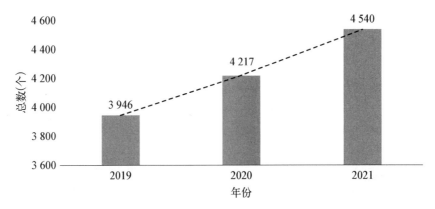

图 2-1　2019—2021 年我国"民非康复机构"总数

资料来源：上海、江苏、浙江等 31 个省份的民政网络系统

根据表 2-2、图 2-1 所示结果，可以得到：在 2019—2021 年的三年内，全国"民非康复机构"数量逐年增加，呈上升态势；同时，2019—2021 年三年内的年均增长率约为 7.26%，整体增速平稳。

二、康复机构在全国的分布情况与特点

通过将全国各省份(除港澳台地区)在 2021 年底的康复机构数量进行排序比较，得到表 2-3 和图 2-2 结果。

表 2-3　2021 年底全国 31 个省份康复机构数量及占比

排序	所属省份	数量(个)	占比(%)	排序	所属省份	数量(个)	占比(%)
1	江苏	632	13.9	8	浙江	181	4.0
2	北京	343	7.6	9	湖南	179	3.9
3	上海	335	7.4	10	山西	159	3.5
4	安徽	305	6.7	11	河南	139	3.1
5	陕西	300	6.6	12	江西	138	3.0
6	广东	297	6.5	13	山东	138	3.0
7	四川	201	4.4	14	内蒙古	128	2.8

续 表

排序	所属省份	数量(个)	占比(%)	排序	所属省份	数量(个)	占比(%)
15	福建	125	2.8	24	河北	62	1.4
16	湖北	112	2.5	25	甘肃	52	1.1
17	重庆	101	2.2	26	辽宁	51	1.1
18	贵州	98	2.2	27	宁夏	44	1.0
19	海南	71	1.6	28	新疆	40	0.9
20	吉林	68	1.5	29	云南	29	0.6
21	黑龙江	67	1.5	30	青海	13	0.3
22	天津	66	1.5	31	西藏	1	0.0
23	广西	65	1.4				

注：表中百分比按四舍五入计。

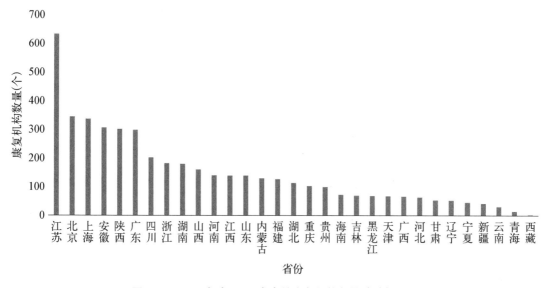

图2-2 2021年全国31个省份康复机构数量统计柱状图

资料来源：上海、江苏、浙江等31个省份的民政网络系统

根据表2-3及图2-2所示，江苏、北京、上海等地的康复机构数量较多，分别为632个、343个和335个，占全国康复机构总数的比重分别达到了13.9%、7.6%和7.4%。而云南、青海、西藏等地的康复机构数量较少，分别仅有29个、13个和1个，合计占全国康复机构总数的比重不足1%。

由此可见，康复机构在全国的数量分布具有不均衡的特点，不同省份的康复机构数量差距较大。经济水平较高、人口数量较多的省份的康复机构数量普遍较多，说明"经济水平""人口数量"是影响康复机构数量的重要因素。

根据区域进行划分,分别计算了华东地区(包括山东、江苏、安徽、浙江、福建、上海)、华中地区(包括湖北、湖南、河南、江西)、华北地区(包括北京、天津、河北、山西、内蒙古)、东北地区(包括辽宁、吉林、黑龙江)、华南地区(包括广东、广西、海南)、西北地区(包括宁夏、新疆、青海、陕西、甘肃)、西南地区(包括四川、云南、贵州、西藏、重庆)的康复机构分布情况,如表2-4所示。

表2-4 全国各地区康复机构数量一览表

排序	地区	数量(个)	占比(%)	排序	地区	数量(个)	占比(%)
1	华东地区	1 716	37.8	5	华南地区	433	9.5
2	华北地区	758	16.7	6	西南地区	430	9.5
3	华中地区	568	12.5	7	东北地区	186	4.1
4	西北地区	449	9.9				

注:表中百分比按四舍五入计。
资料来源:上海、江苏、浙江等31个省份民政网络系统

根据表2-4的结果,华东地区以1 716个的总数居于首位,占全国康复机构总数的37.8%;华北地区以758所的总数位居第二,占全国康复机构总数的16.7%;接着依次是华中地区568个(占比12.5%)、西北地区449个(占比9.9%)、华南地区433个和西南地区430个(各占比9.5%);而东北地区的康复机构却以186所的总数居于末位,仅占全国康复机构总数的4.1%。

由此可见,康复机构数量在全国的分布状况具有不均衡的特点,不同地区康复机构数量的差距较大。地区经济发展速度较快、人口较多的华东、华北地区的康复机构数量所占比例较大,约占全国康复机构总数的二分之一,进一步说明"地区经济水平""人口数量"是影响区域康复机构数量的重要因素。

三、康复机构来源分布情况与特点

目前全国各地都有各种形式的康复医疗机构,开展了形式多样的康复或康复医疗服务。中国的康复根据患者或消费者的需要和客观环境条件,可以选择不同水平和不同类型的机构。图2-3主要统计了以下几种类型的康复机构:医院所属康复机构、特殊教育学校、民政举办的康复机构、残联直属康复机构及其他康复机构等。在康复机构的具体类型中,医院所属康复机构和民政举办的康复机构占据重要位置。在6 832个康复机构中,民政举办的康复机构有2 892个,占康复机构总数的42.42%;医院所属康复机构有1 418个,占康复机构总数的20.76%;残联直属康复机构仅有93个,占康复机构总数的1.2%。

四、康复机构对比分析——以上海市和北京市为例

(一)康复机构数量

上海市共有康复机构297个,分布在16个区(表2-5):黄浦区12个、徐汇区15个、长宁区17个、静安区29个、普陀区24个、虹口区19个、杨浦区17个、宝山区15个、闵行区20个、嘉定区13个、松江区19个、青浦区18个、奉贤区13个、金山区25个、浦东新区37个、崇明区4个。

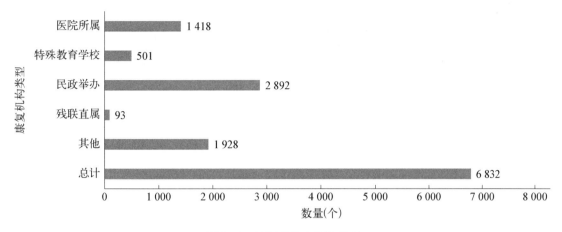

图 2-3 康复机构来源柱状图

表 2-5 上海市各区康复机构数量一览表　　　　　　　　　　　　　单位：个

排　序	区	数　量	排　序	区	数　量
1	浦东新区	37	9	长宁区	17
2	静安区	29	10	杨浦区	17
3	金山区	25	11	宝山区	15
4	普陀区	24	12	徐汇区	15
5	闵行区	20	13	嘉定区	13
6	虹口区	19	14	奉贤区	13
7	松江区	19	15	黄浦区	12
8	青浦区	18	16	崇明区	4

北京市共有康复机构343个，分布在16个区（表2-6）：朝阳区72个，海淀区47个，昌平区24个，丰台区22个，西城区29个，东城区27个，石景山区8个，通州区21个，顺义区21个，房山区7个，门头沟区7个，大兴区22个，怀柔区10个，延庆区4个，平谷区14个，密云区8个。

表 2-6 北京市各区康复机构数量一览表　　　　　　　　　　　　　单位：个

排　序	区	数　量	排　序	区	数　量
1	朝阳区	72	4	东城区	27
2	海淀区	47	5	昌平区	24
3	西城区	29	6	丰台区	22

续 表

排 序	区	数 量	排 序	区	数 量
7	大兴区	22	12	密云区	8
8	通州区	21	13	石景山区	8
9	顺义区	21	14	房山区	7
10	平谷区	14	15	门头沟区	7
11	怀柔区	10	16	延庆区	4

（二）服务类别

1. 上海市康复机构服务类型（图 2-4）

1) 残疾人康复指导中心：组织、管理、培训残疾人工作者开展培训活动；协调有关部门开展残疾人康复服务、转介工作及社区助残服务；开展残疾预防和康复知识的宣传普及工作。

2) 言语听觉康复中心：为残疾人提供听觉、嗓音、言语、构音、运动、心理等功能的康复训练及其相关研究、咨询、培训、服务。

3) 残疾人日间康复照料站：提供日间照料、心理疏导、娱乐康复、简单劳动；开展社会适应能力训练，咨询、培训，精神康复等服务活动。

4) 阳光职业康复援助中心：为社区内户籍就业困难残疾人提供生产劳动、就业训练、职业辅导等职业康复服务。

5) 残疾人服务指导中心：提供残疾人就业、保险、救助、咨询、康复服务。

6) 孤独症儿童服务中心：为发育障碍儿童提供康复、训练服务（不涉及医疗）；为发育障碍儿童提供专家咨询、筛查、评估服务；为家长提供技术支持服务。

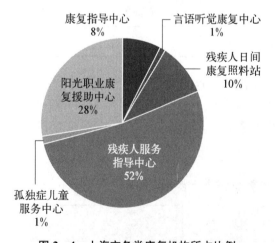

图 2-4 上海市各类康复机构所占比例

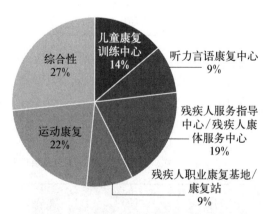

图 2-5 北京市各类机构所占比例

2. 北京市康复机构服务类型（图 2-5）

1) 儿童康复训练中心：针对孤独症、弱智、发育迟缓等残障儿童提供康复训练和社会融合教育服务。

2) 听力言语康复中心：听力、语言康复、矫治、能力评估；听力检测、助听器验配、耳膜制作；为儿童家长和社会提供康复服务及指导。

3) 残疾人服务指导中心/残疾人康体服务中心：落实法律法规规定的残疾预防和残疾人康复服务工作，联系残疾人协会、温馨家园、职康站开展相关服务工作，完成区残联交办的其他任务。

4) 残疾人职业康复基地/康复站：为残疾人开展职业康复训练、文体活动和劳动技能训练，帮助并鼓励广大残疾人发挥潜能，更加充分融入社会。其中有手拉手职业劳动康复基地、温馨家园职业康复站等。

5) 运动康复机构：制定适宜的康复训练方案，帮助病患解除疼痛和功能障碍，摆脱伤病带来的心理和社会压力，重返健康生活。

6) 综合性康复中心：从事儿童孤独症、发育迟缓、感统失调、语言障碍等其他多种障碍的康复研究工作，涉及康复辅具的研发和生产使用工作。

五、小结

综上所述，目前我国康复产业已基本成型，初步形成公立康复机构与民营康复机构两级康复网络，覆盖市场上大部分康复需求。但同时我国康复产业由于起步晚，且在发展过程中还存在诸多问题，各种康复机构的设立数量和分布不均，东西部地区康复资源不均、大型城市的康复资源配置比中小型城市更合理。各种康复机构能提供的专业康复水平参差不齐，能提供高水平康复服务的机构较少。

第三节 残障儿童数量

中国拥有世界上最为庞大的人口群体。随着改革开放和社会主义现代化建设事业的发展，我国的人口数量、结构、分布以及人民生活、工作状况等发生了巨大的变化。其中残疾人的数量、结构、地区分布、致残原因及康复、就业、教育、婚姻、家庭等状况都会产生不同程度的变化。作为教育康复专业的从业人员，深刻了解康复对象——残障儿童的数量、分类等情况显得十分的必要。

对全国范围内残疾人口数量的调查仅能追溯到2006年，本节以2006年《第二次全国残疾人抽样调查主要数据公报》为基础，结合近年来相关调查报告估计残障儿童总体数量在504万人左右，具体分布情况也将在以下内容中做详细分析。

一、残疾人口概况

根据第六次全国人口普查和第二次全国残疾人抽样调查，中国残疾人占全国总人口的比例和各类残疾人占残疾人总人数的比例，推算了2010年末全国残疾人总数为8 502万人；各类残疾人的人数分别为：视力残疾1 263万人，听力残疾2 054万人，言语残疾130万人，肢体残疾2 472万人，智力残疾568万人，精神残疾629万人，多重残疾1 368万人，各残疾等级人数分别为：重度残疾2 518万人，中度和轻度残疾5 984万人[5]。分析全国残疾人口地区分布量，发现河南、四川、山东三地的残障人数分布最多，西藏、青海、宁夏三地的残障人数分布最少，具体分布情况见图2-6。

从2008年开始，中国残联结合第二代《中华人民共和国残疾人证》核发工作进行持证残疾人的人口基础信息收集与管理，并通过与公安部"全国公民身份信息服务系统"进行身份认证，建立全国残疾人口基础数据库。截至2017年，人口库中已经累积了3 400多万持证残疾人的基础数据。

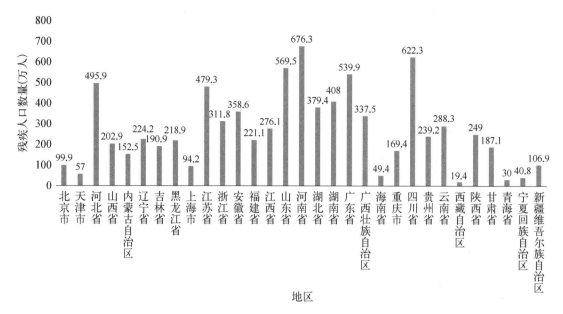

图 2-6 2006 年全国残疾人口地区分布图

资料来源:《第二次全国残疾人抽样调查主要数据公报》

二、残障儿童数量

根据在本书绪论中采纳的对残障儿童的定义,残障儿童包括残疾儿童和问题儿童。但已有的官方数据仅对残疾儿童进行统计,故此处以残疾儿童数量预估残障儿童数量。

根据《第二次全国残疾人抽样调查主要数据公报》的数据进行推算,中国有 504 万残疾儿童,占全国儿童总数的 1.6%,占全国残疾人总数的 6.1%[5],如图 2-7、图 2-8 所示。尽管近十年来政府积极采取包括预防出生缺陷、儿童伤害预防等措施极大降低了残疾发生率,但考虑到诱发残疾的危险因素有所增加,因此,目前中国残疾儿童人口规模与 2006 年的抽样调查结果大致接近,约为 500 万人。

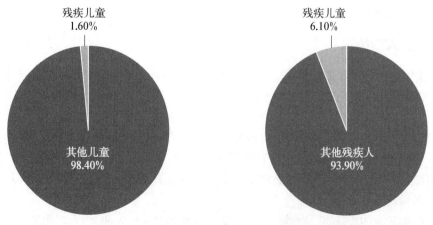

图 2-7 2006 年残疾儿童占所有儿童的比重   图 2-8 2006 年残疾儿童占所有残疾人的比重

资料来源:《第二次全国残疾人抽样调查主要数据公报》

根据《第二次全国残疾人抽样调查主要数据公报》结果进行推算,0—17岁的残疾儿童为504.3万人,占全部残疾人口的6.1%。其中,各类残疾儿童的人数和占比分别为:视力残疾24.1万人,约占5%;听力残疾20.5万人,约占4%;言语残疾36.9万人,约占7%;肢体残疾89.9万人,约占18%;智力残疾174.9万人,约占35%;精神残疾14.5万人,约占3%;多重残疾143.5万人,约占28%[5],如图2-9所示。

残疾儿童人数逐年增加,每年新增0—6岁残疾儿童约20万人。按照我国0—6岁残疾儿童167.8万人来推算,其中言语残疾儿童约2.57万人,视力残疾儿童约24.94万人,听力残疾儿童约40.54万人,肢体残疾儿童约48.78万人,智力残疾儿童约11.2万人,精神残疾儿童约12.42万人,多重残疾27.35万人。以上海地区为例:2010学年度,上海市在学前教育、义务教育阶段接受特殊教育的儿童共有10 243人,其中包含听力残疾329人,智力残疾7 774人,孤独症668人,脑瘫550人,多重残疾214人。

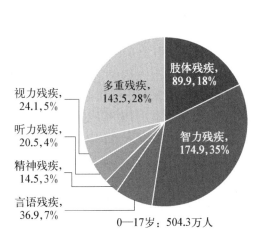

图2-9 全国0—17岁残疾人数(单位:万人)及各残疾类别比例图

资料来源:《第二次全国残疾人抽样调查主要数据公报》

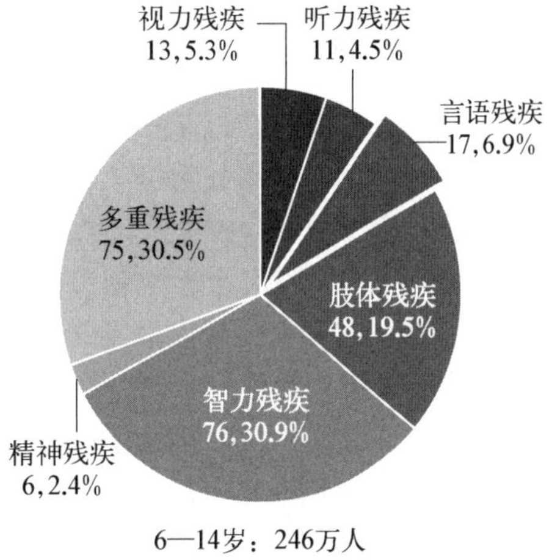

图2-10 全国6—14岁残疾人数(单位:万人)及各残疾类别分布图

资料来源:《第二次全国残疾人抽样调查主要数据公报》

《第二次全国残疾人抽样调查主要数据公报》显示,如图2-10所示,6—14岁学龄残疾儿童的总数为246万人,占全部残疾人口的2.96%。其中视力残疾儿童13万人,听力残疾儿童11万人,言语残疾儿童17万人,肢体残疾儿童48万人,智力残疾儿童76万人,精神残疾儿童6万人,多重残疾儿童75万人[5]。

3 400多万名持证残疾人的基础数据中包括0—17岁残疾儿童122万人,涵盖残疾儿童总数近四分之一。其中,各类残疾儿童的人数约为:视力残疾6万人;听力残疾11万人;言语残疾6万人;肢体残疾40万人;智力残疾37万人;精神残疾7万人;多重残疾15万人。

结合2017年持证残疾儿童和2006年全部残疾儿童的各类残疾数量进行对照,如图2-11所示,可以发现全国残疾人人口基础库中登记的持证残疾儿童中,肢体、听力、视力的残疾比重较高。

三、残障儿童人口分布状况

人口分布状况主要由地区构成和城乡构成两项指标来衡量。

在第二次全国残疾人抽样调查中,截至2006年4月1日零时,全国31个省、自治区、直辖

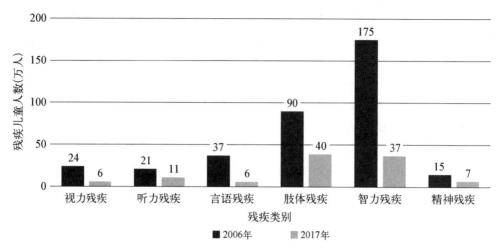

图 2-11 2017 年持证残疾儿童和 2006 年全部残疾儿童分类数量对比图

资料来源:《第二次全国残疾人抽样调查主要数据公报》、全国残疾人人口基础数据库

市残疾人口数排在前三位的省份为河南省、四川省、山东省,分别为 676.3 万人、622.3 万人、569.5 万人,分别占总人口比重为 7.2%、7.6%、6.2%。残疾人口人数最少的是西藏自治区,残疾人口数为 19.4 万人,占总人口比例为 7.0%。按照 2010 年末我国残疾人总人数 8 502 万人,其中我国 0—6 岁残疾儿童有 167.8 万人所推算出的比例来看,河南省残疾儿童人数约为 13.32 万人,四川省残疾儿童人数约为 12.26 万人,山东省残疾儿童人数约为 11.22 万人,西藏自治区残疾儿童人数约为 0.38 万人[5]。

结合中华人民共和国教育部官网于 2020 年 6 月发布的《特殊教育基本情况》,2019 年,31 个省、自治区、直辖市的 3—17 岁在校特殊儿童人数的地区分布如图 2-12 所示。其中,四川、河南和广东三个省份在校残疾儿童的数量最多,分别是 61 072 人、54 849 人和 52 869 人。以

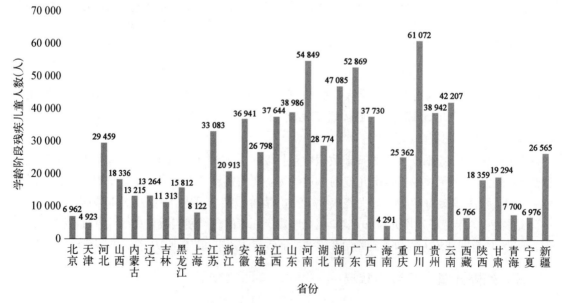

图 2-12 学龄阶段残疾儿童人数地区分布图

资料来源:中华人民共和国教育部官网

区域为单位进行分析,华东地区共有 202 487 名在校的残疾儿童,华中地区共有 130 708 名在校的残疾儿童,华北地区共有 72 895 名在校的残疾儿童,华南地区共有 94 890 名在校的残疾儿童,西南地区共有 174 349 名在校的残疾儿童,西北地区共有 78 894 名在校的残疾儿童,东北地区共有 40 389 名在校的残疾儿童[6]。

第二次全国残疾人抽样调查显示,全国残疾人口中,城镇残疾人口为 2 071 万人,占 24.96%;农村残疾人口为 6 225 万人,占 75.04%。我国 0—6 岁残疾儿童中,城镇地区残疾儿童人数约为 41.88 万人,农村残疾儿童人数约为 125.92 万人[5]。

四、残障儿童的受教育状况

学龄残疾儿童中,63.19%正在普通教育或特殊教育学校接受义务教育,各类别残疾儿童的相应比例为:视力残疾儿童 79.07%,听力残疾儿童 85.05%,言语残疾儿童 76.92%,肢体残疾儿童 80.36%,智力残疾儿童 64.86%,精神残疾儿童 69.42%,多重残疾儿童 40.99%。

根据《2019 年全国教育事业发展统计公报》,全国共有特殊教育学校 2 192 所,比上年增加 40 所,增长 1.86%;特殊教育学校共有专任教师 6.24 万人,比上年增加 0.37 万人,增长 6.31%。招收各种形式的特殊教育学生 14.42 万人,比上年增加 2.07 万人,增长 16.76%;在校生 79.46 万人,比上年增加 12.87 万人,增长 19.32%。其中,附设特教班在校生 3 845 人,占特殊教育在校生总数的 0.48%;随班就读在校生 39.05 万人,占特殊教育在校生总数的 49.15%;送教上门在校生 17.08 万人,占特殊教育在校生总数的 21.50%。全国有 12 362 名残疾人被普通高等院校录取,2 053 名残疾人进入高等特殊教育学院学习[7]。

(一)残疾儿童受教育机会——性别方面

残疾女童受教育机会远低于残疾男童的受教育机会。《第二次残疾人抽样调查统计公报》数据显示,全国残疾人口中,男性为 4 277 万人,占 51.55%;女性为 4 019 万人,占 48.45%[5]。分析 2006—2015 年全国残疾儿童接受义务教育男女生人数及比例发现,残疾儿童义务教育中女生人数及比例远低于男生。2006 年残疾儿童义务教育在校生中男生为 229 373 人,女生只有 125 898 人,占总数的 35.44%;后基本呈现逐年下降态势,2011 年女生比例达到最低点,只占 33.77%,远低于男生 66.23%的占比;2012 年女生比例有所回升,到 35.20%;女生在残疾儿童义务教育在校生中比例最高的是 2013 年,但占比也仅为 35.85%。详见表 2-7。

表 2-7 2006—2015 年残疾儿童义务教育男女比例　　　　　单位:%

年份	2006	2007	2008	2009	2010	2011	2012	2013	2014	2015
男生	64.56	65.68	65.69	65.62	65.55	66.23	64.80	64.15	64.56	64.53
女生	35.44	34.32	34.31	34.38	34.45	33.77	35.20	35.85	35.44	35.47
总计	100	100	100	100	100	100	100	100	100	100

(二)残疾儿童受教育机会——城乡方面

农村残疾儿童受教育机会远低于城市残疾儿童的受教育机会。《2015 年全国 1%人口抽样调查主要数据公报》显示,在我国 31 个省、自治区、直辖市和现役军人的人口中,居住在城镇的人口为 76 750 万人,占 55.88%;居住在乡村的人口为 60 599 万人,占 44.12%[8]。同 2010

年第六次全国人口普查相比,城镇人口增加10 193万人,乡村人口减少6 816万人,城镇人口比重上升6.20个百分点。虽然伴随着我国城镇化进程,农村人口数量和比例下降,但分析2007—2015年全国城乡残疾儿童接受义务教育人数及比例发现,2007年农村接受义务教育人数最多达174 690人,占残疾儿童义务教育在校生总人数的42.64%,后呈现逐年下降态势,2015年农村义务教育残疾儿童人数仅为94 339人,占残疾儿童义务教育在校生总人数的21.83%;其中2013年农村义务教育残疾儿童人数和比例最低,分别为72 599人和20.27%。详见表2-8。

表2-8 2007—2015年残疾儿童义务教育城乡在校生人数比例 单位:%

年份	2007	2008	2009	2010	2011	2012	2013	2014	2015
城镇	57.36	59.32	61.77	64.38	75.98	77.9	79.73	78.74	78.18
农村	42.64	40.68	38.23	35.62	24.02	22.1	20.27	21.26	21.83
总计	100	100	100	100	100	100	100	100	100

2020年《特殊教育基本情况》显示,城区残疾儿童在校生总数为259 746人,其中城乡接合区的人数为47 266人;镇区残疾儿童在校生总数为340 202人,其中镇乡接合区的人数为90 589人;乡村残疾儿童在校生总数为194 664人。城镇与乡村残疾儿童的在校生数量比为308.2(乡村为100)[6]。

(三)特殊教育学校生均教育经费支出省际、经费保障方面

分析《中国教育事业经费统计年鉴》中2011—2014年特殊教育学校生均教育经费均值发现,各省份生均教育经费支出差异明显,如表2-9所示。全国层面2011—2014年生均教育经费支出均值为47 129元/年,其中有13个省份生均教育经费支出均值高于全国均值,18个省份生均教育经费支出均值低于全国均值。根据生均教育经费支出均值具体分布可分为三个层次,排在第一层次的省份是北京、天津、上海、青海、广东、浙江、海南和内蒙古,其生均教育经费支出均值超过6万元/年,其中北京的特殊教育学校生均教育经费支出最高,达109 257元/年;排在第二层次的省份是西藏、陕西、江苏、辽宁、新疆、福建、吉林、湖南、山东、宁夏、黑龙江和甘肃;排在第三层次的省份是四川、河北、云南、江西、安徽、广西、湖北、重庆、贵州、河南和山西,其中山西的特殊教育学校生均教育经费支出最低,为29 504元/年。

表2-9 2011—2014年特殊教育学校生均教育经费支出省际比较 单位:元/年

第一层次省份	2011—2014年均值	第二层次省份	2011—2014年均值	第三层次省份	2011—2014年均值
北京	109 257	西藏	58 322	四川	39 285
天津	87 793	陕西	54 342	河北	35 781
上海	85 604	江苏	53 777	云南	35 861
青海	85 909	辽宁	53 181	江西	35 673

续　表

第一层次省份	2011—2014年均值	第二层次省份	2011—2014年均值	第三层次省份	2011—2014年均值
广东	68 180	新疆	51 104	安徽	33 966
浙江	66 583	福建	46 129	广西	33 954
海南	65 464	吉林	45 995	湖北	32 339
内蒙古	63 747	湖南	44 368	重庆	31 903
		山东	44 333	贵州	30 764
		宁夏	44 025	河南	30 560
		黑龙江	41 435	山西	29 504
		甘肃	40 532		

资料来源：《中国教育事业经费统计年鉴》

五、扶助与服务

针对数量庞大的残疾人，我国采取了残疾人"精准康复服务行动"和"残疾儿童康复救助"工作。

残疾人精准康复服务行动：开展残疾人康复需求调查评估，为残疾人普遍提供基本康复服务，为家庭照护者提供居家康复、照护技能培训和支持服务[9]。针对特困残疾人和残疾孤儿实施"福康工程""孤儿医疗康复明天计划"等康复服务项目。

残疾儿童康复救助项目：为符合条件的残疾儿童提供手术、辅具器具适配、康复训练等服务，有条件的地区可扩大残疾儿童康复救助年龄范围，也可放宽对救助对象家庭经济条件的限制，合理确定救助标准，提高康复质量[10]。

根据第二次全国残疾人抽样调查，残疾人曾接受的扶助、服务的前四项及其比例分别如下：曾接受过医疗服务与救助的有35.61%；曾接受过救助或扶持的有12.53%；曾接受过康复训练与服务的有8.45%；曾接受过辅助器具的配备与服务的有7.31%。残疾人需求的前四项及其比例分别如下：有医疗服务与救助需求的有72.78%；有救助或扶持需求的有67.78%；有辅助器具需求的有38.56%；有康复训练与服务需求的有27.69%[5]。

2019年，1 043.0万名残疾儿童及持证残疾人得到基本康复服务，其中包括0—6岁残疾儿童18.1万人。全年共为314.5万名残疾人提供各类辅助器具适配服务。全国有50.9万人次农村残疾人接受了实用技术培训，6 190名贫困残疾人获得康复扶贫贴息贷款扶持，4 662个残疾人扶贫基地安置6.2万名残疾人就业。全国共完成10.4万户农村贫困残疾人家庭危房改造，11.5万名残疾人受益。截至2019年底，全国已竣工的各级残疾人综合服务设施有2 341个，各级残疾人康复设施有1 006个，各级残疾人托养服务设施有887个[7]。

以上数据表明，残疾人数量呈现逐年增多的趋势。残疾类型多样化，尤其是多重残疾比重的增加；残疾人贫困问题仍然比较突出，家庭大多收入较低；残疾人受教育程度和文化程度大幅度提高,特殊教育学校大幅增加,入学特殊儿童数量提高;多数残疾人口没有独立的经济保障,相当数量的残疾人享受最低生活保障,针对残疾人的扶助与服务更加多样化;全国60岁及以上残疾人口达到4 416万人,老年残疾人也值得关注与帮扶;我国多数残疾人生活在农村,乡村特殊教育和残疾人康复的发展水平远低于城市;残疾人的基本需求与已经提供的服务之间存在较大差距,针对残疾人的康复服务水平还需不断提升[5]。2006年第二次全国残疾人抽样调查中全国残疾人分残疾类别和残疾等级的年龄构成情况详见表2-10至表2-13。

表2-10 2006年第二次全国残疾人抽样调查:全国残疾人分残疾类别和残疾等级的年龄构成——视力残疾、听力残疾 单位:人

年 龄	视力残疾					听力残疾				
	小计	一级	二级	三级	四级	小计	一级	二级	三级	四级
总计	23 840	5 465	2 299	2 613	13 463	38 370	3 267	4 066	17 008	14 029
0—4岁	69	9	14	2	44	47	27	8	9	3
5—9岁	144	16	10	13	105	84	11	6	29	38
10—14岁	160	34	16	16	94	159	18	16	56	69
15—19岁	198	44	20	17	117	183	15	26	67	75
20—24岁	163	46	16	13	88	126	22	17	49	38
25—29岁	205	65	18	19	103	182	28	23	65	66
30—34岁	404	90	46	27	241	387	52	48	139	148
35—39岁	621	142	50	80	349	668	89	59	261	259
40—44岁	819	172	81	90	476	1 008	111	135	366	396
45—49岁	971	206	76	100	589	1 197	139	125	468	465
50—54岁	1 614	331	151	173	959	2 172	209	257	850	856
55—59岁	2 032	426	187	208	1 211	2 662	249	304	1 037	1 072
60—64岁	2 417	483	229	280	1 425	3 361	277	312	1 314	1 458
65—69岁	3 093	628	308	332	1 825	5 190	342	499	2 132	2 217
70—74岁	4 027	804	382	460	2 381	7 223	459	656	3 189	2 919
75—79岁	3 561	809	359	415	1 978	6 621	470	635	3 214	2 302
80—84岁	2 227	697	224	250	1 056	4 572	414	544	2 410	1 204
≥85岁	1 115	463	112	118	422	2 528	335	396	1 353	444

表2-11 2006年第二次全国残疾人抽样调查：全国残疾人分残疾类别和
残疾等级的年龄构成——言语残疾、肢体残疾

单位：人

年　龄	言语残疾					肢体残疾				
	小计	一级	二级	三级	四级	小计	一级	二级	三级	四级
总计	2 510	547	329	636	998	48 045	2 151	5 398	11 538	28 958
0—4 岁	231	27	52	75	77	149	11	10	33	95
5—9 岁	237	20	23	78	116	382	16	35	90	241
10—14 岁	165	30	18	39	78	640	38	65	130	407
15—19 岁	138	27	21	26	64	966	69	98	212	587
20—24 岁	94	19	14	24	37	882	63	86	222	511
25—29 岁	98	21	14	17	46	1 226	65	103	309	749
30—34 岁	160	35	15	40	70	2 137	97	180	546	1 314
35—39 岁	158	35	23	35	65	3 177	137	279	774	1 987
40—44 岁	200	49	24	42	85	3 884	142	312	950	2 480
45—49 岁	151	36	16	35	64	3 897	101	304	966	2 526
50—54 岁	210	50	27	55	78	4 684	137	427	1 121	2 999
55—59 岁	155	40	17	46	52	4 550	149	462	1 009	2 930
60—64 岁	163	47	20	39	57	4 307	156	501	971	2 679
65—69 岁	132	39	19	32	42	4 949	205	630	1 144	2 970
70—74 岁	110	36	15	26	33	5 069	235	747	1 215	2 872
75—79 岁	72	22	7	18	25	3 802	252	564	946	2 040
80—84 岁	28	12	3	7	6	2 263	179	377	606	1 101
≥85 岁	8	2	1	2	3	1 081	99	218	294	470

表2-12 2006年第二次全国残疾人抽样调查：全国残疾人分残疾类别和
残疾等级的年龄构成——智力残疾、精神残疾

单位：人

年　龄	智力残疾					精神残疾				
	小计	一级	二级	三级	四级	小计	一级	二级	三级	四级
总计	10 844	1 003	1 745	3 674	4 422	11 790	2 777	1 635	1 966	5 412
0—4 岁	1 040	35	75	243	687	26	2	7	3	14

续 表

年 龄	智力残疾					精神残疾				
	小计	一级	二级	三级	四级	小计	一级	二级	三级	四级
5—9 岁	791	49	73	184	485	53	4	7	9	33
10—14 岁	901	176	139	234	352	82	12	6	15	49
15—19 岁	1 041	131	194	399	317	243	44	34	51	114
20—24 岁	728	77	144	267	240	434	116	51	75	192
25—29 岁	679	81	113	220	265	700	194	98	106	302
30—34 岁	910	83	177	351	299	1 134	278	158	196	502
35—39 岁	982	84	187	377	334	1 512	336	202	258	716
40—44 岁	853	73	151	310	319	1 550	317	211	263	759
45—49 岁	644	44	103	236	261	1 181	246	156	194	585
50—54 岁	697	38	99	274	286	1 382	285	186	220	691
55—59 岁	491	31	92	185	183	1 184	258	172	216	538
60—64 岁	358	25	65	132	136	775	177	105	120	373
65—69 岁	235	19	38	72	106	554	141	81	95	237
70—74 岁	175	19	20	66	70	462	142	76	67	177
75—79 岁	160	16	34	60	50	305	114	49	48	94
80—84 岁	100	8	24	43	25	142	65	24	24	29
≥85 岁	59	14	17	21	7	71	46	12	6	7

表 2-13 2006 年第二次全国残疾人抽样调查：全国残疾人分残疾类别和
残疾等级的年龄构成——多重残疾

单位：人

年 龄	多重残疾				
	小 计	一 级	二 级	三 级	四 级
总计	26 080	12 535	4 408	5 966	3 171
0—4 岁	551	337	106	63	45
5—9 岁	815	499	167	108	41
10—14 岁	843	578	141	84	40
15—19 岁	957	607	140	157	53

续 表

年 龄	多重残疾				
	小 计	一 级	二 级	三 级	四 级
20—24 岁	848	545	147	123	33
25—29 岁	821	521	146	116	38
30—34 岁	1 026	670	158	141	57
35—39 岁	1 172	728	194	170	80
40—44 岁	1 220	737	189	186	108
45—49 岁	1 042	617	156	169	100
50—54 岁	1 479	822	247	244	166
55—59 岁	1 361	705	228	277	151
60—64 岁	1 478	702	236	345	195
65—69 岁	1 913	751	307	501	354
70—74 岁	2 652	857	455	772	568
75—79 岁	3 039	1 005	488	981	565
80—84 岁	2 684	922	467	891	404
≥85 岁	2 179	932	436	638	173

数据资料来源：《第二次全国残疾人抽样调查主要数据公报》

第四节 康复师数量

由于历史原因，现在康复师分散在不同体系条块中，包括特殊教育学校的特殊教育教师、医院的康复医务人员、民政残联管理的康复机构康复师以及康复服务公司的康复技术人员等。在各自体系中又有具体分工，譬如康复医务人员是由康复医师、康复治疗师和康复护士构成，其中康复治疗师又分为物理治疗师、作业治疗师、言语治疗师、文体治疗师、假肢矫形师和心理治疗师。

一、特殊教育学校

根据历年《中国教育统计年鉴》的统计数据，从专任教师数量、素质两个方面选取相关指标展开研究，同时对不同地区的特殊教育学校教师队伍的发展情况进行比较，整理得到如图2-13所示数据。

从总体趋势来看，国内特殊教育学校专任教师数量不断增多，教师队伍不断壮大，一直保持着稳步增长的状态。中华人民共和国成立之前，全国的盲校、聋校及盲聋哑学校仅有42所，

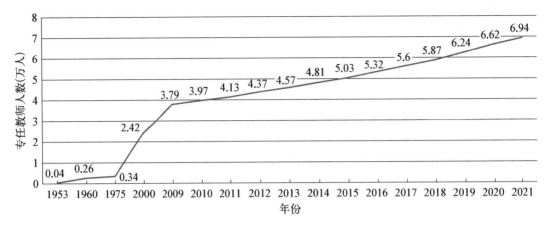

图 2-13　1953—2021 年国内特殊教育学校专任教师人数折线图

资料来源：《中国教育统计年鉴》

且多为教会或私人创办,在校生只有 2 000 余人,其发展基础非常薄弱。中华人民共和国成立后,残疾人教育事业的发展纳入国家发展规划之中,从政策、财政等多方面予以支持,推动了残疾人教育事业的发展。《中国教育统计年鉴》数据显示,1953 年,全国特殊教育学校共有专任教师 444 人,由于经济条件等因素,存在教师人数不足、专业素质不高等问题。从 1949 年 10 月到改革开放之前,特殊教育学校教师队伍数量增长缓慢。1975 年,我国签署了《残疾人权利公约》,表明对残疾人享有平等人权的认可,也助推了国内残疾人教育事业逐步进行体系化构建。在改革开放的进程中,尤其在 20 世纪 90 年代,专任教师数量增长速度最快,2000 年已有 2.42 万人;进入 21 世纪之后,特殊教育学校专任教师数量呈现每年稳定增长态势。党的十八大以来,我国残疾人教育事业也进入新的历史征程。党的十八大明确提出了向融合教育转型,追求"公平而有质量"的教育。党的十九大则进一步提出要"办好特殊教育"这一高质量发展的重要目标,对残疾人教育事业的转型提出了更高要求。[11] 以融合教育发展模式为发展改革主线,残疾人教育事业再次迎来重要的发展契机,在 2015 年专任教师人数突破 5 万人,在 2019 年专任教师人数突破 6 万人;截至 2020 年,全国特殊教育学校专任教师人数为 66 196 人(表 2-14,图 2-14)。

表 2-14　2015—2020 年全国各地区特殊教育学校专任教师人数　　　　单位:人

年份\地区	华北	东北	华东	华中	华南	西南	西北
2015	7 488	5 382	16 232	6 954	5 081	6 245	3 088
2016	7 710	5 587	16 807	7 076	5 801	6 779	3 453
2017	7 997	5 568	17 599	7 537	6 272	7 310	3 694
2018	8 278	5 667	18 220	7 998	6 828	7 711	3 954
2019	8 771	5 847	19 264	8 468	7 553	8 092	4 363
2020	9 131	6 061	20 094	8 861	8 313	9 053	4 656

资料来源：《中国教育统计年鉴》

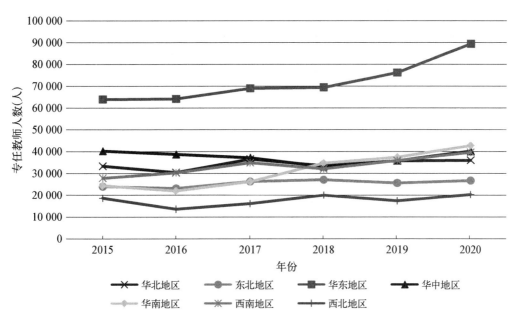

图 2-14 2015—2020 年全国各地区特殊教育学校专任教师人数折线图
资料来源：《中国教育统计年鉴》

从图 2-14 可以看出全国各地区特殊教育学校专任教师人数发展的一定趋势。从总体来看，全国各地区专任教师数量持续增长，根据《中国教育统计年鉴》中的数据，2015 年，华东地区专任教师人数约为 16 000 人，华北、华中和西南地区专任教师人数约为 6 000 人，东北地区和华南地区专任教师人数约为 5 000 人，西北地区专任教师人数约为 3 000 人，需进一步发展；而在 2015—2020 年间，各地区专任教师数量迅速增长，截至 2020 年，华东地区专任教师人数超过 20 000 人，断层式超过其他地区；其次是华中地区、华北地区和西南地区，专任教师人数为 9 000 人左右；华南地区和东北地区专任教师人数超过 6 000 人，不过东北地区增速明显缓慢；西北地区专任教师人数显著提升，超过 4 600 人，但仍大幅落后于其他地区，需进一步发展。

特殊教育学校专任教师的学历结构也呈现了不同的变化（图 2-15）。2003—2005 年，特殊教育学校教师学历是以专科为主，2010 年本科和专科学历专任教师人数持平，从 2015 年以后，本科学历专任教师人数远超专科学历专任教师人数，2020 年本科学历专任教师人数为专科学历教师人数的 3 倍，可见特殊教育学校专任教师的资质和能力迅速提升。截至 2020 年，研究生和本科生学历的专任教师人数不断增长，其中本科生学历专任教师人数增长迅速，研究生学历专任教师人数也达到了近 1 900 人，专科生学历专任教师人数基本维持不变，高中及高中以下学历专任教师人数不断减少。

二、医疗系统

随着国家政策的不断推出，康复医学科在各类医院中开始建设，康复治疗师的人数也在逐年增加，已具有一定的规模，在康复事业中发挥了重要作用。但由于我国康复事业起步较晚，康复治疗师的学历以及继续教育尚处于初级阶段。而随着持证残疾人数的增多，康复治疗师数量不足、质量有待提高以及分布不均等问题使得康复治疗不能满足快速增长的康复需求。

从表 2-15 中可以看出，2017—2020 年执业康复医师在执业医师中的占比从 1.0% 上升到 1.1%；执业康复助理医师的占比有所起伏，在 2017 年到 2019 年，占比从 0.9% 上升到

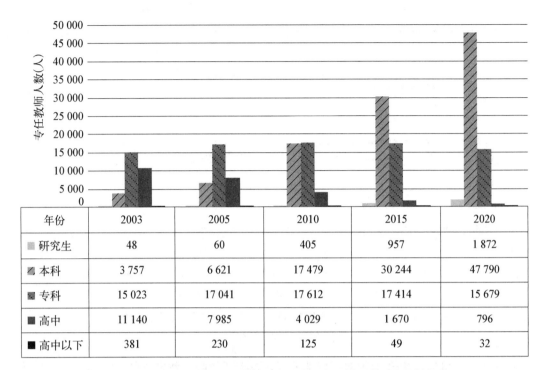

图 2-15 2003—2020 年全国特殊教育学校专任教师学历变化柱状图

资料来源：中国教育统计年鉴

1.5%，而到了 2020 年占比下降至 1.3%。执业康复医师的人数逐年稳步上升，而执业康复助理医师人数有所起伏，人数先上升后下降，截至 2020 年，执业康复医师数量为 44 943 人，而执业康复助理医师人数为 53 114 人。康复科医师总占比保持着上升趋势，可以推断出我国医疗康复事业虽发展缓慢，但处于上升的态势。

表 2-15　2017—2020 年执业康复（助理）医师占执业医师构成的百分比及人数

年份	执业康复医师占比（%）	执业康复助理医师占比（%）	执业康复医师人数（人）	执业康复助理医师人数（人）	康复科医师总占比（%）
2017	1.00	0.90	33 900	30 510	0.90
2018	1.00	1.00	36 072	36 072	1.00
2019	1.10	1.50	42 536	58 004	1.20
2020	1.10	1.30	44 943	53 114	1.20

资料来源：《中国卫生健康统计年鉴》

从表 2-16 可以看出，从 2017 年到 2019 年，我国持证残疾人人数与执业康复（助理）医师人数的比值从 528.5 下降到 366.2，而到了 2020 年又上升至 385.6，但总体呈下降的趋势，这个趋势反映了如果所有的持证残疾人都能享受到康复服务，那么一个执业康复（助理）医师需要服务的人数就将减少。尽管目前的比值仍较大，但是这个比值的下降趋势说明我国的康复事业在发展,但是仍处于发展缓慢的起步阶段,人才方面还存在大量缺口,仍处于供不应求的状态。

表 2-16 2017—2020 年持证残疾人数量与执业康复(助理)医师比值

年 份	持证残疾人数量(人)	执业康复(助理)医师数量(人)	比 值
2017	34 039 653	64 410	528.5
2018	35 661 962	72 144	494.3
2019	36 817 205	100 540	366.2
2020	37 806 899	98 057	385.6

资料来源:《中国卫生健康统计年鉴》

从表 2-17 中可以看出,2020 年我国医疗卫生技术人员年龄主要分布在 25—54 岁之间,其中 25—34 岁占比最大,共计 43.7%;35—44 岁次之,占比 25.4%。可见我国现阶段医疗卫生技术人员大多处于青年状态,由此推断出我国康复师也大多处于青壮年阶段。

表 2-17 2020 年医疗卫生技术人员年龄分布

年 龄	占比(%)	年 龄	占比(%)
25 岁以下	7.30	45—54 岁	15.10
25—34 岁	43.70	55—59 岁	4.70
35—44 岁	25.40	60 岁及以上	3.80

资料来源:《中国卫生健康统计年鉴》

从表 2-18 中可以看出,2020 年 77% 的卫生技术人员拥有 5 年以上的工作年限,即已经具备了一定的工作经验,可以合理推断出绝大多数康复师具有较为丰富的工作经验。而 5 年以下工作年限的卫生技术人员占比从 2018 年的 18% 上升到 2020 年的 22.3%,据此可以推断出新进入康复医学领域的技师不断增多,说明康复医学事业正在不断发展。

表 2-18 2020 年医疗卫生技术人员工作年限分布

工作年限	占比(%)	工作年限	占比(%)
5 年以下	22.3	20—29 年	14.1
5—9 年	26.0	30 年及以上	12.0
10—19 年	25.6		

资料来源:《中国卫生健康统计年鉴》

从表 2-19 中可以看出,在医疗技师中,40.6%的技师有大学本科学历,36.5%的技师有大专学历,仅有 8.3%的技师有研究生学历,但相比于 2018 年的数据,医疗技师的学历水平明显提高,而高学历、高层次人才仍然存在欠缺。

表 2-19 2020 年医院卫生技术人员学历分布

学　历	占比(%)	学　历	占比(%)
研究生	8.30	中专	14.10
大学本科	40.60	高中及以下	0.50
大专	36.50		

资料来源:《中国卫生健康统计年鉴》

在全国,临床医师人数处于逐年增加的趋势,按照数量的多少进行排列分别是华东地区、华中地区、华北地区、西南地区、华南地区、东北地区、西北地区。华东地区人数最多,而西北地区人数最少,且数量差距悬殊。

综上所述,近几年我国的医疗康复事业在不断地发展、进步,越来越多的患者能够享受到康复服务。但不可忽视的是我国康复医疗事业仍然发展缓慢,康复人才数量的逐年增加并不能满足患者的康复需求。而在康复人才的基本信息方面,虽然以青壮年为主力军,大多数康复师具有较丰富的工作经验,但是仍存在高学历、高层次的康复师十分紧缺等问题。我国现阶段各个地区的经济发展不均衡,也导致我国康复医疗资源分布严重不均衡。

三、残联

从表 2-20 可以看出,全国残联的康复师总人数在 2014—2016 年呈下降趋势,2016 年总人数减少得最多,从 2017 年又开始增长。全国残联康复师总人数在 2016 年的负增长率最大,2017 年增长率骤然上升,增幅最大,2018 年增长率又骤然下降,2018—2020 年增长率呈上升趋势,截至 2020 年,全国残联康复师总人数已达 294 658 人,增长率为 11.7%。总体来说,全国残联康复师总人数呈增长趋势,且近两年增长较快,我国残联康复人才数量不断增长,残联康复事业不断发展壮大。

表 2-20 2014—2020 年全国残联康复师总人数和增长率

年　份	2014	2015	2016	2017	2018	2019	2020
全国残联康复师总人数(人)	233 631	232 370	222 594	245 822	250 469	263 745	294 658
全国残联康复师增长率(%)	—	-0.54	-4.21	10.44	1.89	5.3	11.7

资料来源:《中国残疾人事业统计年鉴》

结合表 2-21、表 2-22、表 2-23 和图 2-16 可以看出,2016 年与 2015 年相比,除华东地区和西南地区残联康复师数量在增加外,其他地区都在减少。其中,西南地区残联康复师数量增加最多,西北地区残联康复师数量减少最多,考虑 2015—2016 年全国残联康复师流动量较大,很多可能流向华东地区和西南地区。

表 2-21 2016—2020 年我国不同地区残联康复师数量增长率 单位:%

年份\地区	华北	东北	华东	华中	华南	西南	西北
2016	-8.86	-3.60	0.36	-3.81	-10.11	8.81	-27.30
2017	20.08	13.53	7.53	-3.92	19.57	15.27	18.65
2018	-8.32	3.06	0.62	-10.84	32.39	-8.15	24.68
2019	6.71	-5.45	9.76	8.16	7.83	12.01	-13.18
2020	0.74	4.37	17.48	11.91	14.25	10.31	16.94

资料来源:《中国残疾人事业统计年鉴》

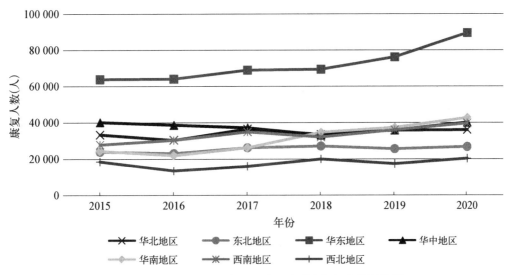

图 2-16 2015—2020 年不同地区残联康复师人数折线图

资料来源:《中国残疾人事业统计年鉴》

表 2-22 2015 年我国不同地区残联康复师人数及比例

地区	人数(人)	百分比(%)	地区	人数(人)	百分比(%)
华北	33 309	14.35	华南	24 342	10.49
东北	23 972	10.33	西南	27 801	11.98
华东	63 900	27.54	西北	18 558	8.00
华中	40 177	17.31			

资料来源:《中国残疾人事业统计年鉴》

表 2-23 2016 年我国不同地区残联康复师数量及比例

地 区	人数(人)	百分比(%)	地 区	人数(人)	百分比(%)
华北	30 359	13.64	华南	21 880	9.83
东北	23 108	10.38	西南	30 251	13.59
华东	64 129	28.81	西北	13 492	6.39
华中	38 648	17.36			

资料来源:《中国残疾人事业统计年鉴》

结合表 2-24、表 2-25、表 2-26、表 2-27 可以看出,2016—2020 年,各地残联康复师数量分布大致稳定,从 2017 年开始,残联康复师人员流动进入稳定期,但仍有略微波动。2019—2020 年,不同地区残联康复师数量均呈增长趋势,说明这两年我国残联康复人才在不断增加,我国残联康复事业不断蓬勃发展。

表 2-24 2017 年我国不同地区残联康复师数量及比例

地区	康复师数量(人)	百分比(%)	地区	康复师数量(人)	百分比(%)
华北	36 456	14.83	华南	26 163	10.64
东北	26 235	10.67	西南	34 870	14.19
华东	68 957	28.05	西北	16 008	6.51
华中	37 133	15.11			

资料来源:《中国残疾人事业统计年鉴》

表 2-25 2018 年我国不同地区残联康复师数量及比例

地区	康复师数量(人)	百分比(%)	地区	康复师数量(人)	百分比(%)
华北	33 423	13.34	华南	34 636	13.83
东北	27 037	11.15	西南	32 029	12.79
华东	69 384	27.70	西北	19 959	7.97
华中	33 106	13.22			

资料来源:《中国残疾人事业统计年鉴》

表 2-26 2019 年我国不同地区残联康复师数量及比例

地区	康复师数量(人)	百分比(%)	地区	康复师数量(人)	百分比(%)
华北	35 667	13.52	华东	76 154	28.87
东北	25 564	9.69	华中	35 808	13.58

续　表

地区	康复师数量(人)	百分比(%)	地区	康复师数量(人)	百分比(%)
华南	37 349	14.16	西北	17 328	6.57
西南	35 875	13.61			

资料来源：《中国残疾人事业统计年鉴》

表 2-27　2020 年我国不同地区残联康复师数量及比例

地区	康复师数量(人)	百分比(%)	地区	康复师数量(人)	百分比(%)
华北	35 932	12.19	华南	42 670	14.48
东北	26 681	9.05	西南	39 572	13.43
华东	89 465	30.36	西北	20 264	6.88
华中	40 074	13.61			

资料来源：《中国残疾人事业统计年鉴》

另外，西北地区残联康复事业发展相对滞后，华东经济发达地区残联康复师数量高于全国平均水平，在 2015—2020 年间呈现持续增长趋势。但从总体数据我们可以看出，我国康复师供不应求的情况依然存在，分布不均还是比较严重的，东多西少，南多北少，且预计人员分布和人员流动量在未来 3—5 年整体将保持稳定状态。

第五节　中国残疾人康复政策

党和政府一贯重视残疾人康复工作，尤其高度关注特殊教育和儿童康复事业。早在党的十七大文件中就明确要求各级政府"关心特殊教育"；党的十八大进一步阐明"支持特殊教育"的大政方针；党的十九大更明确提出，"办好特殊教育""推进教育公平""努力让每个孩子都能享有公平而有质量的教育"，预示政府将会多方面、全方位地推进残疾人康复事业的发展，为特殊儿童谋求高水平、高质量的教育和康复。

通过对我国各部门发布的政策（表 2-28）的分析，我们可以发现国家对于残疾人教育与康复的相关政策措施集中在七个方面，即宏观目标、康复医疗、康复力量、康复人才、康复制度、文娱事业和特殊教育。因此，我们着重从这七个方面进行分析与解读。

表 2-28　我国残疾人康复政策汇总表（按时间排序）

时　间	政策文件名称
1988 年 9 月	《中国残疾人事业五年工作纲要(1988 年—1992 年)》
1990 年 12 月	《中华人民共和国残疾人保障法》

续 表

时　　间	政策文件名称
1991年12月	《中国残疾人事业"八五"计划纲要(1991年—1995年)》
1994年8月	《中华人民共和国残疾人教育条例》
1996年4月	《中国残疾人事业"九五"计划纲要(1996年—2000年)》
2001年4月	《中国残疾人事业"十五"计划纲要(2001年—2005年)》
2002年8月	《关于进一步加强残疾人康复工作的意见》
2006年6月	《中国残疾人事业"十一五"发展纲要(2006年—2010年)》
2008年3月	《关于促进残疾人事业发展的意见》
2008年4月	《中华人民共和国残疾人保障法(2018年修正版)》
2009年5月	《关于进一步加快特殊教育事业发展的意见》
2010年7月	《国家中长期教育改革和发展规划纲要(2010—2020年)》
2011年5月	《中国残疾人事业"十二五"发展纲要》
2014年1月	《特殊教育提升计划(2014—2016年)》
2016年8月	《"十三五"加快残疾人小康进程规划纲要》
2016年9月	《中华人民共和国慈善法》
2016年10月	《"健康中国2030"规划纲要》
2017年2月	《残疾人教育条例》(2017年修订版)
2017年2月	《残疾预防和残疾人康复条例》
2017年7月	《第二期特殊教育提升计划(2017—2020年)》
2018年10月	《关于建立残疾儿童康复救助制度的意见》
2021年4月	《2020年残疾人事业发展统计公报》
2021年6月	《关于加快推进康复医疗工作发展的意见》
2021年7月	《"十四五"残疾人保障和发展规划》
2021年7月	《"十四五"特殊教育发展提升行动计划》
2021年12月	《国家残疾预防行动计划(2021—2025年)》

为方便读者查阅,附录1全文收录2017年2月签署的《残疾预防和残疾人康复条例》,附录2全文收录2021年6月颁布的《关于加快推进康复医疗工作发展的意见》,附录3全文收录2021年7月颁布的《"十四五"特殊教育发展提升行动计划》。

一、宏观目标

2002年,卫生部、民政部、财政部、公安部、教育部和中国残联等部委联合发布《关于进一步加强残疾人康复工作的意见》,确定了残疾人康复工作的总体目标是:到2015年,实现残疾人"人人享有康复服务"[12]。

2008年,中共中央、国务院发布《关于促进残疾人事业发展的意见》,强调保障残疾人享有基本医疗卫生服务。覆盖城乡居民的基本医疗卫生服务体系要为残疾人提供安全、有效、方便、价廉的服务。将残疾人纳入城镇职工基本医疗保险、城镇居民基本医疗保险和新型农村合作医疗制度,落实和完善残疾人医疗保障有关政府补贴政策。逐步将符合规定的残疾人医疗康复项目纳入城镇职工基本医疗保险、城镇居民基本医疗保险和新型农村合作医疗范围,保障残疾人的医疗康复需求。城乡医疗救助制度要将贫困残疾人作为重点救助对象,做好残疾人参加社会医疗保险和医疗救助的衔接工作。同时,要求中央和国家机关各有关部门、单位要将残疾人工作纳入职责范围和目标管理,密切配合协作,切实提高为残疾人提供社会保障和公共服务的水平。各地要把残疾人事业纳入当地国民经济和社会发展总体规划、相关专项规划和年度计划。残疾人事业经费要列入各级财政预算,并随着国民经济发展和财政收入增长逐步增加,建立稳定的残疾人事业经费保障机制。[13]

2016年,中共中央、国务院印发《"健康中国2030"规划纲要》,其中专题叙述维护残疾人健康的工作目标:加大符合条件的低收入残疾人医疗救助力度,将符合条件的残疾人医疗康复项目按规定纳入基本医疗保险支付范围;建立残疾儿童康复救助制度,有条件的地方对残疾人基本型辅助器具给予补贴;将残疾人康复纳入基本公共服务,实施精准康复,为城乡贫困残疾人、重度残疾人提供基本康复服务;完善医疗机构无障碍设施,改善残疾人医疗服务;进一步完善康复服务体系,加强残疾人康复和托养设施建设,建立医疗机构与残疾人专业康复机构双向转诊机制,推动基层医疗卫生机构优先为残疾人提供基本医疗、公共卫生和健康管理等签约服务;制定实施国家残疾预防行动计划,增强全社会残疾预防意识,开展全人群、全生命周期残疾预防,有效控制残疾的发生和发展;加强对致残疾病及其他致残因素的防控。推动国家残疾预防综合试验区试点工作;继续开展防盲治盲和防聋治聋工作。[14]

根据《2020年残疾人事业发展统计公报》可知,全国已有1 077.7万名持证残疾人及残疾儿童得到基本康复服务,其中0—6岁残疾儿童23.7万人。得到康复服务的持证残疾人中,有视力残疾114.6万人、听力残疾81.6万人、言语残疾5.1万人、肢体残疾542.8万人、智力残疾86.4万人、精神残疾178.4万人、多重残疾54.7万人。全年共为242.6万名残疾人提供各类辅助器具。残疾儿童少年接受义务教育的比例达到95%,5万多名残疾学生进入高等院校学习。全国有残疾人康复机构10 440个,其中残联系统康复机构2 550个。康复机构在岗人员达29.5万人,其中,管理人员3.1万人,业务人员21.3万人,其他人员5.1万人。全国共有特殊教育普通高中(部、班)104个,在校生10 173人,其中听力残疾学生6 034人、视力残疾学生1 491人、其他2 648人。残疾人中等职业学校(班)147个,在校生17 877人,毕业生4 281人,毕业生中1 461人获得职业资格证书。全国有13 551名残疾人被普通高等院校录取,2 253名残疾人进入高等特殊教育学院学习。[15]

二、康复医疗

2012年,卫生部办公厅印发《卫生部建立完善康复医疗服务体系试点工作方案》,方案指出要鼓励社会资本参与康复医疗,鼓励、支持和引导社会资本进入康复医疗服务领域,逐步完善政策措施,创造公平竞争的环境,引导社会资本举办的康复医疗机构依法经营、加强管理、健康发展。促进不同所有制的康复医疗机构之间的相互合作和有序竞争,满足群众不同层次的医疗服务需求。[16]

2016年,人力资源社会保障部、国家卫生计生委、民政部、财政部、中国残联联合印发了《关于新增部分医疗康复项目纳入基本医疗保障支付范围的通知》,通知将康复综合评定等20项医疗康复项目纳入基本医疗保险支付范围,并要求各级残联要充分发挥保障残疾人权益的作用,协助政府有关部门贯彻落实医疗康复保障政策,了解、反映残疾人的医疗康复需求,加强并积极争取社会力量对残疾人实施康复救助。[17]

2017年,国家卫生计生委组织制定了《康复医疗中心基本标准(试行)》《护理中心基本标准(试行)》及相关管理规范,"双中心"标准的发布明确鼓励康复医疗中心、护理中心集团化、连锁化经营,建立规范、标准的管理与服务模式,并对申请举办集团化、连锁化康复医疗中心、护理中心的,优先设置审批。[18]

2020年,国务院发布的《国务院关于加快推进残疾人小康进程的意见》提出:实施重点康复项目,为城乡贫困残疾人、重度残疾人提供基本康复服务,有条件的地方可以对基本型辅助器具配置给予补贴;建立医疗机构与残疾人专业康复机构双向转诊制度,实现分层级医疗、分阶段康复;依托专业康复机构指导社区和家庭为残疾人实施康复训练,将残疾人社区医疗康复纳入城乡基层医疗卫生机构考核内容。[19]

2021年,为贯彻落实党的十九届五中全会精神和实施健康中国、积极应对人口老龄化的国家战略,国家卫生健康委、国家发展改革委、教育部、民政部、财政部、国家医保局、国家中医药管理局、中国残联制定了《关于加快推进康复医疗工作发展的意见》,其中明确指出:健全完善康复医疗服务体系,加强康复医疗专业队伍建设,提高康复医疗服务能力,推进康复医疗领域改革创新,推动康复医疗服务高质量发展;主要目标是力争到2022年,逐步建立一支数量合理、素质优良的康复医疗专业队伍,康复医疗服务能力稳步提升,服务方式更加多元化,康复医疗服务领域不断拓展,人民群众享有全方位全周期的康复医疗服务。[20]

三、康复力量

残疾人康复事业的特殊性决定了它必定需要社会各大力量的联合支持。从国家发布的各项政策中我们也可以看出,随着时代的发展,新的康复力量在不断涌现。这里主要分析康复机构、社区和家庭以及农村的康复力量。

(一)康复机构

国家政策措施从"有计划地改造和建立一些骨干康复机构"到"康复机构的建设标准、服务规范、管理办法由国务院有关部门商中国残疾人联合会制定",康复机构的重要性才逐步地显现出来。在20世纪80年代,中国对残疾人康复并不太关注的大环境下,加上技术能力欠缺,优秀的康复机构数量并不多,在1988年发布的《中国残疾人事业五年工作纲要》中就提出要"有计划地改造和建立一批骨干康复机构"[21]。1990年审议通过的《中华人民共和国残疾人保障法》提到"举办必要的专门康复机构"[22],仅仅是在《中国残疾人事业五年工作纲要(1988年—1992年)》提出两年后,康复机构的专业化便受到关注,可见工作效率之快。"必要"一词也说明机构的设立不是随意性的,而是用有限的财政支持来最大限度地服务残疾人康复。

《中国残疾人事业"十一五"发展纲要(2006年—2010年)》和《中国残疾人事业"十二五"发

展纲要》中都提到"以专业康复机构为骨干",而且近十年来政府提出"康复机构的建设标准、服务规范、管理办法由国务院有关部门商中国残疾人联合会制定"[23,24],不仅强调康复机构的重要力量,而且在质量上也提出高要求,其建设、服务、管理都由国家相关部门制定,残疾人治疗的环境、需求、效果都有了相当的保障。截至2019年底,我国已有9 775家康复机构。目前,基于全球化的需要,康复中心的工作怎样与国际接轨,怎样进行产业升级让机构的效果和效益达到最大平衡,这些是需要考虑的方向性问题。

(二)社区和家庭

《中国残疾人事业五年工作纲要(1988年—1992年)》中提到"逐步形成以康复机构为骨干,以社区康复为基础的符合我国国情的康复体系"[21],《中国残疾人事业"九五"计划纲要(1996年—2000年)》中提到"完善社会化的康复服务体系,以社区和家庭为重点,广泛开展康复训练,使残疾人普遍得到康复服务"[25],《中国残疾人事业"十五"计划纲要(2001年—2005年)》中提到"加强社区康复工作,广泛开展康复训练,切实提供康复服务"[26],《中国残疾人事业"十二五"发展纲要》中提出"全面开展社区康复服务",推进社区康复工作的过程是从"编写社区康复手册""开展社区康复工作",到"加强社区康复工作",再到"全面开展社区康复服务",层层递进到全面发展[24]。这一点符合社会历史发展规律,循序渐进,慢慢渗透,使得社区在残疾人康复服务方面的作用越来越重要。

《关于加快推进康复医疗工作发展的意见》提出要积极发展社区和居家康复医疗。社区和家庭是残疾人最方便的康复地点,社区康复和家庭康复的介入,使残疾人的康复更加全方位、全天候,让单一的康复力量更加多元化[20]。但社区康复还存在资金、管理、服务上的问题,而家庭受环境局限,缺乏专业设备,并且家长也缺少相关专业知识,这些问题将会限制康复效果和效率。因此,仍然需要加大对社区康复的资金投入,改善管理方法和环境条件;对残疾人家庭成员进行康复知识科普,提供便携小巧的辅助设备,提高社区和家庭的康复效率,使社会公共服务体系也更加完善。

(三)农村

农村作为经济发展相比城镇较弱的区域,残疾人康复事业也受到政府关注。《中国残疾人事业"八五"计划纲要(1991年—1995年)》中提到"举办城镇工疗站、农村生产福利院以及其他福利性生产安置单位,组织成年智力残疾人参加适当劳动和能力训练"[27]。《中国残疾人事业"十二五"发展纲要》中提到"乡镇卫生院要根据康复服务需求设立康复室,配备适宜的康复设备和人员"[24]。《关于加快推进康复医疗工作发展的意见》提到结合国家加强县级医院综合服务能力建设的有关要求,鼓励各地结合实际将康复医疗服务作为补短板强弱项的重点领域予以加强,切实提升县级医院康复医疗服务水平[20]。

农村一直都是政府关注的重点,农村残疾人的康复同样应该受到重视,公共服务自然不能轻视,因此推动建立了一些卫生室、康复室,使得居住在农村的残疾人在康复上有了一定的保障。然而,受到基础设施、人才匮乏等多方面的限制,其康复效果难免大打折扣。总而言之,目前在农村的康复服务建立和发展上仍有较大空间,随着农村经济发展与医疗水平的改善,农村残疾人的康复服务水平也会进一步提高。

四、技术人才

人才在残疾人康复事业中起着不可或缺的作用。《中华人民共和国残疾人保障法》中提到"医学院校和其他有关院校应当有计划地开设康复课程、设置康复专业,培养各类康复专业人才"[28],《中国残疾人事业"九五"计划纲要(1996年—2000年)》中提出"多层次培训技术人员,建立稳定的师资队伍"[25],《中国残疾人事业"十二五"发展纲要(2006年—2010年)》中提出"建立国家康复人才教育基地"[24]。不管是技术上还是研发上,都需要大量的人才支持。政府政策从"培养康复人才"到"将康复医学教育纳入国家教育计划"再到"建立国家康复人才教育基地",足见国家对此类人才培养的重视。

《中国残疾人事业"十二五"发展纲要》中提出"实施康复人才培养'百千万'工程,使康复专业人才总量增加、结构合理、水平提高。逐步建立完善康复专业技术人员和技能人员职业资格评价体系和晋升体系"[24]。政府大力实施康复人才培养计划,并且保障了康复人才一定的权利和权益,使得康复人才在数量上和质量上都有了很大的提高,康复水平也得到提升。但是,目前康复人才教育培养体系和模式陈旧、教学方法单一、师资力量薄弱。截至2019年底,康复机构在岗人数约为26.4万人,但是顶端人才缺口仍然很大,人才分配也不平衡,造成康复"供不应求"。2021年公布的《关于加快推进康复医疗工作发展的意见》中强调加强康复医疗人才教育培养、强化康复医疗专业人员岗位培训、加强突发应急状态下康复医疗队伍储备,这些措施有利于加强康复医疗人才培养和队伍建设[20]。

在教育人才建设方面,全国招收特殊教育专业的高校增加至80所,招生人数和毕业生人数稳步增长,特殊教育的专任教师由2015年的5.03万名增加到2020年的6.62万名,增长31.6%。

五、康复制度

就康复制度而言,自改革开放以来,残疾人康复政策在不断完善、向前发展。而这里提及的康复政策主要指重点康复项目的实施、经费补助与残疾预防等政策。

1988年的《中国残疾人事业五年工作纲要(1988年—1992年)》中指出:"康复工作在我国刚刚起步","要着重进行广大残疾人亟待解决的白内障复明、小儿麻痹后遗症矫治、聋儿听力语言训练等康复工作"[21]。而在1987年我国进行的第一次全国残疾人抽样调查中,经推算,全国各类残疾人的总数约为5 164万人。其中,听力语言残疾约1 770万人,智力残疾约1 017万人,肢体残疾约755万人,视力残疾约755万人,精神残疾约194万人,综合残疾约673万人。由这些数据可以看出,这三类康复任务确实势在必行。实施重点项目的方式能够有针对性地进行康复工作,发挥"试验田"的作用,为之后的康复工作提供借鉴与经验。而这种分阶段制定计划、确定康复重点项目的方式也被纳入之后的《中华人民共和国残疾人保障法》中。但这也不可避免地忽视、削弱了其他康复事业的实施,可能会导致康复比重的失调。另外,《中国残疾人事业五年工作纲要(1988年—1992年)》还提出"要制定质量验收标准"[21],这是康复事业中非常重要的一个环节,评判康复效果不可能自说自话,需要有一个公认的标准来划清其中的界限,但是如何制定统一的标准,还需要更加详细的规划。

而在《中国残疾人事业"八五"计划纲要(1991年—1995年)》中再次增加康复任务目标,指出要使重点康复项目在1988年至1995年期间累计完成143万例的目标,并通过制定地方性法规、各级政府增加康复经费投入以及国务院有关部门和社会团体继续下达专项补助经费等措施支持残疾人康复事业的发展。[27]

在中国残疾人事业"九五""十五""十二五"等纲要中,将重点实施工程范围、数量不断扩大,层层推进。《中国残疾人事业"九五"计划纲要(1996年—2000年)》提出要完成白内障复明手术120万例、肢体残疾矫治手术5万例、装配假肢和矫形器30万例、低视力残疾者配用助视器 4 万名、聋儿听力语言训练 6 万名、智力残疾儿童系统训练 6 万名、肢体残疾者系统训练 10 万名、120 万重性精神病患者得到综合防治[25]，这样就基本覆盖全部残疾类别，多数残疾人能够得到重视与支持，有效地促进了各项任务的同步开展。

《中国残疾人事业"十五"计划纲要（2001 年—2005 年）》指出：继续实施一批重点工程，并落实各项康复经费，巩固、完善各类康复工作网络；要减少和控制残疾发生，提高人口素质；开展降低出生缺陷的健康教育，建立健全出生缺陷干预体系；开展产前诊断，降低出生缺陷发生率，尽可能实现残疾儿童早期干预[26]。这些明确提出的预防措施，能够尽可能地减少先天性残疾的概率，同时，对残疾儿童进行早期干预，能够提高残疾儿童康复的概率。但是实施措施非常概念化，具体实施情况没有很好的监控机制，实施效果难以达到预期。

2006 年提出的《中国残疾人事业"十一五"发展纲要（2006 年—2010 年）》进一步扩大重点康复工程的数量：完成白内障复明手术 300 万例、低视力者配用助视器 10 万名、盲人定向行走训练 3 万名、肢体残疾矫治手术 1 万例、装配假肢和矫形器 8 万例、聋儿听力语言训练 8 万名、智力残疾儿童系统训练 10 万名、肢体残疾人系统训练 12 万名，帮助 480 万名重症精神病患者得到综合治疗，组织供应各类辅助器具 300 万件[23]。与"九五"计划纲要的目标相比，"十一五"发展纲要的目标数量扩大 1 倍多，这进一步满足了广大残疾人的需求，将我国残疾人事业的发展推向了新阶段。《中国残疾人事业"十一五"发展纲要》还进一步强调要加强宣传工作，充分利用广播、电视、报刊、网络等媒体开展残疾人康复工作公益宣传服务，提高残疾人的自我康复意识。

2011 年提出的《中国残疾人事业"十二五"发展纲要（2011 年—2015 年）》对残疾人康复项目做了更加系统的实施方案。提出要实施 0—6 岁残疾儿童免费抢救性康复项目，建立残疾儿童抢救性康复救助制度，有条件的地区逐步扩大康复救助范围。实施白内障患者复明救治、盲人定向行走训练、低视力残疾人康复、聋儿听力语言康复、肢体残疾人矫治手术及康复训练、麻风畸残矫治手术及防护用品配置、智力残疾人康复训练与服务、精神病防治康复等国家重点康复工程。[24]

2016 年制定的《"十三五"加快残疾人小康进程规划纲要》把加快推进残疾人小康进程作为全面建成小康社会决胜阶段的重点任务，提出完善"残疾儿童康复救助制度"，逐步实现 0—6 岁视力、听力、言语、智力、肢体残疾儿童和孤独症儿童免费得到手术、辅助器具适配和康复训练等服务；强化残疾预防，制定实施国家残疾预防行动计划。针对遗传、疾病、意外伤害等主要致残因素，实施重点干预工程。对先天性因素与后天致残原因都进行有效预防；继续实施残疾儿童抢救性康复、贫困残疾人辅助器具适配、防盲治盲、防聋治聋等重点康复项目。全面推进无障碍环境建设，为残疾人营造一个安全舒适的社会环境。[29]

2017 年公布的《残疾预防和残疾人康复条例》指出，将残疾预防和残疾人康复工作纳入国民经济和社会发展规划，完善残疾预防和残疾人康复服务保障体系，并进行考核和监督。新闻媒体应当积极开展残疾预防和残疾人康复的公益宣传。[30]

2018 年，国务院印发了《关于建立残疾儿童康复救助制度的意见》，指出县级以上地方人民政府应当将残疾儿童康复救助资金纳入政府预算，中央财政对各地给予适当补助，救助对象为符合条件的 0—6 岁视力、听力、言语、肢体、智力等残疾儿童和孤独症儿童[10]。这里将救助对象特定化，有的放矢，能够有效提高康复资金使用的效率；同时因地制宜，根据地方残疾儿童的不同状况实施特色的服务项目和内容，做实事，出成效。

2021 年发布的《关于加快推进康复医疗工作发展的意见》中提出，要完善康复医疗工作制度、服务指南和技术规范；结合康复医疗专业特点和临床需求发展，制（修）订完善医疗机构康复医疗工作制度、康复医疗服务指南和技术规范等，特别是重大疾病、新发传染性疾病的康复技术指南等，规范临床康复医疗服务行为，提高康复医疗服务的专业性和规范性，进一步增进医疗效果；还要统筹完善康复医疗服务价格和医保支付管理，将康复医疗服务价格纳入深化医疗服务价格改革中统筹考虑，做好相关项目价格的调整和优化工作，切实保障群众基本康复医疗需求。[20]

自"八五"计划纲要实施以来，残疾人康复事业得到了显著的发展，但是依然存在着许多短板，很多政策需要进一步推进。由于中国残疾人基数庞大，残疾种类繁杂，重点项目的实施仅仅是冰山一角，还需要进一步地扩大范围、持续跟踪推进，力求能惠及每一位残疾人。在政府补助方面，这些年来，政府不断地在扩大资金补贴，但是资源毕竟有限，无法达到残疾人全覆盖。而增加残疾人救助资金，不仅需要政府的投入，也需要动员鼓励社会上的诸多力量加入其中，拓宽筹资渠道，为残疾人康复事业提供坚实的物质基础。至于残疾预防，随着科技的不断发展和网络媒体宣传能力的提升，人们预防残疾的意识也在不断地加强，然而大多数人在潜意识里仍对残疾避之不谈，也鲜少关注。因此，如何打破人们的刻板印象、进一步增强人们预防残疾的意识，仍然是我们亟须解决的问题。

六、文娱事业

从国家的这些政策我们可以发现，前期更加重视残疾人的生理康复。但是随着社会的不断发展，人民对美好生活的需要日益增长，而残疾人在生理方面的康复需求在得到满足的同时，对精神层面的需求也不断上升。

为了推动残疾人事业与经济社会协调发展，满足残疾人的需求，进一步改善残疾人生活，2016年制定的《"十三五"加快残疾人小康进程规划纲要》首次提出丰富残疾人文化体育生活[29]。这将残疾人康复政策从生理方面慢慢渗透到精神层面，从智育、体育、美育三个方面推进康复政策。

智育方面，《"十三五"加快残疾人小康进程规划纲要》指出，公共文化惠民工程、全民健身工程、全民阅读工程、公共文化体育服务机构和基层综合性文化服务中心要提供适合残疾人的服务内容和活动项目，设立盲人阅览室，配置盲文图书、有声读物、文字读物及阅读辅助设备；开展残疾人文化周、残疾人阅读推广等群众性文化活动。扶持盲文读物、有声读物、残疾人题材图书和音像制品出版；继续建设中国残疾人数字图书馆和移动数字图书馆，通过建设中国盲人数字图书馆，构建盲文数字出版和数字有声读物资源平台。为残疾人提供设施、空间等各种资源帮助他们弥补自己的缺陷，促进残疾人提升自己的知识文化素养、满足精神需求。[29]

体育方面，《"十三五"加快残疾人小康进程规划纲要》指出，实施"残疾人体育健身计划"，推动残疾人康复体育和健身体育广泛开展，创编、推广残疾人康复体育和健身体育项目，研发适合不同类别和等级残疾人使用的小型体育器材；促进残奥、特奥、聋奥运动均衡发展。该计划推动残疾人克服出门的害怕、恐慌，通过运动强身健体、愉悦身心，并能够有效地推动身体效能等生理方面的改善，使其逐渐适应社会；同时，各项运动会的发展，让残疾人也能够像普通人一样在赛场上竞技，去感受竞技精神、享受赛场上的荣誉。[29]

美育方面，《"十三五"加快残疾人小康进程规划纲要》指出，要开展残疾人特殊艺术项目发掘保护，加强特殊艺术人才培养，扶持特殊艺术团体建设和创作演出。支持创作、出版残疾人文学艺术精品力作，培育残疾人文化艺术品牌。特殊艺术能够推动残疾人发展自己的艺术才能,培养热爱的事业,找到自己的存在价值,并扬长避短,在自己的能力范围之内创作出有价值的作品,满足自身精神需求并能够鼓励他人。[29]

另外,在政府定价管理的区域,例如各大景区、博物馆为残疾人提供门票减免等优待,为残疾人解决后顾之忧,鼓励残疾人拓展自己的精神生活,融入社会、融入大众。[29]

然而残疾人的文化体育事业明显仍处于初级阶段,发展仍不够充分,因此要促进残疾人文体事业蓬勃发展,还需要政府的大力支持。政府需要完善配套政策、法律等各种机制,同时,各部门间需要协调联动,为残疾人文体事业发展提供足够的资源。另外,要丰富文体项目与各类服务形式,加强残疾人服务设施建设,培养相关领域服务人才,为残疾人提供切实的服务。鼓励残疾人打破舒适区,走向户外,享受自己的权利,融入社会。

七、特殊教育

从 1988 年至今,我国对特殊教育的规划已有 30 多年,特殊教育事业取得了长足的进步。

1988 年国务院发布的《中国残疾人事业五年工作纲要(1988 年—1992 年)》提出,在残疾人教育方面,以普及初等教育为重点,抓好职业教育,逐步发展中等教育和高等教育。在教学内容上,把基础文化教育与职业技能教育结合起来;在办学形式上,采取特教学校与混校、混班相结合。[21]

1991 年国务院发布的《中国残疾人事业"八五"计划纲要(1991 年—1995 年)》提出,在"八五"计划期间,使可以接受普通教育的残疾儿童、少年与当地其他儿童、少年的义务教育水平同步;使需要接受特殊教育的视力、听力、言语和智力残疾儿童、少年的初等义务教育入学率在城市和发达与比较发达的地区达到 60% 左右,中等发展地区达到 30% 左右,困难地区有较大提高;使残疾人职业技术教育得到发展;使符合国家规定录取标准的残疾考生进入普通高级中等以上学校学习;使高级中等以上特殊教育起步。[27]

1996 年发布的《中国残疾人事业"九五"计划纲要(1996 年—2000 年)》提出,普遍推行随班就读,乡(镇)设特教班,30 万以上人口、残疾儿童少年较多的县设立特殊教育中心学校,推行盲生和低视力生、聋生和重听生、轻度中度弱智生的分类教学。大力开展职业培训,积极发展初、中等职业教育,适当发展高等职业教育。普通幼儿教育机构和普通小学附设的学前班积极招收残疾儿童随班就读并根据需要开设残疾儿童班;特教学校、儿童福利院开设学前班,与家庭相结合,开展残疾儿童的早期教育、早期康复。[26]

2001 年发布的《中国残疾人事业"十五"计划纲要(2001 年—2005 年)》要求逐步形成学前教育、义务教育、高级中等教育、高等教育相互衔接的残疾人特殊教育体系。大力推广随班就读,残疾儿童少年义务教育入学率在"九五"基础上有较大提高;积极发展学前教育,特教学校合理布局;适应劳动力市场需求,大力开展残疾人职业教育。[26]

2006 年发布的《中国残疾人事业"十一五"发展纲要(2006 年—2010 年)》要求基本普及残疾儿童少年义务教育,适应接受普通教育的残疾儿童少年入学率达到与当地健全儿童少年同等水平,接受特殊教育的视力、听力、语言和智力残疾儿童少年义务教育入学率达到国家要求,大力发展残疾儿童学前教育。符合条件的残疾人普遍得到职业教育或培训;保障符合国家录取标准的残疾考生接受高级中等以上教育;加快高级中等特殊教育发展,积极发展高等特殊教育。[23]

2011 年发布的《中国残疾人事业"十二五"发展纲要》要求建立完善从学前教育到高等教育的残疾人教育体系,健全特殊教育保障机制,将特殊教育纳入国家教育督导制度和政府教育评价体系,保障残疾人受教育的权利。建立多部门联动的0—6岁残疾儿童筛查、报告、转衔、早期康复教育、家长培训和师资培养的工作机制,鼓励和支持幼儿园、特教学校、残疾儿童康复和福利机构等实施残疾儿童学前康复教育。[24]

2016年发布的《"十三五"加快残疾人小康进程规划纲要》要求提高残疾人受教育水平。贯彻实施《残疾人教育条例》,依法保障残疾人受教育权利。为家庭经济困难的残疾儿童、青少年提供包括义务教育、高中阶段教育在内的12年免费教育。鼓励特殊教育学校实施学前教育。鼓励残疾儿童康复机构取得办园许可,为残疾儿童提供学前教育。鼓励普通幼儿园接收残疾儿童。进一步落实残疾儿童接受普惠性学前教育资助政策。继续采取"一人一案"方式解决好未入学适龄残疾儿童少年义务教育问题。规范为不能到校学习的重度残疾儿童送教上门服务。[31]

在"十三五"的基础上,国务院发布了《第二期特殊教育提升计划(2017—2020年)》,提出到2020年,各级各类特殊教育普及水平全面提高,残疾儿童少年义务教育入学率达到95%以上,非义务教育阶段特殊教育规模显著扩大。特殊教育学校、普通学校随班就读和送教上门的运行保障能力全面增强。教育质量全面提升,建立一支数量充足、结构合理、素质优良、富有爱心的特教教师队伍,特殊教育学校国家课程教材体系基本建成,普通学校随班就读质量整体提高。[31]

在经过三十几年的努力后,中国残疾人教育事业取得了一系列成果。在残疾儿童义务教育方面,特殊教育普及水平全面提升,2020年,特殊教育在校生达到88.08万人,残疾儿童少年义务教育入学率达到95%以上[6];在残疾人非义务教育方面,2020年,全国共有特殊教育普通高中(部、班)104个,在校学生10 173人,其中听力残疾学生6 034人,视力残疾学生1 491人、其他2 648人。残疾人中等职业学校(班)147个,在校学生17 877人,毕业生4 281人,毕业生中1 461人获得职业资格证书。全国有13 551名残疾人被普通高等院校录取,2 253名残疾人进入高等特殊教育学院学习[32]。

我们依然要正视当前特殊教育发展的一些不足,这些不足主要体现在以下三方面:一是普及基础较薄弱。目前我国特殊教育仍处于发展的初级阶段,普及基础仍比较薄弱,中西部及边远、农村地区残疾儿童少年义务教育普及水平还较低。二是特殊教育质量有待提高。三是支撑保障能力偏弱。特殊教育对象复杂、差异显著,施教难度大、教育成本高,需要坚持特教特办,加强条件保障,在普惠政策基础上给予特别扶持,提升支撑能力,补齐发展短板。

2021年国务院印发了《"十四五"特殊教育发展提升行动计划》,要求按照拓展学段服务、推进融合教育、提升支撑能力的基本思路,加快健全特殊教育体系,不断完善特殊教育保障机制,全面提高特殊教育质量,促进残疾儿童青少年自尊、自信、自强、自立,实现最大限度的发展,切实增强残疾儿童青少年家庭福祉,努力使残疾儿童青少年成长为国家有用之才。[32]

参 考 文 献

[1] 黄昭鸣."医学·教育康复系列"丛书[M].南京:南京师范大学出版社,2021.
[2] 朴永馨.特殊教育学[M].福州:福建教育出版社,2019.
[3] 刘博.诊断听力学[M].北京:人民卫生出版社,2022.
[4] 中国残疾人联合会.2019年残疾人事业发展统计公报[EB/OL].(2020-04-02)[2021-09-01]. http://www.yueyang.gov.cn/yycl/59434/59440/59456/content_1676710.html.

[5] 国家统计局,第二次全国残疾人抽样调查领导小组. 第二次全国残疾人抽样调查主要数据公报[EB/OL]. (2007-05-28)[2021-10-10]. http://www.stats.gov.cn/tjsj/ndsj/shehui/2006/html/fu3.htm.

[6] 教育部. 特殊教育基本情况(总计)[EB/OL]. (2020-06-06)[2021-09-25]. http://www.moe.gov.cn/jyb_sjzl/moe_560/jytjsj_2019/gd/202006/t20200610_464595.html.

[7] 教育部. 2019年全国教育事业发展统计公报[EB/OL]. (2020-05-20)[2021-09-16]. http://www.gov.cn/shuju/2020-05/20/content_5513250.htm.

[8] 国家统计局. 2015年全国1%人口抽样调查主要数据公报[EB/OL]. (2016-04-20)[2021-09-09]. http://www.gov.cn/xinwen/2016-04/20/content_5066201.htm.

[9] 中国残联,教育部,民政部,等. 关于印发"十四五"残疾人康复服务实施方案的通知[EB/OL]. (2021-08-20)[2021-09-15]. http://www.gov.cn/zhuanti/2021-08/20/content_5650192.htm.

[10] 国务院. 国务院关于建立残疾儿童康复救助制度的意见[EB/OL]. (2018-06-21)[2021-09-20]. http://www.gov.cn/gongbao/content/2018/content_5306818.htm.

[11] 张茂聪,王宁. 中国残疾人教育事业发展70年[EB/OL]. (2019-11-07)[2021-10-20]. https://baijiahao.baidu.com/s?id=1649503406985691721&wfr=spider&for=pc.

[12] 国务院. 国务院办公厅转发卫生部等部门关于进一步加强残疾人康复工作意见的通知[EB/OL]. (2002-08-24)[2021-09-06]. http://www.gov.cn/gongbao/content/2002/content_61743.htm.

[13] 中国盲人协会. 中共中央 国务院关于促进残疾人事业发展的意见[EB/OL]. (2008-03-28)[2021-09-16]. http://www.zgmx.org.cn/newsdetail/d-23300-0.html.

[14] 国务院. 中共中央 国务院印发《"健康中国2030"规划纲要》[EB/OL]. (2016-10-25)[2021-10-30]. http://www.gov.cn/zhengce/2016-10/25/content_5124174.htm.

[15] 中国残疾人联合会. 2020年残疾人事业发展统计公报[EB/OL]. (2021-04-09)[2021-10-10]. https://www.cdpf.org.cn/zwgk/zccx/tjgb/d4baf2be2102461e96259fdf13852841.htm.

[16] 卫生部. 卫生部办公厅关于开展康复医疗服务体系试点评估工作的通知[EB/OL]. (2012-05-04)[2021-09-10]. http://www.gov.cn/gzdt/2012-05/04/content_2130157.htm.

[17] 人力资源社会保障部,国家卫生计生委,民政部,等. 关于新增部分医疗康复项目纳入基本医疗保障支付范围的通知[EB/OL]. (2016-03-09)[2021-09-14]. http://www.gov.cn/zhengce/zhengceku/2016-04/09/content_5650070.htm.

[18] 国家卫生计生委. 关于印发康复医疗中心、护理中心基本标准和管理规范(试行)的通知[EB/OL]. (2017-11-08)[2021-09-16]. http://www.nhc.gov.cn/yzygj/s3577/201711/fac102fd386a41f1ab545315d7c26045.shtml.

[19] 国务院. 关于加快推进残疾人小康进程的意见[EB/OL]. (2015-02-05)[2021-09-18]. http://www.gov.cn/zhengce/content/2015-02/05/content_9461.htm.

[20] 卫生健康委,发展改革委,教育部,等. 关于印发加快推进康复医疗工作发展意见的通知[EB/OL]. (2021-06-08)[2021-11-20]. http://www.gov.cn/zhengce/zhengceku/2021-06/17/content_5618767.htm.

[21] 中国国家计划委员会,国家教育委员会,民政部,等. 中国残疾人事业五年工作纲要(1988—1992)[EB/OL]. (1988-09)[2021-10-28]. http://www.cjr.org.cn/info/laws/syfz/content/post_161584.html.

[22] 国务院新闻办公室. 中华人民共和国残疾人保障法[EB/OL]. (1990-12-28)[2021-03-16]. http://www.scio.gov.cn/32344/32345/32347/33466/xgzc33472/Document/1449134/1449134.htm.

[23] 国务院. 中国残疾人事业"十一五"发展纲要的通知[EB/OL]. (2006-06-08)[2021-10-23]. http://www.gov.cn/jrzg/2006-06/08/content_304096.htm.

[24] 国务院. 国务院批转中国残疾人事业"十二五"发展纲要通知[EB/OL]. (2011-11-05)[2021-10-24]. http://www.gov.cn/jrzg/2011-06/08/content_1879697.htm.

[25] 国务院. 中国残疾人事业"九五"计划纲要[EB/OL]. (1996-04-26)[2021-10-24]. https://www.humanrights.cn/html/2014/1_0814/1666_11.html.

[26] 国务院. 国务院批转中国残疾人事业"十五"计划纲要的通知[EB/OL].(2001-04-10)[2021-10-25]. http://www.gov.cn/zhengce/content/2016-09/22/content_5110819.htm?trs=1.

[27] 国务院. 中国残疾人事业"八五"计划纲要(1991年—1995年)[EB/OL].(1991-12-29)[2021-10-23].http://www.cjr.org.cn/info/laws/syfz/content/post_161590.html.

[28] 中华人民共和国残疾人保障法[EB/OL].(2008-04-24)[2021-10-20].http://www.gov.cn/test/2008-12/11/content_1174760_6.htm.

[29] 国务院. 国务院关于印发"十三五"加快残疾人小康进程规划纲要的通知[EB/OL].(2016-08-17)[2021-10-29].http://www.gov.cn/zhengce/content/2016-08/17/content_5100132.htm.

[30] 国务院. 残疾预防和残疾人康复条例[EB/OL].(2017-01-11)[2021-10-29].https://www.cdpf.org.cn/zwgk/zcwj/zcfg/2b17709be3ef420d8dab43c97c996f14.htm.

[31] 教育部. 教育部等七部门关于印发《第二期特殊教育提升计划(2017—2020年)》的通知[EB/OL].(2017-07-18)[2021-10-10].http://www.moe.gov.cn/srcsite/A06/s3331/201707/t20170720_309687.html.

[32] 国务院. 国务院办公厅关于转发教育部等部门"十四五"特殊教育发展提升行动计划的通知[EB/OL].(2022-01-25)[2022-10-10]http://www.gov.cn/zhengce/content/2022-01/25/content_5670341.htm.

第三章
康复辅助设备与评估工具

【本章教学目标】
1. 了解现代综合康复体系的七个模块。
2. 掌握残障儿童训练前需要使用的评估技术。
3. 了解国内外现有的残障儿童康复辅助技术与设备。

随着工业4.0时代的到来,物联网、虚拟现实、人工智能、云计算、高清视频等技术登上舞台,康复辅助设备与评估工具加速迭代更新,最新康复技术陆续走进康复机构、特殊教育课堂和残障儿童家庭。

何为康复辅助设备？其定义非常广泛,只要是具备广泛适用性同时能帮助残疾人参与活动的产品都可以称作康复辅助设备或称作康复辅具。《康复辅助器具 分类和术语》(GB/T 16432—2016)将辅助技术称为辅助产品,定义其为专门生产的或可以广泛获取的,用来预防、代偿、监护、缓解或降低损伤、活动受限与参与限制的任何产品,包括器具、设备、仪器、技术与软件[1]。

而在儿童进行康复训练前,需要掌握残障儿童个体现状,必须先使用评估工具进行测量评估,康复师依此制定合适的训练计划和康复方案。

根据现代康复医学的理论与障碍儿童的需要,我们建构了综合康复体系,该体系由七个康复功能模块构成：① 听觉功能评估与训练；② 言语功能评估与训练；③ 语言能力评估与训练；④ 认知能力评估与训练；⑤ 情绪行为评估与训练；⑥ 运动能力评估与训练；⑦ 学习能力评估与训练[2],具体如图3-1所示。

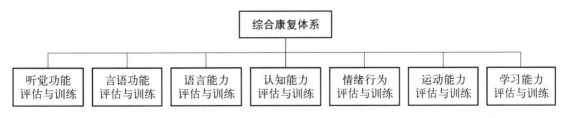

图3-1 综合康复体系七个康复功能模块

以下各节围绕综合康复体系七个康复功能模块涉及的评估工具和康复设备进行简要介绍。

第一节 听觉功能评估与训练

听觉是指在声波作用下个体产生的对声音特性的感觉,世界卫生组织 2021 年发布了《世界听力报告》,报告估计到 2050 年,全世界将有大约 25 亿人患有某种程度的听力损失,其中至少 7 亿人将需要康复服务[3]。有效及时的干预可以使所有有听力损失的人受益。听觉干预、康复不仅涵盖了听力和听觉能力的全面细致的评估,对听力进行科学地重建或补偿,还包括制定听觉训练方案,并运用合适的听觉康复设备和方法展开训练。

本节将会对听力的测试和评估工具、助听设备以及听觉评估和康复的仪器设备进行介绍。

一、听觉功能评估工具

通过进行听觉评估,对听障儿童早期发现、早期诊断、早期干预,并为听力障碍患者的治疗、康复提供有关信息。

(一) 量表

1. 听觉行为分级标准(Categories of Auditory Performance,CAP)

编订者:Archbold 等 1998 年诺丁汉大学小儿人工耳蜗项目小组成员。

目的:评估听觉能力。

适用对象:从婴幼儿到成人均可使用。

施测方式:个别施测。

内容概述:该问卷将听觉能力分为 0—7 八个等级,患者生活环境中的密切接触者根据患者对于所有外界声音(包括环境声和言语声)的行为反应程度对其进行分级评价。该问卷自开发以来在国外得到广泛应用,我国一些临床工作者也将该问卷应用到听障儿童听觉语言能力康复效果的评估中。2005 年 Nikolopoulos 等提出了扩展版 CAP(CAP-II),即在原 CAP 问卷 0—7 八个等级的基础上,增加了 8 和 9 两个等级,其对应的听觉能力更高,这使得该问卷可以评估的范围得到延伸。

应用评价:适用的年龄范围广,筛查简单快速;量表本身的心理测量学研究还远远不够,其在临床上的推广应用还需要更多深入、细化的研究支撑。

2. 有意义听觉整合量表(Meaningful Auditory Integration Scale,MAIS)及婴幼儿有意义听觉整合量表(Infant-Toddler Meaningful Auditory Integration Scale,ITMAIS)

编订者:Robbins 等(1991);Zimmerman 等(2000)。

目的:评价听觉能力的结构式访谈问卷。

适用对象:从婴幼儿到成人均可使用。

施测方式:个别施测。

内容概述:MAIS 包含 10 个条目,主要评价患儿对助听装置的依赖程度、声音觉察和声音辨识能力三个方面,适用于大于等于 3 岁儿童的评估。对于小于 3 岁的儿童,Zimmerman 等(2000)在 MAIS 的基础上修改研发了 ITMAIS。测试时,评估者通过询问看护人孩子对日常环境声音的反应情况进行评分,最终结果通过实际得分与理论总分的比值呈现。

应用评价:测试耗时短,临床操作简便。在听觉干预后的康复评估中应用十分广泛,其适用于评估不同类型的听觉干预后弱听婴幼儿的听觉功能康复情况;但 ITMAIS 中部分条目拟合较差,且难度的分布区间太窄[4]。

3. 父母对儿童听觉/口语表现的评估问卷(Parents' Evaluation of Aural/Oral Performance of Children,PEACH)

目的:PEACH 工具的开发是为了通过系统地使用父母的观察来评估、扩增聋婴儿和儿童的不同能力。

适用对象:PEACH 已被开发用于 1 个月大的婴儿、学龄与年龄较大的儿童和不同能力的儿童。

施测方式:父母在日常记录中写下孩子行为的例子,可以与听力专家或与孩子及其家人一起工作的其他专业人员讨论。

内容概述:这是父母写的日常记录,讲述了孩子们在日常生活中如何使用他们的听力,例如一些问题询问孩子们在安静或嘈杂时如何倾听周围和电话中的声音等。PEACH 量表采用五级评分制,最终结果以分值反映。量表分为日记版和量表版,日记版较量表版提供的信息更详尽,但更繁琐、耗时更长,在临床工作中的应用有限。目前,PEACH 量表除英文版外,还有其他多种语言版本,比如香港大学和中国聋儿康复中心合作研发的 PEACH 量表简易版,含七个条目,也用于婴幼儿的听力评估[5-7]。

应用评价:PEACH 量表让父母有机会做出贡献并考虑孩子的听力发展,有助于补充专家/医生的评估,识别专家/医生观察不到的区域;但未标准化,得分易受听力损失程度的影响,年龄的影响在 2 岁后不再明显。

(二)检测设备

1. 主观检测设备

主观听力检测使用的设备为听力计,检测基于被检测者对听到的声音进行主观判断后做出的反应,需要受试者充分理解和积极配合,其结果可以提供大量的听阈信息,包括听力损失类型、程度等。目前常用的听力计品牌有美国 GSI(Grason-Stadler)、丹麦尔听美(Otometrics)、丹麦国际听力(Interacoustics)等。

美国 GSI(Grason-Stadler)的听力计代表性产品为 GSI AudioStar Pro(图 3-2a),适用于对各类患者群体进行听力评估。它可单独使用,也可配合计算机使用,用于数据存储和实现与电子病历的兼容。它配置有灵活的独立听力计,可向计算机无缝传输数据。

丹麦尔听美(Otometrics)的一款代表性听力计是科丽纳(Astera,图 3-2b),具有精确、灵活、高效的特性,包括听觉控制面板、电脑鼠标/键盘和直接使用触摸屏三种操控模式。它具有高频听力测试功能,配置专业的儿童和耳鸣测试模块,使评估变得系统化,使纯音测听和耳鸣

(a) GSI AudioStar Pro

(b) Astera

(c) AC40

图 3-2　GSI AudioStar Pro、Astera、AC40 听力计

资料来源:GSI、尔听美、国际听力官网

评估变得高效精确。

丹麦国际听力(Interacoustics)的一款代表性听力计是 AC40(图 3-2c),作为独立的听力计,AC40 提供临床使用所需的所有气导、骨导和掩蔽功能。AC40 具备全面的测试组合,适用于广泛的临床和研究应用,除基本的纯音测听和言语测听功能外,还可进行特殊测试,如高达 20 kHz 的高频测听、斯坦格测试、用于区分耳蜗和蜗后疾病的 SISI 测试等。AC40 还增添了儿童噪声刺激和视觉强化测听(VRA)的功能,系为儿童量身定做。

2. 客观检测设备

随着听力学的发展,客观测听方法也在快速发展,为婴幼儿的听力筛查与评估、鉴别伪聋等提供越来越多重要的客观信息。客观测听设备一般包括中耳分析仪(进行声导抗测试)、听觉诱发电位系统(进行 ABR、ASSR 测试)、耳声发射仪(进行耳声发射测试)。美国 GSI、丹麦尔听美、丹麦国际听力也是目前使用比较广泛的听力客观检测设备品牌。

(1) 中耳分析仪

中耳分析仪主要进行声阻抗方面临床检测,对中耳病变进行客观分析。声波在传播过程中,振动能量引起介质分子位移所遇的阻力或抵抗称声阻抗。[8]

美国 GSI(Grason-Stadler)具有代表性的中耳分析仪产品为 TYMPSTAR PRO(图 3-3a)。它是一款全面综合的中耳分析仪,最新版本还增加了宽带鼓室压力测试,可以获得完整的中耳状态数据,包括 226 Hz、678 Hz、800 Hz、1 000 Hz 的鼓室压力图和中耳吸光度图。

丹麦尔听美(Otometrics)具有代表性的中耳分析仪产品为卓迪亚(Zodiac,图 3-3b)。其设计更专注于探头和工作方式,更容易实现耳道密封,所有探头均易于握持,并减少了可拆部件以便于清洁和保养。

丹麦国际听力(Interacoustics)具有代表性的中耳分析仪产品为 AT235(图 3-3c)。它是一款自动中耳分析仪,可以测试中耳的状况和鼓膜、传导骨的移动性。该设备将鼓室导抗测试和基本的听力检测结合在一个设备里,可以在两个版本之间进行切换。

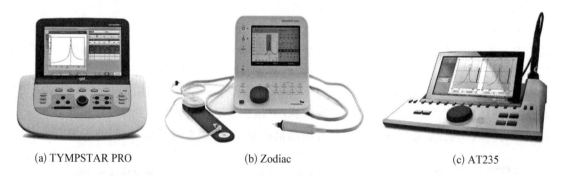

(a) TYMPSTAR PRO　　(b) Zodiac　　(c) AT235

图 3-3　TYMPSTAR PRO、Zodiac、AT235 中耳分析仪

资料来源:GSI、尔听美、国际听力官网

(2) 皮层听觉诱发电位系统

皮层听觉诱发电位(Cortical Auditory Evoked Potential,CAEP)是指大脑在对声音信号进行感觉、认知、记忆过程中产生的电位,其潜伏期为 50—500 ms。CAEP 分为外源性成分和内源性成分,慢皮层反应(P1-N1-P2)属于 CAEP 的外源性成分,它与听觉感知密切相关,而且几乎任何言语信号都能诱发该反应。[9]

丹麦尔听美(Otometrics)具有代表性的皮层听觉诱发电位仪器为查特(Chartr EP 200,图

3-4a)。该款仪器在测试前后,可在便携式前置放大器或计算机上显示阻抗值,通过访问标签,可以快速访问和回顾数据,在听性脑干反应(ABR)、多频听性稳态反应(ASSR)或前庭肌源性诱发肌电反应(VEMP)之间切换。

丹麦国际听力(Interacoustics)具有代表性的皮层听觉诱发电位仪器为 Eclipse(图 3-4b)。它是一款多功能设备,可以提供听觉诱发电位(AEP)、多频听性稳态反应(ASSR)、前庭肌源性诱发肌电反应(VEMP)和耳声发射(OAE)。

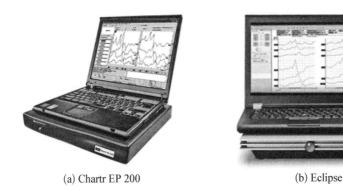

(a) Chartr EP 200　　　　(b) Eclipse

图 3-4　Chartr EP 200、Eclipse 听觉诱发电位仪

资料来源:尔听美、国际听力官网

(3) 耳声发射仪

目前,学界对于耳声发射仪的工作原理存在不同的界定。学者赵应会研究表示,耳声发射仪是受检者耳蜗在受到外界暂时性的脉冲声刺激之后经过一定潜伏期,通过一定形式释放的一种声频能量,所有损害耳蜗外毛功能的因素使得听力损害逾 30 dBHL 时,便可以造成耳声发射功能减弱,甚至消失[10]。王勤认为,耳声发射仪可以反映受检者耳蜗毛细胞及其附近结构的功能状态,并及时发觉受检者感音神经性听力缺损[11],这也是其能够运用于听力筛查的主要原因之一。

美国 GSI(Grason-Stadler)代表性的耳声发射仪为 GSI Corti(图 3-5a)。它是一款便携式诊断和筛查仪器,可对婴儿、儿童和成人进行耳声发射测试,筛查可在几秒内完成,并具有六种不同的配置选项,筛查和诊断分别都配置了 DP、TE 或 DP 加 TE 筛查或诊断。

丹麦尔听美(Otometrics)代表性的耳声发射仪为咔培拉(MADSEN Capella,图 3-5b)。它可为全年龄段患者提供精确客观的耳蜗功能测试。在测试时,咔培拉在开始和结束时会检

(a) GSI Corti　　　　(b) MADSEN Capella　　　　(c) Titan

图 3-5　GSI Corti、MADSEN Capella、Titan 耳声发射仪

资料来源:GSI、尔听美、国际听力官网

查探头的适配,预设用户设置,自定义测试序列,双耳数据可进行交换,与正常值的比较也很方便,可快速开展畸变产物耳声发射(DPOAE)、瞬态声诱发耳声发射(TEOAE)和自发性耳声发射(SOAE)测试。

丹麦国际听力(Interacoustics)具有代表性的耳声发射仪为泰坦(Titan,图3-5c)。它可以提供声导抗、自动平衡、耳声发射和宽带鼓室压力测试。它具有专业的OAE模块,包括诊断性OAE评估和新生儿听力筛查。Titan可以确保在整个测试过程进行精确的强度刺激,并监控持续的噪声。

二、听觉功能相关设备

（一）听力辅助器具

听力辅助器具能及时重建、补偿、代偿听力损失。随着听力辅助器具使用人群的不断增加及听力辅助器具智能化、创新性的进步和听力辅助技术领域的快速发展,可供人们选择的听力辅助器具越来越多,其类型和功能也越来越丰富[12]。

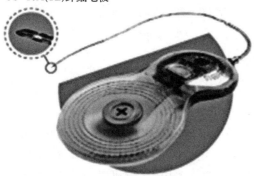

图3-6 杭州诺尔康人工耳蜗

资料来源：浙江诺尔康神经电子科技有限公司官网,http://www.nurotron.com/

1. 听力重建类

（1）人工耳蜗(Cochlear Implant, CI)

产品性能：人工耳蜗是一种替代受损的内耳毛细胞直接刺激听觉神经,使患者产生听觉的医学电子装置,主要由内部的植入体和外置的传输线圈、言语处理器和麦克风组成,麦克风接收声音并将其转换为电信号,经过言语处理器处理后刺激听觉神经传入大脑,产生听觉。

适用范围：人工耳蜗适用于耳蜗病变、不能受益于特大功率助听器的双耳重度或极重度听力障碍者,对于全聋患者来说,人工耳蜗植入是唯一有效的治疗方法[13]。

代表性产品：目前国际市场上较具代表性且使用较多的人工耳蜗有澳大利亚科利耳(Cochlear)、奥地利美笛乐(MED-EL)和美国AB,国内市场方面,杭州诺尔康的人工耳蜗(图3-6)处于领先地位。

（2）人工中耳(Middle Ear Implant, MEI)

产品性能：人工中耳是将中耳植入体附着在耳内可振动部位(如听骨链)或耳蜗(如前庭窗、蜗窗),通过将声波的能量转换成机械振动,将放大的神经冲动传到大脑,提高听力功能的装置。

适用范围：人工中耳适用于各种原因导致的轻至重度感音神经性听力损失、使用助听装置效果不理想的患者,其优点在于能避免耳膜带来的闭塞感,没有声反馈的困扰,没有耳道感染或过敏的情况,且对高频处理较好,装置小、美观度高[14]。

代表性产品：较具代表性的人工中耳装置有奥地利美笛乐(MED-EL,图3-7)等。

（3）人工听觉脑干植入(Auditory Brainstem Implantation,

图3-7 奥地利美笛乐(MED-EL)人工中耳

资料来源：奥地利美笛乐(MED-EL)官网,https://www.medel.com

ABI)

产品性能：人工听觉植入是一种中枢听觉重建技术，通过直接在脑干蜗核处安置电极阵列，刺激听觉神经组织产生听觉，因此不受耳蜗或蜗神经病变的限制[15]。

适用范围：适用于2型神经纤维瘤病（neurofibromatosis type 2，NF2）患者，扩大、重度内耳和（或）蜗神经畸形的先天性耳聋患者等。

代表性产品：目前已在临床使用的有奥地利美笛乐（MED-EL）的 Synchrony ABI 系统（图3-8）等。

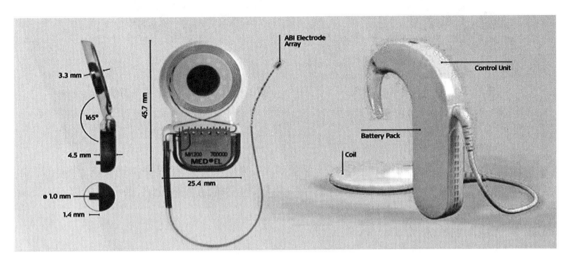

图 3-8 奥地利美笛乐（MED-EL）的 Synchrony ABI 系统

资料来源：奥地利美笛乐（MED-EL）官网，https://www.medel.com

2. 听力补偿类

（1）助听器（Hearing Aids）

产品性能：助听器是一个电声放大器，主要由麦克风、放大器、受话器、电池等元件组成。声信号经麦克风转换为电信号，通过放大器放大后，由受话器将电信号还原为声信号传至人耳。主要分为盒式助听器、耳背式（BTE）助听器、耳内式助听器、耳道式助听器[16]。

适用范围：适用于多种类型的听力损失患者。

代表性产品：主流的助听器品牌有丹麦奥迪康、瑞士峰力、美国斯达克。目前，我国助听器技术仍处于相对落后水平，没有自主知识产权的数字助听器产品，市场上主流的数字助听器被国外品牌垄断，技术与性能方面仍较国外知名品牌存在较大差距，国内常见的助听器品牌有新声（图3-9）、丽声等。

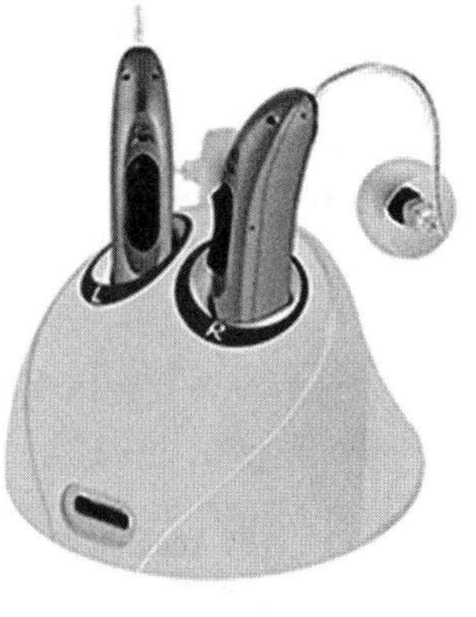

图 3-9 新声科技助听器

资料来源：厦门新声科技有限公司官网，https://www.newsound.cn

（2）骨导植入系统

骨导植入系统的声信号接收传感器采用传声器，传声器接收空气中传播的声信号后转换为电信号，经过信号处理器转换成振动信号，骨导振子直接嵌入颅骨，可以提高振动的耦合性。目前市场上主流的骨导植入系统根据是否有外创口，分为穿皮式（percutaneous）和经皮式（transcutaneous）两种，较具代表性的骨导植入系统品牌有奥迪康（Oticon）、科利耳（Cochlear，

图 3-10）、美笛乐（MED-EL）等。

图 3-10 科利耳 BAHA 系统

资料来源：澳大利亚科利耳公司官网，https://www.cochlear.cn/

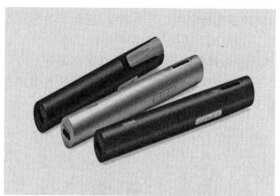

图 3-11 峰力"Roger 络十系统"Roger pen

资料来源：（峰力品牌隶属于）索诺瓦公司（Sonava）官网，http://www.sonova.cn/zh-hans/gong-si-pin-pai#phonak

3. 听力辅助类

辅助听觉装置指除助听器和人工植入装置以外，帮助听障患者解决由于噪声、距离和混响等造成助听装置无法解决聆听困难问题的特殊装置，也称辅助听觉系统，即一些能够帮助听障者与人沟通或增加他们独立生活能力的装置。

（1）无线调频系统（Frequency Modulation，FM）

产品性能：无线调频系统，也称 FM 系统，是一种通过调频技术无线传送语音信号的听觉辅助技术，主要由麦克风、发射器、接收器和发声装置组成。麦克风用于收集语音，发射器将其转变为无线调频电波并向接收器发送，接收器接收信号后将其传入使用者耳内。

适用群体：常使用于听障儿童语言训练或礼堂、赛场等大型场地。

代表性产品：目前市场上各大助听设备品牌都有不同类型的个人 FM 系统可供选择，如峰力、瑞声达、奥迪康、唯听等，其中峰力的"Roger 络十系统"（图 3-11）较为系统和完整，可以与大多数知名品牌的助听器及人工耳蜗匹配。

（2）感应线圈系统（Induction Loop system，IL）

产品性能：感应线圈系统是一种通过电磁感应传送语音信号的技术。语音由麦克风收集，通过围绕在特定空间（通常是一个房间、一栋建筑物或使用者的颈部）内的线圈转变为磁信号发送，由助听装置中 T 型拾音线圈（telecoil）接收并传入耳内（图 3-12）。

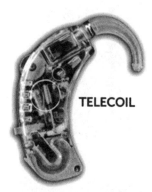

图 3-12 NTI Audio 助听器的 T 型拾音线圈

资料来源：NTI Audio 官网，https://www.ntiaudio.cn/

适用范围：适用于重度听力损失患者，环路感应线圈系统可安置在一些专用场所，如影院、礼堂、会议室、教室等。

4. 增强听觉功能的设备

随着对听力的关注程度的提升，越来越多的商业品牌开始注意到听力健康者与听力障碍者的需求，开发了一系列能够帮助消费者更好聆听的产品，其中最常见的是耳机。SONY 公司推出了首款辅听耳机 SMR-10（图 3-13），主要面向听力略微受损用户。该耳机支持自动场景选择和啸叫消除，不仅配有入耳式耳机，还配有内置扬声器。此外还有 Alango 所开发的

Wear&Hear 系列耳机,面向轻度至中度听力损失人群,可以调整环境声、说话声和音频源输出声为消费者提供个性化的听觉体验;Apple 公司所开发的 AirPods Pro 配备环境预置选项、对话增强功能,可帮助消费者更好地聆听。

(二)听觉康复设备

自 20 世纪 90 年代起,国外计算机辅助听觉评估与康复系统逐渐发展,代表性的软件有:计算机辅助跟踪模拟(Computer-Assisted Tracking Simulation, CATS)[17]、计算机辅助言语训练(Computer-Assisted Speech Training, CAST)[18]、聆听交流强化(Listening and Communication Enhancement, LACE)[19]等。国内近 20 年,听力康复事业在国家政策推动下快速发展,越来越多学者致力于研发计算机辅助听觉康复设备。2003 年,孙喜斌等研发计算机导航-聋儿听觉评估学习系统,该系统运用声学测量分析、小儿言语测听、助听器验配及评估技术,结合幼儿与儿童心理特点,以计算机、多媒体为手段,进行游戏化的听力评估与听觉康复[20]。2007 年,刘海红等开发儿童听力言语康复分类训练及评估的汉语视听系统软件,该软件的听觉功能训练包括字词长短、声调辨别、元音辨别和辅音辨别[21]。2018 年,武文芳等研发基于网络的汉语听力康复系统,该系统包括五个听力康复模块,即字词长短、单词声调、元音辨别、辅音辨别、整句辨别[22]。2019 年,潘慧等基于 MATLAB 图形用户界面设计了听觉言语康复效果评估系统,将多个听力、听觉及言语评估量表转化为电子化量表[23]。

图 3-13 SONY 公司 SMR-10 耳机
资料来源:SONY 公司官网

目前,国内市场上应用的听觉康复设备大多分为两种:计算机辅助听觉康复设备和听觉康复应用软件(App)。医疗领域多使用计算机辅助听觉康复设备,如听觉功能检测处理系统等。听觉康复应用软件种类较少,市场上使用者能获得的应用软件有人工耳蜗康复训练系统和天使语训等。现介绍市场上常用设备:计算机辅助听觉康复设备和听觉康复移动端。

1. 计算机辅助听觉康复设备

(1) 听觉康复训练仪(图 3-14a)

产品性能:对实时听觉言语、音位矩阵对比、电声门图信号进行基频、谐波、FFT、LPC、语谱图的检测、处理。主要功能包括听觉察知/分辨/识别/理解训练和听觉康复效果监控。

适用范围:听觉康复训练仪可用于听觉障碍的康复训练、音位对比治疗。

(2) 听处理障碍评估与干预仪(图 3-14b)

产品性能:通过对实时听觉言语、滤波复合模拟、电声门图信号进行基频、谐波、FFT、LPC、语谱图的检测、处理,为听处理障碍的评估和康复训练提供相关信息,为注意稳定、分配、转移训练和可视序列诱导干预提供技术参数及康复指导。主要功能包括听觉注意/辨识/记忆/理解能力评估与训练和听觉康复效果监控。

适用范围:听处理障碍评估与干预仪适用于情绪与行为障碍、孤独症、注意力缺陷与多动障碍的听处理康复。

 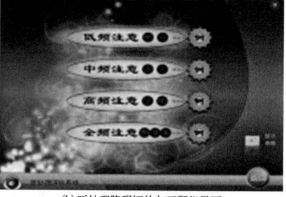

(a) 听觉康复训练仪界面　　　　　　　(b) 听处理障碍评估与干预仪界面

图 3-14　听觉康复训练仪和听处理障碍评估与干预仪产品界面

资料来源:"昭鸣"品牌,上海慧敏医疗器械有限公司官网,www.shhmkf.com

2. 听觉康复移动端

人工耳蜗术后言语评估及康复训练系统(表 3-1)为电脑版应用软件,其软件针对听障人士个性化设计,使其最大限度地利用并提高交流能力。康复训练软件分为学习、练习及测试三大板块。学习板块包括单音节、双音节、三音节、四音节、短句、数字、自然声等模块。

天使语训(表 3-1)是昱琳基金推出的一款针对人工耳蜗和助听器佩戴者设计的听觉康复应用软件(电脑版和手机版),是一款家庭听觉康复系统。该软件借鉴泰格语音技术和美国 House 研究所研发的计算机辅助康复系统(CAST),具体训练包括八个模块:基本模块、电话感知模块、音乐感知模块、噪声言语模块、听觉分辨模块、言语评估模块、快速语速模块和汉字辨识模块。

表 3-1　两种听觉康复移动端品牌及其网址

产　品　名　称	公　司　网　址
人工耳蜗术后言语评估及康复训练系统	http://www.shlst.com.cn/assist/YX.shtml
天使语训	http://mast.emilyfufoundation.org/

第二节　言语功能评估与训练

言语是有声语言(口语)形成的机械过程,是人类沟通的主要途径之一,为使口语表达时声音响亮、发音清晰,需要与言语产生相关的神经和肌肉参与活动、协调活动。

在黄昭鸣博士提出的言语康复 RPRAP 理论指导下的言语治疗主要通过 A+T+M 的操作模式来实现。其中,A 为 Assessment(评估),T 为 Therapy(治疗),M 为 Monitor(监控)。言语治疗的整个过程就是通过这样一个评估—治疗—监控的循环过程来完成的。根据 RPRAP 理论,言语治疗可以分为嗓音治疗、构音治疗、韵律治疗、吞咽治疗,也是本节语言功能评估与训练模块的康复设备与评估的分类依据。

本节根据言语所涉及的嗓音、构音、韵律、吞咽四个方面,挑选各板块典型性评估工具和康复辅具设备进行简单介绍,并附上必要信息及参考文献。

一、言语功能评估工具

(一)嗓音评估

1. GRBAS 分级法

开发者:Hirano。

目的:对异常嗓音进行主观感知评估。

适用对象:成人及儿童嗓音障碍人群。

施测方式:个别测验。

内容概述:G(grade):对异常嗓音的整体主观感知分级;R(roughness):粗糙声;B(breathiness):气息声;A(asthenia):发音弱或无力程度;S(strain):发音过度紧张程度。每一个标度中的参数又分为 0—3 级,共 4 级,其中 0 级为正常,3 级为严重异常。

应用评价:目前在所有的主观感知评估方法中,GRBAS 分级法最为临床所接受。GRBAS 分级法的不足主要体现在评委的选择及评委的经验上:一是在数量上至少要有三名评委,且均须是有经验者;二是各评委之间因为各种原因(如经验等)的差别将不可避免地带来偏差;三是主观评估缺乏一个客观的比较标准且量化困难,不便于比较[24]。

2. 电声门描记法(electroglottography,EGG)

性能:EGG 是对声带振动模式的测量,为无创性观察声带振动模式的方法,通过监测声带振动时的阻抗检测声带接触分开的情况,反映声带接触面积的变化及声带振动的规律。

施测方式:具体测量采用放置在受试者颈前两侧甲状软骨板、相当于两侧声带的相应位置表面皮肤上的金属电极拾音,获得 EGG 信号,在体表描记出声门开闭的曲线,检测声带接触分开的情况,从而判断声带的状态、振动规律,反映声带的张力、声门开闭速度、声带接触的面积及时间等变化。

应用评价:由于儿童声门接触面积小,电声门图的波幅较小,所以电声门描记法的应用仍在进一步探索中。

3. 嗓音声学分析

性能:嗓音声学分析是对嗓音质量的定量描述,也是客观评价发声质量的无创检测方式。

施测方式:国外较具代表性的是美国 Multi Dimensional Voice Program(MDVP,4150)声学分析软件和德国 XION 声学分析软件,国内较具代表性的是上海泰亿格公司的 Dr Speech for Windows 声学分析软件。声学分析软件一般在噪声为 30—40 dB 的安静环境下进行声学信号采样,通过软件自动得到基频(F0)、谐噪比(HNR)、基频微扰(jitter)、振幅微扰(shimmer)、标准化噪声能量(NNE)等指标对嗓音进行客观评估,存在病变者与正常者的参数有着明显差异,这些参数的变化能够客观地区别出正常嗓音和异常嗓音及反映出嗓音障碍的程度。

应用评价:客观性强。

(二)构音评估

1. 弗朗蔡(Frenchay)构音障碍评定法

开发者:英国布里斯托尔市弗朗蔡医院的 Pamela 博士。

目的:评价构音器官运动障碍的严重程度。

适用对象：儿童。

施测方式：个别测验。

内容概述：弗朗蔡构音障碍评定法的检查内容包括反射、呼吸、唇、颌、软腭、喉、舌、言语八大项，每项又分成2—6个细项，共28个细项。例如，反射包括咳嗽、吞咽、流涎；呼吸包括静止状态、言语时；唇包括观察静止状态、唇角外展、闭唇鼓腮、交替发音、言语时；颌包括静止状态、言语时；软腭包括进流质食物、软腭抬高、言语时；喉包括发音时间、音调、音量、言语时；舌包括静止状态、伸舌、上下运动、两侧运动、交替发音、言语时；言语包括读字句、会话、速度。每细项按严重程度分为a—e五级：a——正常；b——轻度异常；c——中度异常；d——明显异常；e——严重异常。

(1) 评定指标：a项数/总项数，可根据正常结果所占比例（a项数/总项数）简单地评定构音障碍的程度。

(2) 评定级别：正常——(28—27)/28；轻度障碍——(26—18)/28；中度障碍——(17—14)/28；重度障碍——(13—7)/28；极重度障碍——(6—0)/28。

应用评价：评价后能使患者的障碍类型清晰可见，能够较为准确地发现哪些功能受损。

2. 构音语音能力评估

开发者：黄昭鸣、韩知娟等。

目的：评估汉语构音能力是否正常、哪些语音构音存在问题。

适用对象：听力障碍儿童。

施测方式：个体测验。

内容概述：该评估所使用的量表依据汉语普通话儿童的音韵发展历程设计。该评估由50个单音节词组成，词包含21个声母、13个韵母和4个声调，每个词都有配套的图片。由主试人员通过提问或提示的形式，要求儿童说出图片所对应的词，每个词发音三遍。由专业人员对儿童的声母、韵母及声调构音情况计分。听力障碍儿童的得分可与正常儿童得分参考标准进行对比，快速考察听力障碍儿童汉语构音能力是否正常、哪些语音构音存在问题。

应用评价：适合用于听觉-言语对比，但未考虑连续语音影响。

3. 汉语构音障碍评定法（中康版）

编订者：中国康复研究中心李胜利。

目的：构音障碍的有无、种类和程度判定；原发疾病及损伤部位的推定，可作为制订治疗计划的依据。

适用对象：汉语环境的儿童。

施测方式：团体测验。

内容概述：此评定方法是中国康复研究中心李胜利结合汉语普通话特点，参照日本构音障碍检测法编制而成的。构音障碍常涉及运动障碍和所有的言语水平（呼吸、发声、发音、共鸣、韵律等），因此它由两部分组成：一部分是构音器官评定，包括呼吸、喉、面部、口、硬腭、舌、下颌、反射等功能检查；另一部分是构音评定，包括会话、单词检查、音节复述检查、文章水平检查和构音类似运动检查。

应用评价：主要用于评估构音障碍人群是否存在器官异常和运动障碍，通过评估找出构音障碍人群的错误音及错误类型。全套评定较为详细、全面，不仅能对患者构音障碍的有无、种类和程度进行判定，而且还能对患者的错误构音进行甄别，便于制订有针对性的治疗计划。

4. 汉语语音清晰度测试字表

开发者：王国民等(1995)。

目的：以不同的调音点来检查、评估语音障碍的程度。

适用对象：腭裂术后患儿。

施测方式：个别测验。

内容概述：该测试字表包括两个字表，字表Ⅰ根据临床上患者较易出现的异常语音设计，字表Ⅱ按汉语普通话的声母韵母、汉语音位结合规律设计。字表中的字选用的是日常生活中字频较高的汉字，检查时患者逐字朗读字表并录音，由两位听音者各自按其所听清楚的语音逐字进行转写，将转写的结果与字表核对，找出患者发音错误的语音，并除以字表总字数（即100），计算得出清晰度的值，取两位听音者的平均值作为最终结果。

应用评价：受时效性影响，该字表中的高频词有待更新、验证。

（三）韵律评估

1. 儿童口吃测验

开发者：Ronald B. Gillam。

适用对象：4—12岁儿童。

施测方式：个别测验。

内容概述：儿童口吃测验(Test of Childhood Stuttering，TOCS)包括言语流畅性测验、观察评定表、临床评估三部分。在言语流畅性测验中有搜集儿童图片命名、句式仿说、结构化对话和看图说故事四个语言样本；在观察评定表中，由家长、老师等熟悉儿童的人从其口吃频率和对口吃的负面反应两方面进行评分；临床评估更详细地分析口吃的频率、持续时间、口吃类型和相关行为以及说话的自然度。

应用评价：儿童口吃测验充分考虑了口吃的可变性特征，评估儿童在各种语言情境下的口吃情况，并提供了更深入的分析，但该评估需要较长的时间[25]。

2. 口吃严重程度分级

开发者：Druker。

适用对象：口吃群体。

内容概述：口吃严重程度分级(Scale for Rating Severity of Stuttering)为八级量表，其评估维度包含口吃频率、口吃持续时间、身体紧张程度与伴随动作，是一种他评的主观评估量表，评分者需要在0—7级中选择最相符的描述。需注意的是，临床应用中往往需要结合其他工具一起使用。

应用评价：该量表具有主观性，它是听者对于口吃者的言语总体印象的评级，其衡量标准相对粗糙，但用于听者真实评估口吃者的日常口吃情况有重要意义[26]。

3. 儿童韵律系统因素分析

开发者：S. Peppé。

目的：评估儿童理解和表达韵律的能力。

适用对象：言语韵律异常儿童。

施测方式：个别测验。

内容概述：儿童韵律系统因素分析(Profiling Elements of Prosodic Systems—Children，PEPS‑C)依据心理语言学的理论建立了四个评估维度，在此基础上设计了四大评估板块：输入形式、输入功能、输出形式、输出功能。

应用评价：此评估工具的优点在于通过评估可以指出韵律问题的具体环节[27]。

（四）吞咽评估

1. 婴幼儿喂养困难评分量表

开发者：Maria Ramsay 等。

适用对象：适用于6个月—6岁的婴幼儿。

施测方式：个别测验。

内容概述：婴幼儿喂养困难评分量表（Montreal Children's Hospital Feeding Scale，MCHFS）共有14个条目：口腔运动功能、口腔感觉、食欲、婴幼儿进食行为、家长的喂养行为及养育态度等；采用Likert 7级评分，计算各条目及量表总得分，按Logit变换法将原始分化为标化分，评价标准（标化分）：＜60分为正常；61—65分为轻度喂养困难；66—70分为中度喂养困难；＞70分为重度喂养困难。

应用评价：操作简单，不仅适用于临床，也易于家长筛查儿童喂养问题[28]。

2. 口腔运动功能评估量表

开发者：M. A. Braun。

目的：婴幼儿时期口腔运动功能的评估。

适用对象：婴幼儿口腔运动功能异常群体。

施测方式：个别测验。

内容概述：应用口腔运动功能评估量表（Scale for Oral Motor Assessment，SOMA）时，评估者通过给受试婴幼儿进食七种不同质地的食物（液体、泥糊、半固体食物、固体食物、饼干、干果等），观察婴幼儿的头部、颈部控制及其口腔运动表现，在评估过程中进行同步录制视频，根据表现进行评分。

应用评价：目前，口腔运动功能评估量表广泛应用于欧洲各国和澳大利亚，是评估婴幼儿期口腔运动功能的一项客观评价方法[29]。

3. 吞咽障碍调查表

开发者：Sheppard 等。

适用对象：婴幼儿口腔运动功能异常群体。

施测方式：个别测验。

内容概述：吞咽障碍调查表（Dysphagia Disorder Survey，DDS）分为两部分共15个条目。第一部分为与吞咽障碍相关的因素，共7个条目；第二部分为进食分析，含8个条目。患儿在进食三种不同性质食物（硬、软食物和流质食物）的过程中，观察其口腔期（食物在口腔内定位的准确性、接受与容纳食物的能力、咀嚼与运送的能力）、咽期（咽下、吞咽后）、食管期（食管反流）的吞咽问题，根据评分评价吞咽困难的严重程度。评分标准为存在问题记1分，完全正常记0分。得分范围为口腔期0—15分，咽期0—6分，食管期0—3分，总分0—24分，总得分越高提示吞咽障碍越严重。0分提示无吞咽障碍；口腔期得分＞0分、咽期得分＝0分为轻度吞咽障碍；口腔期得分＞0分、咽期得分＞0分为中重度吞咽障碍；不能经口进食，且不能评估为极重度吞咽障碍。

应用评价：因吞咽障碍调查表的诊断和描述发育性儿童吞咽障碍的信度和效度较高，目前临床应用较普遍[30]。

（五）其他

1. 言语可懂度分级问卷

开发者：诺丁汉大学小儿人工耳蜗项目小组（1998）。

目的：儿童言语听觉评估。

适用对象：听障儿童。

内容概述：言语可懂度分级问卷(Speech Intelligibility Rating，SIR)属于调查问卷，用于评估听障儿童的言语被他人听懂的程度。共五个项目，每个项目对应一个言语级别，级别 1 为最低，表示连贯的言语无法被理解，口语中的词汇不能被识别，患者日常交流的主要方式为手势；级别 5 为最高，表示连贯的言语可被所有聆听者理解，在日常交流中患者的语言很容易被理解。

应用评价：该问卷的优点是简便易懂，可重复性高，不论是专业人员还是没有经验的普通人员或家长都能掌握使用。缺点是分级较粗，难以反映短期内听障儿童的言语变化。

2. 情境说话可懂度量表

开发者：澳大利亚查尔斯特大学 McLeod 教授及其团队(2012)。

目的：描述儿童在多种情境中的言语能力。

适用对象：学龄前和学龄语音障碍儿童。

施测方式：个别测验。

内容概述：情境说话可懂度量表(Intelligibility in Context Scale，ICS)用来描述儿童在多种情境中的言语能力，由父母填写量表，适用于学龄前和学龄语音障碍儿童，主要应用于 6 岁前单种语言及多种语言的语音障碍儿童。

应用评价：花费时间较少；父母填写量表之前，言语语言病理学家需要询问儿童使用语言的情况。[31]

3. 普通话早期言语感知测试

开发者：四川大学华西医院与美国 House 耳科研究所。

适用对象：针对 2 岁及以上幼儿。

施测方式：个体测验。

内容概述：普通话早期言语感知测试(Mandarin Early Speech Perception Test，MESPT)用听声指图的方法测试受试幼儿的言语听能，即采用让幼儿听到声音后指认图片的方式进行测试，可以对幼儿的言语察觉、节律分辨、扬扬格词分辨、韵母分辨、声母分辨以及声调分辨能力进行测试。普通话早期言语感知测试耗时较长，为尽量减少注意力对测试结果的影响，采取"三打二胜"的测试规范操作，具体如下：如果第一次听声指图正确，即认为分辨正确，可进行下一个词汇测试；如果第一次听声指图错误，则再次给声，如果第二次机会仍然错误，则认为分辨错误，进入下一个词汇测试；如果第二次指图正确，则采取"三打二胜制"。该词的最终反应以第三次测试为准，如果第三次错误，则最终记录反应为分辨错误，反之为分辨正确。

应用评价：作为一种评估幼儿期言语听能的言语测听方法，普通话早期言语感知测试可用于评估不同听觉装置、不同调试和康复训练方法的听觉言语康复效果，能够从早期言语听能的角度监测听障幼儿的进展情况，促进听障幼儿康复；但该评估方法耗时较长。

4. 普通话儿童言语理解力测试

开发者：四川大学华西医院与美国 House 耳科研究所。

目的：评估儿童在安静和噪声环境下对简单句子的感知能力。

适用对象：听觉年龄为 3—6 岁的儿童。

施测方式：个体测验。

内容概述：普通话儿童言语理解力测试(Mandarin Pediatric Speech Intelligibility Test，

MPSIT)采用听声指图的形式进行测试,根据受试儿童的表现情况,逐渐增加测试难度(表现为信噪比的下降)。在测试语句的选择过程中,遵循了四项原则:一是语句中所包含的词汇在3岁健听儿童的词汇范围内;二是语句内容能够用图片的形式表达且容易被受试者理解;三是语句的长度适合3岁儿童,大约6—7个字;四是测试时间比较适中,考虑到受试者年龄小注意力集中时间短的问题,测试时间控制在15—20分钟。

应用评价:普通话儿童言语理解力测试可用于评估受试者在接受听觉言语干预前后及干预过程中的康复效果,包括评估通过各种听觉装置(助听器和人工耳蜗、骨锚式助听器、中耳植入体、听觉脑干植入体等人工听觉植入装置)的选择、验配和调试以及早期儿童听觉言语干预措施的效果,从而帮助儿童听力康复专业人员、教师和家长根据受试儿童的情况有针对性地制订个体化康复计划和方案。

二、言语功能相关设备

言语康复主要针对嗓音障碍、构音障碍和韵律障碍、吞咽障碍进行针对性和综合性康复训练。言语障碍测量仪、言语障碍矫治仪、构音障碍测量与康复训练仪、言语重读治疗仪等为中国第一批言语康复专用仪器[32]。自黄昭鸣教授在华东师范大学创立言语听觉科学专业以来,所在团队致力于研发言语功能评估、训练、矫治设备,目前在国内,言语障碍患者可直接受益于以黄教授团队为代表研发的康复技术,而国外的仪器设备及技术在本土并不常见,因此在本节主要介绍国内言语功能相关设备,简要介绍几种国外的言语康复技术。

(一)嗓音功能设备

1. 言语障碍测量仪

产品性能:言语障碍测量仪又称实时言语测量仪,它是利用多种数字信号处理技术和实时反馈技术对呼吸、发声及共鸣等功能进行定量评估和实时训练的现代化言语治疗设备,为国内目前应用最广泛的言语功能评估与训练仪器之一[32]。言语障碍测量仪包含以下六个功能组件:一是言语呼吸、发声、共鸣、构音、语音功能的实时测量软件(简称实时言语测量仪软件);二是声门波动态显示与测量软件(简称声门波测量仪软件);三是声带振动动态显示及定量分析软件(简称声带振动测量仪软件);四是鼻音功能测量仪软件;五是言语康复效果监控软件;六是综合康复支持系统软件。

适用范围:对呼吸、发声及共鸣等功能进行定量评估和实时训练(图3-15)。

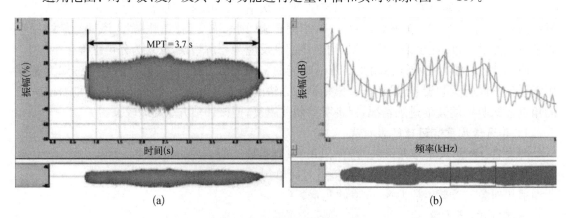

图3-15 言语功能实时测量

资料来源:上海慧敏医疗器械有限公司官网,http://www.hmicf.com

2. 言语矫治仪软件

产品性能：言语矫治仪软件是一种集实时录音、播放、统计数据、分析数据等功能为一体的视觉反馈治疗系统，以活泼可爱的形式供患者进行音调、响度、起音、最长声时、清浊音以及声母和韵母音位发音的练习，还可以随时查看患者对各种声音特性的认识程度或训练结果(图3-16)。

适用范围：言语矫治仪软件可应用于呼吸功能训练、发声功能训练、共鸣功能训练、构音语音功能训练，过程分为感知阶段和训练阶段。

图3-16 言语矫治仪软件

资料来源：上海慧敏医疗器械有限公司官网，http://www.hmicf.com

(二) 构音功能设备

1. 构音障碍测量与康复训练仪

产品性能：构音障碍测量与康复训练仪是对构音语音能力进行评估和训练的现代化言语矫治仪器(图3-17)[32]。评估包含构音语音和运动能力的测量与评估软件(简称构音评估仪

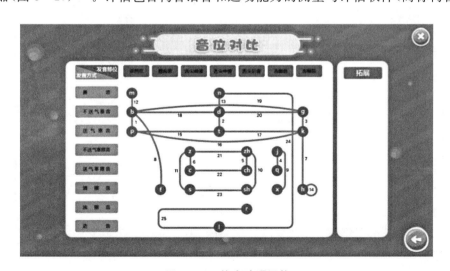

图3-17 构音障碍评估

资料来源：上海慧敏医疗器械有限公司官网，http://www.hmicf.com

软件)、语音类型动态显示及定量分析软件(简称语音测量仪软件)、声道形状动态显示及定量分析软件(简称声道运动测量仪软件)、鼻音功能测量仪软件、言语康复效果监控软件、综合康复支持系统软件、实时言语测量仪软件七个部分。治疗包括五个功能模块:构音障碍训练仪软件、鼻音障碍训练仪软件、言语康复效果监控软件、综合康复支持系统软件、实时言语测量仪软件。

适用范围:儿童及成人的构音语音能力评估与康复训练。

2. The Indiana Speech Training Aid (ISTRA)

产品性能:ISTRA 系统内含大量语音练习,训练过程中提供音节、单词、短语等语音质量反馈,患者可以通过各种游戏进行语音训练。有大量研究显示,通过 ISTRA 训练后,患者单词的语音清晰度有了显著的提高,并对未训练的单词产生泛化现象。

适用范围:该系统适用于听力正常和听力受损的儿童和成人,以及各种言语障碍患者。目前,ISTRA 系统已用于开发者当地小学和听力障碍特殊寄宿学校等地进行常规语音训练,并取得了积极的效果。[33]

(三)韵律功能设备

• 言语重读干预仪

产品性能:言语重读干预仪是根据重读治疗的原理设计而成的综合性训练设备,主要提高患者的言语语言综合能力(图 3-18)[29]。言语重读干预仪包含以下六个功能组件:一是慢板、行板、快板训练仪软件(简称重读干预仪软件);二是字、词、句、段重读的实时反馈训练仪软件(简称言语韵律干预仪软件);三是鼻音障碍训练仪软件;四是言语康复效果监控软件;五是综合康复支持系统软件;六是实时言语测量仪软件。

适用范围:可用于呼吸功能训练、发声功能训练、共鸣功能训练、构音功能训练和韵律功能训练[29]。

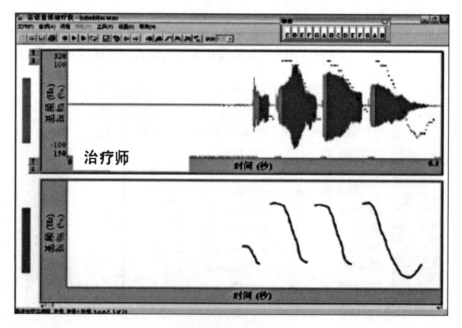

图 3-18 重读干预

资料来源:上海慧敏医疗器械有限公司官网,http://www.hmicf.com

（四）其他辅具

国家标准 GB/T 16432—2016《康复辅助器具 分类和术语》，将康复辅助器具分类为 12 个主类。12 个主类分别是：个人医疗辅助器具、技能训练辅助器具、矫形器和假肢、个人生活自理和防护辅助器具、个人移动辅助器具、家务辅助器具、家庭和其他场所使用的家具及其配件、沟通和信息辅助器具、操作物品和器具的辅助器具、环境改善的辅助器具、就业和职业培训的辅助器具、休闲娱乐辅助器具[34]。

我国的言语康复辅助器具可分为言语训练器和言语辅助器具。

1. 言语训练器

言语训练器包括口部构音运动训练器组件（图 3-19）、口部构音运动训练器、构音语音训练器、语音训练器。口部构音运动训练器的辅具可增加口部感知觉和促进口部运动控制正常化；构音语音训练器主要辅助于韵母转换训练、声母重读训练等；语音训练器通过对构音器官（下颌、唇、舌、软腭等）进行主动、助力、被动训练，有助于构音器官的功能运动。

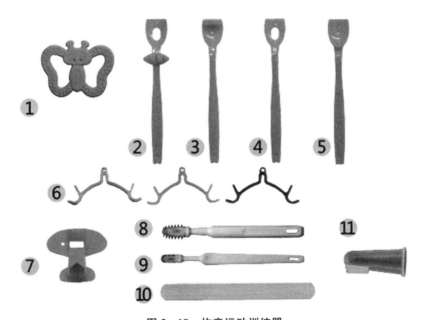

图 3-19 构音运动训练器

资料来源：上海泰亿格康复医疗科技股份有限公司官网，http://www.tigerdrs.com/product/Speech_2

2. 言语辅助器具

言语辅助器具能够辅助言语系统相关器官更好、更灵活地运动，达到辅助发音的效果。常见的言语辅助器具涉及发声系统和构音系统的辅助发音，适用于言语器官无法自主运动或运动范围很小的患者。

（1）腭托（Palatal Lift Prosthesis，PLP）

腭托（图 3-20）是国外常用的治疗鼻音功能亢进的辅具，多用于腭裂、口鼻肿瘤以及神经性言语障碍患者。国内主要将腭托用于腭裂及其修补术后患者，其制作需要与口腔科合作完成。腭托通过抬高软腭，以缩短其与咽喉壁之间的距离，以改善腭咽闭合不全、鼻音功能亢进，减少鼻漏气，提高构音清晰度[35]。

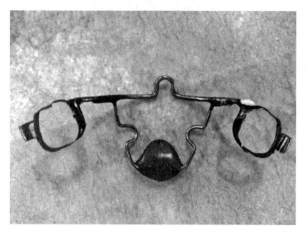

图 3-20　腭托

资料来源：陕西嘉友科贸有限公司官网，http://m.jykm88.com/

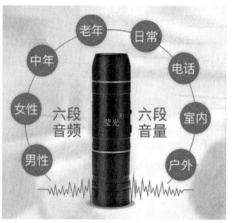

图 3-21　荧光牌电子人工喉

资料来源：深圳市希望医疗生物科技有限公司官网，http://www.xwyl.net.cn/tag/%E5%B8%8C%E6%9C%9B%E7%94%B5%E5%AD%90%E5%96%89

（2）电子人工喉

广州电子喉研究中心自 1966 年开始研究电子喉，1984 年正式发布电子人工喉。高校研发方面，北京航空航天大学利用谱减法的语音增强方法减少变频电子喉的辐射噪声[36]，以及研发指压式基频调节电子人工喉[37]。国内较具代表性的电子人工喉有广州电子喉研究中心的电子人工喉和深圳市希望医疗生物科技有限公司的荧光牌电子人工喉（图 3-21）。

（3）语音阀（Voice Prosthesis）

语音阀（图 3-22b），也称为说话瓣膜，是一个安装在喉部的单向通气阀门，通过将空气从肺部经过语音假体推入口腔帮助使用者发出声音，适用于气管切开患者。

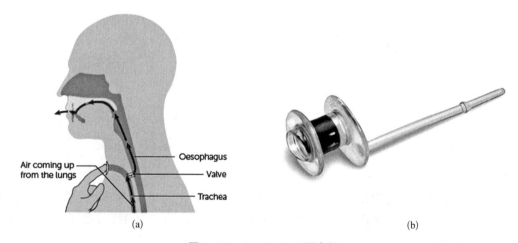

图 3-22　AtosMedical 语音阀

资料来源：AtosMedical 官网，https://www.atosmedical.com/

第三节　语言能力评估与训练

语言是人类社会中形成的交际和思维工具，是由一系列符号组成的表示事物和现象的系统,语言的组成成分包括语音、语形、语法、语义、语用,语言被运用的过程称为言语。

一、语言功能评估工具

（一）国外

1. 图片词汇测验第 4 版

开发者：美国邓恩夫妇。

适用人群：2 岁 6 个月及以上儿童及成人。

施测方式：个别施测。

内容概述：图片词汇测验第 4 版(Peabody Picture Vocabulary Test，PPVT-Ⅳ)包含 20 个领域的词汇,如工具、蔬菜、动作等。测验分 A 型和 B 型两个系列,每个系列 228 道题,共 456 道题,根据题目难度、区分度及每个年龄段的原始分范围决定是否采用。主试人员口头说出测试词汇,并出示 4 张图片(图 3-23),要求受测者指出与该词汇意义一致的图片,回答正确得 1 分,错误得 0 分,所有题目总分为原始分。根据受测者年龄可把原始分转化为代表语词能力的量表分。测试题分为 12 个刺激组,根据受测者年龄或能力水平选择不同刺激组测验,若在某个刺激组中错误超过 8 题,则停止测验。[38]

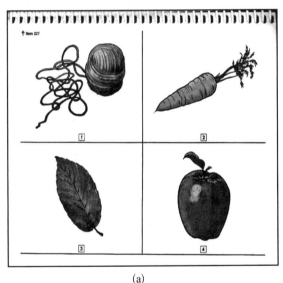
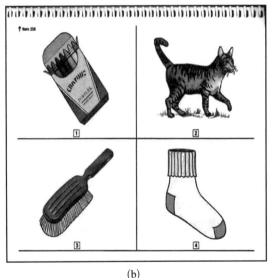

图 3-23　PPVT-Ⅳ测验样题示例

应用评价：测验方式简单,信效度高,是个别施测的常模参照测验；测试过程不需要受测者讲话,所以对不能说话的群体同样适用；另外,该测验不仅可以评估词汇理解能力,而且还能作为智力障碍儿童的筛查工具。该测验是国际特殊教育界最广泛使用的语言能力评估工具,但目前我国没有正式修订和建立常模,部分地区仿照 PPVT 编制过一些词汇测试,临床中也有运用实例。

2. 语言行为里程碑评估及安置计划

开发者：马克·桑德伯格(Mark Sundberg)。

适用人群：0—4 岁的儿童(语言发展落后于 48 个月的人),主要用于患有孤独症谱系障碍的儿童,以及其他发展障碍的儿童或获得性语言障碍人群。

施测方式：个别测验。

内容概述：语言行为里程碑评估及安置计划（Verbal Behavior Milestones Assessment and Placement Program，VBMAPP）可采用里程碑评估的方式来考查儿童现有的语言能力及相关技能。评估包含了170个学习和语言里程碑，主要内容跨越三个发展阶段（0—18个月，18—30个月和30—48个月）。语言行为里程碑评估及安置计划也可开展障碍评估，其中包含了24个常见于孤独症及其他智力障碍儿童中的关于学习和掌握语言之障碍的评估。语言行为里程碑评估及安置计划还适用于转衔评估，其中包含了18项评估目标，帮助判断儿童是否在取得有意义的进展，以及是否适合在一个相对比较松散的环境中学习。转衔评估的结果可以让儿童的个别化教育计划（Individualized Education Program，IEP）团队就该儿童的教育需要做出决定和设定首要目标。在上述各项评估中，语言行为里程碑评估及安置计划可同步开展任务分析和支持性能力分析。这部分是直接与里程碑相关的，它们代表要达到里程碑之前需要的技能。此外，语言行为里程碑评估及安置计划还可设置个别化教育目标并将其与另外四个部分结合，个性化地照顾到儿童各方面的需要，减少在设计的时候出现失衡的状况。

3. 语言发育迟缓评价法

开发者：日本国立康复中心小寺富子等人，中国康复研究中心开发了CRRC版。

适用人群：1—6岁半语言发育迟缓儿童，或已超过此年龄段但语言水平仍处于此年龄段水平的儿童。

施测方式：个别施测。

内容概述：语言发育迟缓评价法（Sign-Significate Relations，S-S法）检查内容主要包括符号形式与指示内容关系、基础性过程和交流态度三方面的综合评价，其中以言语符号形式与指示内容关系评价为核心。

符号形式与指示内容关系评价：该部分将儿童语言发育的发展过程分为五个阶段，如表3-2所示。将评价结果与正常儿童年龄水平相比较，即可发现语言发育迟缓的儿童。

表3-2 符号形式与指示内容关系评价的阶段划分

第一阶段	第二阶段	第三阶段	第四阶段	第五阶段
对事物理解困难	事物的基础概念 2-1 机能性操作 2-2 匹配 2-3 选择	言语符号 3-1 幼儿语言 3-2 成人语言	词句,句子成分 4-1 两词句 4-2 三词句	词句,语法规则 5-1 语序 5-2 被动语态

基础性过程评价：该部分测试的内容主要包括操作性课题（适用于可以动手操作的患儿）、听觉记忆广度测试、手势与言语模仿。

交流态度评价：交流态度由七个观察项目组成，分别是对他人行为的注视、视线、对他人的指示或问候的反应、对他人的表达、感情起伏的表现、询问-回答的关系、特征性语言等。每个项目评分为3级或5级。

应用评价：我国于1999年引入该评价法，2001年对298名正常儿童进行测试取得数据正式应用于临床，2011年将其应用于46例脑瘫患儿并与韦氏智力量表进行相关性分析，结果表明，语言发育迟缓评价法结果中的理解能力与表达能力均与韦氏智测的评估结果在言语智商、操作智商及总智商三个方面高度相关。

4. Rossetti 婴幼儿语言量表(1990)

开发者：Louis Rossetti(1990)。

适用人群：0—36 个月的幼儿。

施测方式：个别施测。

内容概述：Rossetti 婴幼儿语言量表(Rossetti Infant-Toddler Language Scale)包括依恋关系、语用、手势、游戏、语言理解、语言表达六个子测试。评估前先进行家长问卷调查并了解孩子的相关信息，确定从哪里开始测试，测试时主要通过与孩子互动或者观察孩子的行为来进行量表项目评分，每个测试项目都有评分指南、测试技巧。若孩子没有展示出目标行为，则依据照料者提供的信息进行评分，最后将孩子得分与正常孩子的得分参数相比较，得出孩子的语言水平。

应用评价：该量表并没有常模，但具有标准作为参照；操作相对简单，评分指南清晰，并且根据评估的结果可得到相应的治疗建议，在我国很受欢迎。

（二）国内

1. 学前儿童语言障碍评量表

开发者：台湾的林宝贵、林美秀。

适用人群：3 岁—5 岁 11 个月的幼儿。

施测方式：个别施测。

内容概述：学前儿童语言障碍评量表由声音与语畅、语言理解、表达性词汇与口语表达四个分测验组成，完成测试约需 35 分钟。主要测量儿童口语理解能力、口语表达能力、构音等方面。

应用评价：学前儿童语言障碍评量表是我国台湾地区经常用来筛选或诊断学前儿童有无语言障碍或语言发展迟缓的工具，但该量表作为国内筛查学前儿童障碍的工具还有待进一步研究。

2. 普通话儿童语言能力临床分级评估表

编订者：华东师范大学刘巧云。

适用人群：适用于各种原因引起语言能力处于 1—6 岁的正常儿童水平的语言障碍患者。

施测方式：个别施测。

内容概述：普通话儿童语言能力临床分级评估表(Mandarin Clinic Evaluation of Language Fundamental, MCELF)包含主测验、辅助测验两部分，主测验属于标准化测验；辅助测验为目标参照测验。主测验包括词语理解能力测验、词语命名能力测验、句子理解能力测验、句式仿说能力测验、看图叙事能力测验五个测验；辅助测验包括前语言沟通技能测验、语音感知能力测验、语音产生能力测验、模仿句长能力测验四个测试。

应用评价：普通话儿童语言能力临床分级评估表能够全面评估儿童的语言发展状况，目前已在上海市广泛应用，认可度高。

3. 中文早期语言与沟通发展量表

编订者：北京大学第一医院梁卫兰等。

适用人群：词汇及手势量表适用于 8—16 个月儿童；词汇及句子量表适用于 16—30 个月儿童。

施测方式：家长报告。

内容概述：中文早期语言与沟通发展量表（CCDI）可分为词汇及手势量表和词汇及句子量表。词汇及手势量表分为两部分。第一部分为早期语言量表，包括四项内容：一是早期对语言的反应，用以测查儿童是否已经开始注意语言；二是理解常用短语，用以了解儿童对常听的短语的理解情况；三是开始说话的方式，用以测查儿童是否已经有模仿或自发地说一些词汇或短语的迹象，而不光是理解；四是词汇，用以让家长判断孩子对词汇表中的 411 个词属于"不懂""听懂"还是"会说"。第二部分动作及手势量表，包含五项内容，主要用于评估那些已经在测定年龄范围内，但还听不懂语言也不会说话的儿童在语言发展上的准备情况。

词汇及句子量表也分为两部分。第一部分是词汇，让家长判断孩子对词汇表中的 799 个词属于"不懂""听懂"还是"会说"。第二部分是句子和语法，包含四项内容：一是儿童能否对不在眼前的人、事、物做出反应或进行谈论；二是儿童用词、造句的语法水平；三是组合词汇的能力；四是对语法难度逐渐增加的短语和句子的掌握情况。

应用评价：以国际广泛应用的麦克阿瑟沟通发展量表（MCDI）为模板，根据中国儿童语言发展情况和汉语语法规律研发；全部采用家长报告的方式，无需儿童配合，使用起来方便快捷；但该量表对于鉴定儿童是否具有语言障碍缺乏统一、客观的评价标准。

二、语言功能康复相关设备

语言康复专用仪器和设备主要针对早期语言能力、语言理解能力、语言表达能力等方面进行评估和训练。目前，已有多家语言功能评估与训练设备，如早期语言评估与分析仪、语言障碍诊治仪等，这些语言功能设备多涵盖成人及儿童不同语言障碍的评估与矫治功能。还有针对个别疾病类型的语言设备，如失语症评估与训练系统。

（一）儿童语言功能康复设备

- 早期语言障碍评估与干预仪

产品性能：早期语言障碍评估与干预仪具有语言理解、表达能力的评估与训练、早期语言认知能力评估与训练等功能，通过选取核心语汇，采用循序渐进的方式对特殊儿童或特殊学生进行早期语言强化训练，帮助语言治疗师或康复师制订康复方案和监控康复效果，是国内目前运用最广泛的语言评估与个别化康复训练设备。其中，语言认知发展训练采用认识、探索、沟通、认知拓展以及口语表达五种方式进行核心名词、核心动词、五类核心词组、四类核心句式的训练；词的理解与表达能力的训练、词语认知拓展训练包括词的功能、特征、类别、匹配概念等；词组理解与表达能力的训练、词汇与概念训练包括词组的空间、属性、时间与数量概念等；句子理解与表达能力的训练、句子认知拓展训练分为早期造句阶段和熟练造句阶段；另有短文理解与表达能力的训练、语法派生阶段的高级语义训练。

适用范围：用于早期语言障碍、语言认知障碍、语言沟通障碍的功能评估与康复训练；辅助沟通；早期语言、语言认知、语言沟通功能的实时分析。

（二）成人语言功能康复设备

1. 语言障碍诊治仪

产品性能：语言障碍矫治仪是暨南大学附属第一医院语言障碍中心研究的计算机辅助语言评估和训练软件，是一个能对各语言参数进行模糊识别、处理的系统，能对汉语语言障碍进行诊断，并能筛选确诊 19 种语言障碍。该系统模拟康复师对语言障碍患者进行语言障碍诊断，并设计 65 道智能诊断题目，根据答题结果诊断患者属于哪一类语言障碍。[39]

适用范围：适用于失语症、构音障碍等语言障碍的诊断及康复指导。

2. 失语症评估与训练仪

产品性能：失语症评估与训练仪是基于汉语失语症诊断量表（CADT）研发的一套现代化康复评估设备。汉语失语症诊断量表（CADT）以临床康复为导向，通过多种评估形式衡量患者的语言障碍类型及严重程度，判断患者损失或残余的语言能力，确定患者的优势语言刺激，为后续训练提供参考依据。失语症训练软件选用日常生活常见词语，使用大量听觉刺激、图片刺激，多通道对患者进行刺激，充分利用患者的优势刺激模式。

适用范围：用于语言认知、语言沟通障碍的功能评估与训练。

儿童、成人语言功能康复设备汇总如表3-3所示。

表3-3 儿童、成人语言功能康复设备汇总

产　品	厂　商	公司网址	图　片
早期语言障碍评估与干预仪	上海慧敏医疗器械有限公司	https://www.hmicf.com/productinfo/	
语言障碍诊治仪			
失语症评估与训练仪			

（三）辅助沟通技术

辅助沟通技术（Augmentative and Alternative Communication，AAC）又称为扩大性和替代性沟通，它是一种集临床、教育、研究实践为一体的新兴领域，辅助沟通系统是由沟通符号、辅助器材、沟通技术及沟通策略等四部分构成，用来增进个体沟通能力的系统。根据科技含量，AAC辅具可分为低科技、中科技和高科技三类，高科技AAC辅具又分为非专用AAC系统和专用AAC系统。

1. 非专用 AAC 系统

非专用 AAC 系统指利用 AAC 沟通软件，将其安装在一般计算机系统或移动终端（如手机、平板电脑）中。

（1）新雨滴

新雨滴是一款由应用汇团队研发，为孤独症儿童沟通和教育的应用软件。2014 年推出"小雨滴"，并于 2019 年推出二代沟通系统"新雨滴"（图 3-24）。在"小雨滴"的基础上，"新雨滴"增加了"PCDI 问卷"和"ABC"问卷两套孤独症量表，帮助父母初筛孩子的语言水平以及孤独症。训练板块中，该软件分为三个阶段：名词短语结构、动词短语结构和句子结构。

（2）辅助沟通训练仪软件

辅助沟通训练仪软件是一款基于 iPad 版和电脑版的辅助沟通训练设备，基于障碍人群辅助沟通训练理论，利用计算机语音信号处理技术、文本语音转换 TTS 技术开发的辅助沟通训练系统（图 3-25）。通过对实时语言信号进行基频、谐波、FFT、LPC、语谱图的检测、处理，为沟通障碍提供评估诊断和康复训练，用于补偿或改善由于言语语言等方面发展受限的儿童或进行成人沟通能力训练。

图 3-24　AAC 辅助沟通系统——"新雨滴"

资料来源：腾讯科技网

图 3-25　辅助沟通训练仪软件

资料来源：上海慧敏医疗器械有限公司官网，http://www.hmicf.com/

2. 专用 AAC 系统

语音生成设备（Speech-Generating Devices，SGDs）即 AAC 专用系统，借助语音设备及语音软件合成语音,替代发声,改善言语沟通[40]。使用者运用眼睛、头部的转动和手指的运动来控制计算机沟通系统。随着移动设备的不断完善,目前国内辅助沟通技术主要是基于iPad和手机移动端版本的电子辅助沟通版,如"新雨滴"等。同时,国内逐渐研发出基于眼球追踪技术的本土化高科技辅助沟通系统,如北京七鑫易维的眼控一体机、头控仪等。

北京七鑫易维是一家致力于眼球追踪技术的科技企业,其设计的沟通辅具包括眼控一体机、双目眼控仪、单目眼控仪和全能眼头控仪。全能眼头控仪通过追踪使用者的头部活动以控制计算机系统,采用智能识别算法支持佩戴口罩或呼吸面罩的用户使用。眼控仪无需固定在使用者的头部,使用者可通过双眼控制计算机,帮助肌萎缩侧索硬化、多发性硬化、脊髓损伤等患者重建沟通(图3-26)。

图3-26 七鑫易维眼头控仪

资料来源:七鑫易维 7INVENSUN官网,https://www.7invensun.com/

第四节 认知能力评估与训练

认知是机体认识和获取知识的智能加工过程,涉及学习、记忆、语言、思维、精神、情感等一系列随意、心理和社会行为。认知障碍指与上述学习、记忆以及思维判断有关的大脑高级智能加工过程出现异常,从而引起严重学习、记忆障碍,同时伴有失语、失用或失认、失行等症状的病理过程。

认知的基础是大脑皮层的正常功能,任何引起大脑皮层功能和结构异常的因素均可导致认知障碍。由于大脑的功能复杂,且认知障碍的不同类型互相关联,即某一方面的认知问题可以引起另一方面或多个方面的认知异常(例如,一个病人若有注意力和记忆方面的缺陷,就会出现解决问题的障碍)。因此,认知障碍是脑疾病诊断和治疗中最困难的类型之一。

一、认知能力评估工具

认知能力是一个人有目的地行动、合理地思维、有效地处理周围事物的综合性能力,是以思维能力为核心的多种能力的综合。认知的最主要的功能是学习和适应。现有的认知评估工具常用于特殊儿童的筛查与鉴别。

（一）国外评估工具

1. 瑞文标准推理测验、瑞文彩图推理测验

开发者：英国心理学家约翰·瑞文（J. C. Raven），中国版由张厚粲等人开发。

适用人群：瑞文标准推理测验适用于5.5岁以上智力健全人群[41]，瑞文彩图推理测验适用于幼儿和智力水平较低的人。

施测方式：个别施测与团体施测皆可。

内容概述：瑞文测验是一种非言语测验，测试材料全部采用几何图形。瑞文标准推理测验（Raven's Standard Progressive Matrices in China，SPM）分为A、B、C、D、E五组难度递增的测试题，同组测题的解题思路一致；瑞文彩图推理测验（Raven's Colored Progressive Matrices，CPM）主要由彩色图形组成，分3组，每组12题，相比SPM测验题目减少，难度降低，对于智力水平低的受测者有很好的鉴别效果。

应用评价：测验对象不受文化、种族与语言限制，适用年龄范围宽并且可用于一些生理缺陷者，如听力残疾儿童[38]。另外，瑞文测验使用方便，结果直观，国内修订版的信效度较高，可以较好地鉴别智力发展水平，也是目前临床运用最广泛的智力筛查工具之一。

2. 韦氏儿童智力量表第4版

开发者：美国David Wechsler（2003），中国版由张厚粲主持开发，2007年底完成。

适用人群：6—16岁11个月的儿童。

施测方式：个别施测。

内容概述：韦氏儿童智力量表第4版（Wechsler Intelligence Scale for Children，WISC-Ⅳ）分为言语理解、知觉推理、工作记忆、加工速度四大领域，共包括14个分测验，其中10个为核心分测验，4个为补充分测验；测验结果包含总智商、言语理解指数、知觉推理指数、工作记忆指数和加工速度指数[42]。

应用评价：韦氏儿童智力量表的结构反映了当前儿童认知评估的理论与实践，体现了心理测量技术与认知理论的结合，测试内容增加对工作记忆、加工速度的关注，中国修订版信效度指数均达到美国原版标准，在医学界和教育界广泛应用。

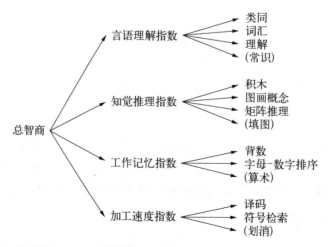

图3-27　韦氏儿童智力量表第4版（WISC-Ⅳ）构成

注：括号代表补充分测验

3. 斯坦福-比内智力量表

开发者：法国心理学家比内开发了比内-西蒙智力量表，斯坦福大学心理学教授们将其完善为斯坦福-比内智力量表(Stanford-Binet Intelligence Scale，SB)，1986年桑代克等人发表了他们主持修订的斯坦福-比内智力量表的第4版，2003年由洛伊德修订完成第5版。

适用人群：2岁至成人。

施测方式：个别施测，定位测验。

内容概述：斯坦福-比内智力量表第4版(SB-Ⅳ)包含言语推理、数量推理、抽象/视觉推理、短时记忆四个领域，除数量推理领域包含三个分测验外，其他领域均包含四个分测验。斯坦福-比内智力量表第5版(SB-Ⅴ)的测验分言语和非言语两大领域，每部分包含五个分测验，分别测量流体推理、知识(晶体能力)、数量推理、视觉-空间信息加工和工作记忆五个因子，整套测验需要45—75分钟。

应用评价：SB-Ⅳ吸收了多种智力理论的精华，相比以往的智力测验更具有综合性和全面性，但SB-Ⅳ个别领域的分测验信效度不够理想。SB-Ⅴ同样反映了智力评估领域理论研究的新进展，另外，在施测程序上采用定位测验的方式，为受测者精准匹配适合他们智力水平的题目，节省测试时间，但对SB-Ⅴ使用还需要进一步积累证据以证实其可靠性。

4. 考夫曼儿童成套评估测验

开发者：美国心理学家考夫曼夫妇。

适用人群：第1版适用于评量2岁半至12岁半健全儿童及特殊儿童的智力和学业成就水平，第2版适用于3岁0个月至18岁11个月儿童。

施测方式：个别施测。

内容概述：考夫曼儿童成套评估测验(Kaufman Assessment Battery for Children, K‑ABC)包含继时性加工量表、同时性加工量表和成就量表，共16个分测验(表3-4)。2004年修订完成的第2版包括继时性加工量表、同时性加工量表、学习、计划、知识五个量表，每个量表包括不同的分测验，共18个分测验(表3-5)，需要施测者根据受试者的年龄、障碍类型及解释测验结果时依据的理论模式从上述分测验中选择一部分进行测试。

应用评价：考夫曼儿童成套评估测验测量的性能效用很好，并且测试材料涉及较少的文字材料，使得它适用于听力障碍、言语障碍、情绪与行为障碍、智力障碍、孤独症等特殊儿童，但目前没有公认的中国版。

表3-4　K‑ABC量表(第1版)主要内容

量表	分测验	适用年龄	测试内容
继时性加工量表	手部动作 数字记忆 字词顺序	2岁6月—12岁5月 2岁6月—12岁5月 4岁0月—12岁5月	按同样的顺序做出示范动作 按同样的顺序复述一串数字 按同样的顺序指认主试说出的物品名称
同时性加工量表	魔术窗 辨认面孔 完形闭合 三角形 图形类推 空间记忆 照片系列	2岁6月—4岁11月 2岁6月—4岁11月 2岁6月—12岁5月 4岁0月—12岁5月 5岁0月—12岁5月 5岁0月—12岁5月 6岁0月—12岁5月	根据连续呈现的轮盘进行命名 从团体照片中找出见过的面孔 看未画完的墨迹画猜要画物品 用三角板拼出规定图案 推理选出图案中的缺失部分 回忆图片所处位置 按先后顺序排列照片

续 表

量 表	分测验	适用年龄	测试内容
成就量表	词语表达 人物地点 算术 猜谜语 阅读/解码 阅读/理解	2岁6月—4岁11月 3岁0月—12岁5月 3岁0月—12岁5月 3岁0月—12岁5月 5岁0月—12岁5月 7岁0月—12岁5月	命名图片中的物品 说出图片中的著名人物或地点 数字以及乘除等算术运算 根据特征描述说出事物名称 读字母和单词 按指示语做出动作或表情

表3-5 K-ABC量表第2版与第1版的测试内容对比

量 表	分测验	适用年龄	新增测试内容
继时性加工量表	数字记忆 字词顺序 手部动作	3—18岁	无新增内容
同时性加工量表	数积木块 概念性思维 辨认面孔 漫游 三角形 完形闭合	5—18岁 3—6岁 3—5岁 6—18岁 3—18岁 3—18岁	数积木块：让受测者观察积木块堆叠的图片，说出图片中所包含的积木块数量。 概念性思维：从一组图片中找出与其他图片不属于同一类的。 漫游：寻找玩具狗走到终点的最快路径。
学习	亚特兰蒂斯 亚特兰蒂斯回忆 画迷学习 画迷学习回忆	3—18岁 5—18岁 4—18岁 5—18岁	亚特兰蒂斯：看12张图片并用无意义名字称呼，然后说出名字，要求儿童指认对应图片。 亚特兰蒂斯回忆：要求受试者回忆大约15—25分钟前做过的图片与名字配对联想学习。 画迷学习：教受测者若干与每张图画有关联的单词或概念，然后要求他们念出由图画组成的短语或句子。 画迷学习回忆：回忆15—25分钟之前画迷学习的内容。
计划	模式推理 完成故事	5—18岁	模式推理：要求受测者推理选出图案中的缺失部分。 完成故事：呈现有故事情节的图片，要求受测者选出补充故事情节的图片。
知识	猜谜语 言语知识 词语表达	3—18岁	言语知识：要求受测者从6张图片中找到与主试刚念过的那个词汇相对应的那张图片或回答常识性问题。

5. Das-Naglieri认知评估系统第2版

开发者：Das-Naglieri根据PASS理论开发。

适用人群：5—18岁的儿童和青少年。

施测方式：个别测验。

内容概述：Das-Naglieri认知评估系统第2版（Das-Naglieri：Cognitive Assessment System，D-N CAS2）共有三个版本：简略版本、核心版本和扩展版本。简略版本包含4个测验，核心版本包含8个测验，扩展版本则包含12个测验。所有版本的分量表均与PASS模型的四个加工过程相对应，即包含计划、注意、同时性加工、继时性加工分量表。扩展版本量表利用两个核心测验和一个扩展测验测量对应的PASS成分，测验内容与第1版大致相同。Das-Naglieri等人将原有的同时性加工分量表测验修订为矩阵、言语空间关系、图形记忆测验；将继时性加工分量表的测验中的言语速率测验改为数字记忆广度测验，测验要求儿童口头重复视觉呈现的数字。由于量表适用于5—18岁的儿童和青少年，年龄跨度较大，所以量表又分为5—7岁适用版本和8—18岁适用版本，且5—7岁适用版本的难度显著低于8—18岁适用版本。在继时性加工分量表中，句子重复仅适用于5—7岁的儿童，句子提问则适用于8—18岁儿童和青少年。[43]

应用评价：传统智力测量工具大都通过言语、非言语和数量等测验反映智力情况，Das-Naglieri认知评估系统则关注个体的认知和心理加工过程。传统智力测量工具是基于狭义的智力概念，对之后的干预不能起到指导作用，Das-Naglieri认知评估系统建立在认知和神经心理学当代研究成果的基础上，为认知干预提供了依据[44]。注意力缺陷多动障碍（Attention Deficit Hyperactivity Disorder，ADHD）常表现出行为习惯和自我控制障碍，这表明ADHD存在执行功能障碍，执行功能涉及计划等认知过程，因此，Das-Naglieri认知评估系统是诊断评估ADHD的有效工具。[45]

（二）国内评估工具

1. 上海市区6—9岁儿童五项认知能力团体测验量表

编订者：杜晓新、王小慧。

测验目的：评估儿童的五项认知能力。

适用范围：6—9岁儿童。

施测方式：团体施测与个别施测皆可。

内容概述：上海市区6—9岁儿童五项认知能力团体测验量表将评价内容定为儿童的五项认知能力，内容包含：数推理15题、图形推理18题、异类鉴别16题、情景认知16题、记忆策略12题。

数推理：每题一页题纸，由上下两行组成，上面一行是刺激图，下面一行是备选图。题型分两类：一类是序列型，按点数的规律排列；另一类是组合型，按点数的分布和规律排列。均要求测试者从下一行的备选图片中选择一张自己认为正确的图片。

图形推理中主要为几何图形，测试题分两类：第一类测试题有两对图形，要求测试者从备选图形中选取第二对图形中缺失的一个图形；第二类测试题是五张连续排列的图片，其中一张空白，要求测试者从备选图片中选取一张填补空白。

异类鉴别：每题由五幅连续排列的图片（内容多为几何、实物及符号旋转等图形）组成，要求测试者从中找出一张不同于其他四幅的图片。

情景认知：每题包括四幅有关生活情景的图片，但顺序被打乱，要求测试者根据自己的理解排列顺序。

记忆策略：每题一页题纸，正面有四幅按一定规律排列的连续图片，背面也有四幅同样的图片，但顺序已被打乱，要求测试者按一定的规律记住题纸正面图片的排列顺序后，在题纸的背面写出每幅图的对应序号。

应用评价：本量表分测验的难度范围较大，可作为资优儿童选拔的参考工具之一；该量表不仅适用于普通儿童认知能力发展水平的评价，也适用于超常儿童的筛选与鉴别。[46]

2. 基本认知能力测验

开发者：中国科学院心理研究所李德明。

测验目的：评估基本认知能力。

适用范围：适用于具有小学四年级以上教育程度的儿童、青少年和中老年人，覆盖年龄范围为10—90岁。

施测方式：个别施测，在微机上进行人机对话。

内容概述：基本认知能力测验（PCAT）包含数字鉴别、心算、汉字旋转、数字工作记忆、双字词再认、三位数再认以及无意义图形再认等七个测验项目。

应用评价：基本认知能力测验虽然分别编制了两套适用于不同年龄组的量表分换算表，但是该测验有待进一步推广使用。

3. MIT儿童多元智能测验

开发者：北京辅仁淑凡软件科技有限公司。

适用人群：3—16岁未成年人。

施测方式：个别施测。

内容概述：MIT儿童多元智能测验是由北京辅仁淑凡软件科技有限公司开发、孵化、推向市场的一款素质教育测评体系。MIT儿童多元智能测验内容包括三大智能和九大基础能力。三大智能即分析能力、操作能力、学习能力。九大基础能力即理解力、概括推理力、空间推理力、记忆力、观察力、动手能力、注意力、创新能力、想象力。

应用评价：MIT儿童多元智能测验可用来评估儿童综合能力，进而为儿童各项能力的提升提供更有针对性、个性化的支持。

二、认知功能康复相关设备

认知能力包含注意力、记忆力、执行功能等多方面能力，针对认知功能的康复通常采用康复软件或系统的形式，通过综合的活动或游戏设计，全方位地康复患者的认知能力。

认知障碍是以认知功能下降以致影响到日常生活和社会活动功能为特征的一组临床综合征。由于多数认知障碍的不可逆性，及时采取应对措施进行早期干预对减缓认知障碍病程发展具有重要的意义。

随着计算机技术的发展，计算机辅助认知功能康复训练（Computer-Assisted Cognitive Rehabilitation，CACR）作为一种非侵入性的认知训练干预措施，已在认知训练中发挥重要作用，利用计算机、平板电脑、手机等多媒体电子设备，结合硬件系统和软件，通过不同感官及多种形式和内容的训练任务对认知障碍患者进行干预。临床中，CACR主要通过电脑终端的形式提供康复训练，而现在国内越来越多学者研究新技术在认知训练中的康复效果，如虚拟现实（Virtual Reality，VR）和脑机接口技术（Brain-Computer Interface，BCI）。[47]

国外CACR技术已相对成熟，已成功开发如RehaCom、BrainFitness、CogniPlus等认知功能康复软件/系统。CACR在我国相对起步较晚，多采用汉化版的国外CACR系统。具有代表性的国产认知功能康复系统有六六脑的数字化脑功能康复系统、章和智能的数字OT训练系统和上海慧敏公司的认知能力测试与训练系统。

（一）国外

1. RehaCom认知康复软件

产品性能：RehaCom认知康复软件（图3-28）是由德国Hasomed公司所开发的一套协

助脑损伤后认知康复和治疗的工具,可应用于中风康复的所有阶段,对注意力、记忆力、执行功能、视野、视觉运动能力都有专门的训练模块。训练模块的内容题材广泛丰富,贴近现实,可提高使用者的训练兴趣和积极性。该软件已有20多种语言版本,其中包括汉语版。

适用范围:适用于大脑认知功能障碍病人、患有脑功能障碍的精神病患者、各种精神心理障碍儿童、老年病患者等进行反应行为、空间操作、平面操作、专注注意力、图形记忆力、逻辑思维、计算能力、动眼训练、视觉搜索能力等认知功能的康复训练。

图3-28 RehaCom认知康复软件

资料来源:德国Hasomed公司官网,https://hasomed.de/en/company/

2. CPS认知能力训练系统

产品性能:CPS认知能力训练系统(CogniPlus,图3-29)是一组训练程序,它基于新一代计算机技术,通过多媒体的方式训练使用者的认知功能。该系统基于现代心理理论和心理调查结果研发,通过智能交互评估使用者的能力,并自动调整训练难度,智能化程度较高。系统中的各种训练都模拟日常生活中的场景,能激发使用者的积极性,提高训练效率,训练程序包含目前所有认知相关领域的训练:注意力、记忆力、执行能力、空间处理、视觉运动协调等。

适用范围:大脑认知功能障碍病人(由脑外伤、脑卒中、脑肿瘤、多发性硬化、小儿脑瘫引起的认知障碍等)。

图3-29 CPS认知能力训练系统(CogniPlus)

资料来源:上海涵飞医疗器械有限公司官网,www.hanfeiyl.com

图3-30 MindPod Dolphin

资料来源:瑞士MindMaze公司官网,https://www.mindmaze.com

3. MindPod Dolphin系统

产品性能:MindPod Dolphin系统基于临床结果引入动画游戏体验,通过硬件+软件带给用户身临其境的海洋环境体验(图3-30)。MindPod Dolphin旨在促进运动技能和认知功能的恢复,为使用者配备反重力背心,通过沉浸式动画游戏的方式,鼓励使用者对海洋环境进行持续探索,同时减轻手臂的重量,训练上肢的精细运动控制和认知功能。

适用范围:适合用于训练神经系统疾病患者的残存认知功能的干预措施。

4. Dakim BrainFitness 专业版

产品性能:Dakim BrainFitness 专业版专为老年人生活而设计,已被临床证明可以显著改善认知功能的两个方面——记忆力(即时和延迟)和语言能力(图 3 - 31)。Dakim BrainFitness 专业版依靠智能技术,为每位老人提供高效和定制的大脑训练计划,简单且极具成本效益,使用其配套在线应用程序 DakimADMIN 监控用户的使用情况,以此衡量他们的表现。

适用范围:50 岁以上老人的认知和语言康复训练。

图 3 - 31 Dakim BrainFitness 专业版

资料来源:美国 Dakim 公司官网,https://www.dakim.com/

5. GOGNI 认知康复系统

产品性能:GOGNI 认知康复系统(图 3 - 32)具备评估和训练两个模块。评估系统采用国际通用认知评估量表对使用者进行认知评估,由 MMSE、NCSE(Cognistat)、PACA、BIT 等知名认知评定量表组成,评估过程采用"全自动—人机对话—监控微调"模式,评估量表里的指令、声音、文字、图片等均由系统发出及显示,使用者的响应及反应均由认知评估系统自动记录,最后进行分析统计,并生成图文并茂的评估报告。训练系统克服了国内同类系统中训练内容单一无变化和与用户生活环境无关的难点,为用户创造新鲜的、形象的和多样化的训练环境,通过采用 4-Multi 技术,让认知训练达到更好的效果。

适用范围:大脑认知功能障碍病人的认知、语言康复。

(二)国内

1. 六六脑数字化脑功能康复系统

产品性能:六六脑数字化脑功能康复系统提供在线电子健脑云服务,将认知测评和认知功能训练通过云平台以游戏的形式呈现,是一款在线的认知评估、检测和康复训练的脑康复系统(图 3 - 33)。该系统通过计算机情景模拟和互动游戏,提高使用者的认知功能和言语语言

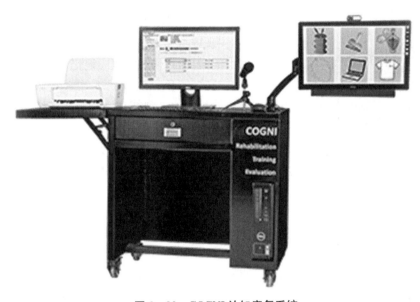

图 3-32　GOGNI 认知康复系统

资料来源：美国 GOGNI 官网，http://www.gz-sk.cn/

图 3-33　六六脑数字化脑功能康复系统

资料来源：浙江脑动极光医疗科技有限公司官网，http://www.66nao.com

能力。其中，认知功能评测系统包含多个常用认知量表，如 MMSE 简易智能精神状态检查量表、MoCA 蒙特利尔认知评估量表等；康复训练可分两个模块，分别是认知模块和语言模块，且训练难度可随使用者的表现及时调整。此外，该系统支持互联网远程康复，使用者可足不出户开展康复训练。

适用范围：适用于患有认知障碍及言语语言障碍的成人或儿童。

2. 章和智能 FlexTable 数字 OT 训练与评估系统

产品性能：章和智能 FlexTable 数字 OT 训练与评估系统（图 3-34）是一款认知训练联合上肢训练的数字化康复系统。数字 OT 使用最新的多点屏幕触控技术、虚拟现实和人机情景互动技术，提供运动控制训练、认知训练、ADL 日常生活活动训练。在认知训练系统中，打

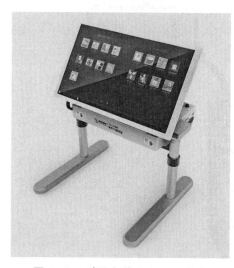

图 3-34 章和智能 FlexTable 数字 OT 训练与评估系统

资料来源：章和智能官网，http://www.ezhanghe.com/index.html

破传统卡片或实物认知的局限性，提供全数字化平台，实现虚拟游戏与认知康复训练完美结合，激发使用者的潜力，内置注意力、记忆力、思维、失认症等训练及形状、颜色、数字、字母、分类等辨识训练，可调动病人使用者的主观能动性和积极性，减少康复师的工作量，提高康复效率。

适用范围：认知障碍患者、上肢运动障碍患者

3. 认知能力评估与康复训练仪软件

产品性能：认知能力评估与康复训练仪软件（图 3-35）是依据 PASS 理论、采用先进的计算机技术对使用者进行认知能力定量评估和实时训练的现代化认知康复系统。该系统分为认知能力的测试与训练两部分，可同时对启蒙认知知识与基本认知能力进行测评及针对性训练。评估内容包括启蒙知识和五项认知能力（空间次序、动作序列、目标辨认、图形推理、逻辑类比），训练内容包含八项认知能力（注意力、观察力、记忆力、数字认知、图形认知、序列认知、异类鉴别、同类匹配）。每类训练项目下设置有五级难度，按照由易到难的顺序排列。

适用范围：适用于 2—18 岁由多种疾病引起的大脑功能障碍患者，包括认知障碍患者、语言障碍患者等。

图 3-35 认知能力评估与康复训练仪软件

资料来源：上海慧敏医疗器械有限公司官网，http://www.hmicf.com／

第五节 情绪行为评估与训练

情绪是个体对外部和内部事物的主观体验，包含生理成分、表情成分、体验成分和认知成分。

情绪与行为障碍儿童(简称 EBD 儿童)是学校教育中公认的最难教导的一类儿童[48]。他们有攻击性,不服从、喊叫、说谎、暴躁、焦虑,善于激怒他人[49,50]。从发展角度来说,这些特质对个人成长极其不利。

一、情绪行为评估工具

筛查与评估是让特殊儿童接受合适教育前十分重要的工作,目的在于发现可能存在高危风险或具有发展问题的婴幼儿,是确认婴幼儿是否存在潜在特殊需要或进行早期干预需要的基础。目前我国 EBD 儿童的筛查和评估工具发展较为缓慢,仅有几个从国外引进、修订的量表。

孤独症儿童(简称 ASD 儿童)的情绪行为问题的发生率显著高于其他障碍类型的儿童,故本节专门介绍两种针对 ASD 儿童的情绪行为评估工具[51]。

(一)国外评估工具

1. 阿肯巴克(Achenbach)儿童行为量表

开发者:由美国心理学家 T. M. Achenbach 及 C. Edelbrock 开发,于 1992 年由忻仁娥等学者引入并制定了全国常模。

适用人群:阿肯巴克(Achenbach)儿童行为量表(Child Behavior Checklist,CBCL)第 1 版适用于 4—16 岁的儿童,1991 年修订版适用于 4—18 岁的儿童、青少年,1992 年进一步将 2—3 岁的婴幼儿纳入量表的适用范围,目前,阿肯巴克心理行为问题评价体系已经覆盖 1.5—90 岁。

施测方式:个别施测或团体施测皆可,CBCL 要求父母或与儿童密切接触的监护人填写。

内容概述:该量表分家长用表、教师用表和自填用表(智龄在 10 岁以上儿童用)。量表包括三部分内容:一般项目、社交能力、行为问题。一般项目指的是填表人的一般信息;社交能力包括参加运动、参加活动、参加课余爱好小组(团体)、参加家务劳动、交往、与人相处能力、在校学习共七大类,这部分内容组成三个分量表,即活动能力、社交能力、学校能力;行为问题分为内化性和外化性两大类,内化性主要表现为退缩、躯体化、焦虑抑郁方面的行为问题,外化性以攻击、违纪为主要表现。

应用评价:该量表是最早的儿童行为量表之一。大量研究表明该量表信效度高,常模类型丰富,并且跨文化一致性强,年龄覆盖面广,应用广泛;但缺点是题目略多,计分方法比较复杂,需要专门的训练,测试成本较高,因此在教育层面上的应用并不广泛。

2. 孤独症儿童行为检查量表

开发者:Krug 等人。

适用人群:18 个月—35 个月的孤独症患者。

施测方式:量表由儿童的父母或与其共同生活达 2 周以上的人进行评定,大约需要 10—15 分钟。

内容概述:孤独症儿童行为检查量表(Autism Behavior Checklist,ABC)共 57 个条目,可归纳为感觉、行为、情绪、语言、生活自理等五个因子。每项评分是按其在量表中的负荷大小分别评 1、2、3、4 分,比如第四题分值为 3 分,只要患儿存在该项表现,无论症状表现轻重都评 3 分。分值越高,孤独症行为症状越严重。

应用评价:该量表信效度较高,我国的研究表明在不同年龄段、不同性别的使用方面无差异,有较好的孤独症鉴别效用。

3. 儿童孤独症评定量表

开发者：Schoplen 于 1988 年开发完成，国内由卢建平、杨志伟等人修订完善。

适用人群：疑似孤独症儿童。

施测方式：儿童孤独症评定量表（Childhood Autism Rating Scale，CARS）由评定者使用并评定。

内容概述：量表包括 15 个评定项目，分别是人际关系、模仿、情感反应、躯体运用能力、与非生命物体的关系、对环境变化的适应、视觉反应、听觉反应、近处感觉反应、焦虑反应、语言交流、非语言交流、活动水平、智力功能、总的印象。每一项评分都有附加说明，指出检查要点，让评定者有统一的观察重点与操作方法。每项按 1—4 级评分，4 级为严重异常。量表最高分 60 分，总分低于 30 分则评为非孤独症；总分等于或者高于 30 分，并且至少有 5 项的评分高于 3 分，则评为重度孤独症；总分在 30—36 分之间，并且低于 3 分的项目到 5 项，则评为轻度至中度孤独症。

应用评价：CARS 是目前我国临床最常用的孤独症评定量表，CARS 量表对临床确诊病例的正确鉴别率为 97.7%，临床疑似病例的正确鉴别率为 84.6%，整体鉴别效用较强。

4. 文兰适应行为量表

开发者：美国人杜尔（Edgar A. Doll）。

适用人群：调查表、扩展表适用于 0—18 岁，课堂评定表适用于 3—12 岁。

施测方式：半结构性访谈法，由受测者家长、老师或照料者提供信息。

内容概述：文兰适应行为量表（Vineland Adaptive Behavior Scales，VABS）由调查表（297 题，评估一般适应能力）、扩展表（577 题，评估更具体的适应行为）、课堂评定表（244 题，评估儿童在课堂中的适应行为）构成。多数条目按照 0、1、2 三级评分，有些条目只按 0、2 计分，0 代表不具有某种能力或几乎不表现某种能力，2 代表常常表现出某种能力，1 介于两者之间[52]。

应用评价：VABS 是文兰社会成熟量表的修订版，可以系统地评估一个人从出生到 18 岁的个体适应性和社会适应性。它制定了标准化全国常模和若干特殊常模，为该量表的广泛使用提供了便利。但在某些年龄段、某些领域和子领域的内部一致性和稳定性还有待进一步提高。

5. 适应行为评估系统第 2 版

开发者：由美国心理学家哈里森和奥克兰开发（2000 年），2003 年修订第 2 版，我国的中文版于 2014 年修订。

适用人群：0—89 岁 11 个月。

施测方式：个别施测。

内容概述：适应行为评估系统第 2 版（Adaptive Behavior Assessment System，ABASⅡ）采用 4 级计分方式，0 表示不具有某种行为，数字越大行为频次越高。将各技能领域分数相加即可得到原始分，可转换为量表分。ABASⅡ由五套量表、十大技能领域构成。五套量表分别包括家长量表（适用于 0—5 岁的评估对象）、家长用表（适用于 5—21 岁的评估对象）、教师/照顾者用表（适用于 2—5 岁的评估对象）、教师用表（适用于 5—21 岁的评估对象）、成人用表（适用于 16—90 岁的评估对象，自评或照料者评估皆可）；十大技能领域包含沟通、社区利用、功能性学业技能、健康与安全、居家或学校生活、休闲、自理照顾、自我管理、社会技能和工作技能。

应用评价：ABAS-Ⅱ是唯一同时参照美国智力与发展障碍协会提出的三大领域和美国精神病学会颁布的《精神障碍诊断与统计手册》(DSM-Ⅳ-TR)提出的十大技能领域编制的适应行为测验，可用于筛查、诊断或为教育安置与服务决策提供有效信息，且量表信效度高，但常模数据有待进一步更新。

6. 情绪困扰评量表

开发者：美国学者 Epstein 和 Cullinan 于 1981 年针对美国《全体残障儿童教育法》中提出的严重情绪困扰概念开发的一套标准化量表。

适用人群：检测、识别 5—18 岁儿童或青少年中具有潜在的特殊教育需要的群体。

内容概述：情绪困扰评量表(Scale Emotional Disturbance，SAED)包含 45 道题目，每道题目进行 0—3 级评分。SAED 共分为五个子量表，分别针对《全体残障儿童教育法》概念中的五个特征，分别是学习无能、人际关系问题、不适当行为、不快乐和抑郁、躯体症状和恐惧。还包含一个 7 道题目的子量表，用来测量有关儿童或青少年的综合能力。

应用评价：题目描述简单，作答仅需要 10 分钟，计分也很方便；该量表具有配套的优势评估工具，并且延伸到学前，为筛查评估工作开启了新的视角。但该量表分数基于填答者的感知，偏主观，无法作为儿童或青少年的情绪与行为障碍诊断的依据。

（二）国内评估工具

1. 问题行为筛选量表

开发者：洪俪瑜、张郁雯等人(2010 年)。

适用范围：小学四年级至初中三年级的学生。

内容概述：问题行为筛选量表依据评估者分成家庭版和教师版，依据受评者年级又分成小学版(49 题)和青少年版(52 题)，共计四个版本。除青少年版外，其他三个版本量表都包括四大部分。第一部分为注意力缺陷多动症症状评量；第二部分为注意力缺陷多动症症状的功能损失情况(人际活动、团体活动、学业活动、工作活动)评量；第三部分是对立性违抗行为异常的相关症状评量；第四部分是违规行为的相关症状评量。青少年版在此基础上增加违规行为症状的检验(共 3 题)。

应用评价：测试时间约 20 分钟，测量儿童或青少年行为困扰的情况，为辅导、补救工作提供依据。

2. 行为困扰量表

开发者：李坤崇、欧慧敏(1993 年)。

适用范围：小学四年级至初中三年级的学生。

内容概述：行为困扰量表共有 53 题，包括自我关怀困扰、身心发展困扰、学校生活困扰、人际关系困扰及家庭生活困扰等五个分量表和诚实指标。该量表具有我国台湾地区小学四年级至初中三年级学生的百分等级常模，测试需要 25—30 分钟。

应用评价：测量儿童和青少年行为困扰的情况，为辅导、补救工作提供依据。

3. 儿童适应行为量表

开发者：1996 年由北京师范大学韦小满基于 ABS-SE 进行开发，新量表命名为"儿童适应行为量表"，后由龚耀先进行修订。

适用人群：3—16 岁的儿童或青少年。

内容概述：儿童适应行为量表由两部分组成。第一部分主要评估一般适应能力，由动作发展、语言发展、生活自理能力、居家与工作能力、自我管理和社会化六个分量表组成；第二部分主要评估不良的适应行为,由攻击行为、反社会行为、对抗行为、不可信赖行为、退缩、刻板与自伤行为、不适当的人际交往方式、不良的说话习惯、不良的口腔习惯、古怪的行为、多动和情绪不稳定 12 个分量表组成。

应用评价:旨在评估受试者的一般适应能力和不良的适应行为。该量表可作为制定个别化教学计划的依据。

4. 生活适应能力检核手册

开发者:台湾师范大学王天苗教授(1987 年)。

适用人群:适用范围为中度、重度智障儿童,情绪和行为障碍儿童,多重障碍儿童。

内容概述:生活适应能力检核手册由七个分测验组成:自理能力(201 题)、社会性能力(139 题)、知动能力(350 题)、语言能力(90 题)、基本学科能力(90 题)、休闲能力(112 题)、居家与工作能力(106 题)。

应用评价:旨在测量中度、重度智能障碍者生活适应的基本能力,为设计适合学生的个别教育需求的个别教育计划服务。该量表不能用来鉴别智障儿童。

二、情绪行为相关设备

情绪与行为障碍指个体经常表现为出现与刺激情境不相符合的情绪和行为反应,令他人难以接受或产生困扰,严重影响个体生活、学习和交往。情绪康复技术的对象为伴有情绪与行为障碍的各类成人与儿童,通过康复设备对情绪与行为障碍患者进行评定、制订方案、实施康复训练。

1. 可视音乐干预仪

产品性能:可视音乐干预仪(图 3-36)运用心理学原理,利用多媒体声光实时反馈技术,通过富有感染力、吸引力的音乐视听形象,对情绪与行为问题进行实时干预,从而消除或缓解情绪与行为障碍。可视化音乐干预系统集音乐、医学、心理、物理等多门学科的新兴技术于一体,是跨学科应用的典型代表。干预内容涵盖肯定、中性及否定,由抽象到具体,认知、诱导、纠

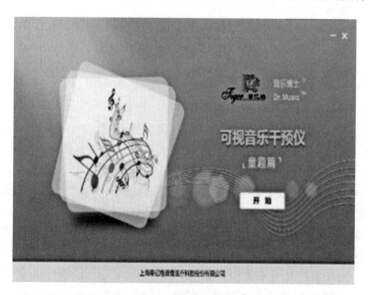

图 3-36 音乐博士可视音乐干预仪

资料来源:上海慧敏医疗器械有限公司官网,http://www.hmicf.com/

正等各种干预模式。其基本功能包括：通过听觉、视觉、动作相互结合的综合干预模式，对感官、知觉、肢体动作进行综合刺激和训练；多通道全方位刺激性训练模式，显著改善使用者的生理和心理的指标，建立一种非语言的沟通渠道；采用伪随机的生成模式，提供不重复、程度可调的干预信息，确保持续干预的效果。

适用范围：用于情绪行为、孤独症与多动障碍的诊断评估与康复训练。

2. 孤独症与多动障碍干预系统

产品性能：孤独症与多动障碍干预系统(图3-37)是针对儿童的注意力缺陷、语言发育迟、语言沟通障碍、情绪与行为障碍等问题进行实时干预的现代化康复设备和软件，整合脑神经系统的运动，影响其思考方式及行为方式。

适用范围：对儿童的注意力缺陷、语言发育迟缓、语言沟通障碍、情绪与行为障碍等问题进行实时干预。

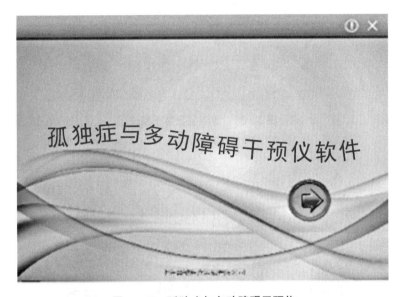

图3-37 孤独症与多动障碍干预仪

资料来源：上海涵飞医疗器械有限公司官网，http://www.hanfeiyl.com

3. 情绪与行为干预仪

产品性能：情绪与行为干预仪(图3-38)通过对音乐、图像信号进行频率检测、处理，为情绪与行为障碍的康复训练提供相关信息。主要功能包括情绪诱导康复训练、情绪认知康复训练、情绪调节康复训练、生活自理康复训练、社会交往康复训练、康复效果监控、综合康复支持等。情绪与行为干预是对孤独症、情绪与行为障碍患者一种行之有效的改善手段。它利用数字信号处理技术和多媒体技术调节患者的情绪冲动；激发患者的语言沟通能力；在生活情境中训练、矫正患者的社会交往技巧和不当行为，包括情绪调节、行为矫正、认知学习和脑电波干预。

适用范围：可用于各类特殊人群的情绪与行为障碍干预(孤独症、注意力缺陷与多动障碍、智力发育迟缓等)。

4. 听觉统合训练仪

产品性能：听觉统合训练仪(图3-39)由法国的耳鼻喉科医生团队开发，是利用一组特别的声响与音乐作为整体的听力训练系统，通过让患儿聆听经过过滤和调配的音乐来矫正

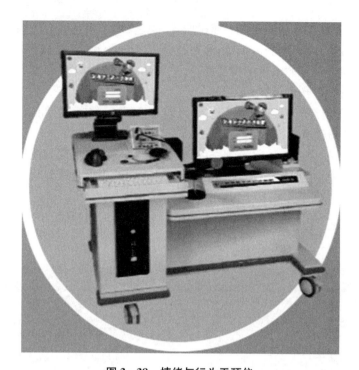

图 3-38　情绪与行为干预仪

资料来源：上海涵飞医疗器械有限公司官网，http://www.hanfeiyl.com

图 3-39　启聪博士听觉统合训练仪

资料来源：上海涵飞医疗器械有限公司官网，http://www.hanfeiyl.com

听觉系统对声音处理失调的现象，并刺激脑部活动，从而达到改善行为紊乱和情绪失调的目的。

适用范围：行为紊乱和情绪失调的儿童。

5. QTrobot 机器人

产品性能：儿童的情绪行为康复通常是融入儿童的其他能力训练之中的，最常见的是与社交技能康复共同进行。由 LuxAI 所开发的人形社交机器人 QTrobot(图 3-40)就可以用于孤独症儿童社交能力和情绪行为康复，其包括情感技能、社交技能、早期发展三套课程，可以促进儿童情绪识别、理解和调节能力，会话及其他社交技能的发展。

适用范围：孤独症儿童。

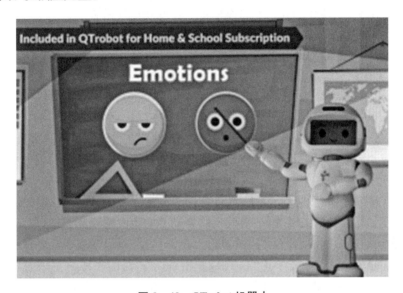

图 3-40　QTrobot 机器人

资料来源：LuxAI S. A. 官网，https://luxai.com/

第六节　运动功能评估与训练

本节对国内外运动康复相关设备通过检索运动康复领域知名产品或具有代表性的企业开展综述。

相关技术的纳入主要参考了近年有关康复工程、康复辅具相关的行业报告以及权威排名。依据康复辅助器具产业创新大数据，检索具有代表性的国内运动康复设备及辅具企业，该数据库对企业按照两种标准进行分类：第一种分类方式为产品类别，与运动康复相关的产品小类包括假肢和矫形器、个人移动辅具和个人医疗辅具；第二种分类方式为企业状态，包括上市企业、融资企业、高新技术产业和小微企业。数据库共收录 6 388 条国内企业数据，通过企业代表性产品筛选运动康复相关的辅具及相关的企业。

海外康复医疗器械行业规模较大的企业有 DJO Global、OG Wellness Technologies 等，同样通过企业代表性产品筛选运动康复相关的辅具及相关的企业。

一、运动功能评估工具

（一）国外评估工具

1. Gesell 发育诊断量表

开发者：阿诺德·格赛尔(Arnold Gesell)。

适用人群：0—6岁的婴幼儿。

施测方式：个别测验。

内容概述：Gesell发育诊断量表(Gesell Developmental Schedule，GDS)分为五个能区，分别是适应性、大动作、精细动作、语言、个人-社交。量表共设566个诊断项目，根据发育年龄的次序分布于各年龄组中。量表分13个关键年龄点，即4周、16周、28周、40周、52周、18个月、24个月、36个月、42个月、48个月、54个月、60个月、72个月。量表以发育年龄、发育商表示婴幼儿的发育水平，判断婴幼儿神经系统的成熟度和功能完善程度。

应用评价：从五个能区进行评估，能更全面反映婴幼儿的发育水平。该量表专业性强，认同度高，能较为准确地判断婴幼儿的发育水平。

2. 丹佛发育筛查测验第2版

开发者：美国人弗兰肯堡(Frankenburg)与多兹(Dodds)。

适用人群：0—6岁的婴幼儿。

施测方式：个别施测，需要运用一些测验工具，大部分项目由测试者通过现场观察儿童对测试项目的反应和完成情况进行评判，小部分项目由询问家长获得[55]。

内容概述：丹佛发育筛查测验第2版(Dever Developmental Screening Test，DDST-Ⅱ)包括个人-社交、精细动作-适应性、言语、大动作四个能区。个人-社交反映婴幼儿对周围人回应、料理自己生活的能力；精细动作-适应性反映婴幼儿的手眼协调能力；言语反映婴幼儿言语接受、理解和表达的能力；大动作反映婴幼儿坐、立、行走和跳跃等能力。在DDST-Ⅱ中，开发者减少了家长报告项目，补充了语言项目，并增加了主观行为评估量表。DDST-Ⅱ共设125个项目，仍分布在四个能区，并且增加了对婴幼儿测验行为的评价。

应用评价：丹佛发育筛查测验的操作和评价方法简单、容易掌握，测试时间较短，可用作发育评价和精神发育迟缓的筛查工具，但不能代替诊断性评定。另外，我国目前使用第1版较多，第2版在重庆、上海、南京进行过标化和试用[53]。

3. Peabody运动发育量表

开发者：M. Rhonda Folio，Rebecca R. Fewell

适用人群：0—6岁的婴幼儿

施测方式：个别施测

内容概述：Peabody运动发育量表(Peabody Developmental Motor Scales，PDMS-Ⅱ)包含粗大运动和精细运动两个分量表，共六个分测试。① 反射：测试婴幼儿对环境时间自动反应的能力；② 姿势：测试婴幼儿持续控制自己身体的重心和保持平衡的能力；③ 移动：测试婴幼儿从一个支撑面转移到另一个支撑面的能力；④ 实物操作：测试婴幼儿扔球、接球和踢球的能力；⑤ 抓握：测试婴幼儿手和手指的能力；⑥ 视觉-运动整合：测试婴幼儿整合运用其视知觉完成复杂手眼协调任务的能力。

PDMS-Ⅱ按照三级评分，2分代表婴幼儿的表现已经达到掌握标准；1分代表婴幼儿的表现未达到标准，但与标准接近；0分代表婴幼儿不能尝试或没有尝试做某项目，或者其尝试未能显示出相应的技能正在形成。每个项目只有在被试得到2分或者尝试三次才算完成。

应用评价：PDMS-Ⅱ对运动能力的评估细致，结合定性与定量评分方法，可以更灵敏地反映训练效果。特别是有配套的家庭化训练方案，适用于临床指导训练。

4. 贝利婴儿发展量表

开发者：Nancy Bayley

适用人群：贝利婴儿发展量表（Bayley Scales of Infant Development，BSID）第 1 版适用于 2 个月—30 个月月龄的婴幼儿，第 2 版、第 3 版将适用范围扩展为 1 个月—42 个月月龄的婴幼儿；贝利婴幼儿发展量表-中国城市修订版适用于 2 个月—30 个月月龄的婴幼儿。

施测方式：个别测验

内容概述：贝利婴儿发展量表（Bayley Scales of Infant Development，BSID）的第 1 版包括智力量表和运动量表两部分；第 2 版包括智力量表、运动量表、行为量表三个部分，智力量表有 178 个条目、运动量表有 111 个条目，其中 108 个条目为新增项目；第 3 版包括认知、语言、运动、社会-情感、适应性行为五个部分；中国城市修订版包括智力量表、运动量表和行为记录三部分。目前，国内只对前两部分进行修订，其中智力量表 163 项，运动量表 81 项。

应用评价：该量表在 19 世纪 80 年代即完成了量表的开发、修订和标准化，对评定我国 0—3 岁婴幼儿发育水平提供了一个有效的测试工具，是一套有效的发育诊断类评定量表，但该量表目前没有建立农村常模。另外，该量表没有包括神经反射及姿势反应方面的内容，所以对有异常运动模式儿童的识别存在一定的局限性。

（二）国内评估工具

1. 筷子技能测验

开发者：董奇、陶沙等人。

测验目的：测试儿童或成人的精细动作发展。

适用人群：3—7 岁儿童和 18 岁以上成人。

施测方式：个别施测。

内容概述：筷子技能测验以测试者完成任务过程中挟取物体的次数为衡量技能精确性的指标，以其完成测验任务的时间长短作为衡量技能时效性的指标，以其调整把握筷子手形的次数为衡量技能稳定性的指标。施测器材包括：测查板两块（板上均有 3×3 共 9 个直径为 4.5 cm 的圆形凹槽，深为 0.5 cm，每两个凹槽间中心距离为 2.0 cm）、日常使用的成人筷子一双、木制圆球 9 个（直径 1.5 cm）、木制正方体 27 个（边长为 0.9 cm 的 9 个、边长为 1.5 cm 的 9 个、边长为 3.0 cm 的 9 个）、黑豆 9 粒、花豆 9 粒、直径大约为 0.5 cm 的豌豆 9 粒、木制小棍 4 根（底部圆面直径为 0.7 cm，长 3.0 cm）。

应用评价：该测验可作为我国儿童精细动作发展的重要的测验来推广应用。

2. 儿童入学准备运动技能发展量表

开发者：赵晓杰。

测验目的：测量儿童入学准备运动技能发展水平。

适用范围：5—6 岁的学龄前儿童。

施测方式：个别测验。

内容概述：儿童入学准备运动技能发展量表采用纸笔测验和身体运动测验相结合的形式，量表包括粗大运动技能、精细运动技能、感觉运动技能、口语运动技能和功能特性 5 个维度，共 12 个项目。

应用评价：该量表是一种较实用的测量儿童入学准备运动技能发展水平的工具。

3. 特殊儿童运动能力评估量表（正式量表/基础版）

开发者：韩文娟、肖洪莉。

测验目的：对特殊儿童的运动能力进行评估。

适用范围：各种类型的特殊儿童。

施测方式：个别测验。

内容概述：特殊儿童运动能力评估量表基础版分为特殊儿童的基本运动素质和完成动作的能力两个评估部分。基本运动素质评估选取了肌力、关节活动度、耐力、协调性四个基本要素；完成动作的能力评估按照涉及的机体组织范围和动作的精确程度，将动作分为局部动作和全身动作以及基本动作和节律。肖洪莉在正式量表的基础上开发了基础版，基础版中包括中轴线运动、上肢运动和下肢运动三个维度，共19个测试项，其中中轴线运动6项，下肢运动5项，上肢运动8项。

应用评价：评估项目考虑儿童多方面的需要，结果对于训练有较强的指导性，但目前在国内的推广不足。

4. 中文版INFANIB量表

开发者：原始量表由Eillison等人开发，中文版由中国第三军医大学西南医院廖伟等人开发。

适用人群：0—18个月的婴幼儿（早产儿需矫正年龄）。

施测方式：测试者事先熟悉检测项目，根据婴幼儿在清醒、安静状态下的表现，给出测试项目的得分。

内容概述：中文版INFANIB量表共20个测试项目，分五大能区，评估0—18个月婴幼儿的肌张力、原始反射、平衡反射、立直反射及特定的运动发展水平，每个项目依据其年龄表现给1分、3分、5分。其中14项出生即可测试，另外6项则于3—9个月逐步测试。

应用评价：量表简单易学、信效度好，可作为基层社区卫生中心高危婴幼儿筛查中的神经运动发育障碍测试量表。经研究表明，中文版量表特异性较好，并且对于7个月的婴幼儿的灵敏度均较好，但对于矫正年龄<7个月的早产儿由于常常存在暂时性肌张力障碍，测试中的灵敏度较差（<80），将影响最终结果。该量表目前在国内尚未普遍应用。

二、运动功能相关设备

（一）矫形器和假肢

1. 矫形器

矫形器是人体体外器具，是为减轻人体脊柱骨骼肌肉系统、肢体系统功能障碍的体外支撑装置，可预防或矫正身体畸形，并对神经、肌肉、关节等部位起代偿作用。其基本功能有以下几点：一是稳定和支持。通过限制关节异常活动，稳定、恢复关节正常活动与承重。二是固定和保护。通过对病变肢体和关节的固定和保护，促进病变痊愈。三是预防和矫正畸形。用于预防和矫正肌力不平衡或长期不活动造成的关节畸形。四是减轻轴向承重。五是抑制站立。六是改进功能。改进步行、进食等生活中的动作行为能力。

按照安装部位，矫形器可分为上肢矫形器、下肢矫形器和脊柱矫形器。上肢矫形器可细分为手矫形器、腕手矫形器、肘腕矫形器、肩肘腕手矫形器。下肢矫形器可细分为足矫形器、踝足矫形器、膝矫形器、膝踝足矫形器、髋膝踝足矫形器等。脊柱矫形器可细分为颈椎矫形器、胸腰骶椎矫形器、腰骶椎矫形器、骶椎矫形器以及颈胸腰骶椎矫形器。改革开放以来，我国矫形器生产已经从引进走向自主研发。矫形器技术与临床结合紧密，国内许多三级医院已建立假肢矫形科室，且矫形器市场呈"三分天下"局面，一是国有企事业单位改革创新，如北京精博假肢产品（图3-41）出口亚欧美国家；二是外资企业引进；三是民营企业高速发展，如海虹、品康、博傲等。

验配技术方面，随着3D打印技术成熟，该项技术越来越多地应用于矫形器制作中。矫形师通过扫描患侧部位，建立模型，即可将模型3D打印得到矫形器。从石膏定型到3D建模，大大减少人力成本，3D打印技术在假肢矫形器领域有着良好的应用前景。

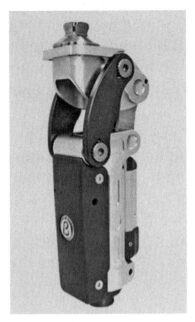

图3-41 JB941-A智能
仿生膝关节

资料来源：北京精博官网，http://www.jingbo-po.com/index.php/Product/detail?id=248

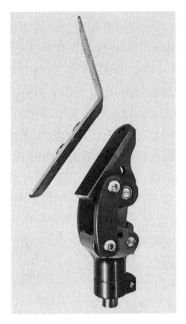

图3-42 儿童四连杆膝关节

资料来源：北京精博官网，http://www.jingbo-po.com

2. 假肢

假肢是解决肢体截肢者运动障碍的重要辅具，有美观、支撑、稳定、辅助运动等功能。按照截肢部位，上肢假肢可分为肩离断假肢、上臂假肢、肘离断假肢、前臂假肢、腕离断假肢、部分手假肢、假手指。下肢假肢可分为髋离断假肢、大腿假肢、膝离断假肢、小腿假肢、踝部假肢、部分足假肢。其中，传统的机械假肢能够给予截肢者基本运动能力，如小腿、股骨截肢患者佩戴假肢后能独立行走。但传统的机械假肢并不具备感知和运动控制功能，难以实现高质量生活的需求。2014年，中国台湾德林公司推出膝关节智能假肢，北京精博公司在传统机械式4S单轴承重自锁和四连杆膝关节（图3-42）基础上研制JB-501的智能假肢，国家康复辅具中心与河北工业大学合作研制能根据穿戴者的运动意图调节关节阻尼的智能假肢膝关节[54]。国内较具代表性的假肢品牌有精博、海虹、博傲等。

(二) 康复机器人

对于肢体运动障碍的患者，如脊髓损伤、脑卒中等神经系统疾病导致运动障碍的患者，康复机器人一方面可以辅助康复训练，另一方面可提高患者生活质量。

按功能分类，康复机器人分为治疗型和辅助型。治疗型康复机器人的作用是辅助患者进行各种恢复运动功能的训练，如行走训练、手臂运动训练等。辅助型康复机器人的作用是辅助患者进行各种日常活动，如外骨骼机器人、机器人轮椅等。

较为典型的康复机器人有如下几类：

上肢康复机器人：主要为病人在上肢康复过程中提供主动及被动康复训练，根据肢体病症情况，制定训练范围、运动幅度、训练强度等。

下肢康复机器人：主要为下肢治疗康复过程中的运动技能恢复提供训练。

智能轮椅：主要为重病人、残疾人以及老人提供代替行走、转向、身体健康检测、应急呼叫等功能，可以根据使用者情况制定智能轮椅的任务，实现智能化操控。

交互式康复训练机器人：为老年人、重症病人提供交互式情境下的人际交互、功能制定康复训练，兼具一定的娱乐、运动等功能。

按照自由度分类，康复机器人可分为单关节康复机器人（肩/肘/腕关/膝关/踝节康复机器人）、双关节康复机器人和多关节康复机器人。

按照结构分类，康复机器人分为末端控制式机器人、外骨骼式机器人等。

目前市面上的康复机器人主要是运动康复机器人，且针对肢体大运动的康复机器人较为多见。康复机器人可结合人工智能、互联网、云服务等技术，实现训练过程的实时监控、训练过程的实时记录和自动分析，并和移动端链接，辅助康复师进行训练，提供较为先进和智能的康复手段，一定程度上可以减轻康复师的体力和工作程序的负担。

按照康复机器人的功能分类，下面分别介绍几种较具代表性的辅助型康复机器人和治疗型康复机器人。

1. 辅助型康复机器人

（1）Rex 外骨骼康复机器人

产品性能：新西兰的 Rex Bionics 公司研发出 Rex 外骨骼康复机器人（图 3-43），其最大的优势是支持无支撑式独立行走，外骨骼的操纵杆安置在扶手内，操作无需手臂力量，适用于

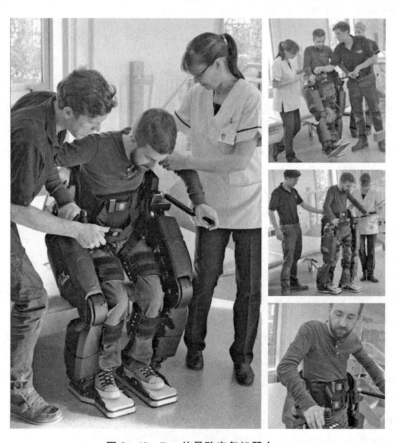

图 3-43　Rex 外骨骼康复机器人

资料来源：新西兰 Rex Bionics 公司官网，https://www.rexbionics.com/

更广泛的使用群体。表面采用了坚固的轻质材料，从下至上的多处锦纶搭扣以及腰间的宽腰带将使用者的身体与外骨骼捆绑在一起，为了兼容轮椅的操控习惯，Rex用腰间的两个操纵杆进行姿态控制。每套Rex外骨骼康复机器人都是为使用者定制的。

适用范围：Rex外骨骼康复机器人是目前唯一无需拐杖支持的自助式康复设备，适用于四肢瘫痪患者，即便是下肢瘫痪患者，也可以彻底解放双手。

（2）Ekso机器人外骨骼设备

产品性能：美国EksoBionics公司所研发的Ekso机器人外骨骼设备（图3-44）不仅可用于中风或脊髓损伤患者，还可以用于脑损伤患者，同时提供上肢和下肢的外骨骼，支持、帮助使用者进行主动运动。目前使用者可根据自身的情况和康复进度选择三种不同的康复模式：FirstStep模式（康复治疗师辅助模式）、ActiveStep模式（用户自主控制模式）和ProStep（自动感应模式）。

适用范围：中风或脊髓损伤患者，脑损伤患者。

图3-44 Ekso机器人上肢外骨骼设备

资料来源：美国EksoBionics官网，https://eksobionics.com/

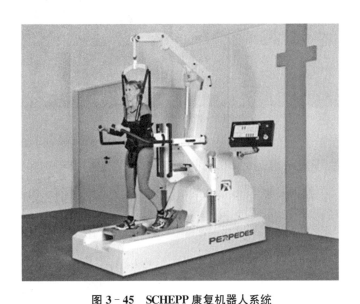

图3-45 SCHEPP康复机器人系统

资料来源：瑞德医疗官网，http://www.ryzur.com.cn/

2. 治疗型康复机器人

治疗型康复机器人通常由减重装置、主机、跑台、控制装置、固定装置等组成。其通过步态训练来促进使用者的运动功能康复，该类康复机器人还可附带步态评估功能。

（1）SCHEPP康复机器人系统

产品性能：SCHEPP康复机器人系统（图3-45）采用先进的运动治疗方法，依靠稳健的技术，为使用者带来高效舒适的康复体验。人性化且高效的患者出入方案解决了轮椅—康复设备姿势转换的难题，且集成领先的反馈系统作为康复辅助，再配合自然的骨盆角度及足部关节背屈跖屈控制，一切只为实现正常自然的行走步态。SCHEPP康复机器人系统的功能非常丰富，具有断电保护模块、骨盆控制系统、多用途减重支臂系统、集成力的反馈系统、直观精确触屏操作系统，另有方便使用的可旋转操作台，双侧皆可操作，采用创新型使用者无障碍进入及退出设备设计、科学的足部关节背屈跖屈控制技术等。

适用范围：主要可以用于脑瘫、脑卒中、脑外伤、帕金森病、脊髓损伤、多发性硬化、骨科患者等的运动康复。

（2）LokoHelp 和 KineAssist

LokoHelp 和 KineAssist 都是美国 WOODWAY 公司研发的康复机器人。LokoHelp 是一款用于康复运动的步态训练机器人（图 3-46a），除了可以减轻康复治疗师的工作强度外，还能提高康复治疗的效果。KineAssist 是一款能够模拟实际生活环境的康复训练机器人（图 3-46b），可以提供包括平地走、爬坡、站立平衡、动态平衡等运动疗法。

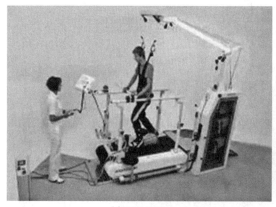 

(a) LokoHelp　　　　　　　　　　　　　(b) KineAssist

图 3-46　WOODWAY 公司研发的 LokoHelp 和 KineAssist

资料来源：WOODWAY 公司官网，https://www.woodway.com/

除以上所述外，常用的治疗型康复机器人还有 Lite Gait 系列产品（图 3-47），其包括成人版、儿童版、家庭版、Q-Pads 等。成人版、儿童版 Lite Gait 为训练提供姿势控制和负重辅助，

图 3-47　Lite Gait 系列产品

资料来源：Medical EXPO 官网，https://www.medicalexpo.com.cn/prod/litegait/product-108190-737689.html

让使用者能够获得安全保障,专注于训练。Q-Pads 是一种交互式康复产品,通过一个装有 LED 的压敏彩色垫子为用户提供视觉反馈,可用于平衡、协调练习。

瑞士的 Hocoma 公司所开发的 Lokomat 康复机器人(图 3-48)则是通过机器人辅助使用者进行高效和高密度的训练,可增强使用者的肌肉力量,增大其关节活动范围,改善使用者的步行状况。

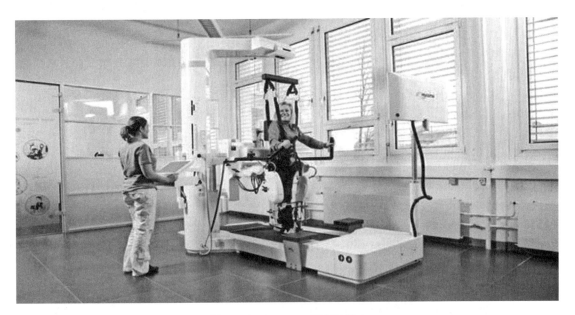

图 3-48　Lokomat 康复机器人

资料来源:Hocoma 公司官网,https://www.hocoma.com/

此外,较具代表性的治疗型康复机器人还有由 Reha Technology 公司所开发的步态康复辅助机器人 G-EO system、韩国 WalkBot 公司开发的 WalkBot 下肢康复机器人等。

(三)其他辅具

1. 虚拟现实技术

虚拟现实技术(VR)采用最新的计算机图像与图形技术,可将使用者置于一个虚拟的情境中,通过抠相技术,使用者可在屏幕上看到自己或以虚拟形象的方式出现,根据屏幕中情景的变化和提示做各种动作,以实现与屏幕中各类情景模式的互动,直到最终完成训练目标。

(1) BalanceMotus™ 平衡机能评估与训练系统

产品性能:傅利叶智能的多项运动康复训练产品配套的 BalanceMotus™ 平衡机能评估与训练系统(图 3-49)采用虚拟互动技术辅助训练,增加训练的趣味性。通过高精度压力传感器,采用生物力学模型算法,搭载互动软件和人机工程学设计的平台,可以快速评估平衡能力,预测跌倒风险,并通过情景互动进行姿势控制训练,提升平衡控制能力。

适用范围:平衡功能训练。

(2) BioMaster 虚拟情景互动训练系统

产品性能:BioMaster 是章和智能研发的虚拟情景互动训练系统(图 3-50),该系统通过使用者穿戴的无线位置传感器捕获关节运动,无线传感器可穿戴于多个关节(肩、肘、腕、髋、膝、踝等),进行多个关节活动度评估和训练,完成多形态、靶向性的运动控制训练。该系统分

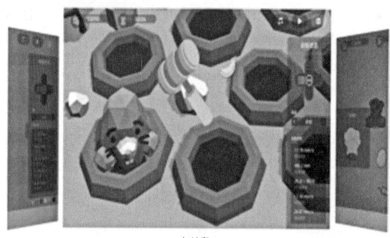

打地鼠

图 3-49　BalanceMotus™ 平衡机能评估与训练系统

资料来源：傅利叶智能官网，https://fftai.cn

为三大模块，第一模块为关节活动度评估，传感器可测量多个关节活动度和疼痛角度；第二模块为情景互动训练，进行针对性的虚拟情景关节活动训练，能够增加训练趣味性；第三模块为数据报告，用于自动生成、编辑和评估训练报告。

适用范围：关节活动训练。

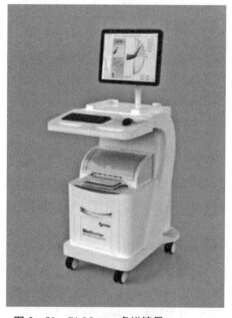

图 3-50　BioMaster 虚拟情景互动训练系统

资料来源：章和智能官网，http://www.ezhanghe.com/

图 3-51　Doctor Kinetic 系统

资料来源：荷兰 Doctor Kinetic 公司官网，https://reflexion.com/our-company

（3）Doctor Kinetic 系统

产品性能：Doctor Kinetic 系统（图 3-51）通过虚拟现实技术和游戏进行功能训练，可以锻炼上肢、下肢、核心力量,增强使用者的动态平衡、身体协调运动范围和认知等多方面的能力。训练内容结合了多个国家的先进康复训练经验,选取经典有效的练习,由专业人员进行设计。每次训练都可由系统帮助使用者制订康复训练计划,并形成详细的运动报告,跟踪运动情况。

适用范围:训练形式易于理解,轻松有趣,适用于各类人群。

(4) Vera 系统

美国 Reflexion Health 公司所开发的虚拟运动康复助手 Vera 系统(图 3-52)可用于躯干和上肢康复的数字化物理治疗。该系统可以对使用者进行 3D 扫描,以获取和分析使用者的运动功能情况,提供科学有效的康复训练计划,并由专业的物理治疗师进行监督。

图 3-52 Vera 系统

资料来源:Reflexion Health 官网,https://reflexion.com/our-company/in-the-press/

2. 脑机接口

脑机接口(Brain-Computer Interface, BCI)是一种硬件和软件相结合的通信技术,通过使用脑电活动产生的控制信号,使人类能够在不受周围神经和肌肉影响的情况下与周围环境进行交互。

根据功能类型,脑机接口可分为两种:一种是辅助性脑机接口,通过得到的控制信号对假肢或外骨骼(机械手、腿)进行控制,实现训练动作;二是康复性脑机接口,将动作情况以不同形式反馈给使用者,激活神经可塑性,提高运动再学习能力[55]。

1973 年,美国科学家维达尔(Jacquces Vidal)首次提出脑机接口概念,国内脑机接口的研发工作起步较晚,技术和产品创新方面与国外有较大差距。在康复领域,众多学者投入临床应用型脑机接口技术的研究。程明等利用稳态视觉诱发电位(SSVEP)作为脑机接口的输入信号,应用脑机接口控制假肢帮助使用者完成倒水动作[56]。

浙江大学首次将 Utah 阵列电极植入控制右侧上肢运动的运动神经皮层,实现了四肢失能患者控制机械臂完成握手、拿饮料瓶、传递食物等动作(图 3-53)。清华大学智能与生物机械实验室研发的上肢康复辅助机器人中的脑控训练模式能真实模拟健康人运动控制。上海交通大学机器人研究团队研发 eCon-Hand 脑控外骨骼设备可通过运动意图进行手部抓握训练,提高使用者的自主控制意识[57]。

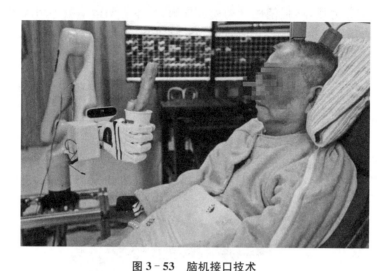

图 3-53 脑机接口技术

资料来源：浙江大学官网，https://www.zju.edu.cn/

3. 可穿戴设备

可穿戴设备可通过穿戴设备实时检测、跟踪使用者身体状况，再与配套的软件或平台共同使用，为使用者提供康复服务。目前常见的提供康复服务的可穿戴设备，如意大利公司CoRehab研发的生物反馈医疗设备Riablo（图3-54）和Kari，其通过传感器和配备程序，为使用者提供个性化的康复支持。不仅能为使用者提供多种的练习模式，还能帮助使用者在康复练习中发现自己的问题，提高康复训练的有效性和准确性。

图 3-54 Riablo 生物反馈医疗设备

资料来源：CoRehab公司官网，https://www.corehab.it/it/

还有些可穿戴设备对患者进行直接治疗，如Hingh Health公司开发的Enso（图3-55），是一种能提供高频脉冲的、非侵入性神经电刺激的设备，可用于长效缓解疼痛、减少药物依赖、改善身体机能。它通过平板电脑和可穿戴传感器，为用户提供运动治疗课程，帮助患者调整运动情况，减轻慢性疼痛。

图 3-55　Enso

资料来源：Hinge Health 公司官网，help@hingehealth.com

第七节　学习能力评估与训练

学习能力是指以快捷、有效的方式获取准确知识、信息，并将新知识融入已有的知识体系，转化为自身经验的能力。其结构大致可以划分为三个层次：一是先天遗传的生理素质，二是后天习得的经验，三是知识内化的速度。学习能力是素质教育中最核心的部分，是儿童接受外部世界，吸纳外部信息，适应环境的根本能力。

在《能力的内涵》一文中，将能力划分为学习能力、执行能力与专业知识三类。学习能力是学习的方法与技巧（并非是学到什么东西），以此获得、形成专业知识，而学习到如何执行的方法与技巧，就形成执行能力，所以可以说学习能力是所有能力的基础。

我们所讲的"学习困难"一般是指由于读写障碍、多动症及阿斯伯格综合征等所产生的学习能力低落、注意力不集中、肢体协调不佳，以致缺乏社交能力等的具体表现。学习困难是多种因素综合作用的结果，既有个人生理、心理方面的因素，也有家庭、社会等环境因素[58]。一般表现为认知和特殊学习技能方面的困难，如语言理解障碍、语言表达障碍、注意力集中困难、书写困难、视空间障碍、阅读障碍等。

一、学习能力评估工具

在学习能力评估方面，其评估工具不仅有智力测验，还包括一些成就测验。国外的智力测验量表，如韦氏幼儿智力量表、斯坦福-比内智力量表等均被广泛使用，作为诊断的辅助测验，上述所提量表已在本章第三节做了详细介绍，可供参考。适合特殊儿童进行测验的工具也已出现，如希-内学习能力倾向测验（Hiskey-Nebraska Test of Learning Aptitude，H-NTLA）、皮博迪个人成就测验（PLAT-R）（除视障外均适用），国内也已经有专门为听觉障碍儿童设计开发的数学、语文的学业成就测验，为教学活动等提供参考，以下将对这些量表做详细介绍。

（一）国外评估工具

1. 皮博迪个人成就测验

开发者：邓恩(Dunn)和马克沃特(Markwardt)开发(1998年)，后继续由马克沃特修订。

测验目的：用于评估数学、阅读、拼写以及在学校里学到的一般知识。

适用对象：3—22岁人群。

施测方式：个别测验或团体测验皆可。

内容概述：皮博迪个人成就测验(Peabody Individual Achievement Test，PIAT)包含对数学、字词识别、阅读理解、拼写、一般知识五个方面的分测验。数学测验由84道多重选择题构成，用于测定由简单到复杂不同层次和水平的数学知识和技能；字词识别由84道难易不等的题目构成，用于测定匹配字母、辨认大小写字母、识字等基本的阅读技能；阅读理解由66道多重选择题构成，用于测定阅读理解水平；拼写由84道题目构成，主要用于测试正确拼读的能力；一般知识由84道口答题构成，用于测定社会科学、自然科学、体育、美术等方面的知识水平。

应用评价：该测验适用于学习障碍、行为障碍、轻度弱智、听觉障碍、运动障碍等，不适用于视觉障碍，具有较好的信度，效度有待验证和提高，建有修订后版本的常模。

2. 韦氏个人成就测验第3版(WIAT-Ⅲ)

开发者：韦克斯勒(David Wechsler)。

测验目的：评估个体学业上的优势与弱势。

适用对象：5—50岁11个月人群。

施测方式：个别测验的常模参照测验。

内容概述：韦氏个人成就测验第3版(Wechsler Individual Achievement Test-Ⅲ，WIAT-Ⅲ)包括16个分测验，具体为听力理解、口语表达、早期阅读技能、读单词、假字解码、阅读理解、朗读流畅度、字母书写流畅度、拼写、句子写作、短文写作、数学问题解决、数字运算、数学运算流畅度(分为加法、减法、乘法)。不同水平的测试者的题目不同，若前3题有1题得0分，需要返回做前面的题目，连续4题0分则停止测验，原始分可转化为标准分、年龄当量、年级当量等。

应用评价：WIAT-Ⅲ的内容覆盖了美国2004年《障碍者教育促进法案》中的八个成就领域，可用于评估个体学业上的优势与弱势，但相关信效度数据较少。

3. 斯坦福诊断性数学测验第4版[59]

开发者：Beatty，Gardner等人。

测验目的：用于测验数学知识。

适用范围：学龄段儿童及青少年。

施测方式：个别施测。

内容概述：斯坦福诊断性数学测验第4版(Stanford Diagnostic Mathematics Test-4，SDMT-4)分六个水平等级，分别用红、橙、绿、紫、棕、蓝六种不同颜色标明，依次对应从低到高的年龄阶段，红色适用于一年级中期到二年级中期；橙色适用于二年级中期到三年级中期；绿色适用于三年级中期到四年级中期及学业成就低的五年级以上学生；紫色适用于四年级中期到六年级中期；棕色适用于六年级中期到八年级末期；蓝色适用于九年级中期到十二年级中期。

应用评价：测试有良好的信度，但缺少有关效度检验的数据；建有美国常模，但国内没有引入使用。

4. 斯坦福诊断性阅读测验第 4 版[60]

开发者：Karlsen、Madden 和 Gardner(1996 年)。

测验目的：测验阅读能力。

适用范围：学龄段儿童及青少年。

施测方式：个别施测。

内容概述：斯坦福诊断性阅读测验第 4 版(Stanford Diagnostic Reading Test - 4，SDRT - 4)测量阅读中的四个主要成分，即词汇、语音分析、理解和浏览。SDRT - 4 与 SDMT - 4 相同，分六个水平等级，分别用红、橙、绿、紫、棕、蓝六种不同颜色标明，依次对应从低到高的年龄阶段，红色适用于一年级中期到二年级期，橙色适用于二年级中期到三年级中期，绿色适用于三年级中期到四年级中期及学业成就低的五年级以上学生，紫色适用于四年级中期到六年级中期，棕色适用于六年级中期到八年级末期，蓝色适用于九年级中期到十二年级中期。前三个水平等级无复本，后三个水平有复本。

应用评价：测验信度较好，效度一般，有全国常模。

5. 希-内学习能力倾向测验

开发者：美国内布拉斯大学希斯基(M. Hiskey)教授开发，中国版由曲成毅等人开发，旨在评估听觉障碍儿童智力。

适用人群：3—17 岁的儿童或青少年。指导语分手势语和口语两种，分别适用于听力障碍儿童或青少年和普通儿童或青少年。

测试形式：个别测验。

内容概述：中国修订版包括 12 个分测验，测试内容如表 3 - 6 所示，测试时间为 45—50 分钟[61]。

应用评价：希-内学习能力倾向测验(Hiskey-Nebraska Test of Learning Aptitude，H - NTLA)是国内引进的第一套专门为听障人士开发的智力测验。测验所用材料非文字，容易引起测试者的兴趣，是目前用于评估听障儿童或青少年智力水平最好的量表之一。该测验已全国范围抽样，制定有标准化的听障儿童常模，适合在我国听障儿童中使用。

表 3 - 6　希-内学习能力倾向测验主要内容

分测验项目	具体测量内容
穿珠	随意穿珠子、参照模式穿珠子、记忆模式穿珠子
记颜色	拿出与所呈现颜色相同的颜色条
辨认图画	找出与所出示的图画一样的图片
看图联想	找出与所出示的图画相匹配的图片
折纸	重复做过的一系列折纸动作
短期视觉记忆	从很多图片中找出与刚出示的图画一样的图片
摆方木	用九块方木摆出与所出示图案一样的模型
完成图画	补画图片中缺少的部分

续 表

分测验项目	具体测量内容
记数字	摆出与所出示的数字顺序一样的顺序
迷方	将大小不等的若干红色小木块摆成大的方木块
图画类同	类比推理,从每套(五张)图片中选择一张合适的图片放在空白处
空间推理	找出能组成目标图案的那组几何图形

(二) 国内评估工具

1. 听觉障碍学生数学能力测验

开发者:由林宝贵、李如鹏开发(1996年)。

测验目的:了解听觉障碍学生的数学能力。

适用范围:适用于小学一年级至初中三年级的听障学生(6—15岁)。

施测方式:个体测验。

内容概述:听觉障碍学生数学能力测验包含四大领域:数与量(整数、小数、百分数、分数、比、比率及十进位法)、测量(时间、面积、体积、质量、长度、容积、量具和单位)、几何(平面几何、立体几何、坐标系)、统计图表(数据处理)。

应用评价:旨在了解听觉障碍学生的数学能力,为招生、安置、编班、分组、设计补救教学方案及编写教材提供参考。该量表已有我国台湾地区小学一至六年级学生的百分等级和 T 分数常模。

2. 听觉障碍学生语文能力测验

开发者:由林宝贵、李如鹏开发(1996年)。

测验目的:了解听觉障碍学生的语文能力。

适用范围:适用于小学一年级至初中三年级的听障学生(6—15岁)。

施测方式:个体测验。

内容概述:听觉障碍学生语文能力测验包含听、说、读、写四大领域,共分为图配字、注音、字形字义辨别、选词、语法、阅读理解六个分测验。

应用评价:旨在了解听障学生的语文能力,为招生、安置、编班、分组及设计补救教学方案及编写教材提供参考。建有我国台湾地区小学至初中学生的百分等级和 T 分数常模。

二、学习能力相关设备

儿童学习困难问题不仅与其认知能力、语言能力有关,注意力、观察力等也是学习困难的重要因素,这些往往划分到认知训练的部分,即本章第四节的相关设备可供参考。目前,行业中专门的针对儿童学习困难的相关训练设备较少,以下简要介绍几种设备和辅具。

(一) 相关设备

1. 主题教育系统

产品性能:主题教育系统(图3-56)用于培养使用者的语句理解和表达能力,培养主动交流意识,提高口语交流水平,促进思维发展的集体康复教育系统。为使用者叙述和交流创造真实贴切的情景,为教育者提供丰富的故事教育资源。主题教育系统的素材库分六大类,即小故

图 3-56 主题教育系统

资料来源：美 COGNI 中国代表处：广州三康医疗设备有限公司网页，http://www.gz-sk.cn/

事、成语故事、童话故事、中文童谣、中文儿歌、猜猜看，内置的教育素材超过 200 小时。

基本特点：一是能够围绕主题组织词语学习材料、帮助使用者进行词语交流训练；二是主题教育系统提供丰富有趣的图片以及适应词语、词组、句子水平提问，并提供与学习、技能相关的游戏，提高学习兴趣，促进学习积极性；三是多通道全方位刺激性教育模式，教育效果显著；四是主题教育系统故事取材贴近生活，有利于使用者的拓展运用。

适用范围：适用于智力发育迟缓、孤独症、多动症、唐氏综合征、情绪与行为障碍、脑性瘫痪、语言发育迟缓、听力障碍、学习障碍、认知障碍、感知觉障碍等人群。

2. ABCya Games 系统

产品性能：ABCya Games 系统（图 3-57）提供有趣的教育游戏，自 2004 年以来，ABCya

图 3-57 ABCya Games 系统

资料来源：IXL Learning 公司官网，https://www.abcya.com/

已经为学前班至小学六年级的学生创建了400多个教育计算机游戏和应用程序。除了专注于数学和语言艺术外,ABCya还涵盖了科学和传统节日等主题,并提供有趣的活动,帮助学生/使用者提高打字技巧甚至创建动画。

适用范围:阅读障碍、写作障碍、数学障碍等人群。

(二)辅具

学习能力康复辅具主要是根据不同种类特殊儿童的特点用来帮助和引导他们进行学习,提高学习能力的辅具,强调学习氛围的创设、学习过程的辅助及学习能力的提升。近年来,国内针对视听障碍儿童阅读辅具的研究较多,针对学习困难、阅读障碍儿童而设计的学习辅具较少。

1. 视障学习辅具

对于视障儿童,可以使用视障辅助器具改善或代偿视觉功能,提升视觉障碍儿童的学习能力。视障辅助器具可分为视觉性和非视觉性两大类。视觉性助视器包括光学助视器、电子助视器等。光学助视器是较为常见的,如手持式放大镜、立式放大镜等,此类器具携带方便、价格低,为轻度视觉障碍人群常用此类辅具(图3-58);电子助视器是电子视觉装置,将阅读的文件、图片、物品通过摄像头传送至显示器,可分为手持式、台式以及远近两用式等。视障儿童还可使用非视觉助视器以替代视觉功能,如点显器、有声读物和读屏软件等(图3-59)。

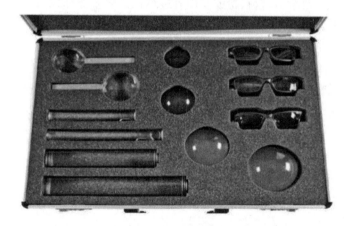

图3-58 轻度视力障碍阅读用适配箱

资料来源:杭州瑞杰珑科技有限公司官网,https://www.rejointech.cn

图3-59 智能助视阅读一体机

资料来源:Humanware 官网,https://store.humanware.com/

2. 听障学习辅具

对于听障儿童,学习辅具能够帮助他们弥补由于听力缺损造成的学习困难。常见的听障学习辅具有调频系统、助听器、感应线圈系统和各种电脑沟通系统。在学习障碍应用软件方面,华为基于AI技术开发的StorySign应用软件可将照片中的文字翻译成手语,帮助听障儿童学习、阅读(图3-60)。

图 3-60　华为基于 AI 技术开发的 StorySign 应用软件

资料来源：华为公司官网 https://www.huawei.com/cn/technology-insights/industry-insights/technology/ai

参 考 文 献

[1] 全国残疾人康复和专用设备标准化技术委员会.康复辅助器具 分类和术语：GB/T 16432—2016[S].北京：中国标准出版社,2016.

[2] 杜晓新,黄昭鸣.教育康复学导论[M].北京：北京大学出版社,2018.

[3] 卜行宽.介绍《世界听力报告》[J].听力学及言语疾病杂志,2021,29(2)：123-124.

[4] 杨奉玲,郑芸.常用的婴幼儿听觉功能评估工具[J].临床耳鼻咽喉头颈外科杂志,2020,34(11)：1045-1048.

[5] LEVY C C, RODIGUES - SATO L C. Questionnaire Validation — PEACH on Brazilian Portuguese[J]. Codas. 2016, 28(3)：205-211.

[6] QUAR T K, CHING T Y C, MUKARI S Z, NEWALL P. Parents' Evaluation of Aural/Oral Performance of Children (PEACH) Scale in the Malay Language：Data for Normal-Hearing Children[J]. International Journal of Audiology, 2012, 51(4)：326-333.

[7] 伍丽东,李健鸿,黄妍.家长/教师助听器效果评估问卷在听障儿童助听器验配中的应用[J].中国听力语言康复科学杂志,2009(5)：4.

[8] 宋湘竹,吴同文.ZODIAC 901 中耳分析仪基本原理及维修[J].医疗卫生装备,2003(8)：68-69.

[9] 阚赪,刘辉,傅新星,等.听觉皮层诱发电位对语后聋人工耳蜗植入效果的评估[J].临床耳鼻咽喉头颈外科杂志,2013,27(19)：1068-1072.

[10] 赵应会.耳声发射在新生儿听力筛查中的应用[J].中国医药导报,2011,8(13)：149-150.

[11] 王勤,时富枝.耳声发射仪在新生儿听力筛查中的应用[C]//河南省妇产科护理风险管理研讨班暨学术会议论文集.[出版者不详],2008：111.

[12] 张红.我国听力辅助器具相关标准现状与进展[J].中国听力语言康复科学杂志,2020,18(6)：409-411.

[13] 冯定香,曾高滢,张峰.全球助听技术的应用现状和发展[J].中国听力语言康复科学杂志,2011,6(6)：69-71.

[14] 宋炳楠,蔡超,李永新.人工中耳发展技术[J].国际耳鼻喉头颈外科杂志,2008,32(6)：348-350.

[15] 吴皓,贾欢.关注人工听觉脑干植入[J].中华医学杂志,2021,101(2)：92-96.

[16] 马小玲,刘训,张思幸,等.国内助听器的现状调研与发展分析[J].中央民族大学学报(自然科学版),2014,23(1)：39-43.

[17] DEMPSEY, JAMES J. Computer-Assisted Tracking Simulation (CATS)[J]. The Journal of the Acoustical Society of America, 1992, 92(2)：701-710.

[18] FU Q J, GALVIN J J. Computer-Assisted Speech Training for Cochlear Implant Patients：Feasibility, Outcomes, and Future Directions[J]. Seminars in Hearing 2007, 28(2)：10.

[19] SWEETOW R W, SABES J H. The Need for and Development of an Adaptive Listening and Communication Enhancement (LACE™) Program[J]. Journal of the American Academy of Audiology. 2006, 17(8): 538-558.

[20] 孙喜斌,梁巍,晁欣,等.计算机导航-聋儿听觉评估学习系统应用[J].中国临床康复,2002(21):3180.

[21] 刘海红,陈雪清,陈安宇,等.儿童听力言语康复分类训练及评估的汉语视听系统软件开发[J].听力学及言语疾病杂志,2007(3):223-225.

[22] 武文芳,王榕,胡前川,等.基于网络的汉语听力康复训练系统[J].北京生物医学工程,2018,37(1):86-90.

[23] 潘慧,陈雪清,徐天秋,等.基于MATLAB图形用户界面的听觉言语康复效果评估系统设计[J].听力学及言语疾病杂志,2019,27(6):646-650.

[24] HIRANO M. Psycho-Acoustic Evaluation of Voice[M]//ARNOLD G E, WINCKEL F, WYKE B D. Clinical Examination of Voice. New York: Springer-Verlag, 1981: 81-84.

[25] GILLAM R B, LOGAN K J, PEARSON N A. Test of Childhood Stuttering (TOCS). PRO-Ed, 2009.

[26] KIM HA-KYUNG,黄昭鸣,曹艳静,等.口吃的定义与评估[J].中国听力语言康复科学杂志,2013(5):364,387-390.

[27] PEPPE S, MCCANN J. Assessing Intonation and Prosody in Children with Atypical Language Development: The PEPS—C Test and the Revised Version[J]. Clinical Linguistics & Phonetics, 2003, 17(4/5): 345-354.

[28] RAMSAY M, MARTEL C, PORPORINOM, et al. The Montreal Children's Hospital Feeding Scale: A Brief Bilingual Screening Tool for Identifying Feeding Problems[J]. Paediatrics & Child Health, 2011, 16(3): e147-e157.

[29] BRAUN M A, PALMER M M. A Pilot Study of Oralmotor Dysfunction in "at-risk" Infants[J]. Phys Occup Ther Pediatr, 1985, 5(4): 13-26.

[30] SHEPPARD J, HOCHMAN R, BAER C. The Dysphagia Disorder Survey: Validation of an Assessment for Swallowing and Feeding Function in Developmental Disability[J]. Research in Developmental Disabilities, 2014, 35(5): 929-942.

[31] 王家应,万勤,高少华,等.基于多种情境的澳大利亚音声障碍儿童言语可懂度评估工具介绍及启示[J].听力学及言语疾病杂志,2020,28(4):440-444.

[32] 卢红云,黄昭鸣,周红省.特校言语康复专用仪器设备配置标准解读[J].现代特殊教育,2010(6):31-34.

[33] KEWLEYPORT D, WATSON C S, ELBERT M, DEVANE G. The Indiana Speech Training Aid (ISTRA)[J]. The Journal of the Acoustical Society of America, 1988, 84(Suppl 1): S42.

[34] 全国残疾人康复和专用设备标准化技术委员会.康复辅助器具 分类和术语:GB/T 16432—2016[S].北京:中国标准出版社,2016.

[35] 郭萌.腭托在运动性构音障碍患者中的应用研究[C]//第七届北京国际康复论坛论文集(下册).[出版者不详],2012:166-169.

[36] 李阳,王立,冯亦军,等.基于谱减法的变频电子喉语音增强方法对比研究[J].北京生物医学工程,2016,35(2):137-142.

[37] 北京航空航天大学,国家康复辅具研究中心.指压式基频调节电子人工喉:CN200910090549.3[P].2011-03-30.

[38] 王辉.特殊儿童教育诊断与评估[M].3版.南京:南京大学出版社.2018.

[39] 李仕萍,凌卫新,陈卓铭,等.语言障碍诊断系统的设计及实现[J].计算机工程与应用,2004(30):191-193.

[40] 李丹,瞿佳敏,何欣怡,等.语音生成设备干预自闭症儿童需求表达的研究综述[J].绥化学院学报,2021,41(1):82-85.

[41] 张厚粲,王晓平.瑞文标准推理测验在我国的修订[J].心理学报,1989(2):113-121.

[42] 张厚粲. 韦氏儿童智力量表第四版(WISC-IV)中文版的修订[J]. 心理科学,2009,32(5):1177-1179.
[43] 付锦霞,赵雪,荆伟. Das-Nagliei 认知评估系统及其评估干预中的应用[J]. 现代特殊教育,2021(8):71-80.
[44] DAS J P. A Better Look at Intelligence[J]. Current Directions in Psychological Science,2002(1):28-33.
[45] BARKLEY R. Attention Deficit Hyperactivity Disorder:A Handbook for Diagnosis and Treatment[M]. 3rd ed. NewYork:The Guilford Press,2006:770.
[46] 杜晓新,王小慧. 《上海市区 6 至 9 岁儿童五项认知能力团体测验量表》编制报告[J]. 心理科学,2001,24(3):348-349.
[47] 常辛欣,房芳,何永生. 计算机辅助认知康复训练治疗脑卒中后认知功能障碍的研究进展[J]. 神经疾病与精神卫生,2017,17(3):212-215.
[48] 张立松,何侃,赵艳霞,等. 情绪和行为障碍儿童筛查与评估工具评析[J]. 中国特殊教育,2015(2):65-71.
[49] STOUTJESDIJK R,SCHOLTE E M,SWAAB H. Special Needs Characteristics of Children with Emotional and Behavioral Disorders That Affect Inclusion in Regular Education[J]. Journal of Emotional and Behavioral Disorders,2012,20(2):92-104.
[50] SIMPSON R L,PETERSON R L,SMITH C R. Critical Educational Program Components for Students with Emotional and Behavioral Disorders:Science,Policy,and Practice[J]. Remedial and Special Education,2010,32(3):230-242.
[51] 鲁明辉,雷浩,宿淑华,等. 自闭症谱系障碍儿童感觉异常与情绪行为问题的关系研究[J]. 中国特殊教育,2018(4):60-65.
[52] 张梁,郭文斌,王庭照. 文兰适应行为量表的发展及应用[J]. 现代特殊教育,2017(22):24-31+38.
[53] 陈佳英,魏梅,何琳,等. 上海市 Denver Ⅱ 发育筛查量表适应性研究[J]. 中国儿童保健杂志,2008(04):393-394.
[54] 刘作军,许长寿,陈玲玲,等. 智能假肢膝关节的研发要点及其研究进展综述[J]. 包装工程,42(10):11.
[55] 陈树耿,贾杰. 脑机接口在脑卒中手功能康复中的应用进展[J]. 中国康复理论与实践,2017,23(1):23-26.
[56] 程明,任宇鹏,高小榕,等. 脑电信号控制康复机器人的关键技术[J]. 机器人技术与应用,2003(4):45-48.
[57] 蒋勤,张毅,谢志荣. 脑机接口在康复医疗领域的应用研究综述[J]. 重庆邮电大学学报(自然科学版),2021,33(4):562-570.
[58] 刘万玲. 学习困难研究综述[J]. 教育探索,2005(12):93-94.
[59] LICHTENBERGER E O. Stanford Diagnostic Mathematics Test,Fourth Edition(SDMT4)[M/OL]. (2014-02-07)[2022-12-28]. https://onlinelibrary.wiley.com/doi/full/10.1002/9781118660584.ese2280.
[60] LICHTENBERGER E O. Stanford Diagnostic Reading Test - Fourth Edition[M]. John Wiley & Sons,Inc. 2008.
[61] 曲成毅,孙喜斌,张佩瑛. 希-内学习能力测验(H-NTLA)中国聋人常模[J]. 中国临床心理学杂志,1996,4(4):202-205.

第四章
教育康复行业创业准备

> 【本章教学目标】
> 1. 了解创业计划书撰写的基本要求和相关的财务知识。
> 2. 掌握行业分析的几种通用方法。
> 3. 了解社会组织和社会企业的基本管理知识。

残障儿童康复服务是一件关乎人民生命权利和生存质量的大事,本章站在创业管理学角度,阐述了创业管理的基本原则,介绍了创业计划书、行业分析方法、创业实体形态和财务规划的基础知识,以期提高教育康复行业的创业成功率,为残障儿童康复服务行业持续发展提供原创动力。

第一节 创业计划书基本要求

创办企业或举办康复机构是促进残障儿童康复服务行业持续发展的重要环节。在创办企业或举办康复机构前必须进行项目的分析和策划,拟写创业计划书。本节参照上海市大学生科技创业基金创业计划书样本,详细介绍创业计划书的书写要求及基本方法。

创业计划书是根据自身项目的实际情况尽可能详细地陈述各方面的情况,侧重于陈述以下几个方面的内容:

(1) 项目概况:项目名称、启动时间、主要产品/服务、目前进展等。
(2) 主要管理者:姓名、性别、学历、毕业院校、毕业时间、主要经历等。
(3) 研究与开发:已有的技术成果及技术水平、研发队伍技术水平、竞争力及对外合作情况、已经投入的经费及今后投入计划等。
(4) 行业及市场:行业历史与前景、市场规模及发展趋势、行业竞争对手及本项目竞争优势等。
(5) 营销策略:在价格、促销、建立销售网络等各方面拟采取的措施等。
(6) 产品生产:生产方式、生产工艺、质量控制等。
(7) 财务计划:资金需求量、详细使用计划、未来三年的财务预测和投资者回报等。
(8) 风险及对策:项目实施过程中可能遇到的各种风险及其相应的管控措施等。

一、项目概况

项目概况方面,包括以下内容:

(1) 项目名称：在实际操作中，需要进行企业查名或项目查名，避免侵权或重名。
(2) 启动时间：项目策划与项目启动之间存在一个时间差，可以视作项目的准备时间。
(3) 准备注册资本：根据国家鼓励创业的最新政策，注册资本可以暂缓到位。
(4) 项目进展：说明自项目启动以来至目前的进展情况。
(5) 主要股东：列表说明目前股东的名称、出资额、出资形式、单位和联系电话。
(6) 组织机构：用组织架构图来展示公司的管理结构。
(7) 主要业务：准备经营的主要业务。
(8) 盈利模式：详细说明本项目的商业模式。
(9) 未来三年的发展战略和经营目标：行业地位、销售收入、市场占有率、产品品牌等。

二、主要管理者

主要管理者方面，主要包括以下内容：
(1) 成立公司的董事会：董事成员、姓名、职务、工作单位和联系电话。
(2) 高管层简介：董事长、总经理、主要技术负责人、主要营销负责人、主要财务负责人，写明上述各人员的姓名、性别、年龄、学历、专业、职称、毕业院校、联系电话、主要经历和业绩，并简要说明在本行业内的管理经验和成功案例。
(3) 激励和约束机制：公司对管理层及关键人员将采取的激励机制和奖励措施。

三、研究与开发

研究与开发方面，主要包括以下内容：
(1) 项目的研发成果及客观评价：产品是否经国际、国内各级行业权威部门或机构的鉴定。
(2) 主要技术竞争对手：项目在技术与产品研发方面的国内外竞争对手及竞争情况，项目为提高竞争力所采取的措施。
(3) 研发计划：请说明为保证产品性能、产品升级换代并保持技术的先进水平，项目的研发重点、正在或未来三年内拟研发的新技术、新产品。
(4) 研发投入：截至目前项目在技术研发方面的资金总投入，计划再投入的研发资金，列表说明每年购置研发设备、材料、工模具、员工费用以及与研发有关的其他费用。
(5) 技术资源和合作：项目现有技术资源以及技术储备情况，是否寻求技术开发依托和合作，如大专院校、科研院所等，若有请说明合作方式。
(6) 技术保密和激励措施：说明项目采取的技术保密措施、激励机制，以确保项目技术的安全性和关键技术人员/技术队伍的稳定性。

四、行业及市场

行业及市场方面，主要包括以下内容：
(1) 行业状况：发展历史及现状，对产品利润、利润率影响较大的行业变化，进入该行业的技术壁垒、贸易壁垒、政策导向和限制等。
(2) 市场前景与预测：全行业销售发展预测并注明资料来源或依据。
(3) 目标市场：对产品/服务所面向的主要用户种类进行详细说明。
(4) 主要竞争对手：说明行业内主要竞争对手的情况，主要描述在主要销售市场中的竞争对手及其所占市场份额,分析自身的竞争优势和竞争劣势。
(5) 市场壁垒:说明市场销售有无行业管制,产品进入市场的困难及对策。
(6) SWOT 分析:产品/服务与竞争者相比的优势与劣势,面临的机会与威胁。
(7) 销售预测:预测公司未来三年的销售收入和市场份额。

五、营销策略

销售策略方面,主要包括以下内容:
(1) 价格策略:销售成本的构成,销售价格的制定依据和折扣政策。
(2) 行销策略:说明在建立销售网络、销售渠道、广告促销、设立代理商、分销商和售后服务方面的策略与实施办法。
(3) 激励机制:说明建立一支素质良好的销售队伍的策略与办法,阐述对销售人员采取的激励和约束机制。

六、产品生产

产品生产方面,主要包括以下内容:
(1) 产品生产:产品的生产方式、生产规模、生产场地、工艺流程、生产设备、质量管理、原材料采购及库存管理等。
(2) 生产人员配备及管理。

七、财务计划

财务计划方面,主要包括以下内容:
(1) 股权融资数量和权益:希望 PE 基金参股本项目的数量,其他资金来源和额度,各投资参与者在公司中所占的权益。
(2) 资金用途和使用计划:列表说明融资后项目实施计划,包括资金投入进度、效果和起止时间等。
(3) 投资回报:说明融资后未来三年平均年投资回报率及有关依据。
(4) 财务预测:提供融资后未来三年项目预测的资产负债表、损益表、现金流量表,并说明财务预测数据编制的依据。

八、风险及对策

风险及对策方面,主要包括以下内容:
(1) 主要风险:详细说明项目实施过程中可能遇到的政策风险、研发风险、经营管理风险、市场风险、生产风险、财务风险、汇率风险、对项目关键人员依赖的风险等。
(2) 风险对策:针对主要风险,说明相应的控制和防范对策。

第二节 行业分析方法

本节以 2016 年华东师范大学教育康复学专业学生创业团队荣获"创青春"全国大学生创业大赛第十届"挑战杯"大学生创业计划竞赛铜奖作品的项目书《基于人机交互的孤独症儿童教育康复解决方案》(详见第五章第二节创业计划案例)为主要内容素材,介绍行业分析的各种方法。

华东师范大学兰谷教育创业团队致力于将机器人应用于孤独症康复训练的课程研发。产品具有独创性和先行性,专业为孤独症康复机构提供最具个性、高效、优质的课程体系,为孤独症儿童的康复与教育提供了一个新颖有效的途径。

一、宏观环境 PEST 分析

一般来说,宏观环境可以概括为以下四类:政治和法律因素(Political and law factors)、经济因素(Economical factors)、社会和文化因素(Social and cultural factors)和技术因素(Technological factors)。所以,宏观环境分析也会被称为 PEST 分析,其分析汇总如图 4-1 所示。

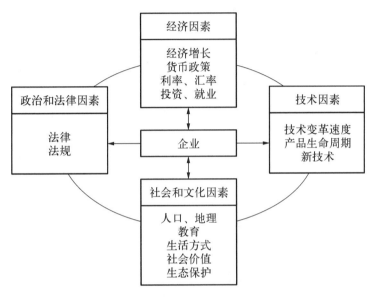

图 4-1 PEST 分析图

案例:"基于人机交互的孤独症儿童教育康复解决方案"项目书 PEST 分析

"基于人机交互的孤独症儿童教育康复解决方案"项目书的 PEST 分析详见表 4-1。

表 4-1 "基于人机交互的孤独症儿童教育康复解决方案"项目书 PEST 分析

政治和法律因素	经济因素
政府从 2006 年起密集出台了一系列和特殊教育相关的政策,国家和社会对特殊人群的关注度和扶持力度持续上升。 国务院于 2015 年提到"互联网+"人工智能概念,表示将加快人工智能核心技术突破,培育发展人工智能新兴产业,推进智能产品创新,提升终端产品智能化水平。 **社会和文化因素** 目前孤独症康复服务中存在许多问题,如庞大的康复需求、难以信服的治疗效果等; 孤独症康复专业人员数量缺乏,流动性大; 机器人参与的孤独症康复技术成为研究热点; 社会对孤独症儿童的关注度不断提升。	各地政府和残联采用政府购买康复服务的形式为孤独症家庭提供康复服务,为孤独症康复机构提供了大量的资金支持。 我国经济发展呈现良好态势,人均收入水平不断提高,对孤独症儿童康复所投入的资金更加充足。 **技术因素** 领先的孤独症教育康复技术; NAO 平台的编程技术支持; 实验取得良好成效,机器人能够快速提高孤独症儿童的社交沟通能力,明显改善其专注水平及行为能力。

二、产品生命周期分析

竞争战略之父迈克尔·波特（Michael Porter）采用了如下对产业的定义：产业是由一群生产相似替代品的公司组成的。波特认为，产业生命周期是预测产业演变过程的重要依据。产业一般分为四个阶段：导入期、成长期、成熟期和衰退期，这些阶段以产业销售额增长率曲线的拐点划分，呈现出 S 形，如图 4-2 所示。

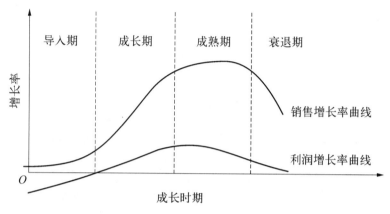

图 4-2 产业生命周期

在导入期，产品用户很少，只有高收入用户会尝试新的产品，企业的竞争对手也很少，企业自身的规模会比较小，战略是争取成为"领头羊"，有着先发优势，这一阶段的经营风险也较高。

在成长期，该产业的产品销量节节攀升，产品销售群扩大，由于需求大于供应，此时产品的价格最高，企业战略目标是争取最大的市场份额，但企业间竞争激烈，市场的不确定性也会增加。

产业进入成熟期（高峰期）的标志是竞争者之间出现挑衅性的价格竞争，产业出现局部生产能力过剩，企业经营战略会转向巩固市场份额同时提高投资报酬率，这一阶段的经营风险降低，之前阶段的高风险因素消除。

产业进入衰退期后，市场对性价比要求较高，各企业间的产品差别较小，产业易出现大范围的产能过剩。企业在该阶段的战略目标是防御，获得最后的现金流，并强调控制成本。

但是由于每个产业的不同，生命周期理论也不限于用于预测产业发展，更应通过产业的生命周期找到推动产业演变的因素。

案例："基于人机交互的孤独症儿童教育康复解决方案"项目书的产品生命周期分析

预测公司成立后，产品将处于导入期向成长期过渡的阶段。公司推出的基于人机交互的孤独症儿童康复解决方案，是将学术科研成果转化为市场产品的大胆尝试。经实验验证，能够快速提高孤独症儿童的社交沟通能力，明显改善其专注水平及行为能力。初期投入市场时，由于顾客对产品还不够了解，只有少数高收入用户尝试。因此考虑到市场潜力巨大，公司采取加大促销费用、加强宣传推广的策略。

在公司产品被多家康复机构迅速接受后，开始出现销量上升、市场扩大的趋势，与此同时竞争也开始出现。此时应改善产品质量，不断进行产品更新，增强产品的不可替代性。发挥科研基地的优势，保持专业性，并进行重点宣传，提高知名度，扩大市场占有率。

三、行业分析波特五力模型

波特在《竞争战略》中提出了产业结构分析的基本框架——五种竞争力分析,他认为在每个产业中,都存在如下五种基本的竞争力量,即潜在竞争者、替代品、购买者(需求端)、供应者(供给端)和现有竞争者之间的抗衡,尤其对于分析一个行业或者一家公司来说,理清其产业链或上下游即供需方就显得尤其重要,具体如图4-3所示。

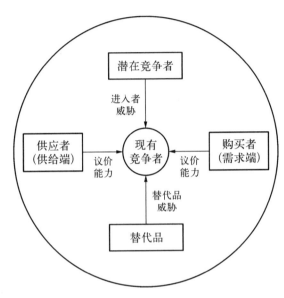

图4-3 波特五力模型图

案例:"基于人机交互的孤独症儿童教育康复解决方案"项目书的波特五力分析

(1) 潜在竞争者分析

当下,中国的康复医疗行业高度关注康复智能技术,尤其是对康复机器人和康复信息化的运用。强有力的政策支持使得大批高新技术类机构涌入该细分市场,给企业带来竞争对手。如科大讯飞公司,其目前正在现有业务高速增长的基础上,加大人工智能技术投入力度,发展教育业务。此外,该公司拟收购北京乐知行软件有限公司,完善其教育行业的产品线,加快教育产业布局。但是孤独症康复行业存在着较高的进入门槛。相对于科大讯飞来说,本项目团队拥有专业科研机构和华东师范大学教育学部的支持,负责开发课程的成员们具有专业的教育康复知识背景,孤独症教育康复理论知识扎实,康复实践能力强。另外,课程体系的专业性高,难以抄袭和复制。以上均能够有效地对该领域的潜在进入者形成一定的进入壁垒。

(2) 替代品分析

对于公司推出的基于人机交互的孤独症儿童康复解决方案来说,当下最主要的替代品是传统孤独症儿童教育康复课程,它是目前各类孤独症康复机构使用最为广泛的。但是它对从教人员的专业知识、专业素养以及实践能力的要求过高,过程枯燥烦琐,效率低,效果差,难以进行推广,造成目前专业康复资源的严重匮乏。

而本团队研发的孤独症儿童教育康复解决方案能够针对孤独症儿童存在的诸多问题,按照正常儿童能力发展的顺序,利用机器人对目标行为进行示范、辅助和强化,从而改善患儿情绪、行为等问题,提升其社会交往能力。康复师可根据患儿所在发育年龄阶段即可选出相应社会交往能力发展课程,相对于传统的课程来说,方案更加灵活、高效。另外,机器人编程的可复制性使得方案能够快速进行推广。经实验验证,方案比传统康复课程能够更有效地提高患儿的注意力与安静时间,改善康复效果,提高康复效率。因此,本项目研发的方案是传统康复课程无法替代的。

(3) 供应者分析

本公司主要产品是基于人机交互的孤独症儿童教育康复解决方案,属于完全的自主研发,所以该方面不存在供方议价问题。另外,本公司销售的 NAO 机器人是由法国 Aldebaran Robotics 公司研发的。目前超过 5 000 个 NAO 机器人已被全球 50 个国家和地区的 550 个顶尖高校和实验室购买作为研究工具,以开放式平台的方式应用于计算机科学、数学、物理、心理学、医疗和企业管理与营销等各个领域。虽然该公司已拥有了稳固的市场地位,供应商的议价能力较强,但我公司和该公司达成优惠策略一致意见,并现已取得该产品在大中华区的最高购买折扣,能够确保长期稳定合作。

(4) 购买者分析

基于人机交互的孤独症儿童教育康复解决方案 LAN Star 1.0 的目标客户群主要为民办康复机构、残联康复中心、特殊教育学校、民政福利院。据相关数据显示,目前我国能够提供孤独症康复服务的机构数量已经超过 5 000 个。但是现有的康复机构大多是小作坊式的组织形态,缺乏专业的指导和资金支持,整体治疗效果不尽如人意;少数比较系统规范的康复机构使用的干预方法也是较为单一的。所以在现有的市场规模下,急需一种创新型的康复方法来提高孤独症患儿的治疗效果,而本公司推出的基于 NAO 机器人的康复课程能够有效改善现有的康复过程和结果,同时由于本团队在技术和专业上的核心优势,现有同类竞争者较少,所以购买者的议价能力较弱。

(5) 现有竞争者分析

兰谷教育团队是目前中国境内唯一有能力且致力于进行 NAO 机器人孤独症康复训练课程研发的团队。在现有企业中,值得一提的是于 2015 年进入公众视野的开源创客坊公司——"机器之心"特殊儿童康复计划,该公司希望能够利用 NAO 机器人来辅助孤独症儿童的康复成长,但是该团队缺乏完整的课程设计体系,缺少孤独症康复的背景,缺少专业的科研机构或实验室支持,至今未研发出可以用于市场的产品,竞争力较弱。

综上所述,本公司产品具有独创性和先行性,为孤独症儿童的康复教育提供了高效的解决方案。可预测,在产品投入市场后会收到大量正面积极的反馈,公司将会成为孤独症康复行业的领头羊。

四、产品分析波士顿矩阵

波士顿矩阵(BCG Matrix),又称市场增长率-相对市场份额矩阵,由美国著名的管理学家、波士顿咨询公司创始人布鲁斯·亨德森(Bruce Henderson)于 1970 年首创。波士顿矩阵认为一般决定产品结构的基本因素有两个:市场引力与企业实力。市场引力包括企业销售量(额)增长率、目标市场容量、竞争对手强弱及利润高低等。其中最主要的是反映市场引力的综合指标——销售增长率,这是决定企业产品结构是否合理的外在因素。如图 4-4 所示,圆圈面积大小就表示该业务或产品的收益占企业总收益的比重[6]。

高市场增长率、高市场占有率的业务为公司经营的明星业务,这类业务处于迅速增长的市场,具有较大的市场份额,企业也会在短期内优先供给资源,支持其发展;高市场增长率、低市场占有率的为问题业务,这类业务虽处于高增长率的市场当中,但通常处于最差的现金流状态,公司会采取选择性投资方式将其转变为明星业务,或者放弃投资使其退出业务组合;低市

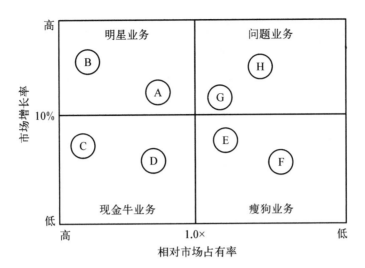

图 4-4 波士顿矩阵图

场增长率、高市场占有率的业务为公司的现金牛业务,这类业务处于成熟的低增长之中,能够为公司产生丰厚的现金流;低市场增长率、低市场占有率的业务为公司的瘦狗业务,业务处于饱和的市场当中,公司优先采取撤退战略,或将其纳入其他事业部统一管理。

该矩阵能够指出企业每个经营单位在竞争中的地位,帮助企业选择性地更加集中地安排资金的投放。

案例:"基于人机交互的孤独症儿童教育康复解决方案"项目书的波士顿矩阵分析

目前公司着力于研发针对孤独症康复机构的教育康复解决方案,包括核心产品——康复课程体系,预测投入市场后,属于波士顿矩阵中的明星业务,能够获得高市场增长率、高市场占有率;线上培训属于波士顿矩阵中的问题业务;机器人代理属于波士顿矩阵中的现金牛业务;而线下服务与培训则属于波士顿矩阵中的瘦狗业务。

对兰谷公司来说,针对康复机构的基于人机交互的孤独症儿童教育康复解决方案,在国内是首次提出,具有技术上的领先优势,因此公司应加大产品投入,将此类产品作为公司的明星业务来培养,促进产品升级更新,以继续保持技术上的领先地位。

五、SWOT 分析

SWOT 分析法是用来确定企业自身的竞争优势、竞争劣势、机会和威胁,从而将公司的战略与公司内部资源、外部环境有机地结合起来的一种科学的分析方法,其中 S(strengths)是优势,W(weaknesses)是劣势,O(opportunities)是机会,T(threats)是威胁。按照企业竞争战略的完整概念,战略应是一个企业"能够做的"(即组织的强项和弱项)和"可能做的"(即环境的机会和威胁)之间的有机组合,具体如图 4-5 所示。

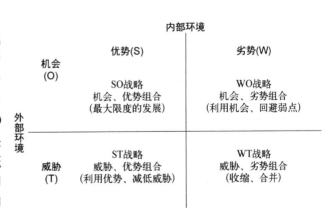

图 4-5 SWOT 分析

案例:"基于人机交互的孤独症儿童教育康复解决方案"项目书的 SWOT 分析

"基于人机交互的孤独症儿童教育康复解决方案"项目书的 SWOT 分析详见表 4-2。

表 4-2 "基于人机交互的孤独症儿童教育康复解决方案"项目书的 SWOT 分析

	优势(S)	劣势(W)
内部	① 团队具有教育康复、机器人编程、企业管理三方领域的学科背景,且拥有专业的技术顾问团队; ② 与华东师范大学言语听觉科学教育部重点实验室及法国 Aldebaran Robotics 公司均形成密切合作关系;首创融合了应用行为分析理论和人机交互技术的 ART 交互模型;首次将机器人技术与孤独症康复训练相结合,抢占了康复市场发展先机。	目前占据孤独症康复市场的是已被认可的传统康复技术,而我们的康复方法还未得到认可。
	机遇(O)	威胁(T)
外部	① 人工智能的发展大潮; ② 孤独症患者的人数在逐年增加; ③ 国家对残疾人康复领域有政策倾斜。	① 由于 NAO 平台的开放性,若不能及时更新换代,产品就会被他人模仿,失去市场份额; ② 很多人错误地认为与特殊儿童相关的事业就是慈善事业,这一观点对企业的宣传与推广造成阻碍。
战略	① 紧跟潮流,抓住时机,发扬优势,利用人工智能新技术在孤独症患儿的康复与教育领域开拓新天地; ② 学习在科技冲击中成功转型的企业案例,抓住时机开展课程设计,将具有普适性的课程建设完整,在此基础上发展个性化定制课程。	① 在利用自身优势的同时,不断学习最新的技术和知识,力求保持行业领先水平; ② 将产品不断完善,以此核心技术形成未来专业康复机器人; ③ 通过学术营销和技术营销,确立品牌形象; ④ 专注于实证研究和课程开发,提高产品效能; ⑤ 利用合作平台迅速打开市场,拓宽销售渠道。

基于上表的 SWOT 分析,认为本企业拥有突出的竞争优势,并且该领域目前在我国属于蓝海,面临的市场竞争压力较小。若能利用内部优势,紧抓人工智能的发展大潮,扬长避短,主要采取 SO 增长型战略,定能在孤独症患儿的康复与教育领域开辟出一片新天地。

六、市场容量分析

理清所在行业的市场规模及其历史数据和未来预测,比如《"十四五"残疾人保障和发展规划》中提出的产业规划和政策导向可以为梳理行业市场规模提供指引。了解公司所在的市场份额从而可以推算出公司的目标市场容量,这对预测公司未来的财务收入有着重要的作用。

案例:"基于人机交互的孤独症儿童教育康复解决方案"项目书的市场发展预测

近 20 年来,虽然大众对孤独症的认识有了显著提高,但孤独症康复仍是一个世界难题。我国对孤独症的研究起步晚,但值得欣喜的是,整个社会对孤独症的关注度逐步提高,国家和政府也给予了孤独症儿童越来越多的政策支持。

而目前,以计算机技术等为媒介的教育康复技术正逐渐发展为新兴的康复模式。它能够更好地将康复信息资源进行整合,有效解决师资匮乏的问题,同时保证康复训练的强度和全面性,提高康复训练的效率。可以估计,未来孤独症康复将更大程度地融合新兴技术,在提高自身效率的同时使自身专业技术得以迅速推广。

由于目前使用高新技术进行孤独症康复的市场基本为蓝海,基于公司初期发展战略,即前三年新增80家,即第一年新增20家,第二年新增20家,第三年新增40家的发展速度,可合理预测出本公司前三年的运营状况:第一年运营成本为42万元,营业收入为128万元,净亏损为24万元;第二年运营成本54万元,营业收入330万元,净利润113万元,达到收支平衡开始盈利;第三年运营成本669万元,营业收入400万元,预计净利润133万元。之后,随着公司投资研发阶段的基本完成,将不断刺激并培育孤独症康复行业市场,开发并占据细分市场份额50%以上,担任行业领头羊的角色。据此可预测,在公司发展的中期阶段,整个市场能够形成每年稳定营业收入,并保持30%左右的增长率。

第三节 社会组织和社会企业

我国自古就有爱护帮助残疾人的优良传统,社会媒体和公众话语对残疾人的境况一直都有关注,对残疾人抱有同情以及助人之心。因此,有许多社会爱心人士创立社会组织或是社会企业,以此作为开展残疾儿童康复服务和开发康复技术的平台,体现出很强的社会责任感。

目前,在教育康复领域,社会组织和社会企业的部分工作内容有重叠,社会组织和社会企业承担了类似工作,包括康复产品研发、儿童干预服务、组织家长培训、障碍评估测量等等。但是,这两类组织的经营形态、管理方式以及注册流程又存在很大差别,这是一个值得关注的现象。本节重点阐述有关社会组织与社会企业的基本概念、基础管理知识和可利用的资源,并介绍社会组织与社会企业的注册登记流程。

一、社会组织基本概念

社会组织的产生源于功能性群体的出现以及群体正式化的趋势。在社会的演进过程中,一方面,功能性群体自然演化成了正规的社会组织;另一方面,一些社会群体的正式化,也造就了组织的形式。在第一章第一节中,我们已用数据证明近十年来,各种类型的社会组织如雨后春笋般出现,社会影响力逐步提升,正在成为推动社会发展的重要力量。

民政部2018年公布了《社会组织登记管理条例(草案征求意见稿)》(以下简称"草案")[1],这是对现行社会组织管理领域的"三大条例"的更新。"三大条例"具体指的是《社会团体登记管理条例》[2](1998年10月25日公布,2016年2月6日修订)、《民办非企业单位登记管理暂行条例》[3](1998年10月25日公布)和《基金会管理条例》[4](2004年3月8日公布)。本次公布的"草案"实质涵盖了过去"三大条例"的内容。"草案"并未直接定义社会组织,但列举并明确了社会团体、基金会、社会服务机构(原民办非企业)这三种最常见的组织形式属于社会组织。截至2021年,地方各级残疾人专门协会已达1.5万个,其中省、地、县级各类残疾人专门协会已建比例分别为98.8%、97.5%和91.5%。全国助残社会组织达2 997个。[5]

(一)概念

社会组织在国内常常被称为非营利组织、民间组织、非政府组织(NGO)、公民社会组织(CSO)、第三部门、社会团体、人民团体、志愿组织等。一般来说,这些不同的称呼并没有什么实质上的区别,只是从不同角度强调了社会组织的某一方面的特性。

非政府组织被世界银行定义为:"从事解救苦难、促进穷人利益、保护环境、提供基本社会服务或承担社区发展任务等活动的私人组织。"社会组织是典型的以价值观为基础的组织,全部或部分依靠慈善捐赠和志愿服务。非营利性、非政府性、志愿性、自治性、组织性构成了非营利组织的五个典型特征[6]。其中,非营利性和非政府性被公认为是这类组织的基本特征。

(二)社会组织不得从事营利性经营活动

"草案"第四条明确规定了"社会团体不得从事营利性经营活动"[1]。同时,根据1995年的《关于社会团体开发经营活动有关问题的通知》,社会团体虽不得以自身名义从事营利性经营活动,但可以投资设立企业法人,也可以设立非法人的经营机构,来从事经营活动。

一直以来,社会团体、民办非企业、基金会禁止从事营利性经营活动却长期存在争议。一方面,对营利性活动的限制,可以帮助其实现更为有效的管理;另一方面,社会组织筹集资金相对困难,一些营利性活动有利于组织经营,且这方面的收入可在税收上和捐赠收入分开处理。另外,"营利性经营活动"的说法本身存在模糊性,在"草案"中也并未具体界定。参考《中华人民共和国公务员法》的解释,营利性活动的界定有两点:一是以营利为目的,二是收入在成员中进行分配[7]。那么,社会组织为自身发展而进行的经营活动,按理应该不以营利为目的,但如何界定收益分配或分红的问题,则是相对模糊的,因为社会组织的支出中,有一部分就是人员工资。

(三)社会组织的重要性

人民对美好生活的向往与不平衡不充分发展之间的矛盾成为当前社会主要矛盾。要满足人民对美好生活的需要,关键是提供更多更好的优质服务。社会组织正日益成为各类服务提供的重要力量,尤其是逐步成为新增服务领域的主力军。推动社会组织成为新增服务领域主力军的是连续多年推行的政府职能转变和政府购买服务。

基于政府职能转变和服务型政府建设,政府向社会组织购买服务已经成为政府创新服务提供的重要渠道和有效方式。目前全国各级政府几乎普遍建立向社会组织购买服务的相关制度,购买服务资金规模、购买服务项目类型、受益人群都持续扩大。很多地方设立购买服务专项资金或社会建设专项资金,发布政府购买服务指导性目录,大力推动向社会组织购买服务。

(四)社会组织的作用

中央财政连续多年专项支持社会组织参与社会服务,主要以扶老助老服务、关爱儿童服务、扶残助残服务、社会工作服务等为主要资助重点。社会组织参与、提供的服务主要分为基本公共服务和非基本公共服务,在教育、就业、医疗、社保、养老等基本公共服务领域,社会组织日益成为重要的服务提供者。在新增公共服务领域,社会组织则发挥了主力军作用。随着社会需求的不断增加,社会组织新增服务领域每年都在拓展和扩大,在帮教、助残、青少年、外来人口、环保、社会救助、法律援助、特殊人群服务、社会工作服务等多个领域不断扩大提供服务的广度和深度,已经成为不可或缺的主体力量。

(五)法律制度环境

在中国历史上就有结社的传统,这种情况可以追溯到先秦时代。传统的社团生活以"社会"和"庙会"为主,演变出各种特定目的的"会党""会馆"及"行会"等。在现代中国,《中华人民共和国宪法》第35条确认和保护公民的结社自由[8]。从20世纪80年代末开始,中国社会对非营利组织的态度由忽视转向默认,进而重视,提出了"监督、管理、培育、发展"并重的方针。同时,与社会组织管理相关的法律法规也在逐步建立和完善,形成了中国社会组织的基本法律框架:《基金会管理办法》(1988年)、《外国商会管理暂行规定》(1989年)、《社会团体登记管理条例》(1989年)、《社会团体登记管理条例》(1998年)、《民办非企业单位登记管理暂行条例》(1998年)、《中华人民共和国公益事业捐赠法》(1999年)、《中华人民共和国信托法》(2001年)、《基金会管理条例》(2004年)。

二、社会企业基本概念

随着公益理念的深入人心,"社会企业"(social enterprise)的概念与实践已经逐渐被人们所熟知。这一概念源于西方国家,一般认为社会企业的概念由经济合作与发展组织(OECD)于1994年在一份报告中首次提出。社会企业是指以优先追求社会效益为根本目标,持续用商业手段提供产品或服务,解决社会问题、创新公共服务供给,并取得可测量的社会成果的企业或社会组织[9]。2019年公布的《北京市社会企业认证方法(试行)》中对社会企业的定义为:"以优先追求社会效益为根本目标,持续用商业手段提供产品或服务,解决社会问题、创新公共服务供给,并取得可测量的社会成果的法人单位。"[10]。可见,将社会企业的概念聚焦化,是今后发展的趋势。

一方面,社会企业把社会效益放在第一位,以服务社会为明确目标,同时注重自身的商业造血能力,相对于传统的公益方式,有规模效应、可持续、可推广,并有孵化出多家从事各种社会业务的社会企业的可能。社会企业的社会公益性体现在其追求的不是利益最大化,而是解决社会问题、环境问题,以公益性社会服务为主要目标。社会企业也承担着社会使命,组织本身所从事的事业带有社会服务和社会福利的性质,范围涵盖扶贫、失业、残疾、教育、环保、治安、医疗等多个层面的社会问题。另一方面,社会企业通过其从事的经济活动为市场提供商品、服务,并增加其附加值,社会企业创造利润并通过资本积累扩大财富规模。且与社会组织不同,社会企业独立自主、自负盈亏并具有核心竞争力。总的来说,社会企业是介于传统非营利组织和传统商业组织间的连续体。

作为一个社会企业,行事的基础是认真倾听外部和内部环境——不仅要倾听商业伙伴和客户,而且要倾听一个组织影响到的和影响着该组织的社会各方的呼声。作为一个社会企业,还意味着要从自己的员工开始,对更广泛的社会生态系统进行投入。一个社会企业应寻求通过与利益相关方接触,并在战略上确定和追求它希望与各方保持的关系,来积极管理其在社会生态系统中的地位。

图4-6是中国社会企业与影响力投资论坛荣誉理事徐永光提出的社会企业"靶心理论",对商业企业进行了分层,制造社会问题和环境问题的企业是无良企业,属于0—2环,比如对水质、土壤和空气等生态环境造成污染的企业、造假售假企业、违背安全生产的企业。这些企业不择手段追求经济利益,对社会和生态环境造成巨大损害。

在6—7环的是基本做到依法纳税,承担社会责任,参与公益事业的责任企业。达到8环的是实施战略公益贯穿整个产业链的良心企业,比如互联网、高科技、环保、绿色农业、绿色食品企业,还有分享平台和经济平台企业。

达到9环的是在养老、教育、医疗、健康、文化、艺术、体育、儿童、残疾人就业等公共服务领域相近或者交集的社会企业。这类企业承担了部分政府实现社会民生建设需求的责任,用优质产品和服务满足社会需求,推动供给侧结构性改革。以满足社会刚需、解决社会痛点、精准解决社会问题作为自己的目标和使命的这些企业,就是10环的企业,是高标准、最经典的社会企业。"解决社会痛点"就是社会企业和影响力投资的靶心。目前,我国大量企业处于5环附

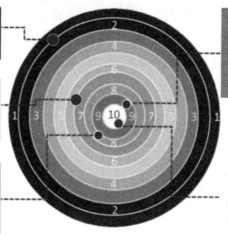

图 4-6 商业企业向社会企业的转变

近,应该以 10 环企业为典范,不断向高质、高标社会企业靠近[11]。

三、功能

社会组织与社会企业的功能存在相似与不同之处。社会组织满足社会需要,在解决社会问题、提供社会服务方面具有重要作用。从其基本性质出发,社会组织与社会企业具有集社会功能和经济功能于一体的双重功能性质。这种双重功能的性质一方面能缓解企业追求利润最大化引发的社会问题,另一方面能改善社会组织公益慈善力量不足、可持续性不强的问题。

（一）社会组织

社会组织与社会企业相比,在满足社会需要方面有以下五大功能:一是动员和整合各种社会资源的功能;二是提供各种社会服务及一定的公共服务的功能;三是建构和增值社会资本的功能;四是推进公民参与和社会治理的功能;五是表达公民诉求、维护公民权益并进行政策倡导的功能[12]。

第一,动员社会资源。社会捐赠作为财富的重要存在方式,通过各种形式的社会组织汇集起来并用于公益慈善事业,如各类活动的志愿者动员。通过这种动员,社会组织向社会表达它们致力于社会公益或一定范围内共同利益的宗旨和理念,得到社会的回应和信赖并因此得以聚集来自社会的捐赠、人力资源及其他各种社会资源,从而用于各种社会公益活动或共益活动中。

第二,提供社会服务。社会组织提供的社会服务包括各种形式的社会组织通过市场机制提供的各类社会服务、为特定群体提供的共益性服务、社会组织承接来自各级政府等公共部门的一部分公共服务,也包括为特定成员或弱势群体提供的大量公益服务。社会组织因此常常被称为"公益组织""非政府公共部门"等。

第三,建构社会资本。社会组织在人们一定的价值认同、集体共识、社会信任的基础上,通过直接结社或间接结社,达成一定的社会共同体,增进在既有社会资本基础上的公益规范或共益规范,从而在更大范围内、更大程度上建构和增加社会资本。

第四,推进社会治理。这也是社会组织区别于企业的本质特征之一,它是公民以组织的方式表达意愿和诉求、参与各种社会事务的最基本的途径之一,并因此而形成公民自主的公共领域。

第五,倡导公共政策。社会组织具有影响立法和各级政府相关政策的倡导公共政策功能。社会组织作为特定群体特别是弱势群体的代言人,代表他们表达其利益诉求和政策主张。或者通过媒体和社会舆论关注相关立法和公共政策的实施过程及其效果,倡导和影响政策结果的公益性和普惠性。[12]

（二）社会企业

社会企业从基本性质出发,其功能可分为社会功能和经济功能。第一,社会功能。社会企业不以利益最大化为基本目标,围绕社会目标发挥其功能,内容涵盖教育、卫生、金融、救助等社会问题与社会福利的方方面面。在就业方面,创造工作岗位,拓宽就业领域,改善贫富差距。同时,社会企业带动社会创新,整合资源与需求,将创新激情传播给受助者、商业企业和政府部门。第二,经济功能。社会企业不仅能实现社会价值,还会产生直接的经济价值。社会企业能开辟新的产品、服务和市场,通过经济活动为市场提供产品、服务并增加其附加值,产出的产品和服务可以面对市场直接以有偿收费的方式进行交换,创造利润并通过资本积累扩大财富规模。同时,对于地方经济发展而言,社会企业能激活市场经济,促进地方经济繁荣和可持续发展。[13]

因此,社会组织和社会企业的功能可总结为以下几点：第一,在服务内容方面,社会组织与社会企业对特殊群体的社会服务内容有相似之处。但在服务性质方面,社会企业因其特有的经济性、增值性和独立性,通过经济活动对产品或服务进行有偿收费。这导致社会企业提供的产品或服务具有经济性。第二,在社会问题治理方面,社会组织为弱势群体提供公益服务,以团体的方式为个体公民代言,倡导公共政策的实施。社会企业也提供弱势群体服务,同时解决社会就业问题。一方面可以缓解企业追求利润最大化引发的社会问题,另一方面也能够缓解社会组织公益慈善力量不足、可持续性不强的问题。[14]

四、注册登记

社会企业和社会组织在注册登记上有较大差异。我国社会组织登记已有成熟体系。根据社会组织类别,登记方式分为直接登记和间接登记。而国内社会企业认证体系尚未完善,还处于民间和地方层面,认证问题亟待解决。

（一）社会组织

根据2018年民政部公布的《社会组织登记管理条例（草案征求意见稿）》,社会组织包括社会团体、基金会和社会服务机构。不同社会组织其注册登记步骤也存在差异。《社会组织登记管理条例（草案征求意见稿）》中明确四类社会组织可直接登记：第一类是行业协会商会；第二类是在自然科学和工程技术领域内从事学术研究和交流活动的科技类社会团体、社会服务机构；第三类是提供扶贫、济困、扶老、救孤、恤病、助残、救灾、助医、助学服务的公益慈善类社会组织；第四类是为满足城乡社区居民生活需求,在社区内活动的城乡社区服务类社会团体、社会服务机构。其他社会组织应经过业务主管单位审查同意进行登记[1]。根据原"三大条例"的规定,社会组织在登记注册时,除需要在民政部门登记注册外,还需要获得主管单位的同意,相当于实行了双重管理,增加了登记注册的工作量和难度。直接登记一直被认为是值得推广的方式,可促进社会组织发展,简化流程。

但值得注意的是,在过去的实务操作中,有的地区已经不限于民政部推行的四类组织,实行全面直接登记注册。例如,广州市早在2012年5月起,就对所有类型的社会组织实行直接登记[15]。而且《社会组织登记管理条例(草案征求意见稿)》明确的直接登记是有限定范围的,即仅限于前述四类领域的组织。其中对公益慈善类社会组织也作出了领域上的限定,即"扶贫、济困、扶老、救孤、恤病、助残、救灾、助医、助学服务"这九大相对传统的公益慈善领域。其他领域的社会组织,依然需先获得业务主管单位的同意[1]。至于像环保、非助学类的教育(性教育、随迁子女教育)等现已愈发重要的公益领域,似乎难以囊括其中,而这一限定范畴也明显比《中华人民共和国慈善法》中的公益活动范畴要窄,甚至比原本民政部推行的可直接登记注册的"四类社会组织"都要窄。这将直接增加了社会组织登记注册的难度,对在原本政策走得更前,已经普遍放开直接登记注册的地区更是如此。

1. 社会团体

关于登记机关,全国性的社会团体,由国务院的登记管理机关负责登记管理;地方性的社会团体,由所在地县级以上地方人民政府的登记管理机关负责登记管理;跨行政区域的社会团体,由所跨行政区域的共同上一级人民政府的登记管理机关负责登记管理;城乡社区服务类社会团体,由所在地县级人民政府的登记管理机关负责登记管理。

关于注册资金与发起人,全国性社会团体应当有10个以上的发起人、10万元以上的注册资金;设立地方性的社会团体和跨行政区域的社会团体,应当有5个以上的发起人、3万元以上的注册资金。社会团体应当有50个以上的个人会员或者30个以上的单位会员;个人会员、单位会员混合组成的,会员总数不少于50个。全国性的社会团体的会员,应当具有地域分布的广泛性。

关于登记文件,发起人应当向登记机关提交以下文件:登记申请书,章程草案,验资凭证,住所证明,会员名单,发起人、拟任法定代表人和负责人的名单及其基本情况与身份证明,建立中国共产党组织的工作方案。其中,章程草案、拟任法定代表人和负责人,须经2/3以上会员或者会员代表表决通过。社会团体登记前须经业务主管单位审查同意的,发起人还应当向登记管理机关提交业务主管单位的批准文件。

设立全国性或者活动地域跨省(自治区、直辖市)的社会团体,登记管理机关认为需要听证的,应当向社会公告,并举行听证。准予登记的社会团体,由登记管理机关发给《社会团体法人登记证书》,并在登记证书上标注统一社会信用代码。[2]

2. 基金会

关于注册资金,基金会注册不得低于800万元人民币,且为到账货币资金。在国务院的登记管理机关登记的基金会,应当以资助慈善组织和其他组织开展公益慈善活动为主要业务范围,且发起人在有关领域具有全国范围的广泛认知度和影响力,注册资金不得低于6 000万元人民币。

关于登记文件,需向登记管理机关提交以下文件:登记申请书,章程草案,验资凭证,住所证明,发起人、理事、拟任法定代表人和负责人的名单及其基本情况与身份证明,建立中国共产党组织的工作方案。与社会团体一样,基金会登记前须经业务主管单位审查同意的,发起人还应当向登记管理机关提交业务主管单位的批准文件。此外,基金会章程应当明确基金会的公益慈善性质,不得规定使特定自然人、法人或者其他组织受益的内容。[4]

3. 社会服务机构

关于登记机关,直接登记的社会服务机构,由所在地县级以上地方人民政府的登记管理机关负责登记管理。其中,城乡社区服务类社会服务机构,由所在地县级人民政府的登记管理机关负责登记管理。间接登记的社会服务机构,由与其业务主管单位同级的登记管理机关负责登记管理(一般康复机构属于社会服务机构)。

关于注册资金,在国务院的登记管理机关登记的社会服务机构,发起人应当在有关领域具有全国范围的广泛认知度和影响力,注册资金不得低于1 000万元人民币,且为到账货币资金。省级以下地方各级人民政府登记管理机关登记的社会服务机构注册资金标准,由省级人民政府的登记管理机关结合本地区实际确定。法律、行政法规对社会服务机构注册资金另有规定的,从其规定。[16]

(二)社会企业

目前,我国社会企业认证仅在地方层面出台相应法规,国家层面尚未出台专门的社会企业政策法规。在民间层面,2012年成立的中国公益慈善项目交流展示会首先开展社会企业的认证工作,具体提出四点社会企业认证的评判标准:"申报资质、社会目标优先及不漂移的机制性设计,解决社会问题的方法具有创新性,成果清晰可测量"[17]。在地方层面,依据2018年颁布的《成都市人民政府办公厅关于培育社会企业促进社区发展治理的意见》,成都市建立了社会企业从企业登记、章程备案、评审认定、政策支持、监督服务、摘牌退出的全生命周期政策保障体系[18]。经过三年的培育发展,全市共发展各类认定社会企业106家,其中本地认定成都市社会企业69家(不包括已经摘牌的3家)[19]。2018年8月,北京市颁布《北京市社会企业认证方法(试行)》,其中社会企业的基本标准包括社会使命、社会效益、可持续发展能力等要求,且为2年以上的注册企业或组织。为激励社会企业,北京市还进行认证分级,从收入来源、社会效益和服务覆盖面三方面将其分为一星、二星和三星社会企业。[20]

我国现有的社会企业身份认证采用官方认证与民间认证并行的模式,但是我国社会企业认证所采取的主导模式定位并不清晰,虽然两种类型都自发成长,发展却差强人意[21]。据《社会企业蓝皮书:中国社会企业发展研究报告(2021)》,国内仅35.6%社会企业通过国内认证,3.4%获得国外认证,30%的社会企业还没有开展相关的认证工作[22]。

一方面,官方认证工作并未纳入现有的认证认可管理体系,仅在某些地方行政区域实施,在扶持力度和影响范围上都局限于当地行政区划。另一方面,民间认证由行业协会等民间组织自行发起,存在认证标准摇摆和扶持力度较弱的不足。两种认证模式并未在理念上理清主次,实践中未有交叉融合与协同合作,发展处于混沌无序、各自为政的状态。[21]

五、纳税制度

社会组织与社会企业的不同点还在于纳税制度的差异。社会企业税收制度较为严苛。相比社会企业,社会组织享受更为优越的税收政策。

(一)社会组织

各国对非营利组织一般都实施了比营利组织更为优越的税收政策。在所得税方面,主要体现在对非营利组织的收入免征所得税、允许向符合条件的非营利组织进行捐赠的组织和个人在缴纳所得税前予以税前扣除两个方面。改革开放以来,我国对社会组织的税收优惠政策越来越主动和积极,体现螺旋式上升发展轨迹。目前,我国主要在《中华人民共和国公益事业捐赠法》(1999年公布)、《中华人民共和国红十字会法》(1993年公布,2017年修订)、《中华人民共和国企业所得税法》(2007年公布,2018年修订)、《中华人民共和国个人所得税法》(1980年公布,2018年修正)、《中华人民共和国税收征收管理法》(1992年公布,2015年修正)、《中华人民共和国民办教育促进法》(2002年公布,2018年修正)、《中华人民共和国慈善法》(2016年公布)等七部法律和《中华人民共和国税收征收管理办法实施细则》《中华人民共和国企业所得税法实施条例》《中华人民共和国个人所得税法实施条例》等15部行政法规和规范性条例,以及财政部、国家税务总局等单位单独或者联合下发的50余部规范性文件中涉及社会组织税收优惠问题。

1. 企业所得税

《中华人民共和国企业所得税法》和《中华人民共和国企业所得税法实施条例》对于社会组织税收优惠有相对详细的规定。社会组织享受的企业所得税优惠政策大致如下:第一,低税率,当社会组织产生"从事营利性活动取得的收入"时,参照小型微利企业的低税率优惠。第二,不征税收入,对于不属于企业营利性活动带来的经济利益,不负有纳税义务并不作为应纳税所得额组成部分的收入。第三,免税收入。[23]根据《中华人民共和国企业所得税法》第二十六条第四项,符合条件的非营利组织的收入可以免税[24]。

2. 增值税

根据《中华人民共和国增值税暂行条例》的规定,以下项目免征增值税:"(一)农业生产者销售的自产农产品;(二)避孕药品和用具;(三)古旧图书;(四)直接用于科学研究、科学试验和教学的进口仪器、设备;(五)外国政府、国际组织无偿援助的进口物资和设备;(六)由残疾人的组织直接进口供残疾人专用的物品;(七)销售的自己使用过的物品。"当社会组织在运作中涉及上述项目,便可免征增值税。[25]

3. 关税

关税的减税、免税分为法定性减免税、政策性减免税和临时性减免税。《中华人民共和国海关法》和《中华人民共和国进出口关税条例》规定的减免税为法定性减免税,如国际组织、外国政府无偿赠送的物资依法免征关税;国家按照国际通行规则和我国实际情况,制定发布的有关进出口货物减免关税的政策为政策性减免税,如进口残疾人专用物资的关税优惠政策等。

(二)社会企业

对于已在工商部门注册的企业,其内部组织和对外交往主要受到《中华人民共和国公司法》及相关商事立法的规制。主要特征在于更多地强调企业本身的意识自治,而减少国家公权力的干预。超五成的社会企业选择以工商部门注册企业的形式存在,也正是因为拥有较高的自由程度,企业家对于企业的盈利来源和使用有更多的支配空间,因此能更好地去实现其期望承担的社会责任。但相对的,企业会承担相对更高的税负,公司企业按照25%的税率承担税负,公益性捐赠仅在当年利润的12%予以抵扣[26],仅从事《中华人民共和国企业所得税法》第二十五条、第二十七条规定的经营活动的公司企业,或是满足条件的小微企业,可以在税收方面得到一定的减免。

对于认证通过的福利企业,可享受残疾人就业增值税优惠。2007年6月民政部颁布了《福利企业资格认定办法》,规定福利企业是指依法在工商行政管理机关登记注册,安置残疾人职工占职工总人数25%以上,残疾人职工人数不少于10人的企业[27]。这一法规把福利企业从"国营和集体企业"的范围扩大到一切企业,且不再由民政部设立的专门机构管理。对通过认证的社会福利企业,政府继续给予税收优惠政策,如《民政部对"关于今后福利企业减免税问题的方案"的复函》规定,在税收上给予福利企业优惠并采取先征后退的方式,并对福利企业继续实行长期减免所得税。

然而,2016年10月10日民政部印发了《关于做好取消福利企业资格认定事项有关工作的通知》(民发〔2016〕180号),正式取消了对福利企业的资格认定事项,不再颁发统一的福利企业证书[28]。企业享受残疾人就业增值税优惠,可以按照《关于促进残疾人就业增值税优惠政策的通知》(财税〔2016〕52号)和《促进残疾人就业增值税优惠政策管理办法》(国家税务总局公告2016年第33号)要求,向相关税务部门申请。对安置残疾人的单位和个体工商户(以下称纳税人),实行由税务机关按纳税人安置残疾人的人数,限额即征即退增值税的办法。安置的每位残疾人每月可退还的增值税具体限额,由县级以上税务机关根据纳税人所在区县(含县级市、旗)适用的经省(含自治区、直辖市、计划单列市)人民政府批准的月最低工资标准的4倍确定。[29]

值得一提的是,福利机构不属于福利企业和社会企业。根据民政部发布的《(MZ009-2001)残疾人社会福利机构基本规范》,残疾人社会福利机构是为肢体、智力、视力、听力、语言、精神方面有残疾的人员提供康复和功能补偿的辅助器具,进行康复治疗、康复训练,承担教育、养护和托管服务的社会福利机构。残疾人社会福利机构的名称,必须根据收养对象的健康状况和机构的业务性质,标明肢残人社会福利机构、智残人社会福利机构、聋哑人社会福利机构、精神病人社会福利机构或综合性残疾人社会福利机构等。由国家和集体举办的,应冠以所在省(自治区、直辖市)、市(地、州)、县(县级市、市辖区)、乡(镇)行政区划名称,但不再另起字号;由社会组织和个人举办的,应执行《民办非企业单位名称管理暂行规定》。[30]因此,福利机构并不属于社会企业。

对于在民政部门注册的社会企业,通常受到政策支持,在税收方面与工商企业相比存在更大优惠。然而,我国满足社会企业标准的社会组织并不多。《民办非企业单位登记管理暂行条例》明确规定了民办非企业单位禁止从事商业性盈利活动[3]。2002年,《中华人民共和国民办教育促进法》也指出民办学校不得以营利为目的[31]。因此民办非企业和民办教育学校不符合社会企业的标准。

然而,基于上文提及社会企业的认证问题,我国认证的社会企业并不多。因此这类企业机构资金的走向受到了严格限制,使得该从事的社会服务也相对较窄,融资困难。《中国社会企业发展报告》指出:国内社会企业收入有限,有47%的社会企业处于盈亏平衡,有35%处于盈利,18%的企业处于亏损状态[32]。因此,为进一步扶持社会企业,社会企业认证问题亟待解决。

六、产权特征

社会组织与社会企业存在产权特征的差异。社会组织的"利润"无法分配,只能用于组织所从事的公益或共益活动。社会企业自主性较高,所有权属于出资人,利润无强制分配。

(一)社会组织

社会组织的运营收入与社会企业一样,都是在市场活动产生的收入,扣除成本部分后剩余的称为"利润"。然而社会组织的"利润"无法分配,只能用于组织所从事的公益或共益活动,无法像社会企业那样通过分红成为投资者的回报。清华大学NGO研究所概括了非营利组织(不局限于基金会)的产权特征,即产权主体分离、所有者缺位、使用权受限、无自由转让权和受益主体不明确(虚拟化),并基于此提出了"公益产权"的概念。

第一,产权主体分离。由于捐赠行为的发生,基金会的产权出现了三个不同的当事人:捐赠人、受赠人和受益人。三方当事人分别拥有基金会的委托权、受托权和受益权,但他们都不是基金会产权的完全所有者。但只要捐赠资产存在,任何当事人在其行使相应权利的过程中都要体现捐赠人的意愿,在这种意义上捐赠人仍然部分地拥有对捐赠资产的控制权。

第二,所有者缺位。所有权的实质是剩余索取权和剩余控制权。在基金会中,捐赠人放弃了剩余索取权,受赠人尽管拥有对捐赠资产的占有、管理、处分等权能,但并没有获得剩余索取权和完全的控制权,受益人虽被指定享有受益权,但无法行使剩余索取权。

第三,使用权受限。受赠人拥有对捐赠资产的使用权,但这种产权受限,不得违反捐赠人的意愿。

第四,无自由转让权。在基金会的产权结构中,无论是捐赠人、受赠人还是受益人,都不享有对所赠资产的自由转让权。

第五,受益主体虚拟化。所赠资产的受益人通常由捐赠人指定,多数情况下是社会上的弱势群体,但这些受益人难以成为真正的受益权主体。

(二)社会企业

由于组织性质不同,中国社会企业的产权结构也有所差异,金仁仙对不同中国社会企业类型的所有权、税收、利润及治理模式做出概括。农民专业合作社所有权归成员,自主性较高,组织采用内部治理结构,利润分配按照成员与交易量、成员账户中记载的出资额和公积金份额等方式分配给成员。社会福利企业所有权归属于出资人,政府部门监管程度较高,未对投资人收益权的额度进行明确规定,仅要求社会福利企业留存的纯利润主要用于本企业技术改造、扩大再生产、补充流动资金及职工集体福利和奖励。商业企业所有权归属于出资人,自主性较高,利润分配不受强制性限制。

总体而言,中国社会企业的资本产权存在界定不清的问题,社会企业不同于私人部门与公共部门,社会企业无法定手段争取公共资本,本身又难以与私人部门在盈利能力上抗衡。韩文琰指出社会企业资本的产权界定问题一直没有受到重视,如限制社会企业资本投资者在社会企业取得相应的决策权、限制社会企业资本获得相应的收益、限制社会企业资本在社会企业清算时退出等。

第四节 基本财务知识

很多人拿到财务报表就晕头转向,那么多科目和数据,我们到底该怎么去看,怎么去分析一家公司的好坏?本节的内容能够解决这些问题。

一、三张主表的基本概念

(一)资产负债表

会计的基本原则:资产=负债+所有者权益,资产和负债按照项目的流动性(1年为界限)划分为流动资产(流动负债)和长期资产(长期负债),所有者权益简单理解就是净资产(资产-负债)。公司每进行一次交易,会引起等式两边或一边数字的变化,但是该等式永远保持左右两边相等。比如张某用既有的80万元现金(流动资产),加上借贷的20万元(长期负债),买了100万元的房子(固定资产),该笔交易完成后张某的流动资产减少80万元,固定资产增加100万元,即总资产增加20万元;长期负债增加20万元,等式左右两边相等。

简易资产负债表详见表4-3。

表 4-3　简易资产负债表

编制单位：　　　　　　　　　　　　年　月　日　　　　　　　　　　　　单位：元

资　产	期末余额	年初余额	负债和所有者权益（或股东权益）	期末余额	年初余额
			流动负债：		
流动资产：			长期负债：		
长期投资			负债合计		
固定资产			实收资本		
无形资产			资本公积		
			盈余公积		
其他资产			未分配利润		
			所有者权益合计		
资产总计			负债和所有者权益总计		

当我们拿到一份资产负债表的时候，我们应该重点关注什么呢？我们应该重点关注钱的来源和钱的去处。

1. 钱的来源

我们可以从报表的右边，也就是看负债和所有者权益一栏的对应内容，从这里，我们就可以得知公司的资产有多少。有人可能会疑惑怎么得出来的呢？这里我们就需要用到会计等式：资产＝负债＋所有者权益。看完了负债和所有者权益这一栏，我们再来看所有者权益合计这一栏，然后再利用上面那个会计等式，我们就可以清楚地计算出公司有多少钱是自己的，有多少钱是借来的。[33]

2. 钱的去处

看钱的去处，无外乎看这两点，第一点是原来的钱是否还是一样的用途。第二点是新进来的钱花哪儿去了。新进来的钱包括新借的和新挣的。第三点是看四个比值：生产资产与总资产的比值、应收与总资产的比值、货币资金与有息负债的比值和非主业资产与总资产的比值。这些比值可以从三个维度来解读，即结构、历史、同行。结构维度上，可以看看该公司是轻资产多还是重资产多，一般轻资产优于重资产；历史维度上，可以看看公司的资产与往年相比有哪些变化；行业维度上，可以看看公司与其他公司相比有没有哪些不同，看看几家公司的发展方向是否一致。[33]

（二）利润表

利润表是反映企业在一定会计期间经营成果的报表。由于它反映的是某一期间的情况，所以，又被称为动态报表。有时，利润表也称为损益表、收益表。利润表的基本逻辑是营业收入减去营业成本减去其他支出得到企业利润。营业收入、毛利率、净利润、期间费用率（包括销售、管理、财务三大期间费用）等是利润表中重点关注的项目。简要的利润表如表 4-4 所示。

表 4-4 利润表

纳税人编码：　　　　　　　　　　　　纳税人识别号：
所属时间：　　年　月　至　　年　月
填报日期　　年　月　日　　　　　　　　　　　　　　　　　　　　　　单位：元

项　　　目	本期金额	上期金额
一、营业收入		
减：营业成本		
营业税金及附加		
销售费用		
管理费用		
财务费用		
资产减值损失		
加：公允价值变动收益(损失以"－"号填列)		
投资收益(损失以"－"号填列)		
其中：对联营企业和合营企业的投资收益		
二、营业利润(亏损以"－"号填列)		
加：营业外收入		
减：营业外支出		
其中：非流动资产处置损失		
三、利润总额(亏损总额以"－"号填列)		
减：所得税费用		
四、净利润(净亏损以"－"号填列)		
五、每股收益：		
(一)基本每股收益		
(二)稀释每股收益		

当我们拿到一张利润表,我们要重点关注什么呢？主要包括这四个要点：营业收入、毛利率、费用率、营业利润率。

1. 营业收入

一个企业的营业收入增长高于行业平均增长速度,证明该企业的市场份额在扩大,证明该企业是行业中的强者。

2. 毛利率

毛利润＝营业收入－营业成本。毛利率＝(毛利润÷营业收入)×100%。高毛利率意味着公司的产品或服务具有很强的竞争优势,其替代品较少或者替代的代价很高。低毛利率则意味着公司的产品或服务存在着大量替代品并且替代的代价很低。所以我们进行投资时,建议选择高毛利率的公司。

3. 费用率

费用率指的是费用(包括销售费用、管理费用和财务费用)占营业总收入的比例。我们在看费用率的时候要警惕费用率高和费用率剧烈变化的公司。

4. 营业利润率

营业利润率=(营业利润÷营业收入)×100%。营业利润=营业收入－营业成本－营业税金及附加－销售费用－财务费用－资产减值损失＋公允价值变动损益(－公允价值变动损失)＋投资收益(－投资损失)＋资产处置收益(－资产处置损失)＋其他。我们不仅要看营业利润率这个数字的大小,还要对比营业利润率的历史变化。营业利润率上升了,要看看是哪些原因造成的。看看是因为售价提升、成本下降了,还是费用受到了控制?除此之外,我们还要确认净利润是否变成现金回到公司账户。在这里我们可以利用"经营现金流净额"与"净利润"的比值来分析,这个比值越大越好,当这个比值持续大于1就说明该公司是一个比较优秀的企业。它代表了公司的净利润全部或者大部分都变成了现金回到了公司账上。

(三)现金流量表

现金流量表是财务报表的三个主报表之一,是反映一定时期内(如月度、季度或年度)企业经营活动、投资活动和筹资活动对其现金及现金等价物所产生影响的财务报表。现金流量表是原先财务状况变动表或者资金流动状况表的有效补充。现金流量表主要反映企业经营活动现金流量、投资活动现金流量和筹资活动现金流量,简易现金流量表如表4-5所示。

表4-5 简易现金流量表 单位:元

项　　目	本期金额	上期金额
一、经营活动产生的现金流量:		
购买商品、接受劳务支付的现金		
支付给职工以及为职工支付的现金		
支付的各项税费		
支付其他与经营活动有关的现金		
经营活动现金流出小计		
二、投资活动产生的现金流量:		
购建固定资产、无形资产和其他长期资产支付的现金		
投资支付的现金		
取得子公司及其他营业单位支付的现金净额		
支付其他与投资活动有关的现金		

续 表

项　　目	本期金额	上期金额
投资活动现金流出小计		
三、筹资活动产生的现金流量：		
偿还债务支付的现金		
分配股利、利润或偿付利息支付的现金		
支付其他与筹资活动有关的现金		
筹资活动现金流出小计		
四、现金流出合计		

编制单位：　　年　月

拿到一张现金流量表时，我们首先应该关注合并现金流量表。因为母公司现金流量表包含了集团公司内部的资金调动。关注合并现金流量表更能关注企业作为一个整体的动态。其次，我们还需要关注现金流量表传达的异常信息。比如我们需要关注经营活动产生的现金流量中几个异常现象：一是经营活动产生的现金流量净额持续为负。二是经营活动产生的现金流量净额为正，但公司的实际应付账款和应付票据却不断增加。应付账款和应付票据的大量增加很有可能意味着企业拖欠供应商货款，这是企业资金链断裂前的一种异常征兆。三是经营活动产生的现金流量净额远低于公司的净利润。

想要读懂财报并不困难，只要我们静下来，好好研究，把这三张主表搞懂了，我们读财务报表时就会越来越轻松，我们的创业道路也会越走越顺利。

二、财务指标分析

通过指标分析能够非常明了地观察企业的经营状况和财务成果，财务指标分析详见表4-6。

表4-6　财务指标分析

财务指标	具体指标	计算原理（方法）
偿债能力	流动比率	流动资产/流动负债；一般认为生产型企业在2左右。
	速动比率	（流动资产－存货－预付账款－1年内到期的非流动资产－其他流动资产）/流动负债；减去变现能力差的流动资产。
	利息保障倍数	息税前利润/利息费用；息税前利润即净利润＋利息费用＋所得税费用，利息费用可以用财务费用简化计算；如果小于1，表明自身产生的经营收益不能支持现有的债务规模。
	资产负债率	总负债/总资产；该比例越低，企业偿债越有保证。

续 表

财务指标	具体指标	计算原理(方法)
营运能力	应收账款周转率	营业收入/平均应收账款；即该年内应收账款周转了几次,一般越高,周转越快。
	存货周转率	评估资产变现能力：营业收入/平均存货；评估管理业绩：营业成本/平均存货。
	总资产周转率	营业收入/平均总资产；即每亿元总资产支持的销售收入。
盈利能力	(销售)毛利率	(营业收入－营业成本)/营业收入；毛利变化可分部门、分产品、分顾客群进行深入分析。
	(销售)净利率	净利润/营业收入；概括企业全部的经营成果。
	净资产收益率（ROE）	净利润/净资产；反映每1元净资产创造的净利润,也是公司实证当中反映企业财务业绩的最常用指标。
	总资产收益率（ROA）	净利润/总资产；反映每1元总资产创造的净利润。

三、财务分析一般步骤

具体分析一家企业的财务成果与经营状况,一般步骤可概括如下：

步骤一,数据收集。从公司管理层或者公开数据库收集3—5年的年报数据,置于Excel的同一sheet中,进行简单排版处理,删除无数字项,单位统一换算成万元。

步骤二,了解财务概况。通过3年的资产负债表中总资产、总负债和所有者权益和利润表中销售收入、净利润的收集处理可得出如图4-7所示的财务概况。

案例：以A股上市公司美年健康(SZ：002044)的财务概况为例

美年大健康产业(集团)有限公司始创于2004年,是以健康体检服务为核心,并集健康咨询、评估、干预于一体的医疗服务集团。集团2015年借壳原主营服装制造加工的江苏三友,成功在A股上市(SZ：002044),目前是医疗和大健康板块中市值和影响力领先的上市公司。

美年健康所属的行业为医疗保健下的体检行业。参照国际健康管理规则计算：以健康体检为主的预防性投资每投入1元钱,便可为个人及社会节省9元钱的医疗费用,党和国家近年提出了以疾病发生的"上游"入手的"预防为主"的战略方针,为健康体检服务市场需求增长创造的空间。2015年中国体检行业以超过25%的增速增长至940亿元,2011—2015年行业复合增速达21%,处于高速发展阶段。国内体检市场近千亿,民营机构占比仅20%,美年健康占比约4%,存在大量整合机会。美年是国内体检行业龙头,总部位于上海,深耕布局北京、深圳、沈阳、广州、成都、武汉、西安、天津、杭州等200余个核心城市,布局400余家医疗及体检中心,拥有由全职专家、医护及管理人员共计40 000余人组成的专业服务团队。2016年服务客户近1 500万人次,2017已为2 000万人次提供专业健康服务,是医疗和大健康板块中市值和影响力卓著的上市公司。经过多年的运营,美年公司已形成系统化的、标准化的、可复制的体检中心运营模式,门店数量高速扩张,未来美年公司将继续在全国重要城市新设体检中心,计划在未来三至五年内完成国内500家体检中心的布局。未来体检行业的市场集中度将不断加强,实现强者愈强的竞争格局。

美年健康设定了"重点城市与全国布局"发展战略,主要通过自建和购并相结合的发展模式,从而构建合理的市场布局和通过健全的管理体系和锐意进取的销售策略稳步提高自身盈利能力,实现了在健康体检领域的快速成长,打造中国具有重要影响力的健康产业生态圈。

截至2021年底,公司资产规模逾188亿元,近三年基本持平。负债占总资产比重在54%左右,约101亿元,所有者权益占比约46%,约88亿元,代表公司资产状态稳定,未有大额举债扩张,亦未有衰退出局迹象(图4-7)。

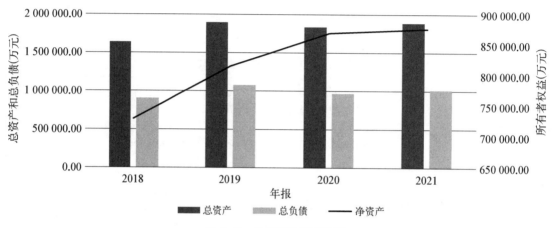

图4-7 公司资产规模概况

资料来源:企业预警通网页版,美年健康 https://www.qyyjt.cn/detail/enterprise/overview?code=EF9891F0A5672B6720CF8875511AADAC&type=co

业绩表现方面,公司2021年全年营业收入约91.56亿元,同比增长16.66%,2021年业绩有所回升,公司盈利水平在逐渐恢复(图4-8)。2021年归母公司净利润如图4-9所示。

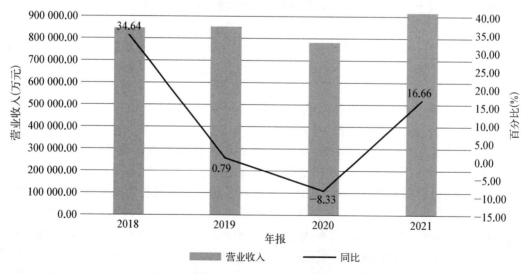

图4-8 历年营业收入情况

资料来源:企业预警通网页版,美年健康 https://www.qyyjt.cn/detail/enterprise/overview?code=EF9891F0A5672B6720CF8875511AADAC&type=co

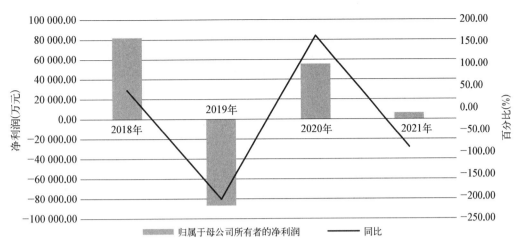

图 4-9 历年归母净利情况

资料来源：企业预警通网页版，美年健康 https://www.qyyjt.cn/detail/enterprise/overview?code=EF9891F0A5672B6720CF8875511AADAC&type=co

步骤三，指标分析。一般通过企业横纵向的比较进行分析，找到该企业和所在行业、可比公司至少近三年的数据进行整理作图。指标分析也是必须掌握的分析手段。

案例：以美年健康的盈利能力指标分析为例

通过同行业公司间的盈利指标可见，公司的业务规模大，总收入排名靠前，毛利水平居行业中游，但是净资产收益率相比较低，这与其平均客单价较低以及较多的店面铺设导致营业费用较高等综合影响有关。我们可以通过同业比较医疗服务板块的公司盈利指标了解行业整体的运营情况(表4-7、表4-8)。

表 4-7 毛利率比较(以 2021 年年报作为依据)　　　　　　　　单位：%

序号	公司简称	总资产报酬率	销售毛利率	销售净利率
1	药明康德	12.00	36.28	22.43
2	爱尔眼科	17.72	51.92	16.47
3	迪安诊断	14.44	38.26	11.34
4	金域医学	31.92	47.29	19.79
5	美年健康	3.08	39.44	1.75
6	润达医疗	9.57	27.00	6.75
7	康龙化成	13.16	35.99	21.76
8	泰格医药	17.15	43.55	65.06
9	凯莱英	10.76	44.33	23.05
10	九洲药业	12.78	33.33	15.61

资料来源：企业预警通网页版，美年健康 https://www.qyyjt.cn/detail/enterprise/overview?code=EF9891F0A5672B6720CF8875511AADAC&type=co

表 4-8 净资产收益率(ROE)比较(以 2021 年年报作为依据)

序号	公司简称	总收入(亿元)	归母净利润(亿元)	净资产收益率(%)
1	药明康德	229.02	50.97	13.24
2	爱尔眼科	150.01	23.23	20.54
3	迪安诊断	130.83	11.63	19.91
4	金域医学	119.43	22.20	35.21
5	美年健康	91.56	0.64	0.80
6	润达医疗	88.60	3.80	11.34
7	康龙化成	74.44	16.61	16.73
8	泰格医药	52.14	28.74	15.86
9	凯莱英	46.39	10.69	8.48
10	九洲药业	40.63	6.34	13.85

资料来源：企业预警通网页版，美年健康 https://www.qyyjt.cn/detail/enterprise/overview?code=EF9891F0A5672B6720CF8875511AADAC&type=co

步骤四，比较分析。该步骤一般围绕资产负债表和利润表进行比较分析。以资产负债表为例，首先计算出资产端每项资产占总资产的比重，了解企业资产的大致构成；其次重点围绕占比较大的项目进行分析，一般生产企业的货币资金、应收账款、固定资产占比较大，货币资金占比如果超过 8%，那么就可以结合企业的发展策略考虑持有现金较多的原因，比如是否有收购计划或扩建计划，还是由于该企业所在行业的普遍规律；应收账款相当于企业赊销的金额，如果应收账款占总资产比重较大，一般说明企业作为供方议价能力较弱，可以配合其应收账款周转率或占营业收入的比重、年报附注中应收账款的账龄分析、坏账准备等一起分析其是否存在经营问题。

综上，至少可以通过财务概况和指标分析能够简单直观地体现出一家公司的财务情况，同时可以配合其他方法进一步分析相关指标的变化原因。

四、数据检索方法

企业数据的收集一般来自万得(wind)数据库、国泰君安数据库、企业预警通等，从公司官网的投资者关系栏目也可以找到最原始的 PDF 报表。本段内容以向公众免费开放的企业预警通(网址为 https://www.qyyjt.cn/)为例，介绍数据检索方法。

进入网站，输入公司名称或其首字母，这里以"美年健康"(002044)为例，详见图 4-10。

在左侧栏中找到"财务报表"，如图 4-11 所示。

点击进入后，可以复制出所需要的资产负债表、利润表等数据，一般需要找出近期连续三年的年底数据，如 2019-12-31 的数据、2020-12-31 的数据和 2021-12-31 的数据，通过在 Excel 中的汇集处理，即可得到较为完整、清晰的三年数据(图 4-12)，并且可以通过该数据开展相应的行业指标对比(图 4-13)。

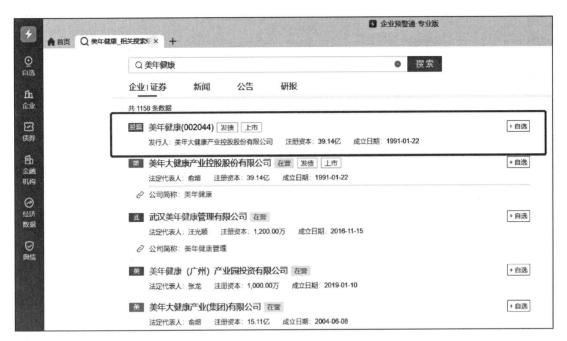

图 4-10　企业预警通网站首页

资料来源：企业预警通网页版，https://www.qyyjt.cn/detail/enterprise/overview?code=EF9891F0A5672B6720CF8875511AADAC&type=co

图 4-11　企业预警通搜索页财务数据

资料来源：企业预警通网页版，https://www.qyyjt.cn/detail/enterprise/overview?code=EF9891F0A5672B6720CF8875511AADAC&type=co

报告期	2019年年报	2020年年报	2021年年报	2022年一季报
报表类型	合并报表	合并报表	合并报表	合并报表
截止日期	2019-12-31	2020-12-31	2021-12-31	2022-03-31
流动资产				
货币资金	475,951.75	354,482.67	226,377.60	132,216.99
交易性金融资产	-	-	135.13	134.54
—应收票据及应收账款	229,453.44	253,935.93	256,644.32	226,226.44
应收票据	196.00	96.58	156.50	230.51
应收账款	229,257.44	253,839.34	256,487.81	225,995.93
预付款项	21,434.21	18,867.37	13,204.62	15,673.06
—其他应收款项	38,467.76	61,405.77	36,135.97	39,150.47
应收利息	73.88	15.58	10.44	6.88
应收股利	2,533.95	4,306.55	6,379.51	6,481.87
其他应收款	35,859.93	57,083.63	29,746.01	-
存货	12,961.54	13,338.32	14,937.20	15,346.91

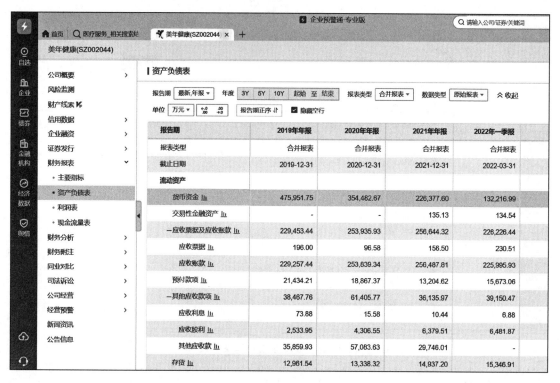

图 4－12　近期连续三年的年底数据

资料来源：企业预警通网页版，https://www.qyyjt.cn/detail/enterprise/overview?code=EF9891F0A5672B6720CF8875511AADAC&type=co

序号	公司简称	总收入	归母净利润	总资产	净资产	经营活动净现金
11	美年健康	13.52亿	-4.31亿	177.57亿	82.50亿	-4.12亿
1	药明康德	84.74亿	16.43亿	575.83亿	406.48亿	4.97亿
2	迪安诊断	46.49亿	7.54亿	175.45亿	84.26亿	-9.73亿
3	金域医学	42.51亿	8.50亿	125.64亿	74.50亿	9,028.57万
4	爱尔眼科	41.69亿	6.11亿	223.28亿	128.50亿	10.34亿
5	润达医疗	21.69亿	4,132.59万	124.95亿	44.53亿	-3.34亿
6	康龙化成	21.03亿	2.49亿	186.61亿	103.45亿	4.18亿
7	凯莱英	20.62亿	4.99亿	163.90亿	135.14亿	2.05亿
8	泰格医药	18.18亿	5.18亿	248.03亿	211.73亿	3.03亿
9	博腾股份	14.43亿	3.82亿	75.75亿	45.71亿	3.34亿
10	九洲药业	13.74亿	2.08亿	75.46亿	48.00亿	3.82亿
11	美年健康	13.52亿	-4.31亿	177.57亿	82.50亿	-4.12亿
12	兰卫医学	8.28亿	1.77亿	24.73亿	18.72亿	-1.52亿
13	恒康医疗	7.61亿	119.36万	67.76亿	15.88亿	3,204.90万

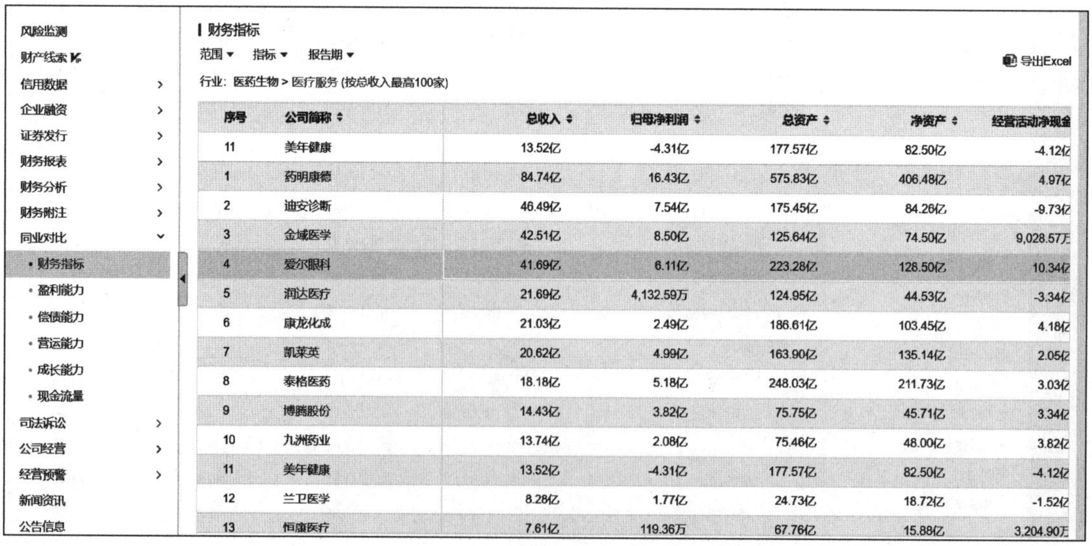

图 4－13　行业指标对比结果

资料来源：企业预警通网页版，https://www.qyyjt.cn/detail/enterprise/overview?code=EF9891F0A5672B6720CF8875511AADAC&type=co

参 考 文 献

[1] 中华人民共和国民政部.民政部关于《社会组织登记管理条例(草案征求意见稿)》公开征求意见的通知[EB/OL].(2018-08-03)[2021-11-24]. https://www.mca.gov.cn/article/xw/tzgg/201808/20180800010466.shtml.

[2] 中华人民共和国民政部.社会团体登记管理条例(2016年2月6日修正版)[EB/OL].(2016-02-06)[2021-02-19]. https://www.mca.gov.cn/article/gk/fg/shzzgl/201812/20181200013490.shtml.

[3] 中华人民共和国民政部.民办非企业单位登记管理暂行条例(1998年10月25日国务院令第251号发布)(EB/OL].(2007-09-05)[2021-10-23]. https://www.mca.gov.cn/article/gk/fg/shzzgl/201507/20150715847908.shtml.

[4] 中华人民共和国国务院.基金会管理条例[EB/OL].(2005-05-23)[2021-10-22]. http://www.gov.cn/zwgk/2005-05/23/content_201.htm.

[5] 中国残疾人联合会.2021年残疾人事业发展统计公报[EB/OL].(2022-03-31)[2022-04-04]. https://www.cdpf.org.cn/zwgk/zccx/tjgb/0047d5911ba3455396faefcf268c4369.htm.

[6] 李培林,徐崇温,李林.当代西方社会的非营利组织——美国、加拿大非营利组织考察报告[J].河北学刊,2006(2):71-80.

[7] 中华人民共和国公务员法[EB/OL].(2018-12-30)[2021-10-22]. http://www.gov.cn/guowuyuan/2018-12/30/content_5353490.htm.

[8] 中华人民共和国宪法[EB/OL].(2018-03-22)[2021-10-22]. http://www.npc.gov.cn/npc/c505/201803/e87e5cd7c1ce46ef866f4ec8e2d709ea.shtml.

[9] 金仁仙.中国社会企业的现状、评析及其发展战略[J].兰州学刊,2016,(10):188-195.

[10] 北京社会企业发展促进会.北京市社会企业认证办法(试行)修订[EB/OL].(2019-12-05)[2021-10-22]. http://www.bsep.org.cn/joinInfo.action?conId=898.

[11] 人民网.国内首个中国社会企业奖在京启动[EB/OL].(2016-11-11)[2021-12-20]. http://www.people.com.cn/GB/n1/2016/1110/c32306-28851624.html.

[12] 王名著.社会组织论纲[M].北京:社会科学文献出版社,2013.

[13] 马仲良.社会企业的特点、作用与发展现状[J].中国第三部门研究,2013,6(2):46-61.

[14] 刘文奎.社会企业的作用与价值[J].中国食品,2021(14):94-99.

[15] 中华人民共和国民政部.广州市社会工作十年发展报告[EB/OL].(2016-11-07)[2021-11-22]. https://mzzt.mca.gov.cn/article/sggzzsn/jlcl/201611/20161100887281.shtml.

[16] 中华人民共和国民政部.民政部就《民办非企业单位登记管理暂行条例(修订草案征求意见稿)》公开征求意见[EB/OL].(2016-05-26)[2021-10-30]. http://www.gov.cn/xinwen/2016-05/26/content_5077073.htm.

[17] 中国公益慈善项目交流展示会.2018中国慈展会社会企业认证总结报告[EB/OL].(2018-09-25)[2021-11-20]. https://www.cncf.org.cn/cms/content/13262.

[18] 成都市人民政府办公厅.成都市人民政府办公厅关于培育社会企业促进社区发展治理的意见(已废止)[EB/OL].(2018-04-23)[2021-10-28]. http://gk.chengdu.gov.cn/govInfoPub/detail.action?id=98295&tn=6.

[19] 四川政务服务网.《成都市社会企业培育发展管理办法》的政策解读[EB/OL].(2021-11-02)[2021-11-20]. http://cds.sczwfw.gov.cn/art/2021/11/2/art_15397_160828.html?areaCode=510100000000.

[20] 北京社会企业发展促进会.北京市社会企业认证办法(试行)修订[EB/OL].(2019-12-05)[2021-10-22]. http://www.bsep.org.cn/joinInfo.action?conId=898.

[21] 邓辉,周晨松.我国社会企业的法律形式及其认定标准和路径[J].南昌大学学报(人文社会科学版),2021,52(5):66-77.

[22] 徐家良,何立军.社会企业蓝皮书:中国社会企业发展研究报告(No.1)[M].北京:社会科学文献出版社,2021.

[23] 中华人民共和国国务院.中华人民共和国企业所得税法实施条例[EB/OL].(2007-12-06)[2021-20-22]. http://www.chinatax.gov.cn/chinatax/n810341/n810765/n812176/200712/c1193046/content.html.

[24] 中华人民共和国国务院.中华人民共和国企业所得税法[EB/OL].(2007-03-16)[2021-10-23]. https://guangdong.chinatax.gov.cn/gdsw/zhsw_yhssyshj_zcwj_zsshjfl/2021-10/13/content_569adee0c81c40db8acc5913afb3bf45.shtml.

[25] 中华人民共和国国务院.中华人民共和国增值税暂行条例[EB/OL].(2020-12-25)[2021-10-23]. https://flk.npc.gov.cn/detail2.html?ZmY4MDgwODE2ZjNjYmIzYzAxNmY0MTE4NGY5YjE2ZDA%3D

[26] 中华人民共和国财政部,中华人民共和国税务总局.关于公益性捐赠支出企业所得税税前结转扣除有关政策的通知[EB/OL].(2018-02-11)[2021-10-23]. http://www.chinatax.gov.cn/n810341/n810755/c3305102/content.html.

[27] 中华人民共和国民政部.民政部关于印发《福利企业资格认定办法》的通知[EB/OL].(2007-06-29)[2021-10-23]. http://www.gov.cn/zwgk/2007-07/11/content_680626.htm.

[28] 中华人民共和国民政部.民政部关于做好取消福利企业资格认定事项有关工作的通知[EB/OL].(2016-11-02)[2021-11-20]. http://www.gov.cn/xinwen/2016-11/02/content_5127756.htm.

[29] 中华人民共和国财政部,中华人民共和国税务总局.国家税务总局关于促进残疾人就业增值税优惠政策的通知[EB/OL].(2016-05-05)[2021-11-22]. http://www.chinatax.gov.cn/chinatax/n359/c2857161/content.html.

[30] 民政部.(MZ009-2001)残疾人社会福利机构基本规范[EB/OL].(2019-10)[2021-10-22]. https://images3.mca.gov.cn/www2017/file/201910/1571903918990.pdf.

[31] 中华人民共和国民办教育促进法[EB/OL].(2019-01-07)[2021-10-24]. http://www.npc.gov.cn/zgrdw/npc/xinwen/2019-01/07/content_2070265.htm.

[32] 刘振国.社会组织的治理问题探析——从产权的角度[J].社团管理究,2009,(3):18-20.

[33] 知乎.新手如何快速看懂一份财报[EB/OL].(2018-12-17)[2021-10-25]. https://zhuanlan.zhihu.com/p/341355157.

第五章
创业计划案例——基于人机交互技术的孤独症儿童教育康复解决方案

本章通过详细介绍一个成功的学生创业计划实际案例,将第四章教育康复行业创业准备的几大板块内容进行具体化,在实际案例中去体会一个完整的创业计划书包括哪些内容以及如何去表述。

本章选取的案例是 2016 年华东师范大学教育康复学专业学生创业团队开展的"基于人机交互技术的孤独症儿童教育康复解决方案"项目研发,该项目获得第十届"挑战杯"大学生创业计划竞赛全国铜奖。

第一节　计划书内容

该项目的创业计划书划分为九部分内容,编写提纲如下:

一、执行总结

执行总结是整套创业计划书的核心概述和工作总结,可以重点着墨展开。

华东师范大学大学生创业团队通过编程实现机器人、孤独症儿童和康复师的互动交流,可以改进传统应用行为分析(ABA)训练方法,设计以人形 NAO 机器人为示范样本的教学情境互动内容,完成孤独症社会交往干预训练康复课程的创新研发。

团队拟注册成立公司,所研发的产品具有独创性和先行性,专业为孤独症康复机构提供最具个性、高效、优质的课程体系,为孤独症儿童的康复与教育提供了一个新颖有效的途径。

二、产品介绍

这部分内容主要介绍创业公司产品形态。本项目以硬件为基础,以软件为手段,在确定干预目标后,运用已有的函数设计模块,按照 ABA 干预理论和 ART 交互模型将各类模块组合成为一些较为独立的情节,再将情节进行配合形成个别化的干预课程,干预课程主要表现为教案、课件和示范视频,共开发 47 门课程,分为 8 个课程主题。

基于人形机器人、VR 技术、大数据等新技术手段,更新迭代孤独症训练技术是技术发展的新趋势。那么,基于人形机器人的孤独症训练课程的康复效果如何呢?这是我们必须正面回答的问题,为此创业团队依托华东师范大学科研成果在康复机构进行机器人参与孤独症儿童康复训练的实证研究。

在单节课程的有效性评估上,我们采用的是对患儿的注意维持时间以及互动次数进行统计,检验课程目标的完成情况;在整体课程的有效性评估上,我们采用的是中国残联孤独症儿童发育量表中的社会沟通与交往能力发展项对患儿进行评估,检验该学习阶段的社会沟通与交往能力的发展状况。

三、公司战略

根据特殊教育和康复行业背景,创业团队确定力求稳定、持续发展的项目成长思路,因此重点关注三年中每年的技术节点和研发计划,关注三年中每年的销售节点和企业发展计划,还要关注三年中每年的财务数据和盈亏平衡点。

本项目以课程销售为重点,大力推广 LAN Star 系列解决方案,同步开展课程培训工作;同时开展硬件装备人形 NAO 机器人销售代理,以获取商业利润。与上海小小虎启音合唱团合作,进行全国巡演,推广解决方案,发展其他康复机构,签订协议,设立"机器人"兴趣班,给予技术支持和资金回馈。

四、市场分析与竞争分析

这是一个商业项目,是通过为孤独症康复机构提供全套解决方案从而达到为孤独症儿童提供高质量康复服务的目的。即:用商业的手段,实践"人人享有康复服务"的公益目标。

项目将产品定位于高端市场,就需要分析会有多少市场份额以及产品的成长性,因此在计划书中运用了 SWOT 模型、宏观 PEST 方法、波特五力模型等手段进行分析。

五、营销策略

将与各个康复机构联系,开展解决方案的销售业务。上海有 300 家左右的康复机构,项目团队预计 2017 年做 20 家,2018 年做 60 家,2019 年做 120 家。每家机构贡献 15 万元营业额,这是蓝海市场。

例如上海市小小虎少儿启音合唱团,已经有意向采用本项目的机器人课程。为了验证课程的康复效果,创业团队在上海市小小虎少儿启音合唱团进行了为期一年的实验。实验结果显示:机器人课程相对于传统康复课程来说,能够更快地提高孤独症儿童社会沟通与交往能力,并且在机器人课程撤出后,患儿能够保持已经习得的社交水平和能力。

六、组织架构

本项目创业团队由具有教育学、电子工程学以及企业管理学三门学科背景的 10 个本科生和硕士研究生组成。在此,计划书描述项目公司的组织架构,按照每位同学的专业特点进行了岗位配置,包括总经理、副总经理、各部门负责人,虽然组织架构略显稚嫩,但是不乏现代企业管理的框架和雏形。

七、融资方案与财务分析

计划书中将完整描述项目的股权分配情况,以及各阶段的资金使用计划,包括预测未来三年的资产负债表、现金流量表和利润表。

相信有良好的资金支持方案,公司可以吸纳更多的专业人员,快速开展项目研发、市场布局和销售,将孤独症康复训练课题贯彻到底,直至获得成功。

八、风险分析

出自大学校园的模拟创业计划书一般都将以产品和技术方案为主;同时所有的商业要素

也将展示在创业计划书中。因此,在本创业计划书中,需要平衡技术要素和商业要素的内容比例,还需要平衡内部和外部的各种风险和困难。

九、创业后记

现在儿童康复机构中孤独症患儿越来越多,如何帮助他们进行更为有效的康复训练是我们亟待解决的问题。团队一开始就是从这个点出发,在老师们的指导下大胆地尝试将机器人技术引入孤独症康复,一步步走到现在,形成我们如今的技术团队和技术方案,形成了自主研发的 ART 交互模型、结构化课程设计理念的核心技术,同时获得了学校实验室、康复机构以及机器人公司的大力支持。

第二节 创业计划案例:基于人机交互技术的孤独症儿童教育康复解决方案

根据上面的提纲,创业计划书全文将分为九个部分如下展开,其中已将原文中附件大多略去,创业团队成员采用实名方式。

一、执行总结

(一)公司介绍

拟成立的上海兰谷教育技术有限公司(简称兰谷教育),首创将人机交互技术与传统孤独症康复技术相结合,形成针对孤独症康复机构的个性化、专业化的解决方案,从而为中国 200 万孤独症儿童提供高效、优质的康复服务。

(二)产品简介

目前公司着力于研发针对孤独症康复机构的教育康复解决方案(图 5-1),包括核心产品——课程体系,附属产品——机器人代理及康复师培训业务。

基于华东师范大学教育康复学专业提供的理论与实践支持,公司所设计的课程体系以儿

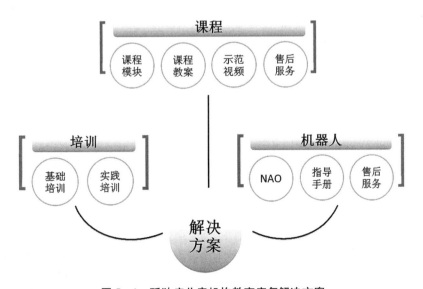

图 5-1 孤独症儿童机构教育康复解决方案

童社会沟通交往能力的发展规律为依据,共分为三个阶段,每个阶段将分别从社交前基本能力、社交技巧和社交礼仪三方面进行干预,环环相扣,使儿童社会沟通交往能力在短期内得以快速提高。实验显示,该课程体系相对于传统康复课程来说,平均提高了患儿18个月的能力水平,并具有延时效应。为有效推行课程体系,公司将为机构提供法国Aldebaran Robotics公司大中华区最低价的NAO机器人,同时为康复师提供课程的培训业务。

（三）公司战略

上海兰谷教育技术有限公司主要致力于开发、推广和销售基于人机交互技术的孤独症儿童教育康复解决方案,预计每三年推出一代升级产品,依次为孤独症儿童机构教育康复解决方案、孤独症儿童家庭教育康复解决方案、孤独症教育康复行业系统解决方案。公司将以上海为据点,开拓长三角地区业务,并将业务逐渐扩展至全国,抢占行业领先地位。

（四）市场与竞争分析

我国政府自2006年起密集出台了一系列与特殊教育相关的政策,对孤独症康复的关注和扶持力度持续上升。但目前孤独症康复行业还正处于起步阶段,缺少优质的康复技术,康复资源供需矛盾紧张,只有2%的患儿能够接受康复训练,整个行业的市场潜力巨大,根据测算市场容量超过200亿元。公司的孤独症儿童机构教育康复解决方案具备显著的竞争优势,能解决行业面临的技术难题,快速占领市场。公司拥有不可复制的优势资源,在现阶段并无有力的竞争对手,将能够得到快速的发展。

（五）营销与推广

产品的销售分机构、家庭、康复行业三期目标市场,通过企业直销（TOC）和中间商销售（TOB）两大方式实现。

产品推广将依托高校在特殊教育领域的教学实践基地资源,通过在机构进行免费试点、口碑推广及校企联盟等方式形成上海市的机构合作网络。同时,通过讲座、研讨会、公益合作等方式在长三角地区及全国进行品牌推广。另外,法国Aldebaran Robotics公司将依据协定,在NAO机器人的销售平台上进行本公司的产品推介。

（六）财务分析

公司初期拟投入自有资金120万元,吸纳大学生创业基金30万元。初期资本投放主要用于固定资产购买和营运资本的维持,主要支出结构为研发成本、管理费用和销售费用。财务状况将与公司战略保持高度一致性,初期财务报表预测结果显示本公司具备高增长性、高偿债能力以及较稳定的资金流动性。此外,激励机制完善,预防措施周全,整体运营风险及财务风险较低,投资可行性强。

（七）创业团队

兰谷教育创业团队由10名来自华东师范大学教育学部教育康复系和经济与管理学部企业管理系的本科生和研究生组成,具有深厚的专业底蕴。由陈东帆老师担任创业指导教师。陈东帆老师现任华东师范大学教育学部副教授,曾就职于上海市机器人研究所、日本软件公司、央企核心部门从事软件开发、技术管理和战略研究工作,后在上海大学出任上海市大学生科技创业基金会上大分会总干事等职。

（八）合作与实际应用

兰谷教育创业团队已与华东师范大学言语听觉科学实验室和法国Aldebaran Robotics公司达成合作协议,将获得实验室在知识产权、设备使用、创业指导方面的全力支持和法国Aldebaran Robotics公司在技术研发、市场开拓、设备租赁方面的全力支持(图5-2)。

图 5-2 兰谷教育创业团队已达成的合作协议

另外,团队已获得上海市小小虎少儿启音合唱团对课程有效性的书面认可,表示该课程体系能快速提高患儿的社会沟通交往能力,并迫切希望该课程能尽快投入使用(图5-3)。

图5-3 上海市小小虎少儿启音合唱团用户证明

二、产品介绍

(一)项目背景

孤独症谱系障碍(Autism Spectrum Disorders,ASD)是一种广泛性发展障碍,以社会沟通交往障碍、局限兴趣和刻板行为为主要临床特征。全球现有孤独症患者3 500万人,其中40%为儿童,中国孤独症患儿数达200多万人。开发适合孤独症患儿的训练课程迫在眉睫。

从目前孤独症康复行业中得到广泛认可和使用的教育康复技术来看,应用行为分析(Applied Behavior Analysis,ABA)、社会性教育理念、地板时光、音乐治疗等方式都是经过实证研究的有效康复方式。但这些技术普遍存在对从教人员能力要求高,过程复杂,耗时长久等限制条件,导致难以进行推广。

另外,机器人技术应用于孤独症康复训练已有一段历史,国外已有研究证实了机器人在孤独症康复中应用的有效性。1976年,爱丁堡大学的研究者Weir和Emanue采用远程控制机器人对一位7岁的孤独症儿童进行了社会性干预训练,取得了良好效果。近年来,美国圣母大学等一些国外研究者致力于利用更加灵活且智能的机器人帮助孤独症儿童,机器人可作为孤独症谱系障碍儿童的友好伙伴,通过对社交技能领域的探索来发展孤独症谱系障碍儿童的社交相关能力,如模仿、共同注意、轮流、情绪识别和表达、主动交往等。但国外的相关机器人介入孤独症康复工作只是个别干预实验研究,尚未形成完整的课程体系,属于局部性的研究工作。而在国内,尚没有行之有效的相关训练和研究。

因此,团队将目前孤独症康复首选的应用行为分析(ABA)理论与机器人技术相结合,以人机交互的形式实现 ABA 干预流程,同时依据儿童社会沟通交往能力发展规律建立课程体系,在确保康复效果的同时,完美地解决了康复技术在推广传播中的限制。以下是对公司产品的详细介绍。

(二) 课程体系

为了解决目前孤独症康复中存在的问题,帮助孤独症儿童提高社会沟通交往能力,本公司将推出孤独症儿童教育康复解决方案——LAN Star 系列,目前正在研发针对机构的 1.0 版本,包括课程、培训、机器人代理以及售后服务,其中课程是自主研发的核心产品。

1. 理论依据

本课程体系的编制以认知心理学、语言学、社会学、生理学、生态学、儿童发展心理学、孤独症儿童的心理发展理论等为依据,采用应用行为分析(ABA)与人机交互相结合的模式对发展年龄(即某特殊儿童现有能力在正常儿童能力发展常模中所对应的年龄,一般用月龄表示)为 0—14 岁的孤独症儿童及其他广泛发育障碍儿童进行干预,使这些儿童更好地习得社会交往技能,同时将所学的技能泛化到生活中的其他领域,进而逐步康复,融入社会。

本项目是多学科交叉研究成果的集中体现:整合计算机工程学程序技术和康复医疗学训练手段,遵循特殊教育的原则方法,研究困扰学界和康复行业许久的社会学难题,即以课程开发模式研究孤独症儿童社会交往的个别化干预训练方案。

2. 课程体系

LAN Star 系列课程教学计划是依据中国残联《孤独症儿童发展评估表(试行)》进行规划的,参照正常儿童社会交往能力的发展进程,将课程分为三个阶段,0—12 个月,12—36 个月和 36—72 个月。每个阶段又进行细分,在细分阶段下从社交前基本能力、社交技巧和社交礼仪三方面确定阶段目标,依据阶段目标进行课程的设计。

(1) 编写说明

1) 教学计划编写的原则

① 符合儿童社会交往能力的发展规律;

② 通过主题的形式使各种能力能够从低级到高级进行延续;

③ 各个能力模块可以单独成体系进行评估与训练。

2) 各阶段目标

三个阶段共形成 47 个目标项,具体如下:

第一阶段:0—12 个月

【社交前基本能力】

1. 目光注视社交对象

2. 与熟悉人 3 米距离内身体接触

3. 与陌生人 3 米距离内身体接触

4. 认识镜子中的自己

【社交技巧】

5. 用微笑回应照顾者

6. 微笑或发出声音引发照顾者的反应

7. 微笑或伸出手臂拥抱表达对照顾者的喜爱之情

【社交礼仪】

8. 对别人的问候(你好!)表示惊讶
9. 妈妈离开时,儿童盯着妈妈并双臂上下摆动
10. 用微笑回应别人的问候(你好!)
11. 妈妈离开时,儿童盯着妈妈哭并双臂前伸

第二阶段:12—36个月

【社交前基本能力】

12. 陌生人走近儿童的身体1
13. 认识自己的衣服
14. 陌生人走近儿童的身体2
15. 安坐
16. 知道与回答自己的年龄
17. 儿童执行"不准"的指令
18. 画画(或其他行为)很好

【社交技巧】

19. 请求照顾者帮助拿自己想要的东西
20. 对陌生环境或对陌生人的反应

【社交礼仪】

21. 伸手或拉手回应别人的问候(你好!)
22. 用"好"回应别人的问候(你好!)
23. 用"叔叔/阿姨好"回应别人的问候(你好!)
24. 被动介绍,儿童回答别人对自己名字的提问
25. 妈妈离开时,儿童迈步追并向前伸开手臂
26. 妈妈离开时,儿童迈步追并抱住妈妈的腿
27. 妈妈离开时,儿童亲妈妈的脸表达再见
28. 用"妈妈,再见"回应妈妈的告别
29. 拿到别人给的东西,双手作揖表示感谢
30. 拿到别人给的东西说"谢谢叔叔/阿姨"

第三阶段:36—72个月

【社交前基本能力】

31. 知道与回答父母的姓名

【社交技巧】

32. 与陌生人简单交谈
33. 维持谈话
34. 分享

【社交礼仪】

35. 握手表达问候
36. 用"你好",并握手用"早上好/晚上好"回应别人的问候
37. 用"叔叔/阿姨好"回应,并挥手

38. 主动自我介绍:"叔叔/阿姨好,我叫×××"
39. 妈妈离开时,说"拜拜"但表情显出不愿意
40. 用"妈妈,再见",并有亲电话(代替亲妈妈)表示告别
41. 弄坏别人的东西,会说"对不起"
42. 当别人做事做得好时,口头称赞别人或通过动作称赞别人
43. 用"叔叔/阿姨好"问候,并握手
44. 妈妈离开时,说"拜拜"并挥手
45. 用"妈妈,再见"告别的同时表达想念"想你"
46. 用"你好",并握手
47. 妈妈离开时,说"拜拜"并挥手,但对妈妈提出某些要求

(2) 课程体系介绍

基于以上47个目标项,将具有相似内容的课程按照难度梯度进行归纳,形成47门课,分属8个主题,分别为:"我周围的世界""我自己""我身边的人""我们聊聊天""我会打招呼""我会说再见""我会打电话""我最懂礼貌",详见表5-1。

表5-1 课程体系表

阶 段	月龄(个月)	模 块	主 题	课 程
第一阶段 0—12个月	0—6	社交前基本能力	我周围的世界	1.《看一看》
		社交前基本能力	我周围的世界	2.《谁在叫我?》
		社交技巧	我身边的人	3.《开心笑一笑》
		社交礼仪	我会说再见	4.《和妈妈摆手再见》
	6—12	社交前基本能力	我周围的世界	5.《你是谁?》
		社交前基本能力	我周围的世界	6.《爸爸/妈妈抱一抱》
		社交前基本能力	我自己	7.《照镜子》
		社交技巧	我身边的人	8.《让我抱抱你》
		社交技巧	我身边的人	9.《哈哈笑》
		社交礼仪	我会打招呼	10.《微笑》
		社交礼仪	我会说再见	11.《妈妈走了我不哭》
第二阶段 12—36个月	12—18	社交前基本能力	我周围的世界	12.《我不认识你》
		社交礼仪	我会打招呼	13.《见面拉拉手》
		社交礼仪	我会说再见	14.《妈妈走了我不追》
	18—24	社交前基本能力	我自己	15.《这是我的……》

续　表

阶　段	月龄(个月)	模　块	主　题	课　程
第二阶段 12—36个月	18—24	社交技巧	我身边的人	16.《妈妈,帮帮我》
		社交礼仪	我会打招呼	17.《……你好》
			我会说再见	18.《妈妈走了我不缠》
			我最懂礼貌	19.《鞠躬说谢谢》
	24—36	社交前基本能力	我周围的世界	20.《我要找妈妈》
			我周围的世界	21.《安静地听……》
			我自己	22.《我的名字叫……》
			我自己	23.《我几岁》
			我自己	24.《这样做好不好》
			我自己	25.《不可以》
		社交技巧	我身边的人	26.《这是哪里?》
		社交礼仪	我会打招呼	27.《叔叔好,阿姨好》
			我会说再见	28.《和妈妈吻别》
			我会打电话	29.《电话告别》
			我最懂礼貌	30.《主动说谢谢》
第三阶段 36—72个月	36—48	社交前基本能力	我自己	31.《妈妈的名字》
		社交技巧	我们聊聊天	32.《阿姨好,我叫……》
			我们聊聊天	33.《一起玩儿》
		社交礼仪	我会打招呼	34.《握手说你好》
			我会打招呼	35.《早上好、晚上好》
			我会打招呼	36.《挥手说你好》
			我会说再见	37.《妈妈拜拜》
			我会打电话	38.《电话告别(主动)》
			我最懂礼貌	39.《你真棒》
			我最懂礼貌	40.《对不起》
	48—60	社交技巧	我们聊聊天	41.《一起聊一聊》

续 表

阶 段	月龄(个月)	模 块	主 题	课 程
第三阶段 36—72个月	48—60	社交礼仪	我会打招呼	42.《握手和问候》
			我会说再见	43.《挥手说再见》
			我会打电话	44.《妈妈我想你》
			我最懂礼貌	45.《一起玩一玩》
	60—72	社交礼仪	我会打招呼	46.《主动打招呼》
			我会说再见	47.《妈妈,我想要……》

3. 配套产品

目前正在研发的 LAN Star 1.0 解决方案的核心产品为课程体系,此外还包括配套产品:康复师培训、机器人代理以及售后服务,具体内容如下:

(1) 康复师培训

为了使机构中的康复师能够有效地推行课程,团队按照理论联系实际的原则对康复师进行理论基础培训和实践培训。理论基础培训主要是教会康复师如何使用机器人以及了解课程的设计理念;实践培训则是帮助康复师明确课程目的,了解课程的编写原则,在专业人员的带领下进行课程的实践操作。

(2) 机器人代理

团队通过华东师范大学言语听觉科学实验室向法国 Aldebaran Robotics 公司提出合作申请,达成机器人代理合作协议,并取得该公司大中华区的最优折扣。

(3) 售后服务

为了维持良好的客户关系,收集解决方案在实际应用中出现的问题,并有针对性地对问题进行反馈和追踪,公司将推出售后服务平台,为机构提供机器人免费质保服务、课程问题收集及反馈服务、方案使用过程信息收集服务等。

1) 课程方面

公司将通过在官网、微信公众号平台设立客服的方式对机构遇到的操作问题或技术问题进行答复。除此之外,每家机构将有2个小时的专家答疑时间,机构可以总结自己在使用过程中遇到的问题,通过网上预约的方式向专家提出问题,获得专业解答。

2) 机器人方面

本公司所提供的 NAO 机器人附有法国 Aldebaran Robotics 公司提供的免费两年质保服务。

3) 机构专用平台

为了真实反映实际应用中解决方案的使用情况,公司将搭建"机构专用平台",对购买解决方案的机构进行信息收集。机构需要安排使用解决方案的康复师对使用情况进行填写,例如"您花了几节课时完成这一目标""您认为孩子学习的效果如何"等可以测量使用效率及使用效果的基础问题。考虑到机构工作繁忙,公司在解决方案售卖结束后会与机构确认使用解决方案的康复师,然后为每名康复师申请平台账号,康复师只需自行安排时间进行一周一次的填写。

4. LAN Star 系列解决方案

针对机构的 LAN Star 1.0 解决方案将通过系统的课程使机构康复能够有效推行,使患儿的社会沟通交往能力得到快速提高;通过培训使机构人员具有专业素养,有利于解决方案的不断完善;通过机器人代理使机构获得低于市场价约 15% 的 NAO 机器人,通过售后服务为康复机构提供可信赖、依靠的平台。解决方案的实施将为孤独症康复机构带来可以快速应用的新技术,为孤独症患儿的教育康复提供新思路。但在未来的发展中,LAN Star 不会局限于机构,公司会将 LAN Star 做成如表 5 - 2 所示的三种迭代产品/方案。

表 5 - 2 LAN Star 系列孤独症儿童教育康复解决方案

孤独症儿童教育康复解决方案		推出时间	目标客户	内容	特性
LAN Star 1.0	孤独症儿童机构教育康复解决方案	2017.1	民办康复机构、残联康复中心、特殊教育学校、民政社会福利院（约 5 000 家）	教育康复课程 ＋康复师培训 ＋代理机器人销售	系统性
LAN Star 2.0	孤独症儿童家庭教育康复解决方案	2020.1	孤独症儿童家庭（约 200 万户）	家庭康复指导手册 ＋模块 ＋机器人	互动性 情景化 个别化
LAN Star 3.0	孤独症教育康复行业系统解决方案	2023.1	机器人生产龙头企业	知识产权授权 ＋咨询服务	集成化

一开始从机构入手,是源于目前大多数孤独症儿童的康复是在机构中开展的;同时,家庭康复在孤独症儿童康复中的重要性也是不可忽视的,因此公司将于 2020 年推出针对家庭的孤独症儿童教育康复解决方案,即 LAN Star 2.0,使孤独症康复技术真正走入家庭。在此阶段,家庭康复将配合机构康复共同进行,由康复师输入患儿基本情况及干预目标等重要信息,公司将为其定制适合家庭的康复课程,远程输送至家庭版机器人端,家长就可以对患儿进行日常干预,固化机构康复效果,更快提高患儿能力水平。另外,通过机器人收集、储存、上传信息的功能,专业技术人员可以获得孤独症儿童在自然情境中与机器人进行交流互动的数据,包括使用频次、患儿触发机器人行为的语音等,包括针对不同孤独症患儿问题所采用的解决策略。通过 1.0 和 2.0 阶段的数据收集,公司将建立起孤独症儿童问题解决策略库。只需输入患儿基本信息、存在问题等重要信息,机器人即可自动生成针对该患儿的解决方案,并根据机构、家庭甚至外出多方环境进行自适应调整。公司所创建的问题解决策略库将作为 3.0 方案中"知识产权授权"的重要组成部分。除此之外,公司亦将为机器人生产龙头企业提供孤独症康复行业的咨询服务。

团队希望通过这些解决方案为中国孤独症儿童提供丰富有趣的干预形式,从而提高机构干预效率,缓解专业人员紧缺状况,为提升孤独症康复机构以及整个行业的康复效率创造价值。

（三）理论支持

本团队具有教育学与机械电子双重背景，能够利用学科交叉的优势，将机器人技术与孤独症康复融为一体，形成面向机构的孤独症教育康复解决方案。产品设计的理论支持包括应用行为分析（ABA）理论、人机交互技术以及 ART 交互模型。

1. 应用行为分析（ABA）理论

应用行为分析（ABA）是指人们在尝试理解、解释、描述和预测行为的基础上，运用行为改变的原理和方法对行为进行干预，使其具有一定社会意义的过程。治疗者向孤独症儿童提供一种或多种刺激，孤独症儿童根据刺激做出一定的反应，治疗者对孤独症儿童的正确反应提供强化物加以鼓励，对其不当行为则不提供强化物，另外教授恰当行为以替代问题行为。

2. 人机交互技术

团队选取的机器人是由法国 Aldebaran Robotics 公司研制的一款人工智能仿人机器人——NAO（图 5-4），是目前教育领域应用最广泛的人形机器人。精巧的机械结构、强大的处理器和先进的传感器能够支持它完成各种复杂的动作。同时 NAO 机器人提供了一个开放的编程构架，使用户可以使用诸如 C++、Python、Java、Matlab、.NET 及 Urbiscript 语言进行编程，团队所采用的是 Python 语言。

为了实现人机交互，我们主要通过"语音识别/语音播放" "动作设置"以及"通信"三个方面对机器人进行编程（图 5-5），其中通信包括 NAO-PC、NAO-phone、NAO-多媒体视频三个部分（图 5-6）。

图 5-4　人形 NAO 机器人

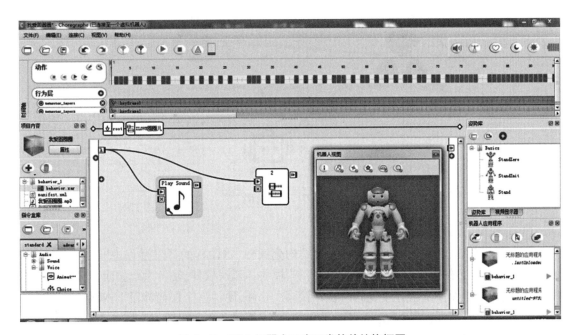

图 5-5　NAO 机器人二次开发软件结构框图

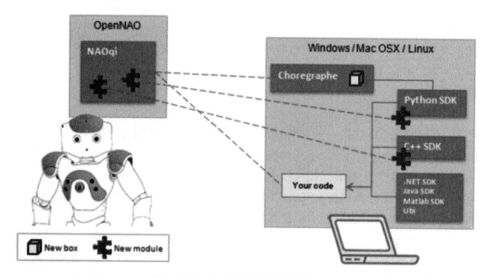

图 5-6 NAO 机器人程序

3. ART 交互模型(Autism-Robot-Therapist Model)

ART 交互模型是团队首创将人机交互技术与 ABA 干预理念相结合,创造性地将人机交互技术融入"刺激—反应—结果—再刺激"这一 ABA 行为干预模式,从而提高患儿社会沟通交往动机,增强其社会沟通交往能力。目前机器人在模型中的角色可以是患儿的同伴,根据班杜拉社会学习理论,患儿可以通过机器人和康复师之间的互动认识到目标行为是什么;另外,机器人还可以是康复师给予患儿的刺激点,机器人的出现或某些动作可以使患儿产生被强化的行为,此时机器人再次给予反馈,能够使得目标行为被不断强化,最终得到泛化,使得患儿社会沟通交往能力得到提升(图 5-7)。

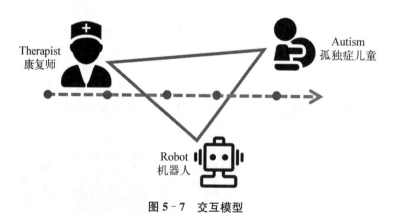

图 5-7 交互模型

（四）结构化课程设计

结合硬件系统、计算机软件编程等构建结构化课程,将课程的开发过程进行结构化分层,形成一个自顶向下的纵向结构,包含课程、情节、模块、函数、软件、硬件六个层面。其中,课程、情节、模块三个层面涉及教育康复的内容,而函数、软件、硬件三个层面涉及 NAO 机器人核心控制技术。以"打招呼：挥手"的课程框架为例,对课程进行结构化分解,对应动作目标,研发编制 NAO 机器人应用程序,生成驱动函数,由 NAO 机器人做出动作(图 5-8)。

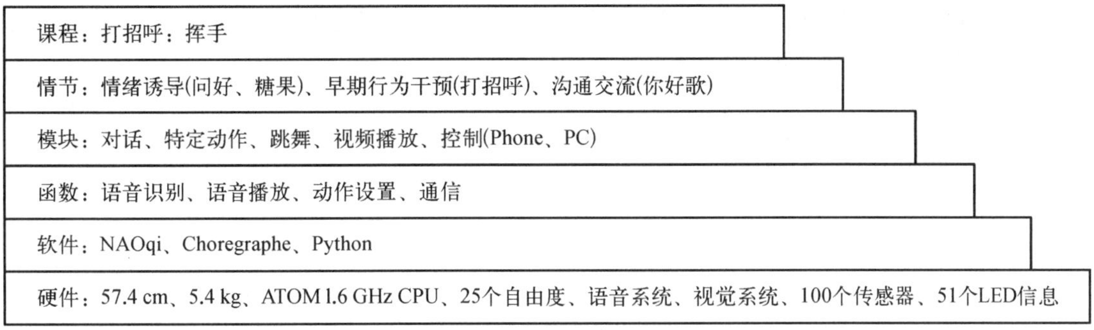

课程：打招呼：挥手

情节：情绪诱导（问好、糖果）、早期行为干预（打招呼）、沟通交流（你好歌）

模块：对话、特定动作、跳舞、视频播放、控制（Phone、PC）

函数：语音识别、语音播放、动作设置、通信

软件：NAOqi、Choregraphe、Python

硬件：57.4 cm、5.4 kg、ATOM 1.6 GHz CPU、25个自由度、语音系统、视觉系统、100个传感器、51个LED信息

图 5-8 结构化课程框架图

1. 课程

此阶段是对课程整体的设计，通过对孤独症儿童个性化的分析编制适用于儿童本身的社会交往课程，是结构化课程开发的第一步。在此阶段将应用行为分析的理论基础、康复的方法与手段、儿童个体化差异（如社交障碍表现、自身特点、行为习惯）等方面相结合，制定出一个性化的课程方案，其他阶段的工作皆以此阶段为基础。

2. 情节

此阶段是针对孤独症儿童社会交往障碍的表现进行相应的情节设计。如孤独症儿童在社会交往中常常表现出社会交往技能存在质的缺陷，语言沟通方面存在障碍，行为、活动和兴趣固化、狭隘，多数儿童运动技能发育滞后等，因此在课程开发中，根据不同儿童的缺陷特点，有针对性地进行情绪诱导、早期行为干预和沟通交流方面的训练。如在"打招呼：挥手"的课程开发中，可以用视频、音乐等进行情绪诱导，对出现问题行为的儿童进行行为干预，最后通过《你好歌》引导孤独症儿童沟通交流。

3. 模块

模块是对情节的分解，当前两个阶段完成后，通过对课程和情节的梳理，开始划分模块。根据课程和情节的不同，可以将一个课程划分为若干个模块，不同的模块完成不同的任务。如在"打招呼：挥手"的课程中，可以将模块划分为对话、机器人特定动作（如招手）、跳舞、视频播放、对多媒体视频的触发等等。每个模块彼此分离又相互影响，共同完成各自的任务。每一个模块又是由一个或若干个函数组合而成，本项目的基本函数是语音识别/语音播放、动作设置、通信。

4. 函数

从此阶段开始进行课程开发的编程环节，NAO机器人拥有一个开放的编程构架，提供了NAO控制所需的所有应用程序接口（API），包括OpenCV的库函数以及多种成熟的算法。通过对计算机的编程和函数的使用完成语音识别/语音播放、动作设置、通信等环节。

5. 软件

通过Choregraphe软件可以实现用图像化的语言创建和编辑机器人的动作和互动行为，同时由于Choregraphe软件是利用Python语言编写，因此可以利用Python语言在Choregraphe中编写用户指令盒；还可以通过Aldebaran Robotics公司提供的应用程序接口（API）使用C++、Python、Java、Matlab、.NET及Urbiscript语言进行编程。

6. 硬件

硬件是机器人技术应用的基础和条件。NAO机器人的身高为57.4 cm，质量为5.4 kg，

CPU 主频 1.6 GHz,具有 25 个自由度,使身体可以灵活运动,具有语音系统和视觉系统,配备 100 个传感器以及 51 个 LED 信息发布点。

（五）具体教案

使用 NAO 机器人的孤独症教育康复流程如图 5-9 所示。

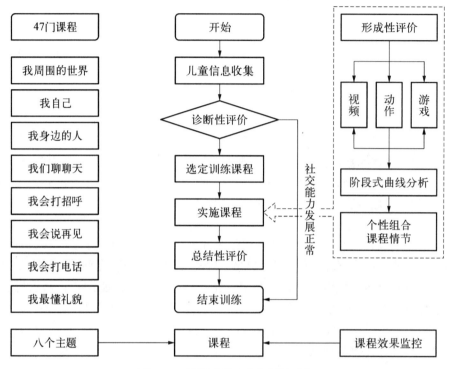

图 5-9　孤独症教育康复训练流程

1. 康复流程说明

（1）训练流程

1）对孤独症儿童进行评估,确定其所处社交能力发育阶段,对照该阶段儿童的社交前基本能力、社交技能、社交礼仪的各项指标进行分析；

2）对孤独症儿童进行评估效果分析,若评估结果异常则制定阶段训练方案；若达到正常指标则课程结束；

3）前往康复机构进行操作实施,检验课程的合理性和有效性。

（2）制定个性化方案

1）采集数据,具体按照社交前基本能力、社交技能、社交礼仪三个方向进行评估分析；

2）根据评估的发展年龄,进行阶梯式定位,就低确定训练月龄；

3）按照发展年龄进行训练方案的组合设计,将已经编制的课程组合成为训练方案,即使用 NAO 机器人进行社会性训练(图 5-10)。

（3）八个主题

八个主题为"我周围的世界""我身边的人""我自己""我们聊聊天""我会打招呼""我会说再见""我会打电话""我最懂礼貌"。具体包含了 47 门课,是根据内容相似原则并按照难度梯度进行归纳的。

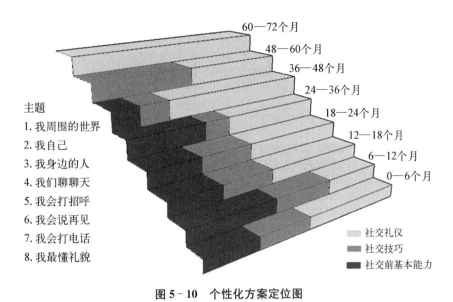

图 5-10 个性化方案定位图

2. 教案展示

教案展示详见表 5-3。

表 5-3 教案展示

活动名称	社会性交往课程——"挥手说你好"(第 36 课)
活动目标	1. 体验"高兴"的情绪(情绪诱导) 2. 学会用"挥手"与朋友打招呼(早期行为干预) 3. 学会用语言或动作回应"你好"(沟通交流)
活动内容	1. 使用打击乐器与机器人共舞,体验"高兴"的情绪 2. 用律动游戏获得与同伴打招呼的经验 3. 通过角色游戏完成社会角色的代入,形成社会交往技能
活动重点	学会用"挥手"等方式与熟悉的人打招呼
活动难点	能够在情境下或在自然情境中主动与熟悉的人打招呼
活动方法	可视音乐、律动、游戏(角色扮演)
活动准备	1. 环境布置:视听音响 2. 技术:机器人 3. 乐器及其他:小型乐器(摇铃、手鼓等)、动物卡片 4. 课程素材:可视音乐视频(套娃一家、机器人)、《你好歌》视频
活动过程	一、导入(情绪诱导) 1. 教师通过变魔术的方式,播放视频音乐,引出机器人画面。 教师:"今天老师请了一个朋友,请小朋友看看他是谁? 老师把他变出来。" 【观察力注意力训练】:通过线条与形状的变换,黑白与彩色的变换,最终由抽象的形状变换出具体的机器人 2. 教师请儿童与画面里的机器人打招呼,机器人出场。 教师:"我们一起和他挥挥手,让他出来吧!"【机器人从画面后面走出来】

续　表

活动过程	教师:"机器人和小朋友问好!"NAO:"大家好!"(点头) 教师:"机器人,请你给大家跳个舞吧!"(触发 VR,视频播放,机器人跳舞,儿童击打乐器) 【"高兴"情绪体验:用正性音乐作为儿童与机器人熟悉的媒介,通过使用打击乐器的方式正确宣泄儿童的高兴情绪。】
	二、学习打招呼的技巧(早期行为干预) 1. 教师请儿童与机器人交朋友,播放《你好歌》视频,帮助儿童观察并感知打招呼的社会交往技能。 教师:"我们和机器人成为好朋友,要怎么打招呼呢? 我们来看一看这些小朋友是怎么打招呼的吧。"(触发 VR,播放《你好歌》视频) 【观看《你好歌》的视频,帮助儿童感知社会交往技能。】 2. 机器人演示《你好歌》舞蹈,强化突出打招呼的动作。 教师:"我们来看一看机器人是怎么做的吧?""我们一起来做一做。" 【反复强化出现打招呼的动作,帮助儿童学习具体的动作】 3. "打招呼"的语言与动作相结合。 教师:"让我们和机器人来打招呼。" "机器人,你好!"(挥手) NAO:"你好!"(挥手) 学生 A:"你好!"(挥手) NAO:"你好!"(挥手) …… 【儿童模仿习得打招呼的动作,并通过互动理解社会规则。】
	三、情景游戏,拓展生活经验(沟通交流) 1. 与机器人一起跟着视频跳舞。 教师:"小朋友们学会了打招呼,好朋友是怎么打招呼的? 让我们跟着音乐一起跳起来吧。"(触发 VR,播放《你好歌》视频) 【通过与机器人一起律动,强化社会交往技巧,体验乐趣。】 2. 情境游戏,找朋友。 教师:"我们一起玩一个找朋友的小游戏。今天老师会请几个小动物来做客。我给每一个小朋友发一个动物友爱卡。看是谁友爱卡上的小动物出来了,你就来打招呼。"(机器人扮演小动物,与儿童游戏。具体方式同"二、3") 【通过匹配练习,找到自己的好朋友,训练社交技巧。】 3. 和班级里的伙伴打招呼。 教师:"今天我们学会了怎么和机器人打招呼,大家也是好朋友,你怎么和同伴打招呼呢?" 【通过真实的社会环境,泛化社交技能。】
	四、总结 教师:"小朋友们学会了打招呼,好朋友是怎么打招呼的? 让我们跟着音乐一起跳起来吧。"(触发 VR,播放《你好歌》视频)

3. 动作分解图

舞蹈是一系列连贯的动作和音乐的组合,以舞蹈《你好》为例,介绍舞蹈动作的实现过程。舞蹈《你好》的背景音乐为中央电视台少儿频道《小小智慧树》栏目中出现过的《你好歌》,舞蹈的动作是我们根据机器人的动作水平,结合《你好歌》歌词的内容设计而来,最后再将动作和音乐节奏相匹配,实现舞蹈《你好》的开发。表 5-4 为舞蹈《你好》中结合歌词设计分解动作的过程和意图。

表 5-4 舞蹈《你好》动作设计和设计意图

歌　　词	动作设计	设　计　意　图
前奏(0—7 s)	下蹲两次	视听唤醒,激发儿童兴趣,吸引儿童注意力
第一句+第二句(7—14 s) 你好,你好,点点头 你好,你好,笑一笑	挥动右手两次	积极行为刺激:打招呼行为的建立(点头,微笑)
第三句+第四句(15—22 s) 你好,你好,拍拍手 啦啦啦啦,啦啦啦啦 我们都是好朋友	挥动左手两次	学会用拍手来表达喜悦的心情,建立社交意识
第五句(23—26 s) 点点头,笑一笑	点头	积极行为强化(点头、微笑)
第六句(27—30 s) 拍拍手,笑一笑	拍手	积极行为强化(拍手、微笑)
第七句(31—34 s) 点点头,笑一笑	点头	积极行为强化(点头、微笑)
第八句(35—38 s) 啦啦啦啦,啦啦啦啦 我们都是好朋友	翩翩起舞状	从积极行为过渡到社交技能,儿童能认识到好朋友见面要打招呼
……	……	……

4. 效果分析

为了验证上述课程的有效性,团队在上海市小小虎少儿启音合唱团进行了为期一年的临床实验。

实验对象是 10 名孤独症儿童(以下以被试 1—被试 10 分别代表这 10 名孤独症儿童)。根据能力水平的不同,将其分成了三个实验组(被试 2、被试 3、被试 5/被试 6、被试 7、被试 8/被试 1、被试 4、被试 9、被试 10),并选取一名与被试 2 能力水平与康复条件相似的患儿作为被试 11,在小小虎少儿启音合唱团接受传统课程训练,作为实验对照组。

下面仅展示实验结果。

观察小组在每一组中随机抽取了一节课程,从行为目标和结果目标两方面对孤独症儿童教学效果进行主观评价。在行为目标评价中,观察小组统计了孤独症儿童在实验教学中的行为配合次数,以评价教学过程中的效果;在结果目标评价中,观察者关注的是孤独症儿童在实验教学中行为的准确率,即遴选出完成水平较高的行为配合次数,以评价教学结果的效果。

结果发现:在实验过程中,无机器人教学和有机器人教学的时间总体上是相同的,但是,10 名被试都在有机器人参与的教学中表现出眼睛注视次数增加,安静时间显著增加(图 5-11)。可以明显看到:机器人的加入使整个教学过程充满惊奇,改善了孤独症儿童的课堂教学效果。另外,有 9 人(除被试 9)的"注视"行为实际互动次数达到实验理论互动次数的 50%以上(图 5-12),说明机器人参与的实验教学能够吸引大多数孤独症儿童的注视;行为准确率(正确互动次数

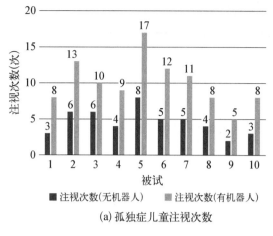
(a) 孤独症儿童注视次数

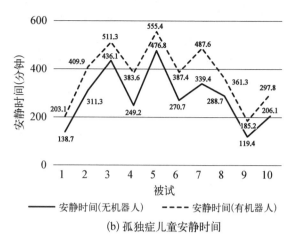
(b) 孤独症儿童安静时间

图 5-11 孤独症儿童注视次数和安静时间

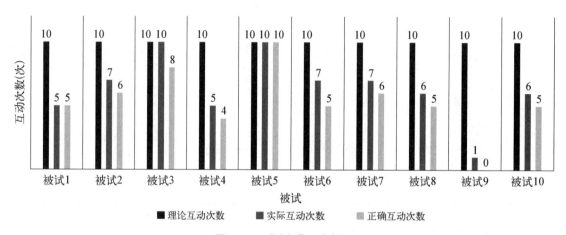

图 5-12 "注视"互动次数

占实际互动次数的百分比)均达到了80%,说明实验教学中"注视"行为的教学效果良好。

此外,团队在一个季度的实验后将被试11(性别:男;年龄:5岁6个月;家庭经济状况良好,配合机构康复,其第三方评估量表中社会性之对人关系的评价结果为8个月龄)与被试2进行比较,依然采用第三方评估量表对两名儿童的社会性之对人关系进行评价,结果发现:被试2已达到18个月龄的水平,而被试11仅达到第10个月龄的水平。结果表明,机器人课程在提高儿童社会沟通交往能力上的效果是显著高于传统康复课程的。

最后,对11名患儿进行的长期跟踪的结果如图5-13所示。

从2015年1月到2016年1月的实验数据可以发现,被试2、被试3和被试5的提高非常显著,相对于被试11来说,整体平均提高了18.3个月龄的水平。整体看来,解决方案的效果是能够长期维持的。虽然目前仅测量了实验结束一个季度后的患儿水平,但结果显示:10名患儿并没有在这一季度无机器人参与的传统课程中退步,只是进步速度相对减慢,后续团队会继续进行跟踪。

综上,能够得出结论:相对于传统课程来说,机器人参与的课程能够提高患儿的安静时间以及注意程度;另外,患儿与康复师之间的互动次数、患儿与机器人之间的互动次数甚至患儿之间的互动次数均有显著提高。课程的延时效应也已得到验证。

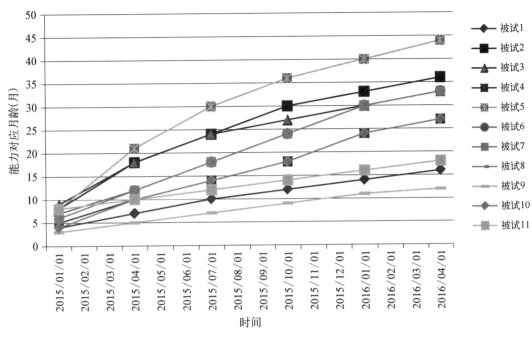

图 5-13 长期跟踪结果图

三、公司战略

(一) 公司概况

兰谷教育技术有限公司是一家开发、推广和销售基于人机交互的孤独症儿童教育康复解决方案的公司。拟于2017年1月1日注册成立,预计注册资金为人民币150万元(表5-5)。

表 5-5 公司基本情况表

上海兰谷教育技术有限公司			
拟注册点	上海市工商局	涉及行业	电子工程行业、教育行业
公司体制	有限责任公司	拟注册资金	150万元
拟办公地址	华东师范大学国家大学科技园高新技术孵化园	公司商标	见图5-14
创始人学科背景		华东师范大学教育康复学专业和企业管理专业	
目标客户群		民办康复机构、残联康复中心、特殊教育学校、民政福利院	
公司使命		用前沿科技,提供最具个性、高效、优质的孤独症儿童教育康复解决方案	
公司愿景		打造中国机器人孤独症教育康复解决方案提供商第一品牌	
核心价值观		芝兰生于幽谷,不以无人而不芳	

目前,公司创始团队致力于研发基于人机交互的孤独症儿童机构教育康复解决方案,为孤独症儿童的康复与教育提供了一个新颖、有效的途径,具有独创性和先行性。

公司创始团队由10名来自华东师范大学教育学部和经济与管理学部的学生组成,其中7名本科生,3名硕士研究生。另外,公司还拥有一支专业的技术顾问团队。顾问团队成员有华东师范大学教育康复专业博士生导师黄昭鸣和法国Aldebaran Robotics公司中国区总监齐建伟,他们分别在孤独症康复和机器人技术上有多年的理论研究和实践经验,对公司的研发、运营起着重要的引领、推动作用。

图5-14 上海兰谷教育技术有限公司品牌logo

(二)企业文化

"兰谷教育",其名源于《孔子家语》:"芝兰生于幽谷,不以无人而不芳"。兰,性情高洁;谷,空旷悠远。空谷中的幽兰,象征存在社会沟通与交往障碍的孤独症儿童,他们生活在自己的空谷里,不与他人接触、沟通。同时,空谷亦象征着目前孤独症康复市场的空虚,大多数机构正苦于没有先进、可靠的技术来响应政策;我们则象征着那一株幽兰,为这片空谷带来希望,带来芬芳。公司所研发的解决方案不仅可以优化对孤独症儿童的干预效果,也可以帮助机构响应政策,真正获取到更多的国家支持。

另外,古语的下句——"君子修道立德,不以穷困而改节"也大大地激励了我们创业的信心与热情,虽然目前处于起始阶段,前行的道路上布满艰难险阻,但因为整个团队的不放弃,我们获得了各界人士的帮助与扶持,我们所做的课程越来越完善,我们所设计的方案行进得越来越流畅,在整个奋斗的过程中每个人都在坚持,为做出更好的体系努力着。

兰谷教育始终秉承"乘骐骥以驰骋兮,来吾道夫先路"的开创精神,把团队合作意识放在高位,将人机交互技术与孤独症教育康复相结合,通过严谨的方案设计与大量的实际操作,研发出能提升孤独症患儿社会沟通与交往能力的优质解决方案,形成可以应用推广的完整体系,并随着技术的发展而不断更新、不断完善,努力在孤独症教育康复领域开拓新天地。

(三)发展战略

公司发展战略与产品迭代战略相配合,结合国家五年规划进行设计。

目前计划所推出的迭代产品分为:基于人机交互的孤独症儿童机构教育康复解决方案(LAN Star 1.0)、家庭教育康复解决方案(LAN Star 2.0),以及整个孤独症康复行业解决方案(LAN Star 3.0)。

另外,国家"十三五计划"提出:大力推进机器人、智能系统等新兴前沿领域创新和产业化,形成一批新增长点。此外,《机器人产业发展规划(2016—2020年)》中提出的突破点也锁定在服务机器人领域。

本公司研发基于人机交互的孤独症儿童教育康复解决方案是将机器人运用于孤独症康复领域,恰是与国家战略的内容相符的。"十三五"期间正值公司的发展初期,公司的转型节点,也将与国家战略进度大致吻合。因此,公司要抓住"十三五"的有利战略机遇期,与产品体系迭代相配合,实现自身的发展(表5-6)。

1. 初期战略(2017.1—2020.1)

公司成立初期,技术亟须成熟,客户基础薄弱。战略重点在于打开市场和产品研发。通过建立信任、培养初始口碑人群打开上海市场。目前已完成四个主题课程的开发,计划2017年开发并测试剩余四个主题的课程,完成解决方案 LAN Star 1.0 版本,并接受第一批用户反馈,进行产品改进。拟第一年启动资金为 150 万元,包括引入 30 万元大学生创业基金。

表 5-6 公司发展战略表

公司发展阶段	初期			中期			长期
时间	第一年	第二年	第三年	第四年	第五年	第六年	第七年至第十年
市场战略	开拓长三角地区市场;占据行业领先地位,细分市场份额 80%			扩大至全国市场,开拓 12.5% 机构康复解决方案总市场(1 亿元),累计市场份额 60%			开拓 50% 总市场(4 亿元),累计市场份额 50%,开拓家庭康复解决方案市场 5%(10 亿元),占据 50%
产品战略	推出解决方案 1.0	开始进行解决方案 2.0 的调研	开始进行解决方案 2.0 的研发	推出解决方案 2.0	开始进行解决方案 3.0 的调研	开始进行解决方案 3.0 的研发	推出解决方案 3.0
	开发并测试剩余四个主题的课程	开发孤独症儿童康复知识的相关书籍					
		通过机器人搜集用户使用数据,建立数据库					
融资战略	启动资金 150 万元,包括引入 30 万元大学生创业基金			风险资金、员工持股			第十年左右实现企业兼并,强强联合

公司将紧跟"十三五"脚步,在巩固并发展市场的同时,持续投入方案研发。公司成立第二年,将市场拓展至上海周边省市的康复机构,进入产品销售稳定增长阶段,并实现盈利。第三年产品销售进入高速增长期,长三角地区市场逐步成熟。此时业内可能会出现模仿者、替代品,公司要保证产品的高质量、体系化,产品拓展至全国市场,力争在"十三五"收官之际占据行业领先地位,以 800 万元的总营收占取已开发市场(1 000 万元)的 80% 份额。

在产品方面,第二年开始为解决方案 LAN Star 2.0 版本做调研,为第三年新一代产品的研发提供依据;并依据用户的使用数据,开始持续搭建孤独症康复数据库。在第二年和第三年开发配套图书和孤独症儿童康复知识的相关书籍,充实产品群,增强企业的品牌效应。

2. 中期战略(2020.1—2023.1)

产品方面,公司拟在第四年推出针对孤独症家庭康复市场的新一代解决方案 LAN Star 2.0,第五年开始为针对整个孤独症康复行业的解决方案 3.0 版本展开调研。第六年起,公司要努力保持市场占有率,保持行业领先地位。公司在第六年进行 LAN Star 3.0 的研发,完成孤独症康复数据库的搭建。

融资方面,公司拟在第四年和第五年引入风险资金,占股 20%,执行骨干员工持股计划

10%,创始人股权池将稀释至 70%。该笔融资会对未来的公司发展转型提供关键支持,帮助公司扩大康复数据库,逐步完成业务重心的转移以及更多项目的上线,产品拓展到全国市场,第六年末市场开发率达到 12.5%(1 亿元),市场份额占 60%。

3. 长期战略(2023.1—2026.12)

公司将于第七年基于大数据和研发成果推出集成化的第三代解决方案 LAN Star 3.0。公司发展战略将结合"十四五"规划的内容而调整。此外,根据科技和市场发展规律,后期会出现质优价廉的国产机器人,公司会加以利用,以降低机器人康复的成本。

孤独症机构康复解决方案预计有 8 亿元市场,公司拟于第十年左右,累计占领孤独症机构康复市场 50%的份额(4 亿元),开发孤独症家庭康复解决方案市场 5%的容量,占据其中 50%份额。

最终实现企业兼并,以图强强联合,获取长远发展。

(四)竞争战略

公司实施集中差异化的竞争战略。公司 LAN Star 1.0 将主攻"提供孤独症康复服务的单位和机构"这一客户群;提供基于人机交互的孤独症儿童教育康复解决方案,具有差异化的竞争优势。

公司第一代产品的目标客户是民办康复机构、残联康复中心、特殊教育学校、民政福利院等提供孤独症康复服务的单位和机构。产品升级之后,目标用户扩充到孤独症儿童家庭、机器人生产企业。公司集中针对细分市场,分析其康复教育中的现存问题和实际需求,有针对性地进行解决方案研发和销售。

而在这细分市场的基础之上,本公司的核心产品是独创先行、自成体系的基于人机交互的孤独症儿童教育康复解决方案。而且,该解决方案是基于儿童社会交往能力发展规律编制而成,彼此照应,组合灵活,自成体系。另外,公司已获得 NAO 机器人的代理权,并取得中国地区的代理最低价。客户可以直接通过本公司以国内最低价格购买机器人,同时在一年免费质保基础上享受额外一年免费质保服务,合计含两年免费质保。可见,公司产品具有差异化的竞争优势,能够凭借独创先行、自成体系的特点以及机器人购买优势,保证良好的用户黏性,降低用户的价格敏感程度,形成较强的进入障碍,降低替代品的威胁。

综上所述,公司实施集中差异化战略,依靠高科技,提供领先、优质的产品,高质量地满足孤独症康复单位/机构、孤独症儿童家庭、机器人生产企业这些客户群的康复资源需求。

四、市场分析与竞争分析

(一)宏观环境分析

十年来,我们见证了政府对康复行业的重视,持续加强的扶持力度已为"人人享有康复服务"这一目标做好坚实后盾。因此,整个康复行业的潜力及需求不断上升。

2006 年起,国家密集出台了一系列和残疾人教育康复事业相关的政策,如:《中共中央、国务院关于促进残疾人事业发展的意见》《关于进一步加快特殊教育事业发展的意见》《中国残疾人事业"十一五"发展纲要(2006—2010 年)》《中国残疾人事业"十二五"发展纲要(2011—2015 年)》《国家中长期教育改革和发展规划纲要(2010—2020 年)》《中国儿童发展纲要(2011—2020 年)》《特殊教育提升计划(2014—2016 年)》等。

而各地政府和残联在政策的号召下,考虑我国孤独症康复的实际情况,纷纷采用政府购买康复服务的形式为孤独症家庭提供康复服务。该做法为孤独症康复机构注入大量资金,推动孤独症康复行业的发展和孤独症康复市场的扩大。但随后而来的将是对新型孤独症康复技术的庞大需求。我们的产品带来了目前急需的创新技术。

为了更好地了解 LAN Star 1.0 解决方案目前所处的宏观环境,团队采用 PEST 模型对其进行分析(表 5-7)。

表 5-7 PEST 分析表

政治因素(Political)	经济因素(Economical)
政府从 2006 年起密集出台了一系列和特殊教育相关的政策,国家和社会对特殊人群的关注度和扶持力度持续上升。国务院于 2015 年提到"互联网+"人工智能概念,表示将加快人工智能核心技术突破,培育发展人工智能新兴产业,推进智能产品创新,提升终端产品智能化水平。	各地政府和残联采用政府购买康复服务的形式为孤独症家庭提供康复服务,为孤独症康复机构提供了大量的资金支持。我国经济发展呈现良好态势,人均收入水平不断提高,对孤独症儿童康复所投入的资金更加充足。
社会因素(Social)	技术因素(Technological)
目前孤独症康复服务中存在许多问题,如庞大的康复需求,难以信服的治疗效果;孤独症康复专业人员缺乏,流动性大;机器人参与的孤独症康复技术成为研究热点;社会对孤独症儿童的关注度不断提升。	领先的孤独症教育康复技术;NAO 平台的编程技术支持;实验取得良好成效,机器人能够快速提高孤独症儿童的社交沟通能力,明显改善其专注水平及行为能力。

(二) 行业分析

1. 行业现状分析——波特五力模型分析

结合波特五力模型(图 5-15),我们将具体分析来自潜在竞争者、替代品、供方、买方以及行业内现有的竞争对手,从而更充分地了解公司所处的竞争态势。

(1) 潜在竞争者分析

当下,中国的康复医疗行业高度关注康复智能技术,尤其是对康复机器人和康复信息化的运用。为顺应康复医疗的大潮,政府一方面积极推出相关政策鼓励智能技术在康复医疗行业的运用和发展;另一方面政府从 2006 年起密集出台了一系列与特殊教育相关的政策,对特殊人群的关注度和扶持力度不断上升。随着这些支持性政策的逐步落实,孤独症康复行业的发展将得到巨大的推动支持。

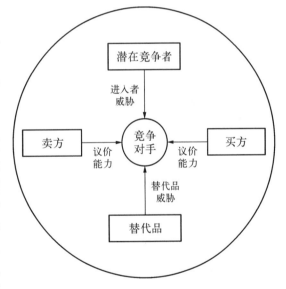

图 5-15 波特五力模型图

强有力的政策支持使得大批高新技术类机构涌入该细分市场,给企业带来潜在竞争对手。如科大讯飞公司,其目前正在现有业务高速增长的基础上,加大人工智能技术投入力度,发展教育业务。此外,该公司拟收购北京乐知行软件有限公司,完善教育行业产品线,加快教育产业布局。但是孤独症康复行业存在着较高的进入门槛。相对于科大讯飞来说,本团队拥有专业科研机构和教育部重点实验室的支持,负责开发课程的成员们具有专业的教育康复知识背景,孤独症教育康复理论知识扎实,康复实践能力强。另外,课程体系的专业性高,难以抄袭和复制。以上均能够有效地对该领域的潜在竞争者形成一定的进入壁垒。

(2) 替代品分析

对于公司推出的基于人机交互的孤独症儿童康复解决方案来说,当下最主要的替代品是传统孤独症儿童教育康复课程,是目前各类孤独症康复机构使用最为广泛的。但是它对从教人员的专业知识、专业素养以及实践能力的要求过高,过程枯燥烦琐,效率低,效果差,难以进行推广,造成目前专业康复资源的严重匮乏。

而本团队研发的孤独症儿童教育康复解决方案能够针对孤独症儿童存在的诸多问题,按照正常儿童能力发展的顺序,利用机器人对目标行为进行示范、辅助和强化,从而改善患儿情绪、行为等问题,提升其社会交往能力。相对于传统的课程来说,本团队研发的孤独症儿童教育康复解决方案更加灵活、高效,康复师根据患儿所在发育年龄阶段即可选出相应社会交往能力发展课程。另外,机器人编程的可复制性使得方案能够快速进行推广。经实验验证,本公司方案比传统康复课程能够更有效地提高患儿的注意力与安静时间,改善康复效果,提高康复效率。因此,本公司方案是传统康复课程所不可替代的。

(3) 卖方分析

本公司主要产品是基于人机交互的孤独症儿童教育康复解决方案,属于完全的自主研发,所以该方面不存在卖方议价问题。

另外,本公司销售的 NAO 机器人是由法国 Aldebaran Robotics 公司研发的。目前超过 5 000 个 NAO 机器人已被全球 50 个国家和地区的 550 个顶尖高校和实验室购买作为研究工具,以开放式平台的方式应用于计算机科学、数学、物理、心理学、医疗和企业管理与营销等各个领域。

NAO 机器人总共有 25 个自由度,可以实现全身姿态控制。根据设置,在一个时间段内,机器人可完成从初始姿态到预定姿态的转变。另外,在本研究中,团队创造性地将机器人技术与多媒体视频技术进行初步结合,在孤独症康复中引入多媒体视频元素,达到更好的康复效果。该项研发具有一定的竞争壁垒。

虽然 Aldebaran Robotics 公司已拥有了稳固的市场地位,供应商的议价能力较强,但我公司和该公司达成优惠策略一致意见(附件略),且已取得 NAO 机器人在大中华区的最优购买折扣,能够确保长期稳定合作。

据中国机器人产业联合会统计数据显示,2015 年我国生产销售机器人超过 2.2 万台,同比增长 31%,处于高速发展阶段。鉴于国内机器人产业的快速发展,在保持与法国 Aldebaran Robotics 公司合作的同时,公司也将积极寻求国产机器人公司的合作。经过筛选,目前国内市场中能够开发应用于教育的机器人有以下两家:

深圳市优必选科技有限公司是我国首家致力于商业化人形智能机器人的研发、制造和销售为一体的高科技企业,是人形机器人走出实验室、步入家庭的推动者和倡导者,技术处于全球顶尖水平。该公司生产的机器人系列种类丰富,价格低廉,能够为课程的推广提供条件,是本公司寻求合作的首选。

沈阳新松机器人自动化股份有限公司隶属中国科学院,公司的机器人产品线涵盖工业机器人、洁净(真空)机器人、移动机器人、特种机器人及智能服务机器人五大系列,是国际上机器人产品线最全厂商之一,也是国内机器人产业的领导者。该公司目前还未生产出适合我们课程教学的机器人,但是鉴于该公司在中国机器人行业的影响力以及在智能机器人方面的成就,不能将其忽视,未来可能与该公司合作,引入新技术,构建更加完整的机器人教学体系。

虽然目前国内机器人在整个市场占比较低,但是随着机器人大潮的不断推进,更多优质的供应商将会出现。与新兴优质机器人供应商合作可降低孤独症康复课程的开发成本,同时供应商也能够成为公司后期推出针对孤独症康复市场解决方案的下游优质企业。

(4) 买方分析

LAN Star 1.0 的目标客户群主要为民办康复机构、残联康复中心、特殊教育学校、民政福利院。据相关数据显示,目前我国能够提供孤独症康复服务的机构数量已经超过 5 000 个。但是现有的康复机构大多是小作坊式的组织形态,缺乏专业的指导和资金支持,整体治疗效果不尽如人意;少数比较系统规范的康复机构使用的干预方法也是较为单一的。所以在现有的市场规模下,急需一种创新型的康复方法来提高孤独症患儿的治疗效果,而本公司推出的基于 NAO 机器人的康复课程能够有效改善现有的康复过程和结果,同时由于本团队在技术和专业上的核心优势,现有同类竞争者较少,所以买方的议价能力较弱。

(5) 现有竞争者分析

兰谷教育团队是目前中国境内唯一有能力且致力于进行 NAO 机器人孤独症康复训练课程研发的团队。在现有企业中,值得一提的是于 2015 年进入公众视野的开源创客坊公司——"机器之心"特殊儿童康复计划,该公司希望能够利用 NAO 机器人去辅助孤独症儿童的康复成长,但是该团队缺乏完整的课程设计体系,缺少孤独症康复的背景,缺少专业的科研机构或实验室支持,至今未研发出可以用于市场的产品,竞争力较弱。

综上所述,本公司产品具有独创性和先行性,为孤独症儿童的康复教育提供了高效的解决方案。可以预测,在产品投入市场后会收到大量正面积极的反馈,公司将会成为孤独症康复行业的领头羊。

2. 行业市场容量

据 2009 年中国社会科学院统计,当时我国各类为孤独症患者服务的民办机构超过 400 个,近些年来由于政策扶持和社会发展,民办康复机构数量以很快的速度增加,预计至今已经超过 1 000 个;据《2014 年中国残疾人事业发展统计公报》:截止 2014 年底,残联系统康复机构数量为 2 622 个;而《2014 年全国教育事业发展统计公报》显示:2014 年全国共有特殊教育学校 2 000 所。据此推测,目前全国各类提供孤独症康复的机构数量已超 5 000 个。如果每个机构客户购买 15 万元左右的高端康复设备和课程,其潜在细分市场总容量约为 7.5 亿元,十年内该市场可开发完全。

在 2.0 阶段,公司将推出针对家庭的孤独症康复解决方案,据调查,中国孤独症家庭已达 200 万个,考虑摩尔定律作用下高新技术产品价格下行规律以及家庭康复方案的简易性,初步将其定价为 10 000 元,该潜在细分市场总容量约为 200 亿元,十年内可开发的市场容量预计达 10 亿元。

预估经过技术优势的持续建立,细分行业的壁垒不断上升,公司长期计划于第十年分别开拓并占有孤独症机构康复和家庭康复系统解决方案市场 50% 的份额。

3. 行业发展预测

近 20 年来,虽然大众对孤独症的认识有了显著提高,但孤独症康复仍是一个世界难题。我国对孤独症的研究起步晚,但值得欣喜的是,整个社会对孤独症的关注度逐步提高,国家和政府也给予了孤独症儿童越来越多的政策支持。

而目前,以计算机技术等为媒介的教育康复技术正逐渐发展为新兴的康复模式。它能够更好地将康复信息资源进行整合,有效解决教师资源匮乏的问题,同时保证康复训练的强度和全面性,提高康复训练的效率。可以估计,未来孤独症康复将更大程度地融合新兴技术,在提高自身效率的同时使自身专业技术得以迅速推广。

由于目前使用高新技术进行孤独症康复的市场基本为蓝海,基于公司初期发展战略,即第一年新增 20 家,第二年新增 20 家,第三年新增 40 家的发展速度,可合理预测出本公司前三年的运营状况：第一年运营成本为42万元，营业收入为128万元，净亏损为24万元；第二年运营成本54万元，营业收入330万元，净利润113万元，达到收支平衡开始盈利；第三年运营成本669万元，营业收入400万元，净利润133万元。之后，随着公司投资研发阶段的基本完成，将不断刺激并培育孤独症康复行业市场，开发并占据细分市场份额50%以上，担任行业领头羊的角色。我们预测，在公司发展的中期阶段，整个市场能够形成每年稳定的营业收入，并以30%左右的速度保持平稳、快速的增长。

（三）竞争对手分析

1. 传统的康复课程

与传统康复课程的对比分析基于新蕾出版社2009年出版的《孤独症儿童教育康复辅助教材：语言训练》开展，详见表5-8。

表5-8 竞争对手分析表——与传统课程对比分析

说明	传统的康复课程是由专业人员根据患儿特点，按照一般教学模式编制教案，然后直接进行康复训练。
优势	研发时间早，使用时间长； 目前使用广泛，占据市场的主导地位； 在康复技术不足的情况下得到了普遍认可。
劣势	未及时更新，很多内容不符合目前情况； 课程未经过实践验证，直接投入市场； 模式单一，导致专业人员思维局限； 过高的专业知识与能力要求，导致康复人员极度紧缺的现状。
传统的康复课程在20世纪末出现之后，一直是国内孤独症儿童康复的主要方法。 但是它对从教人员的专业知识与能力要求高，过程枯燥烦琐，耗时久，效率、效果普遍偏低。 虽然目前在孤独症康复市场占据主导地位，但是传统课程本身存在着巨大问题，需要新技术、新资源的注入来对其进行改善。 另外，目前人工智能技术已应用于教育领域，帮助康复师突破传统方法的桎梏，以丰富多样的形式和简单有趣的操作为孤独症康复提供了新的途径，取得更加令人满意的效果。	

2. 开源创客坊公司——"机器之心"特殊儿童康复计划

与开源创客坊公司——"机器之心"特殊儿童康复计划的对比分析详见表5-9。

表5-9 竞争对手分析表——与开源创客坊公司对比分析

说明	"机器之心"特殊儿童康复计划是一个公益性创客项目，利用NAO机器人去辅助孤独症儿童的康复成长。
优势	前期的宣传效果好； 抢到市场先机，得到一定认可。
劣势	构建出的编程平台比较简易，结构化差； 目前还未研发出具体成果，并未形成完整的课程设计体系； 核心团队缺少孤独症儿童康复的背景，缺少专业的科研机构或实验室支持。
"机器之心"团队在2015年的一次创客众筹行动中进入公众视野，该团队通过众筹的方式购买机器人，获得了大家的关注和赞赏。随后该团队和深圳的某孤独症康复机构合作，但是截至2016年6月，该团队尚未研发出可以投入市场的产品。	

(四) 市场需求调研

考虑到 LAN Star 1.0 解决方案是针对提供孤独症康复服务的机构，因此公司将目标客户群定为民办康复机构、残联康复中心、特殊教育学校、民政福利院。

在目前的康复训练机构中，大部分机构是孤独症儿童的父母筹办的，以小作坊式为主，缺乏专业指导和资金支持，干预效果不尽如人意。即使在小部分系统规范、有一定规模的康复机构中，依然存在干预方法单一的问题。另外，据统计，中国特殊教育从业人员中接受过专业训练的不足 0.5 万人，孤独症康复机构的专业性值得质疑。

整体来看，孤独症康复市场目前处于供不应求状态。大部分孤独症患儿需要排队等候才能进入机构接受训练，很多患儿因为等候时间过长导致问题行为逐渐加重，错过干预关键期，实在令人扼腕叹息。

虽然目前孤独症康复机构中存在诸多问题，但其为公司的发展提供了良好机遇。公司将通过四类营销方式向各类提供孤独症康复服务的机构出售 LAN Star 1.0 系列解决方案，传播机器人康复技术，改善康复质量，提高机构康复效率，降低孤独症康复对专业人员的依赖，满足孤独症康复行业的庞大需求，让更多的人享有康复服务。团队在上海市某孤独症康复机构中对孤独症儿童家长的调查结果也佐证了公司发展前景的可观性：共收到 360 份家长回执，其中 86% 的家长愿意尝试基于机器人的孤独症康复训练课程，并愿意支付高于传统康复课程 20% 的康复费用。

(五) SWOT 分析

基于表 5-10 的 SWOT 分析，我们认为本公司拥有突出的竞争优势，并且该领域现在在我国属于蓝海，面临的市场竞争压力较小。若能利用内部优势，紧抓人工智能的发展大潮，扬长避短，主要采取 SO 增长型战略，定能在孤独症患儿的康复与教育领域开辟出一片新天地！

表 5-10 SWOT 分析表

	优势 (Strength) 团队具有教育康复、机器人编程、企业管理三方领域的学科背景，且拥有专业的技术顾问团队；与华东师范大学言语听觉科学教育部重点实验室及法国 Aldebaran Robotics 公司均形成密切合作关系；首创融合了应用行为分析理论和人机交互技术的 ART 交互模型；首次将机器人技术与孤独症康复训练相结合，抢占了康复市场发展先机	劣势 (Weakness) 目前占据孤独症康复市场是已被认可的传统康复技术，而我们的康复方法还未得到认可
内部 / 外部		
机会 (Opportunities) 人工智能的发展大潮； 孤独症患者的人数在逐年增加； 国家对残疾人康复领域有政策倾斜	SO 策略 紧跟潮流，抓住时机，发扬优势，利用人工智能新技术在孤独症患儿的康复与教育领域开拓新天地	WO 策略 学习在科技冲击中成功转型的企业案例，抓住时机开展课程设计，将具有普适性的课程建设完整，在此基础上发展个性化定制课程

续 表

威胁(Threats) 由于 NAO 平台的开放性,若不能及时更新换代,产品就会被他人模仿,丧失市场份额;很多人错误地认为与特殊儿童相关的事业就是慈善事业,这一观点对企业的宣传与推广造成阻碍	ST 策略 在利用自身优势的同时,不断学习最新的技术和知识,力求保持行业领先水平; 将产品不断完善,以此核心技术形成未来专业康复机器人; 通过学术营销和技术营销,确立品牌形象	WT 策略 专注于实证研究和课程开发,提高产品效能; 利用合作平台迅速打开市场,拓宽销售渠道

五、营销策略

(一) 产品及市场定位

本团队目前致力于将 NAO 机器人应用于孤独症儿童康复训练中,为孤独症康复机构提供便捷、有效的孤独症儿童康复与教育方案。

我们计划:第一年销售已研发的 LAN Star 1.0 解决方案中的四个主题课程,根据客户的需求提供相应的课程培训和机器人;第二年为已购客户提供余下课程,同时扩大市场,大力推广"LAN Star 1.0"解决方案,开始进入产品销售稳定增长阶段,进驻上海周边省份的孤独症康复机构;第三年为产品销售稳定增长阶段,随着良好的市场铺垫,产品大量投入市场,产品销售进入高速增长期,长三角市场逐步成熟。

公司运营第一年,在销售四个已开发主题课程的同时,根据用户反馈不断改进和开发新的课程。公司成立初期,重点在于打开市场和产品研发,同时开发并测试剩余四个主题的课程,完成解决方案 LAN Star 1.0 的研发,于第二年开始为解决方案 LAN Star 2.0 做调研,为第三年新一代产品的研发提供依据;预计于第四年推出 LAN Star 2.0,第五年开始为 LAN Star 3.0 展开调研。三年销售目标计划详见表 5 - 11。

表 5 - 11 三年销售目标计划表

年份 销售项目	2017	2018	2019
课程(套)	10	30	40
培训(次)	14	14	28
机器人(台)	20	40	40

(二) 定价机制

执行严格的程序,科学定价(图 5 - 16)。

1. 课程定价

参考目前上海市民办康复机构孤独症康复课程的收费标准,考量自身产品的领先性和有效性,我们决定设定 25% 的利润率,整套课程(八个主题,47 门课)定价为 58 500 元,略高于市场上的孤独症康复课程的价格。

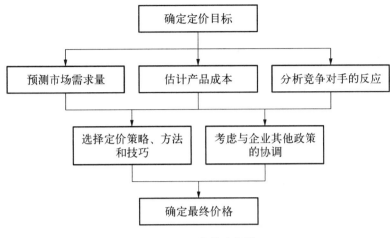

图 5-16　定价流程图

2. 实践培训定价

初步将培训价格定位在 7 500 元至 10 000 元。使用竞争导向定价法为培训定价,以最大限度地占用消费者剩余。综合考虑,该类培训市场中暂无竞争对手,我们根据公司的财务预设及培训的时间成本等将价格确定为 1 000 元/[人·天(6 小时)],每个主题需要一天的培训,因此一整套培训价格为 8 000 元/人。

3. 机器人销售定价

团队通过华东师范大学言语听觉科学实验室与法国 Aldebaran Robotics 公司达成合作协议,享受该公司大中华地区的最优折扣,同时参考目前 NAO 机器人的市场价(10 万元人民币左右),结合公司"用前沿科技,提供最具个性、高效、优质的孤独症儿童教育康复解决方案"的使命,我们将 NAO 机器人的价格定为 8 万元人民币,以低于市场价 15% 的价格向康复机构出售。

(三) 分销渠道

基于对产品属性、公司财力以及对分销渠道的控制程度三方面因素的综合考虑,针对发展初期的机构客户,本公司主要采用两种分销方式:企业直销、中间商销售。

1. 企业直销

主要包括线下销售和线上直销。

(1) 线下销售

主要通过直接人员推销,客户直接向公司购买所需的解决方案。为了提高客户对课程的了解程度以及使用熟练程度,本公司将免费提供课程基础培训;同时为有需要的客户设置实践培训课程,提供详细指导。其次将采用会议营销的方式,面对面接触潜在目标客户,对其全方位输出企业形象和产品知识,以专家顾问的身份对意向客户进行隐藏式销售,同时促进机构客户间的交流和传播。在进入市场初期,以上海市内孤独症康复机构为主要目标客户,与其建立稳定的合作关系。在打开上海市场后再扩大到长三角地区的孤独症康复机构,并逐步打开全国市场,扩大销售范围。

(2) 线上直销

在进入市场中期,国内市场基本打开,品牌知名度进一步提升,我们将在公司官网进行网络销售。客户可以直接通过网络获取公司情况、产品介绍及相关康复视频等内容,同时可网购所需课程。

2. 中间商销售

考虑到公司于上海注册，且创业初期人员相对较少，因此公司计划在二线以上城市寻找合作单位作为中间商进行合作，中间商可作为课程示范中心，再建立遍布全国的销售与服务网点。合作单位主要负责展示课程、接待参观、组织技能培训等工作，并进行产品的代理销售。完成长三角地区的网点建设将成为公司发展初期的工作重点之一。

（四）促销与推广

1. 前期市场工作

新产品推广初期，由于机构客户和孤独症儿童的家长对产品或服务尚缺乏信任，大量的直接广告宣传并不能起到预期的效果，反而造成资源浪费，所以前期的市场推广以吸引兴趣、建立信任和培养初始口碑人群作为主要目标。

（1）利用新闻媒体来吸引注意力，建立信任

基于人机交互的孤独症儿童康复课程在我国市场具有新颖性和领先性，公司将利用这一优势与新闻媒体合作，通过报导本产品的实际康复过程和效果等形式，制作新闻题材，吸引家长对机器人康复技术的关注，积累口碑，为后期市场推广打下良好基础。

（2）现场互动体验，培养初始口碑人群

初期公司将在合作的康复机构进行试课，邀请家长和康复机构的康复师观看，体验课程效果，让家长对这种技术产生信任，产生尝试的意愿，使康复机构产生购买本公司产品的动力，并以这种方式培养初始口碑传播人群，起到低成本、高效率宣传的作用。

2. 主要促销与推广手段

作为革命性的新产品，在营销方式上要充分体现产品的科技创新性、专业实力性以及市场领先性，在孤独症儿童教育康复领域中掀起机器人参与康复的热潮。以全新的营销理念和科学求实的营销风格，使"兰谷"的解决方案以最快的速度被客户接纳并迅速成长。

主要将促销与推广策略分为线上与线下两部分：

（1）线下营销活动

校企联盟：依托华东师范大学言语听觉学科优势，与康复中心以及特殊教育学校进行项目合作、康复技术培训、课程体验等方式，建立起良好的合作互信关系，在帮助康复中心打造知名度的同时，为公司发展奠定良好基础。根据已签订的协议，本团队已经取得了华东师范大学言语听觉科学实验室相关知识产权的使用权、设备使用权以及创业指导，创新创业活动得到了实验室的全力支持。在公司盈利后将会反哺实验室的建设，以"奖教金"和"奖学金"的形式回馈实验室给予创业团队的支持和帮助。

特殊教育学校、康复机构宣传：在特殊教育学校、各大民办康复机构和残联康复中心进行机器人参与孤独症儿童康复训练的宣讲、试课，大力推广 LAN Star 系列解决方案。与机构达成协议，由机构提供场地，设立"机器人"兴趣班（每周2次），向家长宣传、组织报名、缴费；公司派专人去机构上课，给予机构技术支持和资金回馈。以上措施能够培养学校、机构对产品的认可。另外，价格促销在市场的立足需要有长期并且稳定的客户群体，为建立起长期稳定的合作关系，保证公司的平稳运营，公司将给予签订长期合同的各民办康复机构、特殊教育学校、残联康复中心折扣，在确保盈利的同时，发展忠诚客户群。

公益合作：本公司将与上海市小小虎少儿启音合唱团进行长期合作，初期将为其提供活动资金，确保每场演出都会有机器人参与的节目；后期合作主要分为两个部分：第一部分是在

孩子的日常练习时期,机器人参与其康复;第二部分是在节目表演时,把机器人用于伴舞和互动配合环节。上海市小小虎少儿启音合唱团的表演对象为康复行业人士和慈善人士,他们中的大多数也是各类康复机构的负责人,是本公司的目标客户。因此与合唱团的合作将让公司在业内人士和慈善人士中获得较高的知名度,达到品牌宣传的目的。在上海市小小虎少儿启音合唱团五月份的表演中,创业团队已出现在公众和行业视野里。机器人与合唱团的同台演出,将机器人参与康复训练的概念推广给家长、康复机构及特教学校,提升"兰谷"的品牌知名度。

学术会议与竞赛:目前,以人形 NAO 机器人为示范样本进行孤独症社会交往干预训练实验已经取得良好的成效。在机器人的示范下,孤独症儿童的沟通及自主表达能力得到很大的提升。团队将在各种学术交流会议中向业内人士展示课程成果(例如孤独症学术会议、教育康复技能大赛、CISHA 年会等),并在相关学术期刊上发表科研成果,展示成功案例,从而提高知名度和美誉度。

(2) 线上营销活动

微信营销:设立"兰谷"微信公众号,定期发布与特殊教育、孤独症康复、人机交互等相关的高质量信息;同时积极回复相关后台留言,尤其关注与本公司产品购买或售后服务相关的信息咨询,抓住潜在客户,同时给现有客户形成良好的一站式消费体验,进行互动营销,达到口碑传播的目的。另外,在与孤独症、特殊教育、残疾人康复、人工智能等相关的微信公众号上定向发布相关广告;同时鼓励消费者对于体验活动、产品使用过程等进行社交平台宣传,进一步通过微信平台推广本公司的康复课程与 NAO 机器人。

网站推广:通过特殊教育或孤独症康复相关的专业网站,比如健康网、残联网、中国孤独症网等,使用免费或付费的推广渠道,宣传本公司产品。在建立了一定的市场基础后,本公司计划在 2—3 家大型门户网站和手机媒体客户端,如新浪、腾讯,推出 NAO 机器人的相关广告资讯,进一步推广康复课程产品,形成一定的品牌效应。

六、组织架构

(一) 公司组织架构

考虑公司发展初期需要提高决策传递效率和组织反应速度,公司将采取"垂直指挥、横向联系"的扁平式结构。随着公司的发展,公司的组织结构会跟随公司战略体系的调整进行相应的变革,按照实际需求形成更为复杂的有机式组织结构(图 5-17)。

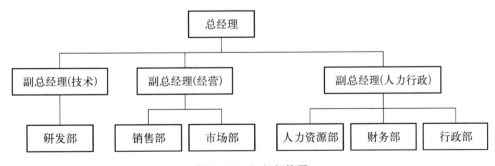

图 5-17 组织架构图

(二) 团队介绍

创业团队由李进、汪学敏、赵伟志、乐蕾、雷俊卿、沈奕杨、谢誉、李睿强、于新宇、顾李玮 10

位来自华东师范大学的学生组成,其中9名同学是来自教育学部教育康复学专业本科生和硕士研究生,1名同学是来自企业管理系的硕士研究生。团队具有坚实的专业背景。

总经理:李进
- 个人简介:李进,男,华东师范大学教育学部教育康复学专业本科生,中国国际言语语言听力协会信息网站部工作人员,校级优秀志愿者。具有丰富的社会实践经历和充足的特殊儿童康复训练经验。曾任星宝家长支持团志愿者队负责人。2014年参加的学特学院寒假社会实践项目"自闭症谱系儿童家长支持模式探索"获得优秀实践项目奖和实践优秀个人称号;2015年秋季学期曾去香港教育学院交流。
- 团队角色:统筹各部分工作的进行,主要负责市场调查分析、竞争分析和风险分析部分。
- 公司角色:统筹整个公司的运作;全面指挥和协调公司如人事、营销、生产、财务等各方面运作;组织完成董事会决策的各项工作。

副总经理(经营):雷俊卿
- 个人简介:雷俊卿,女,华东师范大学教育学部教育康复学专业本科生,中国国际言语语言听力协会新闻编辑部工作人员。华东师范大学校团委志愿者部(中北校区)部长。热心参与南码头社区、长宁路小学、长宁实验小学的社区康复训练,有丰富的特殊儿童干预实践经历。擅长使用 Photoshop、Audition、Premiere 等多媒体软件。
- 团队角色:参与公司战略和产品营销推广策略制定,运营微信公众号平台等网络平台,制作宣传片、宣传图等。
- 公司角色:制订年度销售计划;对客户购买心理和行为进行调查;制定产品价格策略;做出销售预测;实施品牌规划和形象建设。

副总经理(技术):汪学敏
- 个人简介:汪学敏,女。华东师范大学教育学部教育康复学专业本科在校生,曾在宣桥社区参与残疾儿童的康复训练。获得上海市"智力助残"志愿者证书。对残障儿童的言语、语言、社会性、情绪行为能力的发展有坚实的知识基础。
- 团队角色:在团队中负责产品、实验组织等模块。
- 公司角色:制定教育技术方面的决策,协调应用于课程研发建设的技术开发。

副总经理(人力行政):赵伟志
- 个人简介:赵伟志,女,华东师范大学教育学部教育康复学专业本科生,辅修会计学专业两年,曾赴香港教育学院学习交流半年。热心参与南码头等社区康复训练,在普陀启星学校为孤独症等特殊儿童进行个别化康复训练,有丰富的特殊儿童干预实践经历。
- 团队角色:负责创业计划书中组织架构模块,参与营销板块与产品价格调整。
- 公司角色:负责制订和执行公司的人力资源计划,负责员工的招聘、培训、绩效考核。

公司员工(财务部):谢誉
- 个人简介:谢誉,华东师范大学教育学部教育康复学专业本科生,ACCA学员,已通过12科入会考试。曾任校学生会财务部部长,并于普华永道事务所上海所审计部、宁波银行风险管理部门、通用电气亚太运营中心总账部门参与实习。具备交叉学科背景、丰富实践经历与商业思维。
- 团队分工：负责财务分析工作,协助制定产品价格策略,凭借扎实的财务专业知识及丰富的实践以及管理经验,兼顾公司财务及行政相关工作。
- 公司角色：建立全公司的会计核算制度；对公司各部门的财务预算进项审核；汇总财务报表；负责金融、投资规划。

公司员工(研发部)：李睿强
- 个人简介：李睿强,男,华东师范大学教育学部教育康复学专业硕士研究生,国家奖学金获得者。两次参加上海市研究生创新创业能力培养专项,作品均被"项目孵化"类录取。研究方向为机器人技术在孤独症儿童康复中的应用。
- 团队角色：软件的开发应用与调试
- 公司角色：主要负责课程的研发及后续的完善、更新；负责培养公司的技术人员；协调生产与销售可能产生的矛盾

公司员工(行政部)：于新宇
- 个人简介：于新宇,女,华东师范大学教育学部教育康复学专业硕士研究生。研究方向为机器人辅助康复教学,具有扎实的教育康复专业基础。曾在兰溪路幼儿园、宝华门诊参与社区康复训练。具有良好的组织协调能力。
- 团队角色：机器人辅助康复教学技术的研发与课程的设计。
- 公司角色：负责公司日常行政事务工作。

公司员工(销售部)：乐蕾
- 个人简介：乐蕾,女,华东师范大学教育学部教育康复学专业本科生,辅修会计学专业两年。任华东师范大学校团委组织部(中北校区)部长。曾在南码头等社区参与社区康复训练,在普陀启星学校为孤独症、智力落后儿童进行个别化康复训练,有较丰富的特殊儿童干预实践经历。
- 团队角色：在团队中负责营销部分以及产品价格调整。
- 公司角色：负责市场渠道开拓和销售工作；负责售中、售后服务；洽谈销售业务,走访客户。

公司员工(人事部)：沈奕杨
- 个人简介：沈奕杨,女,华东师范大学教育学部教育康复学专业本科生,具有较强的专业素养,曾获国家奖学金。热心参与宣桥社区残疾儿童康复训练的志愿者工作,并于大三上学期在美国交流学习了一学期。
- 团队角色：协调各部门工作、技术研发的跟进与应用。
- 公司角色：负责员工的入职、培训、离职管理以及绩效考核,组织制定公司的战略性人力资源规划和决策。

公司员工(市场部)：顾李玮
- 个人简介：顾李玮,女,华东师范大学经济与管理学部财务管理方向硕士研究生,本科就读于华东师范大学企业管理系。曾赴韩国高丽大学商学院交流半年,于英特尔(中国)有限公

司财务部实习7个月,现已通过CPA公司战略与财务管理两门考试,具有公司市场营销与财务的专业知识背景。

- 团队角色:参与市场分析,制定公司营销策略,为财务分析提供支持。
- 公司角色:负责制定和执行公司的市场营销活动策略,统筹宣传、推广等市场活动,支持财务部门的预决算计划。

(三) 部门职责

公司各部门的相关职责详见表5-12。

表5-12 部门职责表

总经理	统筹整个公司的运作;全面指挥和协调公司如人事、营销、生产、财务等各方面运作;组织完成董事会决策的各项工作。
研发部	主要负责课程的研发及后续的不断改善更新;负责培养公司的技术人员;协调生产与销售可能产生的矛盾。
市场部	制订年度销售计划;对客户购买心理和行为进行调查;制定产品价格策略;做出销售预测;实施品牌规划和形象建设。
销售部	负责市场渠道开拓和销售工作;做好售中售后服务;洽谈销售业务走访客户。
财务部	建立全公司的会计核算制度;对公司各部门的财务预算进项审核;汇总财务报表;负责金融、投资规划。
人力资源部	负责制订和执行公司的人力资源计划;员工的入职、培训、离职管理以及绩效考核,组织制定公司的战略性人力资源规划和决策。
行政部	负责公司日常行政事务工作;负责安保及前台接待、电话沟通、售后热线等。

(四) 激励机制

激励机制以物质激励为主。

1. 研发岗位员工的激励机制

公司为员工提供职业发展所需的物质支持或奖励,员工参与职业相关的大赛、培训等,公司提供必要的场地、物资、资金支持。

员工研发新课程,可以从课程销售收入中提成。

所研发的课程累计使用数前三的研发人员,给予适当奖金、休假等奖励。

2. 市场与营销团队的激励机制

机器人代理收入中提取10%作为业务团队奖金。此外,各季度公司将对各业务销售团队进行业绩考核,超出指标部分提供一定奖金与福利支持。

3. 股权激励

后期引入外部投资后,从公司股份中提取10%分给骨干员工持股,共享红利。

七、融资方案与财务分析

(一) 公司资金筹集方案

本公司在初创期,主要采用权益融资方式,自筹资金120万元,占股权80%;同时引入天使投资,由上海市大学生科技创业基金会雄鹰计划资金投资入股30万元,占股权比例20%。通过预测初始固定资产、人员支出等相关投资和维持公司初创期营运资金需要,将本项目的启动资金需求即融资数额定为150万元,具体股份架构情况详见表5-13。

表5-13 股份架构

出资方	职位	出资形式	出资额(万元)	所占股份(%)
李进	总经理	现金	50	33.3
雷俊卿	副总经理(经营)	现金	15	10.0
汪学敏	副总经理(技术)	现金	15	10.0
赵伟志	副总经理(人力行政)	现金	10	6.7
谢誉	财务部	现金	5	3.3
乐蕾	销售部	现金	5	3.3
沈奕杨	人事部	现金	5	3.3
李睿强	研发部	现金	5	3.3
于新宇	行政部	现金	5	3.3
顾李玮	市场部	现金	5	3.3
大学生创业基金		现金	30	20.0
总股本		现金	150	100.0

注:所占股份数据精确到一位小数,累加总股本时数据经圆整。

(二)初期公司资金投放

公司创业初期的资金投放预算情况详见表5-14。

表5-14 创业初期资金投放预算表　　　　　　　　　　　单位:元

类别	明细	支出
固定资产购置	电脑(台式+笔记本)	60 000
	打印机、投影仪、摄像机、电话	20 000
	NAO机器人购置	160 000
低值易耗品	文具用品等日杂用品	5 000
营运资金	满足第一年日常营运活动流动资金需要(20%的第一年主营业务收入)	180 000

续表

类　别	明　细	支　出
开办费	一次性支出,分五年摊销	100 000
合计		525 000

（三）营收、成本与费用预测

1. 盈利模式分析

我们公司实行以价值链为核心的企业盈利模式,在课程研发、机器人代理、配套培训、市场营销和售后服务等各项价值活动中实现价值最大化。

2. 主营业务收入预测

公司三年主营业务收入预测详见表5-15。

表5-15　三年主营业务收入及占比预测表

项目＼年份	2017	2018	2019
课程订购量(套)	10	30	40
预计收入(元)	468 000	1 755 000	2 340 000
实践培训次数(次)	14	14	28
预计收入(元)	112 000	112 000	224 000
机器人代理销售量(台)	20	20	40
预计收入(元)	700 000	1 400 000	1 400 000
总收入(元)	1 280 000	3 267 000	3 964 000

注：定价来源于价位表数据

为了便于财务预算和后续分析,假定第一年研发未完成时半成品收费为23 400元(8折),第二年后按照正常价位表进行销售,已购客户补足差价部分享受优惠。

项目＼年份	2017	2018	2019
课程版块收入占比(%)	36.6	53.7	59.0
培训版块收入占比(%)	8.8	3.4	5.7
代理版块收入占比(%)	54.6	42.9	35.3
总收入(%)	100.0	100.0	100.0

注：课程订购量的业务占比将逐步提升,并降低对于机器人代理销售的依赖,长期的业务收入将由课程业务主导,代理业务与附属品培训业务占据剩余营收。

3. 主营业务成本预测

公司三年主营业务成本预测详见表 5-16,三年研发费用预测详见表 5-17。

表 5-16　三年主营业务成本预测表　　　　　　　　　　　　　　　　单位:元

费用项目 \ 年份	2017	2018	2019
研发成本	320 000	384 000	460 800
其他业务成本	70 000	24 000	28 800
付现成本合计	390 000	408 000	489 600
NAO 机器人折旧	32 000	64 000	96 000
非付现成本合计	32 000	64 000	96 000
总计	422 000	538 000	668 800

注:1. 其他业务成本是指除上述提及的成本以外的所有成本;
2. 研发用 NAO 机器人,以折旧计入主营业务成本。

表 5-17　三年研发费用预测表　　　　　　　　　　　　　　　　　　单位:元

研发费用 \ 年份	2017	2018	2019
研发人员薪酬	300 000	360 000	432 000
研发场地租赁	20 000	20 000	30 000
研发教具及用品购买	20 000	40 000	50 000
研发支出资产化	20 000	30 000	40 000
研发支出费用化	20 000	30 000	40 000
总计	320 000	390 000	472 000

4. 员工薪酬预测

公司三年员工薪酬预测详见表 5-18。

表 5-18　三年员工薪酬预测表

	管理部门	市场营销部门	研发技术部门	财务部门	总　数
员工(人)	4	3	2	1	10
年均薪酬(元)	80 000	70 000	150 000	100 000	400 000

续　表

	管理部门	市场营销部门	研发技术部门	财务部门	总　数
年均福利(元)	20 000				20 000
年均销售提成(元)		30 000			30 000
部门合计(元)	400 000	300 000	300 000	100 000	1 100 000

注：按每年20%的速度增长计。

5. 管理费用预测

公司三年管理费用预测详见表5-19。

表5-19　三年管理费用预测表　　　　　　　　　　　　　　　单位：元

项目＼年份	2016	2017	2018
管理人员工资	400 000	480 000	576 000
场地租金	—	30 000	60 000
奖学金捐赠	20 000	40 000	50 000
办公费	20 000	24 000	28 800
差旅费	20 000	24 000	28 800
日杂品费	10 000	12 000	14 400
开办费摊销	20 000	20 000	20 000
办公设备折旧	44 000	56 000	76 000
坏账准备	8 424	63 180	84 240
管理成本合计:	542 424	749 180	938 240

注：1. 奖学金捐赠：拟每年提取一定数额的资金捐赠实验室，用于建立奖学金，鼓励更多有志于在教育康复领域有所成就的学子获得科研及学习经费。
2. 场地租金：科技园孵化器实行大学生创业企业"第一年房租免费、第二年房租减半、全程服务免费"的优惠政策。

6. 市场营销费用预测

公司三年市场营销费用预测详见表5-20。

（四）预测财务报表

1. 资产负债表

公司三年预测资产负债情况详见表5-21。

表 5-20　三年市场营销费用预测表　　　　　　　　　　　　　　　　　　单位：元

年　　度	2016	2017	2018
营销人员工资及提成	300 000	360 000	432 000
在线推广费用	30 000	30 000	30 000
试课展示费用	30 000	30 000	30 000
讲座赞助费用	50 000	50 000	50 000
营销成本总计	410 000	470 000	542 000

表 5-21　预测资产负债表　　　　　　　　　　　　　　　　　　　　　　单位：元

年　　度	2017	2018	2019
资产			
货币资金	741 524	802 873	1 213 982
应收账款	84 240	631 800	842 400
预付账款	261 212	354 590	444 120
流动资产合计	1 086 976	1 789 263	2 500 502
固定资产	304 000	480 000	688 000
开办费待摊	80 000	60 000	40 000
固定资产合计	384 000	540 000	728 000
无形资产	—	70 000	200 000
无形资产及其他资产合计	—	70 000	200 000
资产总计	1 470 976	2 399 263	3 428 502
负债及所有者权益			
流动负债	—	—	—
应付账款	—	—	—
应付工资	84 400	107 600	133 760
应交税金	50 000	50 000	50 000
其他应付款	76 800	295 378	386 152
流动负债合计	—	—	—
负债合计	211 200	345 378	569 912

续 表

年　　度	2017	2018	2019
所有者权益	211 200	345 378	569 912
实收资本	1 500 000	1 500 000	1 500 000
盈余公积	—	129 662	255 060
未分配利润	−240 224	424 224	1 103 530
所有者权益合计	1 259 776	2 053 886	2 858 590
负债及所有者权益总计	1 470 976	2 399 263	3 428 502

2. 三年预测利润表与利润分配表

公司三年预测利润情况详见表5-22。

表 5-22　预测利润表　　　　　　　　　　　　单位：元

年　　度	2017	2018	2019
营业收入	1 280 000	3 267 000	3 964 000
减：营业成本	(422 000)	(538 000)	(668 800)
主营业务利润	858 000	2 729 000	3 295 200
增值税	(76 800)	(196 020)	(237 840)
营销费用	(410 000)	(470 000)	(542 000)
管理费用	(522 424)	(709 180)	(888 240)
其中：奖学金捐赠	20 000	40 000	50 000
财务费用	(100 000)	(120 000)	(144 000)
营业利润	(251 224)	1 233 800	1 483 120
营业外收入			
政府补贴	11 000		
利润总额	(240 224)	1 233 800	1 483 120
减：企业所得税	—	99 358	148 312
净利润	(240 224)	1 134 442	1 334 808

公司三年利润分配情况详见表5-23。

表 5-23 利润分配表　　　　　　　　　　　　　　　　　　　　　　　　单位：元

年　　度	2017	2018	2019
税后净利	(240 224)	1 134 442	1 334 808
加：年初未分配利润	—	−240 224	424 224
可供分配的利润	(240 224)	894 218	1 759 032
减：法定盈余公积	—	89 422	175 903
可供投资者分配的利润	(240 224)	804 797	1 583 129
减：任意盈余公积	—	40 240	79 156
分红	—	340 333	400 442
未分配利润	(240 224)	424 224	1 103 530

注：1. 根据可供分配的利润提取法定盈余公积 10%；
　　2. 根据可供投资者分配的利润提取 5% 的任意盈余公积。

3. 现金流量表

公司三年现金流情况详见表 5-24。

表 5-24 现金流量表　　　　　　　　　　　　　　　　　　　　　　　　单位：元

年　　度	2017	2018	2019
一、经营活动产生的现金流量			
销售商品、提供劳务收到的现金	1 206 760	2 635 200	3 121 600
经营活动现金流入小计	1 206 760	2 635 200	3 121 600
付现成本	(390 000)	(408 000)	(489 600)
付现费用	(980 000)	(1 180 000)	(1 264 000)
其他与经营活动有关的现金	(215 236)	(425 518)	(148 552)
支付的各项税费	—	(76 800)	(295 378)
现金流出小计	(1 585 236)	(2 013 518)	(1 902 152)
经营活动产生的现金流量净额	(378 476)	621 682	1 219 448
二、投资活动产生的现金流量			
购建固定资产和无形资产所支付的现金	(380 000)	(220 000)	(260 000)

续 表

年　　度	2017	2018	2019
处置固定资产所收到的现金净额	—	—	—
投资活动产生的现金流量净额	(380 000)	(220 000)	(260 000)
三、筹资活动产生的现金流量			
吸收权益性投资所收到的现金	1 500 000	—	—
借款所收到的现金	—	—	—
现金流入小计	1 500 000	—	—
偿还债务所支付的现金	—	—	—
偿付利息所支付的现金	—	—	—
分配利润	—	(340 333)	(400 442)
现金流出小计	—	(340 333)	(400 442)
筹资活动产生的现金流量净额	1 500 000	(340 333)	(400 442)
现金即现金等价物净增加额	741 524	61 349	559 006
加：期初现金及现金等价物余额	—	741 524	802 873
期末现金及现金等价物	741 524	802 873	1 361 879

4. 财务报表附注

（1）财务报表编制基础

本公司管理层确信本公司将会持续经营,所以本公司继续以持续经营为基础编制本财务报表。

（2）主要会计政策

a）会计年度：本公司会计年度为公历1月1日起至12月31日止。

b）记账本位币：本公司的记账本位币为人民币。

c）记账基础和计价原则：本公司的记账基础为权责发生制。资产在取得时按实际成本入账；如果以后发生减值,则计提相应的减值准备。

d）现金及现金等价物：现金及现金等价物是指库存现金、可随时用于支付的存款以及持有的不超过3个月、流动性强、易于转换为已知金额现金及价值变动风险很小的投资。

（3）固定资产

固定资产包括为生产产品或经营管理而持有的、使用期限在1年以上且单位价值较高的有形资产。购置或新建的固定资产按取得时的成本作为入账价值。固定资产折旧采用年限平均法按固定资产原值减去预计净残值后在估计可使用年限内计提。对计提了减值准备的固定资产,则在未来期间按扣减减值准备后的账面价值及尚可使用年限确定折旧额。

本公司的固定资产主要为电脑、生产研发用 NAO 机器人等设备,本公司的固定资产一律按平均年限法以 5 年为期计算,且期末无残值(表 5-25)。公司拟每年购入两台 NAO 机器人作为课程研发的固定投入以扩大研发及实验效率。NAO 机器人总代理价为 45 000 元/台(折合 6 500 欧元+140 欧元);销售价为 80 000 元/台,样机价为 40 000 元/台(折合 5 500 欧元+140 欧元)。

表 5-25　固定资产试算表　　　　　　　　　　　　　　　　　单位:元

年　　度	2017	2018	2019
固定资产原值	380 000	380 000	600 000
本期增加数	—	220 000	260 000
其中:NAO 机器人	—	160 000	160 000
折旧数	76 000	120 000	172 000
累计折旧	76 000	196 000	368 000
期末净值	304 000	480 000	688 000

(4) 无形资产

公司在经营过程中软件著作权摊销年限 10 年,残值为 0(表 5-26)。

表 5-26　无形资产预测表　　　　　　　　　　　　　　　　　单位:元

年　　度	2017	2018	2019
无形资产原值(期初)	20 000	36 000	55 400
本期新增无形资产	20 000	30 000	40 000
无形资产期末原值	40 000	66 000	95 400
本期摊销额	4 000	6 600	9 540
累计摊销额	4 000	10 600	20 140
无形资产净值(期末)	36 000	55 400	75 260

(5) 应收账款及坏账准备

公司三年应收账款预测情况详见表 5-27。

表 5-27　应收账款预测表　　　　　　　　　　　　　　　　　　　　　　　　　　　单位：元

年　度	2017	2018	2019
应收账款	93 600	702 000	936 000
减：坏账准备	9 360	70 200	93 600
应收账款净值	84 240	631 800	842 400

(6) 政府补贴

a) 雇佣35周岁以下的上海户籍员工，每人次可以享受政府提供的三个月见习补贴，共计6 000余元。

b) 2016年1月1日起，本区注册经营的创业组织创业者为35周岁以下青年及大学生的开办扶持补贴金额：5 000元。

c) 以上计入第一年营业外收入。

(7) 分红计划

公司分红采用灵活的手法，结合"保证现金比率在合适比率的目标"和"经营发展目标"确定分红金额，预计第一年不分红，第二年开始提取税后净利的30%进行利润的分配。

(8) 公司涉及的主要税项

公司涉及税种情况详见表5-28。

表 5-28　公司涉及税种

税　种	计税依据	税率(%)
增值税(教育医疗)	增值部分	6
企业所得税	应纳税所得额	10

（五）主要财务指标分析

公司主要财务指标分析情况详见表5-29。

表 5-29　主要财务指标分析

指　标		第一年	第二年	第三年	计算方法	分　析
盈利能力	总资产收益率(%)	-16	59	46	=净利润/平均总资产×100%	分析销售收入的获利能力，本公司为服务型企业，第二年、第三年时产品持续推广，净利润率保持平稳，呈现较好的盈利水平。
	净利润率(%)	-19	35	34	=净利润/营业收入×100%	
营运能力	总资产周转率(%)	102	159	139	=净资产/(总资产-短期负债)	反映了企业总流动资产的利用效率，数值越高效率越好。本公司的资产周转率较高，体现良好的资产使用水平，基于硬件的高效研发。

续表

	指标	第一年	第二年	第三年	计算方法	分析
营运能力	流动资产周转率(%)	86	87	87	=流动资产/(总资产－短期负债)	反映了企业流动资产的利用效率,数值越高效率越好。本公司该比率与同行业公司的比率相近。
	非流动资产周转率(%)	30	30	32	=非流动资产/(总资产－短期负债)	反映了企业长期资产的利用效率,本公司的固定资产利用效率较高。
偿债能力	流动比率	5.15	5.18	4.39	=流动资产/流动负债	前两年现金充足故比率较高,第三年由于税收等负债的上升,流动比率降低,股权资本撤出导致现金量较大幅度下降,但仍具有良好的偿付借款的能力。
	现金比率(%)	351	232	213	=现金/流动负债	反映了企业的偿债风险,本公司处于高速增长期,但是现金充裕。
	资产负债率(%)	696	695	602	=总资产/总负债	反映了公司杠杆效应和偿债风险,公司初创时负债较少,随着公司规模的扩大和销量的提升,该比率呈缓慢下降趋势,在保持低偿债风险的情况下充分利用杠杆效应降低资产负债率。
增长能力	销售增长率(%)	—	255	121	=当年销售额/去年销售额	销售增长率越高,说明企业发展速度越快,本公司努力开拓国内市场,保持强劲的势头。
	净利率增长率(%)	—	—	118	=当年利润率/去年利润率	第二年年末开始扭亏为盈,并保持强速增长势头,与国家政策对该行业的扶持密切相关。
	资产增长率(%)	—	163	143	=当年总资产/去年总资产	公司保持较高的增速,说明增长实力雄厚。

(六)敏感性分析

公司运营中相关各要素对利润的影响程度详见表5-30。

表5-30 各因素对利润的影响程度表　　　　　　　　　　　　　　单位:元

| 影响利润的因素 | 变动程度(%) | 影响程度 | | | | 敏感性指数(%) |
		变动前净利润(元)	变动后净利润(元)	减(－)绝对额	加(＋)百分比(%)	
课程单价	－5	1 334 808	1 235 826.00	98 982.00	7	－67
目标客户数目	－5	1 334 808	1 167 130.80	167 677.20	13	－30

续 表

影响利润的因素	变动程度(%)	影响程度				敏感性指数(%)
		变动前净利润(元)	变动后净利润(元)	减(一)绝对额	加(+)百分比(%)	
机器人销售价格	−5	1 334 808	1 275 588.00	59 220.00	4	−100
营业成本	5	1 334 808	1 304 712.00	30 096.00	2	200
研发费用	5	1 334 808	1 313 568.00	21 240.00	2	183
职工薪酬	5	1 334 808	1 262 808.00	72 000.00	5	93

综合上述敏感分析，影响利润的诸因素中，最敏感的是"目标客户数目"，其若变动30%即可使得净利润转为0。由于本公司提供的服务针对性较强，所以公司要牢牢锁定目标人群，提高对于目标机构客户群的定向宣传力，合理运用学科资源、市场推广以及书籍传播等方式推广公司品牌，使更多机构了解"兰谷"以及机器人介入的孤独症康复形式。此外，"课程单价""机器人销售价格"等敏感性水平中等，应当跟随销售目标，适时调整，以灵活的方式应对挑战。

(七) 投资回报分析

取2016年1月14日十年期国债的到期收益率2.7%作为无风险报酬率，考虑风险后，将必要收益率确定为15%。净现值为3 599 497元。另外，根据"动态投资回收期=(累计净现金流量现值出现正值的年数−1)+上一年累计净现金流量现值的绝对值/出现正值年份净现金流量的现值"计算为2.39年，说明前期投入资本能够在较短时间内收回，投资风险性较小。

最后根据预计现金流量表数据，计算得到的5年内含报酬率为70%，说明产品回报率较高，能够带来较好的经济收益。

(八) 资金退出方式

根据财务预测，我们认为本创业计划方案可行，资金回收期较短，充分考虑风险投资者的权益，本融资方案同时提出相应的资金退出方式，配合引入新的资金，加强资金的整体流动性。

"兰谷教育"第一轮即初创期的融资除自筹外，还引入上海市大学生科技创业基金会雄鹰计划资金投资入股，由于该基金具有帮持大学生创业的公益性质，所以"大学生创业基金"在资助期三年内不参与分红，在第三年末按原值退出。本公司为配合LAN Star 2.0、LAN Star 3.0战略，预计在第四年中引入新的风险投资，这些风险投资可在入股两年之后退出资金。由于本公司的中长期战略不涉及IPO，而是将兼并收购作为未来目标，所以风险投资可采用股权出售或回购的方法退出资金，借助中介机构，在对所持股权进行合理估值后选择合适买家。

八、风险分析

公司运营中相关风险分析情况详见表5-31。

表 5‑31　风险分析表

	主要风险	风险起因	风险程度	风险出现概率预估	后果及影响	解　决　对　策
外部	政策变化	政府决策	很高	很低	公司失去政策支持,发展受阻	1. 随着我国的不断发展,国家对特殊教育事业只会更加重视和支持; 2. 提高自身的核心竞争力,提高抗风险能力
外部	产品销路不畅	公司认可度不够;产品优势不明显	较高	很高	产品不能发挥作用;无法盈利,公司破产	1. 加强宣传力度,提高产品的知名度; 2. 制定一系列营销策略,详见营销模块; 3. 采取多种渠道进行销售
外部	产品被盗版	课程的特殊性;实用性强价格贵	较高	较高	影响公司品牌建设	1. 加强监督机制建立,完善保密工作; 2. 树立法律意识,依法应对违法盗版行为; 3. 加强课程更新升级,提高自身竞争力; 4. 加强品牌建设,着力树立自身品牌
外部	知名度低	公司刚起步,社会影响力低	中	中	影响公司业务的拓展	1. 与知名机构、相关部门合作; 2. 加强宣传工作的进行; 3. 多参与公益事业,提高公司形象
外部	新公司出现	市场规律	较高	较高	被新公司超越,市场份额下降	1. 将网站打造成康复行业的重要交流平台; 2. 不断完善、丰富课程体系; 3. 与康复机构开展长期合作抢占市场
内部	资金不足	无法获得充足的现金流	较高	中	影响课程研发设计,公司应对风险能力差	1. 可以通过众筹创业基金、找天使投资人等方式,为公司提供资金; 2. 卖出少量股份以获取资金; 3. 寻求机器人公司或康复机构的资金支持
内部	公司缺少可借鉴的经验	此前无此类公司;团队无创业经验	较高	较高	管理经营不善;错失发展机遇	1. 借鉴各类教育机构与康复机构的经验; 2. 通过高校的人脉力量获得智力支持; 3. 重大事宜全体决策,详细策划,认真分析总结

续 表

	主要风险	风险起因	风险程度	风险出现概率预估	后果及影响	解决对策
内部	课程更新速度慢效果差	研发者脱离实践；对研发不够重视	较高	中	产品使用效果不佳；被后来者超越	1. 专门研发部门负责软件开发和课程设计； 2. 时刻关注用户体验效果，及时发现、解决问题； 3. 密切关注机器人行业与康复行业的新进展； 4. 建立完善的沟通体系，保持与客户的良好沟通
	公司员工跳槽	待遇差；被挖墙脚	较高	较高	自身实力下降；竞争对手更强大	1. 提高员工薪酬，改善员工待遇； 2. 树立公司精神，增强员工对公司的认同感

九、创业后记

我们，一个十人的团队，名为"兰谷"。在 2015 年 1 月至 2016 年 6 月这一年半多的时光里，终于推出了经过实证研究的 LAN Star 系列孤独症教育康复解决方案。复杂的实验方法、大量的实验数据曾将我们绕得晕头转向，初期机器人慢半拍的反应让我们错失了很多可以把握的机会，当时的我们是崩溃的。幸好有老师与机构人员的指导和建议，我们不断改进，不断研发，一步步摸索出正确的道路。

目前，很多人已经知道了 LAN Star 解决方案中的系列课程，也看过了我们实际操作的视频，认为我们该止于此，该终于此。但是这不足以成为我们的梦想，这不是我们想要的孤独症康复的未来！我们想做一个梦，想创造出中国的康复机器人。长期积累的案例将形成孤独症康复大数据，机器人的自学习功能也在不断发展，这都将使得自主研发康复机器人的梦想不再天马行空！

"兰谷"团队，一个脱胎于华东师范大学教育康复专业的学生团队，将继续发扬本专业勇于创新、突破自我的精神，在孤独症康复领域引吭高歌，大步前进！

第六章
教育康复行业创业实践

> 【本章教学目标】
> 1. 了解教育康复领域现有的三种创业模式:康复服务机构运行模式、公益项目运营模式和康复技术产品研发模式。
> 2. 通过真实案例叙述,理解各种模式的背景和运行方式。

本章以教育康复行业三种创业类型的真实案例为线索,分析创业项目从启动、落地到发展过程中遇到的现实困难,为行业拓宽发展边界。三个案例分别是作为康复机构代表的上海市静安区民办小小虎幼稚园、作为消费品企业代表的"多特瑞携手关爱基金"企业社会责任项目、作为大学生创业企业代表的杭州泰亿格医疗科技有限公司。

第一节 儿童康复机构

儿童康复机构通过组织特殊儿童进行相关评估、训练和交流等公益活动,对残障儿童进行康复干预,增加特殊儿童融入主流社会的机会,推动当地康复市场的有序开发和健康成长。我们关注到一些残障儿童家长开设的家庭式康复班、小型语言训练机构,同时也接触到个别大型康复机构,如上海市静安区民办小小虎幼稚园(以下简称小小虎幼稚园),现对其运作机制进行提炼和分析。

2004年,上海市静安区民办小小虎幼稚园在上海一个居民小区内正式挂牌,归属静安区教育局业务指导,如图6-1、图6-2所示。小小虎幼稚园是一家民办非企业单位,由华东师范大学教授黄昭鸣博士创办,黄博士曾在美国华盛顿大学学习言语语言病理学,学成回国后发现中国康复行业严重落后于国外,于是运用国外所学技术理念在华东师范大学创办言语听觉康复学和教育康复学专业,培养该领域相关人才,同时创办小小虎幼稚园(表6-1)。

表6-1 小小虎幼稚园历史沿革

时间	重要事件
2004年	小小虎幼稚园成立
2005年	小小虎幼稚园被纳入上海市聋儿康复机构,成为华东师范大学言语听觉康复科学系博士研究生和硕士研究生的教学与实验基地、中国言语听觉康复科学与ICF应用研究院示范中心、华东师范大学早期融合教育示范中心、上海市浦江人才计划项目"特殊儿童言语矫治的理论与方法"研究基地

续 表

时 间	重 要 事 件
2006年	教育部新世纪优秀人才支持计划项目"多重障碍儿童多重干预的理论与方法研究"研究基地
2012年	小小虎幼稚园为多项国家和省部级课题研究基地并发表研究成果,引领我国相关学科专业化发展
2013年	小小虎幼稚园申报多项课题,前后两次获得"上海市科技进步二等奖",也成为全国最知名的集学前幼儿教育、聋儿康复教育于一体的现代化聋健融合幼稚园

图 6-1 小小虎幼稚园外部　　　　图 6-2 小小虎幼稚园内部

一、运行模式分析

小小虎幼稚园的创立除了解决残障儿童的需求,同时也是华东师范大学言语听觉康复专业(方向)师生的实践基地,基地建设为技术的落实、案例的聚集和成果的应用提供了非常有利的平台。

小小虎幼稚园已形成一种"康复日托＋康复门诊""聋健合一"的办学模式,在此模式的影响下,复制和衍生出了一批类似的民办康复中心,在不同的地区为残障儿童带去康复福音。因此,本节选择以小小虎幼稚园作为机构案例进行分析,探究在教育康复领域如何成功创建和营运一家康复机构。

（一）运行模式中的角色定位

儿童康复服务机构针对残障儿童康复需要,帮助儿童提高认知、语言沟通、生活自理、社会适应等能力水平,促进儿童最大限度地发展独立生活能力。残障儿童康复机构的运行模式详见图 6-3。

1. 政府部门

作为承担残障儿童康复的政府部门,以提供康复资源(包括资金、职业发展通道等)的方式实现其服务残疾人的公益职能和服务功能。

2. 儿童康复机构

康复机构组建、运营服务团队,提供专业的机构运营服务,包括机构管理(环境建设、人员管理、设备购置与管理)、康复训练、家长培训、招生等。通过运行机构获取收入,平衡运营成本,并形成现金收益,用于支付康复服务产品的购置费用。

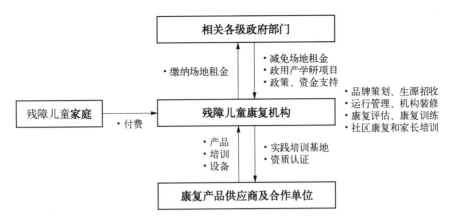

图 6-3 残障儿童康复机构的运行模式

康复训练主要通过合理定制教育目标与计划,为残障儿童提供身心能力治疗与训练,使得残障儿童按其残障程度充分发挥其体力、智力及社交能力,使残障儿童最大限度地达到不完全残废,使身体留有的功能发挥最有效的作用。

3. 康复产品供应商

负责向机构配置优质康复产品,包括康复设备、康复用品、云康复平台和康复培训服务。

(二) 收费压力

2004 年前,中国所有的康复服务都是免费的,国家为有需求的人群提供免费的康复服务。然而,由于当时国内言语康复学专业建设的滞后和资金的匮乏,康复效果并不显著。

在 21 世纪初,全国听障在校生 22 万人,相应的辅助沟通手段的实施并不普及。助听器只在小范围内应用,人工耳蜗更是新生事物。几乎所有听障学生都靠手语进行交流。到了 21 世纪的第二个十年,全国听障在校生大幅度下降,上海仅有 322 名。

小小虎幼稚园不满足于当时的专业建设,想要"求创新、求进步",为残障儿童提供更加科学有效的康复服务。可是,技术的研发是需要资金支持的。彼时全国城镇居民人均可支配收入每年不到 10 000 元,而农村居民收入不到 3 000 元。可想而知,在所有国有康复服务免费的情况下,民办康复机构公开收费,将造成很多人的误解。小小虎幼稚园却还是顶着巨大的舆论压力,打破"免费康复"的一贯传统,对教学进行收费管理,一年的学费为 32 000 元。因为创始团队明白,要走独立的、科学的、有效的路,必须要有一定的资金保障。小小虎幼稚园创业团队深刻认识到:"生存下来,才能将更好的服务传递出去。"

小小虎幼稚园创业团队以华东师范大学言语康复科学专业的职后师资培养团队为主,大多是专业言语治疗师、特殊教育教师、残联语言康复训练师、幼儿园教师。2004 年,小小虎幼稚园刚开张,第一届学生只有 5 人,障碍程度都很严重,家长是抱着"死马当活马医"的心态才来到小小虎幼稚园的。然而,经过半年左右的康复,康复效果却极其显著。这为小小虎幼稚园之后的声誉奠定了基础。康复领域不收费的传统也被打破,产学研正向推动学科成果发展,提高了康复师的地位和收入,促进了康复领域的发展。

(三)"康复+融合"——助力普特学生发展

融合教育从 20 世纪 70 年代以来就逐渐成为全球教育领域讨论的热门话题。近年来,我国也大力倡导融合教育。2018 年教育部公布的数据显示,以融合形式(包括随班就读、普通学校中的特教班)接受义务教育的学生共 304 273 人,已经占所有在校残疾学生人数的

52.57%[1]。然而,大多学校还是只考虑完成残障学生入学率的目标,随班就读长期停留在计算入学率的表面层次。也就是说,残障儿童有学可上,但教育质量更加堪忧。融合教育理念本身是好的,为的是保障残障儿童的权益,帮助残障儿童更好地融入正常学习和生活,但形式上的融合只会耽误残障儿童本身应得到的康复干预。因此,如何高质量地融合成为融合教育的关键。

小小虎幼稚园采用"聋健合一"、幼儿园与门诊相结合的模式,将康复与融合教育相衔接,推动普通儿童、残障儿童共同成长进步。目前在园的正常儿童有200多人,听障儿童50人,门诊儿童10人。不同于传统特殊教育领域直接"随班就读",小小虎幼稚园采取"先康复,再融合"的方式——残障儿童入园时先进行个别化评估、康复,经过一段时间的个别化康复训练(简称个训),当其听力、语言、认知等方面水平达到一定要求后,再和正常儿童进行插班融合。前期的准备过程缩小了残障儿童与正常儿童之间的差距,减轻了正常教学的负担,也增强了残障儿童的自尊心和自信心,促进其身心发展。而且,这里的学生从入园到毕业都是"一人一案",实现对学生情况的动态、精准把控。

那么,面对残障儿童进入正常班级,正常儿童的家长是否能接受呢?小小虎幼稚园的老师们经过长期观察发现,正常儿童在这过程中会受到普通幼儿园所没有的熏陶和锻炼。与残障儿童的相处让正常儿童更加珍惜生活,变得更加努力、自律。此外,这种模式还能帮助他们学会理解和关心他人,培养乐于助人的习惯。譬如,老师告诉小朋友们"听障宝宝很害怕摔跤",那么在小组活动搬东西的时候,正常小朋友们就会主动上前帮助听障小朋友,体现出难能可贵的合作意识和友爱精神;如果听障小朋友听不清时,他们会说"你慢慢听,我再讲一遍"。小小虎幼稚园老师们认为,正常儿童能在这种模式下收获更多,社会的多维化和丰富性在孩子们的世界观中更早地得到了建模。

二、康复机构服务的指导性要求

2022年初上海市民政局发布《特殊儿童社会服务机构设置和服务规范》(DB 31MZ/Z 001—2022),作为上海市地方标准化指导性技术文件,虽不是强制性要求,却具有深远的指导意义。随着教育康复事业的发展,康复机构服务的各方面的要求日趋规范,这与本书宗旨一致,故将其中关于"场地设施要求""人员配置要求"和"康复训练服务要求"罗列,以供读者参考。

(一)场地设施要求

场地建筑面积宜不低于200 m^2,郊区可以适当增加建筑面积,其中直接用于儿童康复和活动的用房面积宜不低于总建筑面积的70%。

设置与服务功能相适应的功能室。如康复评估室(或康复咨询室)、个别训练室、游戏活动室、儿童图书室、家长培训室、家长/儿童休息室、教师办公室(可兼图书室、档案室)等。

康复和技能培训等用房宜设置单面可视玻璃观察窗。

配备完善的康复训练器材,比如各种规格球类、积木类、图片类、精细运动训练用玩具等。

配备与康复训练相关的必要教学设备。[2]

(二)人员配备要求

应根据规模配备一定比例具有专业素质的康复教育教师、保育员、儿童福利社会工作者、志愿者、其他相关专业人员等,有条件的配备儿童心理评估员、儿童保健医生等。专业教师和康复训练人员与在训儿童至少1∶4的比例配备,专业康复工作人员宜至少4人。

康复训练人员应持有康复治疗学、特殊教育、师范类、医学类、应用心理学等相关专业大专或以上学历,优先招聘取得教师资格证或医疗执业资格证从业人员。

工作人员每年应经过当地卫生部门体格检查,获得身体健康证明。

应定期组织工作人员进行职业道德教育和业务培训。[2]

(三)康复训练服务要求

康复训练类服务机构应具有提供开展以下项目的能力:

康复教育评估,包括但不限于:言语与语言能力评估、认知能力评估、运动能力评估、生活自理能力评估、社会适应能力评估、情绪行为评估、学习能力评估;

康复活动,包括但不限于:认知能力、语言沟通能力、运动能力、感知能力、生活自理能力、社会交往和适应能力的提升,以及言语治疗、音乐治疗等;

社区家庭康复指导,包括但不限于:每年至少举办两期家长培训指导班,课程表、教材和家长信息等档案齐全。

每名特殊儿童应独立建档,标识明确,以纸质形式备案,有条件机构应建立电子档案并收入影像资料,包括但不限于:特殊儿童基本信息;评估记录(包括基础评估和专项评估);康复计划(包括康复目标和阶段性目标);定期康复实施报告(至少3个月一次),定期补充儿童康复干预过程中评估记录表、授课计划表及课程记录表等资料;根据服务需求提供干预结案记录;根据服务需求提供后续转介评估记录等;家长培训记录;家校活动记录。

应开展康复训练服务质量评估,达到以下的指标要求:

特殊儿童康复评估率=100%;特殊儿童康复档案建立率=100%;康复档案记录书写合格率≥90%;各项康复教育活动有效率≥80%;家长对康复训练效果满意率≥80%;家长对服务工作的满意率≥80%。

定期举办家长交流活动和康复咨询、培训。

推进特殊儿童融合教育,与所在社区及有关医疗、康复机构合作(转介、宣传、培训、咨询等)。[2]

小小虎幼稚园占地 2 000 m²(图 6-4),设置在静安区一个居民区内,专职教师共 54 名,入园儿童 200 名左右,其中一半是残障儿童,教育训练管理规范,符合《特殊儿童社会服务机构设置和服务规范》的相应要求。

三、坚守严格的规范标准

小小虎幼稚园有着严格的规范标准,对儿童的康复训练紧密围绕 HSL 理论,以 1+X+Y 模式指导实践,康复评估也严格对标 ICF 言语康复标准,力求建设一流康复品牌。

(一)康复训练:以 HSL 理论为基础,以 1+X+Y 为操作模式

HSL 理论,即听觉康复(H)、言语矫治(S)和语言康复(L)三大板块相互联系,相互关联,构成了一个有序、完整的残障儿童康复教育系统(图 6-5)。

基于 HSL 理论,小小虎幼稚园坚持以 1+X+Y 操作模式指导实践。其中,"1"代表集体康复教育,是指在康复机构中,教师有目的、有组织、有计划地对残障儿童进行康复教育的过程;"X"代表个别化康复,是指治疗师利用现代化设备对残障儿童的听觉、言语、认知能力进行系统评估,并结合其在集体教学、家庭康复中的有关问题,制订相应的听觉言语康复计划,对其进行个别化、有针对性的康复训练过程;"Y"代表家庭康复,是指在教师和治疗师的指导下由家长实施康复的过程[3]。

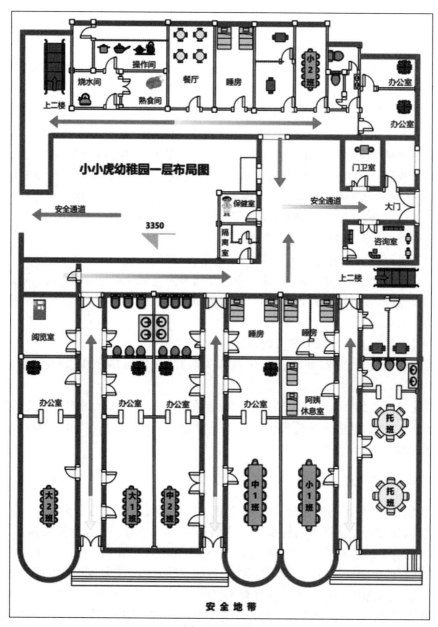

(a) 一层布局图

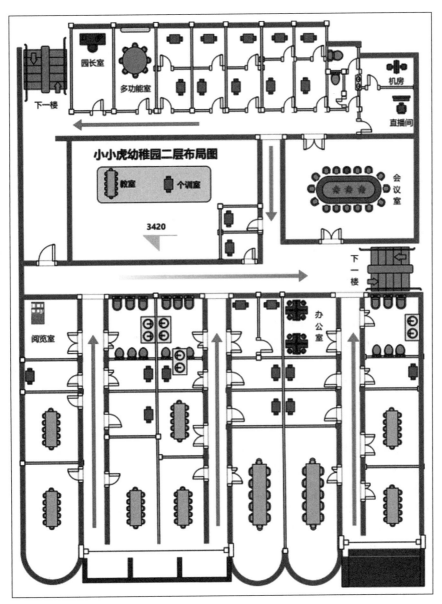

(b) 二层布局图

图6-4 小小虎幼稚园布局图

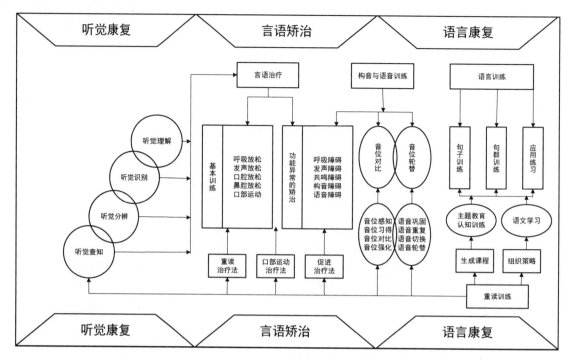

图 6-5 HSL 理论框架

该模式将集体康复教育、个别化康复、家庭康复紧密结合,以"一日活动"为主线,教师与康复师针对残障儿童每日的康复教育情况进行评估,填写每日教学记录表,然后将评估结果反馈给家长,家长再将家庭康复教育的情况及时反馈给教师与康复师,形成"康复—评估—康复"的闭环。在此模式的指导实施下,康复机构与残障儿童家长之间形成合力,在康复训练的道路上,以机构为主导,家庭进行辅助、巩固和拓展,以最大程度促进残障儿童恢复正常功能;同时,该模式兼顾集体康复教育与个别化康复,对每个残障儿童进行一对一评估,制定治疗方案,通过主题教育、区角活动等巩固残障儿童的康复训练效果,促进残障儿童的全面发展和社会所需交往能力的形成。

1+X+Y 模式在实践过程中,需遵循以下原则:一是医学康复与教育康复相结合;二是康复教育与全面发展相结合;三是康复教育与现代科学技术相结合。[4]

(二)康复评估:对标 ICF 言语康复标准,创一流康复品牌

小小虎幼稚园在成立之初就追随华东师范大学言语听觉康复科学专业"创建一流学科,制定专业标准"的发展目标,将小小虎幼稚园的发展目标确定为坚持"服务学科发展,力争一流康复"。同时小小虎幼稚园作为言语听觉科学教育部重点实验室实验基地、中国言语听觉康复科学与 ICF 应用研究院示范中心,严格对标 ICF 言语康复标准,率先将 ICF 的评估与训练的方法应用于临床训练,依托国际先进的康复技术、价值千万元的尖端康复设备、多学科经验丰富的专家团队,在小小虎幼稚园康复团队的共同努力下,大大提升残障儿童的康复效率和质量,将残障儿童的康复周期由原来的 24—32 个月缩短至 6—18 个月,达到"听得明白,说得清楚,交流自如"的康复目标,赢得康复治疗的先机。

四、严格规章制度管理

小小虎幼稚园作为民办非政府组织,严格遵守社会组织管理规定,在 2020 年获得当地政府相关部门授予的"依法治校幼儿园"荣誉称号并获挂牌。

(一)门诊部的职能与工作流程

门诊部由主任安排各科室工作(图6-6),根据咨询部记录的残障儿童的情况安排残障儿童及其家长进行评估与康复治疗的工作。门诊部需要对残障儿童的情况进行评估诊断(图6-7),门诊部主任审核评估报告并安排康复师实施康复治疗(图6-8),具体工作内容如下:

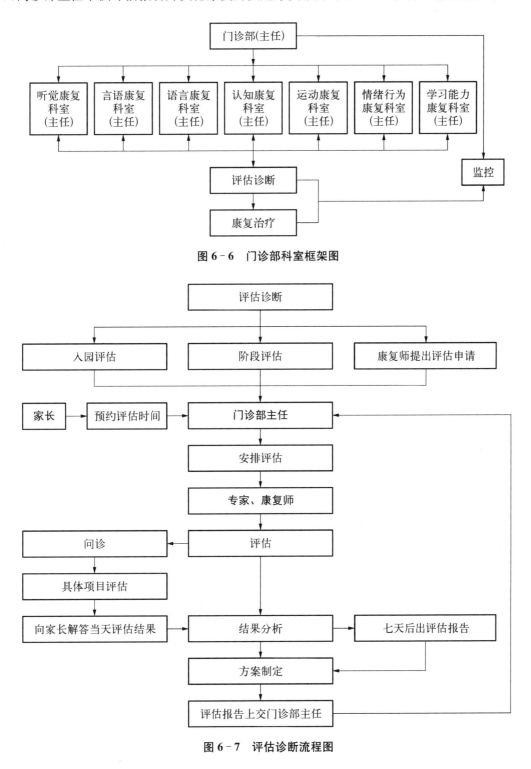

图6-6 门诊部科室框架图

图6-7 评估诊断流程图

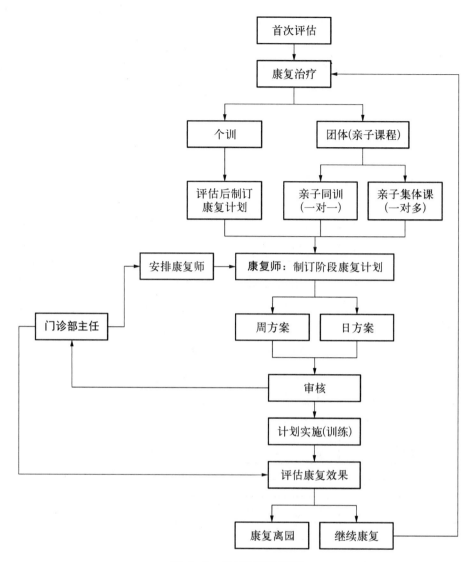

图 6-8 康复治疗流程图

(1) 检查、问诊、评估：
1) 全身检查，有无器质性的损坏因素；
2) 与最熟悉该儿童的家长沟通交流，了解残障儿童的病史及康复史；
3) 根据听障儿童的具体情况，选择需要评估的项目并开展评估；
(2) 康复师、专家会诊评估：
1) 专家与康复师根据评估结果制订患儿康复计划；
2) 根据评估结果由门诊科室安排康复师开展相应康复训练。
(3) 康复治疗：
1) 根据残障儿童的康复需求结合康复师的课程安排完善康复计划；
2) 在康复期间，康复师及时与家长沟通交流残障儿童康复情况，指导家庭康复。
（二）康复部的职能与工作流程
(1) 康复部主任根据康复部科室安排各教研组工作（图 6-9）。

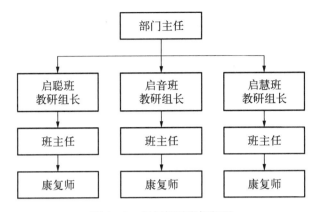

图 6-9 康复部科室框架图

（2）门诊部主任安排残障儿童分班及训练工作（图 6-10）。

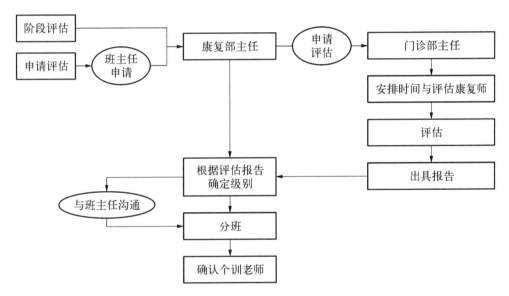

图 6-10 康复部分班流程图

（3）康复部主任安排各教研组制订教学计划（图 6-11）。
（4）康复部所有教师根据一日流程进行一日教学活动工作（图 6-12）。
（5）具体工作内容：日托式康复主要为听障或多重障碍儿童提供全日制康复服务，将每天的康复和教育目标通过主题课、区角活动及个别化康复训练来完成，融入"实时康复"的氛围中，获得最佳的康复效果。

（三）家长培训服务

小小虎幼稚园的第一届学生中，在父母重视的家庭中儿童康复效果优于不重视的家庭。因此，小小虎幼稚园在之后的办学过程中，加入了对家长的培训内容，"小小虎在线"App 也有免费的家庭康复干预课程。通过家校联动干预的方式增加干预时长，巩固干预效果，还能促进残障儿童将所学内容与日常生活进行更紧密的结合。

（1）每日交流（图 6-13）：告知家长今日课程安排、完成情况、孩子的表现，布置家庭作业，回答家长的提问，同时鼓励孩子。

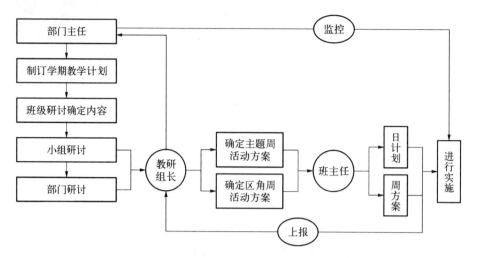

图 6-11 集体教学计划及实施流程图

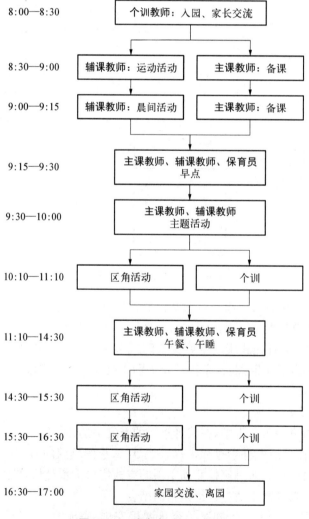

图 6-12 康复部一日流程图

注：主课教师与辅课教师轮流完成区角活动和个训

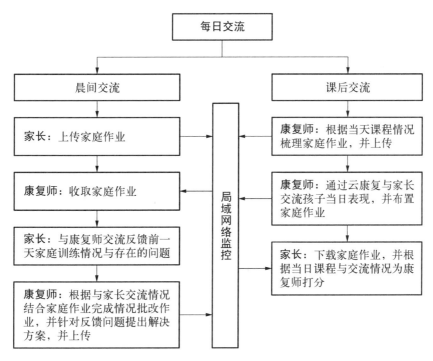

图 6-13 每日交流流程图

(2) 教学观摩(图 6-14):给予家长正面的影响,将训练的方法及有关知识传授给家长,同时展示机构的专业性与课业的合理性。

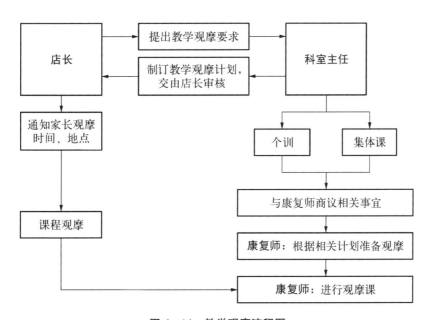

图 6-14 教学观摩流程图

(3) 亲子中心辅导(图 6-15):促进亲子沟通,满足儿童内在的精神发展需求,鼓励孩子。同时可以将训练的方法及有关知识传授给家长,展示机构的专业性。

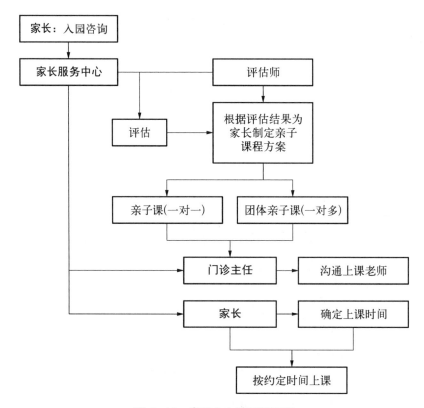

图 6-15 亲子中心辅导流程图

(4) 家长培训(图 6-16)：包含家长培训班(周)、专题讲座、家长康复技能大赛(半年)，旨在培养家长正确的康复观念，把最近的研究成果报告给家长，教授家长家庭康复的方法和技巧、家庭康复辅助用品用具的使用与现代化网络康复手段的学习。同时促进残障儿童家庭间的沟通交流和相互学习，在纵向理论技能培训基础上，增加横向交叉学习的环节。

(5) 月成果展示会(图 6-17)：把阶段训练成果展示给家长，展示机构的康复成效，让家长了解孩子的康复程度并增强家长对机构的信任。

(6) 定期与不定期交流家访(图 6-18)：通过家访，教师可以观察到孩子在家长陪同之下与在学校的表现有何差异，通过行为分析孩子的心理；同时引导家长产生对于家庭康复必要性的观念并增强家长对机构的信任。

五、"康复＋科技"——实现多元有效康复

小小虎幼稚园对于现有的康复方式以及实践过程具备充分经验，同时在互联网智慧康复平台的帮助下，了解残障儿童的残障程度与能力水平，监控其发展，实现对于残障儿童的高效、针对化的康复。

作为行业市场中的一员，小小虎幼稚园在特殊时期必然跟随市场发展规律，经历发展的高峰与低谷。基于办园十多年的经验以及对市场和技术走向的观察与预判，小小虎幼稚园在2018 年就开始逐步推出在线服务课程，以幼稚园名字命名的一款移动端康复软件"小小虎在线"App 上线，在新冠肺炎疫情期间发挥了巨大的作用。

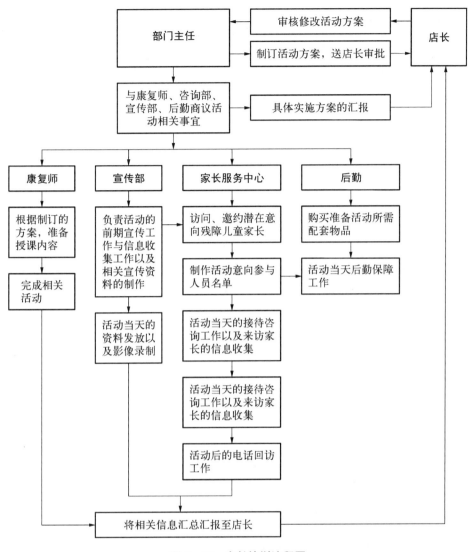

图 6-16 家长培训流程图

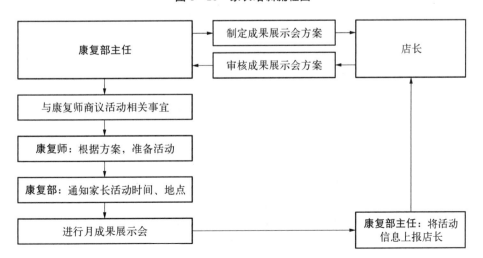

图 6-17 月成果展示会流程图

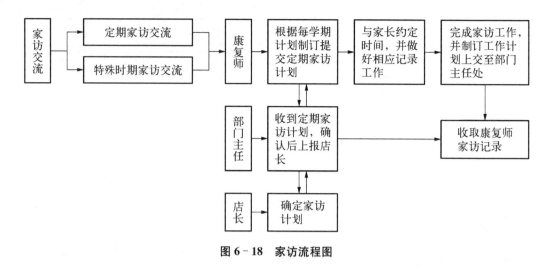

图 6-18 家访流程图

"小小虎在线"App 是一款专门面向家长的家校互联软件,帮助家长实现筛查、评估、训练一体化的家庭康复。此外,学校还为每一位学生都配备了一台专门的学习机,学生可以通过学习机和教师视频,家长也可按照教师的处方辅助学生训练。有了技术的支持,有的家长甚至能够承担康复师 30% 的工作。

在日常康复过程中,每个房间里也都配备了专业、科学的康复设备,装有专业的康复软件,让残障儿童在游戏中学习,对残障儿童能力进行及时精准评估。

六、小结

从 2004 年建立至今,在小小虎幼稚园康复的残障儿童数以千计,就读于华东师范大学康复科学系 2020 级言语听觉康复专业本科生小李同学就是其中的一个典型。

"'长大后我就成了你'这不是一句歌词,更是我发自肺腑的期待。"这是 2020 年小李同学在华东师范大学开学典礼上的发言,在发言中作为对师长寄语的回应,讲述了自己与华东师范大学的渊源。

16 年前,我国首个言听专业落地华东师范大学,在华东师范大学言听实践基地小小虎幼稚园接受康复训练的小李同学通过华东师范大学老师们的鼓励与帮助,在从无声世界解放出来的基础上渐渐学会了"表达",并立志要继续传播这份爱,用自己年轻的生命去点燃更多需要帮助的人的希望。16 年后,他实现了理想、兑现了承诺,在华东师范大学康复科学系深造,为更多有需要的人带去康复的希望。

第二节 公益专项基金项目

近年来,随着我国的慈善事业的不断发展,社会整体的公益愿望更加强烈,越来越多的企业、个人及团体将公益纳入未来发展计划当中。全社会的公益热潮逐渐形成,慈善基金会作为非营利组织,将利用自身公信力募集到的捐赠钱款运用到慈善公益活动和资助中,并通过专项公益基金为弱势群体带去社会的关怀与温暖。本文将介绍公益基金项目的基本信息以及企业如何参与社会公益项目的过程。

多特瑞(上海)商贸有限公司(以下简称多特瑞公司)秉承"以一次精油、一个人、一个家庭、一个社区的方式改变世界"的使命,2017年在上海慈善基金会设立"多特瑞携手关爱基金",持续聚焦儿童关爱、女性赋能、社区支持等领域。

一、专项公益基金概念

专项公益基金一般指基金会通过国内外企业、社会组织及个人定向捐赠、基金会自有资金设立的,专门用于资助符合基金会宗旨、业务范围的某一项事业的基金[5]。专项基金应当在基金会基本账户下设立专项基金财务科目,按照捐赠人或发起人的意愿,专款专用,并遵守基金会专项基金管理办法。

根据《上海市基金会专项基金管理办法》规定,专项基金的设立、管理和使用,应当合法合规,符合基金会宗旨和业务范围,专款专用,信息公开透明;不盲目追求专项基金的增速和规模,不违背慈善活动年度支出和管理费用规定,不背离捐赠人和受助人的意愿,不为个人和企业谋求私利。[6]

综上,专项公益基金具有如下特点:

(1) 目的性。专项公益基金是为了开展某一特定项目或实现特定目的,由捐赠人发起设立的。设立时就具有特定使用目的,不是成员组合体,是财产组合体,有捐赠意愿或捐款使用方向的限制。

(2) 组织性。专项公益基金有专业的团队和队伍,内部有一定的组织机构,有一定的独立性,能作出相应决定(如审查决定受益人),这也是专项基金区别于一般的项目的最大特点。但需要注意的是,专项基金管委会仍是属于专项基金的内部组织机构。

(3) 法律属性上没有法人资格。民政部将专项公益基金定位为分支机构,也不属于民法上的"其他组织",没有独立的银行账号,只在基金会下设立一个科目供其使用。因此专项基金本身没有独立承担责任的法人资格,不能以自己名义签署协议,需要用冠以基金会名称的全称对外签署,所有法律责任由基金会承担。专项公益基金没有独立的银行账户,所有的收入必须全部纳入基金会的账户,不得使用其他单位的组织的或个人的账户,也不得刻制印章,不得再设专项基金。

(4) 三方关系。专项公益基金是由三方共同构成的,捐赠人/捐赠企业是捐赠方(委托方),基金会是受托方,受资助的群体是受助方。

(5) 受益对象不能特定化。受益对象需要经过相应的程序筛选确定,不能特定于某一具体人,并且受益对象和公益目标必须与设立该公益专项基金的社会团体或基金会的宗旨吻合。

2015年之前,专项公益基金的设立需要民政部门审批,民政部门颁发专项公益基金的登记证书。这个证书是专项公益基金具有民事主体资格的象征,可以以自己的名义开展民事活动,包括开户、签劳动合同等。2015年之后,根据国务院"放管服"的要求,民政部门取消了对专项公益基金的设立审批这一行政职权。基金会设立专项公益基金不需要再向民政部门去申请,由基金会自己决定是否要设立专项公益基金,专项公益基金的设立步入了一个新的时代[7]。

二、设立专项公益基金的意义

企业通过专项公益基金参与公益慈善,对于各方都具有良好的影响和意义。

(一) 捐赠方

专项公益基金是个人或企业介入公益慈善的一种模式。通过设立专项公益基金,企业不仅能够积极参与到社会公益慈善,发挥其社会责任,帮助到有需要的群体,还能获取自身的品牌利益。对企业内部而言,参与公益可以成为构建其企业文化的一部分,提高企业内部凝聚力和员工认同感;对于企业外部而言,参与公益慈善能够增加品牌曝光率,树立良好的品牌形象,提升顾客忠诚度;同时,参与公益慈善能够彰显企业责任心,提高社会和政府对企业的信赖度和认同度,有利于企业的可持续发展;此外,《中华人民共和国企业所得税法》第五十三条规定:"企业当年发生以及以前年度结转的公益性捐赠支出,不超过年度利润总额12%的部分,准予扣除。"[8]企业通过捐赠款项用于公益事业,还可享有部分税收减免的权利。

在本例中,多特瑞公司通过"多特瑞携手关爱基金"营造了公益品牌与多特瑞精油品牌的相关性,获得了良好的品牌效应,促进其企业文化"精油与爱"的构建。在相关的孤独症儿童公益活动中,多特瑞公司还体现了其产品价值,将精油产品用于舒缓孤独症儿童情绪,促进了产品推广。

(二)受助方

对于受助方来说,公益组织能够获得资金支持和专业帮助,继续从其专业角度出发从事各项活动;有需要的群体能够获得相应的帮助,促进其发展和进步。

下面将以"多特瑞携手关爱基金"为实例,说明企业如何设立专项公益基金。

三、设立专项公益基金的流程

捐赠方在决定将捐赠款项用于公益事业后,需要明确公益方向,选择合适的基金会。个人捐赠方可以根据个人意向来确定方向,不同的基金会涉及的公益方向也不同,如中国妇女发展基金会专注于妇女和妇女事业发展,中国青少年发展基金会专注于青少年发展。各基金的相关信息可在基金会中心网(http://www.foundationcenter.org.cn)进行查询。企业根据产品面向或服务的对象来确定大致的领域,然后选择涉及该领域公益的基金会来进行捐赠(图6-19)。

在选择基金会时,企业还需要综合考虑基金会的类型。从资金筹集角度出发,基金会可分为公募基金会和非公募基金会。公募基金会为可以面向公众募捐的基金会,如中华慈善总会、红十字会、宋庆龄基金会等;而非公募基金会则是在特定的群体中募集资金,一般

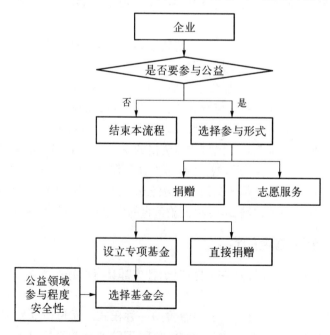

图6-19 专项公益基金设立流程

为民间基金会。

从资金运作方式出发,基金会可分为资助型、运作型和综合型。

资助型基金会一般自身不运作公益项目,而是将所筹集到的资金用于资助其他组织开展社区服务或执行公益的项目,其他组织需要提交项目书向其申请,基金会会对其项目进行审查研究,签署协议后按计划拨款资助,上海市慈善基金会就是典型的资助型基金会。这些受资助的组织包括公益组织、初创社会企业或学术研究机构等。

运作型基金会则是将资金用于自有的公益项目,或与其他基金会合作开展项目,一般不接受其他组织的资助申请,如中国青少年发展基金会、中国儿童发展基金会。

综合型基金会在运作自有项目的同时,也为其他公益组织提供资助。

企业综合其意向方向和需求,选择合适类型的基金会进行捐赠。通常,企业会优先选择公办基金会,因为其专业度和安全性较高,且涉及的公益领域广泛。

在本例中,多特瑞公司的消费群体主要为妇女,尤其是已育妇女,因此公司将其公益领域确定为妇女、儿童及社区。根据这三个主要领域,多特瑞选择了中国妇女发展基金会和上海市慈善基金会作为其主要捐赠的基金会,并设立了"多特瑞携手关爱基金"。其中中国妇女发展基金会主要围绕妇女扶贫、妇女健康、女性创业等方面实施公益项目,组织的活动有"母亲小额循环""母亲健康快车""母亲邮包""超仁妈妈""加油木兰"等,符合妇女的公益方向。上海市慈善基金会则坚持"安老、扶幼、助学、济困"的宗旨,与多特瑞公司的儿童公益方向相符。此外,这两个基金会都是公办基金会,运作资金专业度高,管理规范,符合多特瑞公司需求。

四、专项公益基金的活动运作

(一)项目运作

企业设立专项基金会后,若有意向的公益活动可以向基金会提出,若没有活动意向或方向,就由基金会进行介绍。当基金会向企业推荐项目后,企业会进行考察和研究,确定是否资助。全部项目都经由基金会进行专业性的审核和管理,首先由受助方向基金会提起项目申请,基金会审核通过后向企业提起询问,获得意见反馈后由基金会拨款或驳回受助方申请。

在本例中,在符合慈善基金会公益方向的前提下,上海慈善基金会向多特瑞推荐公益项目;经过项目申报书初步审核后,多特瑞企业社会责任(CSR)部门会派出专员去往当地实地考察,确定其项目真实性、可持续性、影响力及宣传性;然后向上汇报进入审批流程,最终确定是否资助。在项目实行期间,也会定时进行考察回访,确定项目进度等(图6-20)。

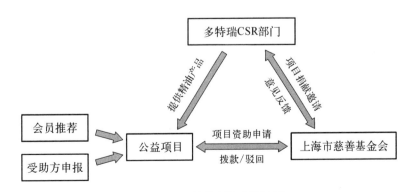

图6-20 公益项目申报流程

2019年起,由上海市慈善基金会牵头,"多特瑞携手关爱基金"和上海静安区小马过河启星艺术发展中心在儿童孤独症康复领域开展了一系列合作项目,取得了良好的社会反响。下面简要展示在"多特瑞携手关爱基金"的参与下,孤独症康复领域合作项目已取得的部分成果。

1. 2020年第二届上海市静安区特殊儿童迎新音乐会

2019年12月21日下午,上海静安区小马过河启星艺术发展中心在上海市静安区马兰花剧院举办了第二届上海市静安区特殊儿童迎新音乐会(图6-21)。本次音乐会由多特瑞(上海)商贸有限公司特别资助,多特瑞(上海)商贸有限公司总裁麦欧文先生发表了热情的讲话。音乐会的小主角们是一群有智力障碍和精神障碍的特殊儿童。本次活动以公益演唱会的形式,唤起社会各界对特殊儿童的关注,帮助更多的特殊儿童完成艺术梦想。[9]

图6-21 2020年第二届上海市静安区特殊儿童迎新音乐会

整台音乐会演出共计2.5小时,共分为三个篇章,各种形式的节目表演共15个。开场是振奋人心的开场鼓;第一篇章"70年献礼"中,有大合唱《红星歌》《游子吟》《保卫黄河》组歌,还有钢琴独奏《水边的阿迪丽娜》以及葫芦丝合奏《情深意长》《军港之夜》和葫芦丝独奏《阿瓦人民唱新歌》;第二篇章"快乐唱响"中,有机器人舞蹈《我爱洗澡》和《新年好》,还有微信舞台剧《我们大家做的好》、歌舞《身体音阶歌》、音乐剧《三只小猪》和手语表演《让爱住我家》;第三篇章"星光灿烂"中,有独唱《黄昏放牛》、小合唱《大鱼》和歌曲《梨花颂》。最后,以一首男生小合唱《我爱你中国》震撼收场,全场欢腾,整台节目完美谢幕。[9]

2. 2021年第三届上海市静安区特殊儿童迎新音乐会

2020年12月26日,上海静安区小马过河启星艺术发展中心主办的第三届上海市静安区特殊儿童迎新音乐会改为线上直播。活动由多特瑞(上海)商贸有限公司独家冠名,在直播中,多特瑞(上海)商贸有限公司总裁麦欧文先生发表视频讲话,祝贺音乐会召开。一群有智力障碍和精神障碍的特殊儿童用公益演唱会的形式,唤起社会各界对特殊儿童的关注,帮助更多的特殊儿童完成艺术梦想。

演出共分为三个篇章:"星光闪耀""欢乐时光""我和我的祖国"。在"星光闪耀"篇章里,有中国鼓《鼓破天》、独唱《声声慢》、葫芦丝合奏《美丽的金孔雀》、独奏《竹林深处》等节目,展现出孩子们的康复效果;"欢乐时光"篇章是一个完整的互动音乐剧,孩子们以丰富综合的艺术形式,为大家在线表演了音乐剧《小熊请客》和合唱《贝加尔湖畔》,台上台下互动,既富有童趣,又极具教育意义;在"我和我的祖国"篇章里,孩子们用动听的歌曲《七色光之歌》《母亲》和优美的诗朗诵《我和我的祖国》歌颂伟大的祖国、伟大的母亲;直播最后,以一曲合唱《我和我的祖国》完美谢幕,全场欢腾。[10]

3. 2021年4月2日世界孤独症关注日"爱在静安·点亮星梦"

2021年4月2日,"多特瑞携手关爱基金"出资在上海静安大悦城北座8楼和南座9楼连廊玻璃房进行孤独症科普知识宣传、艺术画作和文创作品展示,上海静安区小马过河启星艺术发展中心的孩子们全程参与整场活动,开展艺术课堂、星宝画作DIY等公益互动体验活动。[11]活动旨在倡导公众参与、了解、关注、关爱孤独症群体,让上海这座国际化城区更有慈善的温度。本次公益倡导周由静安区文明办、市慈善基金会静安区代表处、静安区残联等单位共同主办,旨在倡导公众关注和关爱孤独症群体。[12]

4. 2021年7月8日正式揭幕"幸福之花"孤独症儿童社会融合公益实践基地

华东师范大学"幸福之花"先导基金项目"基于机器人技术的孤独症儿童社交障碍干预系统"课题组与"多特瑞携手关爱基金"携手上海静安区小马过河启星艺术发展中心,在上海市南京西路丰盛里"多特瑞生活馆"建立的"幸福之花"孤独症儿童社会融合公益实践基地,于2021年7月8日正式揭幕[13]。

经过多年工作,华东师范大学课题团队与上海静安区小马过河启星艺术发展中心合作创建基于职业目标的"靶向康复训练"模式。课题组在实践基地现场设立了"文创产品设计""精油饮料调配""音乐现场表演"三个岗位,让前期参与康复训练的孤独症儿童能够参与其中;在实践基地现场环境中,配置相关监控技术设备,可以对孤独症儿童在人群环境中的行为方式进行监控和分析;在实践基地现场环境中,让普通市民了解孤独症儿童、孤独症谱系障碍的特点以及孤独症儿童康复技术。

5. 2022年9月5日南京西路多·幸福咖啡馆开业

经过课题组多年论证,认为咖啡、烘焙是最适合孤独症群体特征的职业类型之一,2022年9月5日,在丰盛里"多特瑞生活馆"一隅,多·幸福咖啡馆正式对外营业,同时也开启了5名孤独症患者的职业生涯。

多·幸福咖啡馆是本课题组承接的上海市残联项目"孤独症群体庇护性就业工作研究"、华东师范大学"幸福之花"研究基金课题"基于机器人技术的孤独症儿童社交障碍干预系统"项目和基于职业目标的"靶向康复训练"模式的实践产物。在多·幸福咖啡馆,5名孤独症患者在一位带教老师的观察指导下,熟练地制作咖啡、烘焙等,真正实现依靠自己的劳动赚取收入(图6-22)。

多·幸福咖啡馆帮助孤独症患者实现职业梦想,凭借市场化价格和标准化服务,在开业之始便取得良好的社会效益和巨大的社会反响,《文汇报》、上海电视台、今日头条、中国新闻网等20余家主流媒体竞相报道。

(二) 基金管理

在整个运作过程中,基金会除了负责把控项目内容、寻求专业的公益慈善方向外,还全程监管资金的使用。公司每年将捐赠资金投入专项公益基金,基金会对专项公益基金收取一定

图 6‑22 多·幸福咖啡馆现场照片

的管理费,具体数额由各个基金会自行决定,但一般不超过捐赠资金的 10%,实际操作中基金会收取的管理费是极其有限的,有的基金会甚至不收取管理费。

在本例中,多特瑞公司每年会有相对固定的捐赠资金投入该基金,同时该基金还接受爱心会员捐款。一部分公司会员听说多特瑞公司的爱心故事后,自发指定捐款流入上海市慈善基金会"多特瑞携手关爱基金"中。2017 年多特瑞公司捐赠了 500 万元成立"多特瑞携手关爱基金",后续每年继续捐赠 500—600 万元,多特瑞公司的会员每年的捐赠总额为 200—300 万元。负责"多特瑞携手关爱基金"运作的上海市慈善基金会不收取管理费。

五、小结

党的二十大报告指出:"分配制度是促进共同富裕的基础性制度。坚持按劳分配为主体、多种分配方式并存,构建初次分配、再分配、第三次分配协调配套的制度体系。"第三次分配已与初次分配、再分配共同组成我国新型分配制度,为我们指明了在全面建设社会主义现代化国家新征程中迈向共同富裕的目标任务、改革举措和政策取向。

多特瑞公司是全球最大的精油企业之一,进入中国市场以来,将公益事业融入企业血液,踊跃参与各项公益事业。虽然不是基金会,也不是社会组织、公益机构,但多特瑞公司希望通过自身的努力,关注包括孤独症儿童在内的特殊群体。近年来,多特瑞公司以"多特瑞携手关爱基金"为支点,投入弱势群体帮扶及社区建设等项目,积极参与各级政府的赈灾救济、社区帮扶、关爱孤独症儿童等公益活动。

多特瑞公司主动承担社会责任,与政府、慈善基金会、志愿群体开展广泛的协作和交流。一方面能够将企业对社会的关爱精准传递给特殊群体,促进社会共同发展和"富裕",同时激发公益事业的创新活力,将慈善事业的"蛋糕"越做越大;另一方面,专项公益基金构建起了特殊群体融入社会的渠道和桥梁,解决了特殊群体的就业问题,以资源的第三次分配促进了社会的共同富裕。总而言之,企业勇担社会责任,公益助力企业发展,如此良性循环,社会将更加和谐。

第三节 大学生创业实践

言语障碍直接降低了患者个人的生活质量,若缺乏科学有效的康复方法与策略,则会严重影响到这些障碍人群的学习、工作甚至整个家庭生活。"言语康复"作为一个新兴的概念,从出现到传播,从定义到应用,从走进高校到面向社会,经历了跳跃式发展。

在国家政策的影响下,"言语康复"站上发展风口,2019年华东师范大学康复学学子张奕雯博士创办杭州泰亿格医疗科技有限公司,从技术到产品,从产品到市场,经过不断打磨,了解市场需求,组建核心团队,经历市场试水,最后实现项目的迅速成熟化和品牌专门化。作为一个学生初创项目,2020年参加第六届中国国际"互联网+"大学生创新创业大赛,获上海赛区银奖。

一、创业背景

在我国,一直到21世纪初,言语听觉康复服务业才真正被视为一个完整的现代化医学康复高科技服务行业。在先进理念和现代科技的推动下,言语康复服务行业迅速跨过了人力资源叠加的原始积累阶段,集政策、资本及人才的各方面优势,实现技术更新与市场扩容。

(一) 挑战

1. 服务供需不平衡,供应端缺口极大

2006年第二次全国残疾人抽样调查显示,我国言语语言听觉残疾个体达3 542万人,儿童言语康复总需求量超1 500万人,每年新增约17万人;另外,老年人言语康复总需求量达8 860万人;正常人群体中,嗓音疾病人群超780万人,口吃人数达1 300万人[14]。综上所述,我国言语康复的总体需求量至少为1.2亿人(图6-23)。

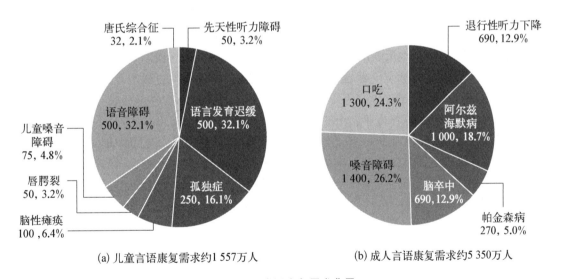

图6-23 言语康复需求背景

资料来源:《第二次全国残疾人抽样调查主要数据公报》

在美国,至少有304所大学已开设言语语言康复(言语语言病理学)专业,52%设在教育学院,42%设在医学院校,几乎所有医院均有言语治疗服务,注册从业人员近20万人,言语语言病理学家和听力学家长期位居美国最佳职业榜前列。在我国,目前仅有十几所高校设置了言语听觉康复专业,每年的本科毕业生人数不足400人(美国每年培养言语听觉康复专业博士600人以上)。医院人才急缺,目前我国国内相关专业人员仅约0.5万人,保守估计,我国至少需要言语听觉康复专业人员14.2万人。

2. 行业标准需求迫切

目前临床言语康复工作者,大多从传统康复、物理治疗、作业治疗、针灸、推拿、护理等专业转行或转岗而来的,不少从业者未接受过系统的言语康复专业培养。如何提高言语康复的规范性?如何提高言语康复的质量?如何解决言语疾病"有病无处医"的问题?这不仅是医疗机构的责任,也是全社会共同的责任。

(二) 机遇

1. 言语听觉行业初步成形

21世纪初,华东师范大学率先在我国设立言语听觉康复科学专业。在短短十几年中,随着学科建设、人才培养和本土成果的问世,言语治疗(ST)和早已成熟的物理治疗(PT)、作业治疗(OT)一同构建起了现代康复服务系统。行业的成长必然需要经历积累的过程,行业的后发展部分、不平衡阶段也就成为了该领域创业企业的机会。

2. 中国的言语治疗标准开始与世界接轨

2004年以来,华东师范大学针对言语治疗行业发展要求,就言语功能评估标准、康复方法和手段,都进行了研究和界定。由于医院不同科室(康复科、儿科、耳鼻喉科)、民政部门、残联、特殊教育学校对言语治疗的界定不统一,使得行业内各机构的语言表述不完全一致,造成合作和衔接不够平顺。

ICF 是《国际功能、残疾和健康分类》(*International Classification of Functioning, Disability and Health*)的简称,是由世界卫生组织(WHO)在2001年5月22日第54届世界卫生大会上一致通过并在国际上使用的分类标准。该分类系统根据功能明确了残疾的定义:残疾是指某一领域内从功能完整具备到缺失范围之间某一个确定临界值之下的功能水平。ICF 提供了能统一、标准地反映所有与人体健康有关的功能和失能的状态分类,作为一个重要的健康指标,广泛应用于康复与保健、教育与心理、预防、一般法律的制定等方面。[15] ICF 作为国际标准,可使得对言语治疗界定不统一的情况得到改善,因此,推进 ICF 言语分类标准在中国落地,成为康复、教育等各行业人士的共识(图6-24至图6-26)。

华东师范大学是中国唯一一家立足言语医疗康复领域的世界卫生组织的 ICF 成员单位,致力于发展言语康复领域的 ICF 标准体系。2019年,华东师范大学中国言语听觉康复科学与 ICF 应用研究院(以下简称研究院)成立,黄昭鸣教授任研究院院长。研究院将《国际功能、残

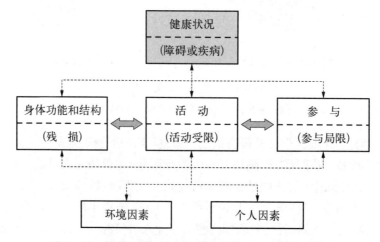

图6-24 《国际功能、残疾和健康分类》(ICF)的理论模式

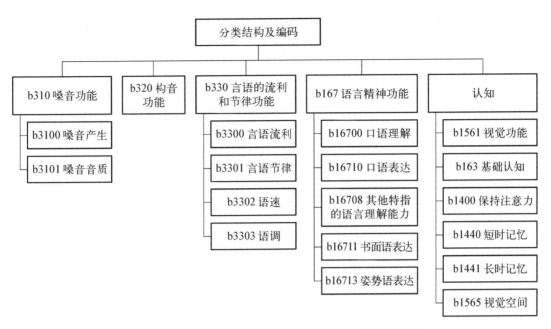

图 6-25 《国际功能、残疾和健康分类》(ICF)的分类及编码

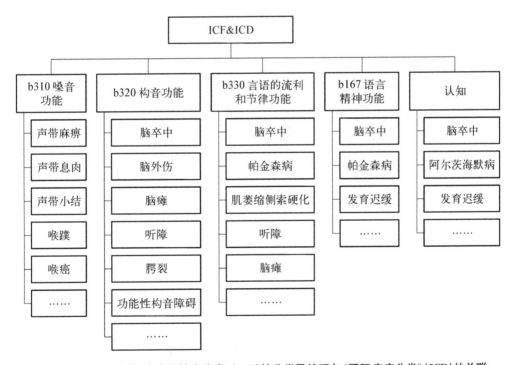

图 6-26 《国际功能、残疾和健康分类》(ICF)的分类及编码与《国际疾病分类》(ICD)的关联

疾和健康分类》(ICF)引入中国并确定了华东师范大学"构音障碍评估法"是目前 ICF 框架下的评估方法：构建 ICF 言语嗓音功能障碍的核心分类组合，实现对 7 项 ICF 言语指标、7 项 ICF 嗓音指标的标准化测量；通过人工智能技术建立言语嗓音功能障碍客观指标的常模和标准化描述，为诊断评估提供更科学的依据，弥补临床主观量表容易出现误诊、漏诊、评估结果一致性差的缺点；提供系统的康复治疗方案，建立诊断评估和针对性康复治疗的纽带，解决言语

康复缺乏整体性、治疗周期长和疗效不显著等综合问题。

华东师范大学学生创业团队在这样的机遇与挑战中应运而生。他们构建核心创业力量，组建专业技术团队、管理团队和专家顾问团队；进行了高校课程建设、开展了远程教育基地建设；结合 ICF 相关理论、标准及其实验实训内容，打造了集"夯实理论基础、标准化实验操作、规范化临床实训"为一体的"互联网＋言语康复虚拟实验平台"；通过与医院机构的合作及落地，为医院言语康复相关科室提供成人言语康复技术服务，打磨出一套成人言语康复科室的"言语康复＋语言健康管理"的康复云 ICF 平台创新体系及服务标准（kangfuyun.com）。经过深入讨论，华东师范大学学生创业团队确定自身的技术路线——从事言语康复设备开发和专业人才培养的企业。

二、杭泰团队

（一）企业介绍

杭州泰亿格医疗科技有限公司（简称杭泰科技），是一家专业从事言语嗓音、构音语音、听觉听处理、早期语言、语言认知、心理运动相关仪器设备研发、生产、销售和应用，并为终端用户提供言语康复整体解决方案的医疗科技公司（图 6-27）。

图 6-27　杭泰科技 Logo

（二）角色定位

1. 解决患者需求

杭泰科技始终致力于成人与儿童两大群体中言语语言康复及功能障碍人群的言语功能改善，从技术角度为这类人群提供良好的康复措施。杭泰科技针对患者的康复需求，建立了规范化的诊疗流程，严格遵循"评估→制订治疗计划→治疗→评价疗效"的"AAIE 模式"对患者进行评估与康复治疗，并借助于专业化的康复设备、康复软件、康复辅具，快速、有效地改善患者的言语语言障碍（图 6-28）。其中，评估涉及 9 个方面，分别对应 27 个 ICF 条目，共涵盖 93 个参数；治疗方法涉及 9 个方面，共涵盖 309 种治疗方法；针对患者多方面问题的组合并根据儿童患者与成人患者的区别，又研究设计了儿童六大疗法和成人四大疗法。

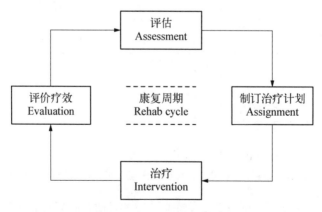

图 6-28　AAIE 模式图

2. 培养康复人才

杭泰科技通过理论与实践相结合的形式提出了"CLP 模式"，助力培养高校中的康复人才。"C"代表"Online Class"，通过传统线下课程与在线课堂相融合，帮助学生夯实康复理论；

"L"代表"Virtual Lab",利用虚拟实验室掌握现代化康复技术,进一步提高康复技能;"P"代表"Practice",通过培训基地的阶段实践,与真实案例面对面,利用现代化康复技术改善患者的功能损伤,培养学生的实践技能。杭泰科技已与多家康复机构及临床医院达成合作,构建智慧实训基地,从实践角度培养高校学生的临床技能。

（三）创始人介绍

杭泰科技创始人张奕雯是华东师范大学言语康复学博士、高级康复师,参与编撰国家"十三五"重点出版规划教材。"本科至今,我接触言语康复行业已有十年,"张奕雯这样回忆起当年的入行"巧合","高考后去福利院做公益,偶遇一个独自坐在角落里又聋又盲的小女孩。小女孩静默孤僻胆小,世界对她而言仅仅是小小的身体所能触碰到的软硬冷热光滑粗糙。她无法感知春华秋实,无法讲述自己的喜怒哀乐,无法学习,福利院的老师说沟通缺陷将使得这个孩子长大后很难融入社会。事实上,由于沟通障碍类型本身的限制使得他们成为了'必然静默'的一群人,他们无法告诉你他们有多么需要帮助。"

从2012年开始接触到言语康复这一领域后,张奕雯便潜心研究本专业,为了更好地做好言语康复事业,张奕雯听从本科导师建议,从上海中医药大学毕业后便进入华东师范大学攻读博士学位,期间前往美国加州大学洛杉矶分校、斯坦福大学等交流学习,博采众长;也曾参加《国际功能、残疾和健康分类》的国际培训,丰富的学习经验以及近十年的言语康复经验为杭泰科技的体系构建、管理模式等打下了坚实的基础。

（四）团队构成

1. 管理团队

根据公司的主营业务,杭泰科技设置15人的管理层,分别担任董事长、监事、产品经理等职务,各自负责软件策划、软件研发、宣传、康复服务、市场推广、销售等工作,推动公司有序运转,同时联络和组织受聘专业人员和大学生志愿者及社会志愿者共同推进各部门业务工作(图6-29)。

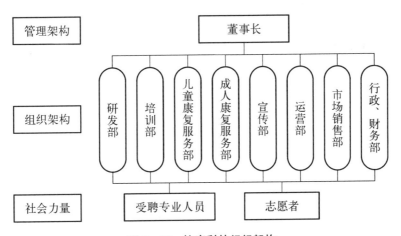

图6-29 杭泰科技组织架构

2. 技术团队

杭泰科技的核心成员均为华东师范大学言语康复专业硕博士研究生,专业领域涵盖言语康复、康复工程、特殊教育、康复机构管理等,并拥有丰富的言语康复干预及医疗器械研发经验。华东师范大学教授团队的鼎力支持,为杭泰科技的技术研发工作提供了宝贵的专业建议,搭建了资源对接平台。

杭泰科技外援力量主要包括来自世界卫生组织国际分类家族、解放军总后勤部卫生部、华东师范大学、中国听力语言康复研究中心、上海市第一人民医院等机构和单位的教授,上海市第五人民医院、上海市华山医院、上海市第五康复医院、安徽省皖南康复医院等多家单位。此外,大学生志愿者以及社会志愿者也是杭泰科技的有力外援,许多志愿者曾直接受益于公益讲座和培训。

3. 志愿者团队

由于言语障碍人群数量庞大,需要大量专业人员开展评估与干预,杭泰科技组建一支由康复专业大学生组成的志愿团队,学生们拥有基础理论知识,对社会实践充满热情,能够灵活运用理论知识,结合临床指导精准匹配。志愿团队的学生们对言语障碍人群提供具有针对性的指导与建议,帮助他们改善言语构音功能,回归生活与社会。

三、技术产品

WHO 提出的 ICF 国际功能残疾健康分类标准,是国际康复领域的金标准。杭泰科技团队深度参与标准的制定,并且是国内唯一一家获得 WHO ICF 言语康复标准在我国大陆地区商用授权的公司(图 6-30)。以此为基础,杭泰科技打造了致力于提高言语康复效率、加速人才培养的整体解决方案。

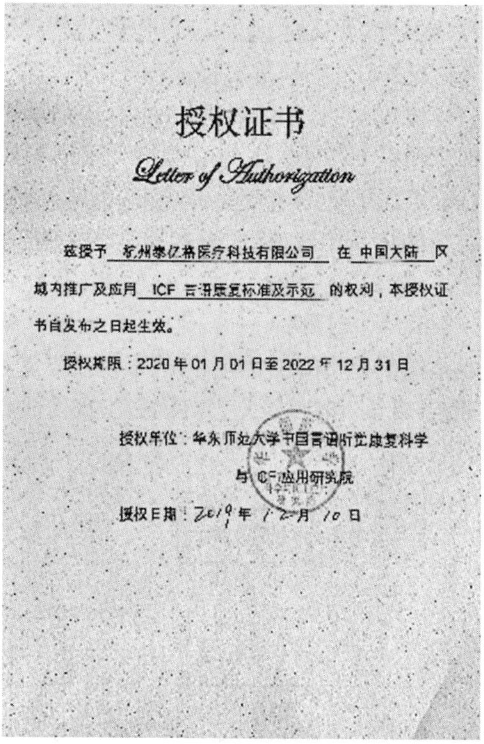

整体解决方案指以康复云平台为枢纽,串联设备软件与辅具,并支撑专业技术服务,助力人才培养。通过自主研发康复设备和软件对患者进行评估后,通过云平台完成 ICF 评级并推送治疗方案,再由设备进行治疗,同时联动平板形态的辅具为患者推送康复作业进行线下训练及效果监控。

(一)技术支撑

杭泰科技的系列康复产品具有强大的技术支撑,已经获得营业执照、2 个注册商标、14 个计算机软件著作权,并申请 4 项专利。

图 6-30 杭泰科技所获的授权证书

(二)康复产品

杭泰科技开发的康复产品以言语康复的整体解决方案为基础,通过提供现代化言语康复设备、康复软件、康复辅具解决"用什么做"的问题;通过提供言语康复技能的线上线下培训和 ICF 云平台解决"怎么做"的问题;通过提供 ICF 质量监控标准解决"做得怎么样"的问题。

杭泰科技的康复产品主要分为言语嗓音、构音语音、听觉听处理、早期语言、语言认知、心理运动等板块。言语嗓音功能评估与训练仪器设备的主要功能包括用于呼吸、发声、共鸣功能的实时测量与评估,汉语语音功能的实时测量与评估,声门波动态显示与测量,声带振动动态显示及定量分析等;构音语音功能评估与训练仪器设备的主要功能包括构音、语音、鼻音功能的实时分析、口部运动功能、构音运动能力及构音语音能力的评估与训练等;听觉听处理功能评估与训练仪器设备的主要功能包括听觉察知、听觉分辨、听觉理解功能的评估与训练及听觉综合训练等；早期语言和语言认知功能评估与训练仪器设备的主要功能包括儿童语言能力的评估、语言韵律能力的测量、成人失语症的评估与训练、语言认知能力测试与评估等；心理运动功能评估与训练仪器设备的主要功能包括视听唤醒、情绪干预、早期语言沟通、行为干预、量表评估等。

（三）竞争产品分析

目前市场上的康复器械主要是将康复内容电子卡片化，缺少核心技术，如美国语谷的KayPENTAX产品主要适用于科研，且只能进行语音分析，没有中国常模，不适用于临床治疗中。杭泰科技的产品除了具备核心大数据、机器学习、语音分析技术，软件交互性强，临床效果好等优点外，关键在于产品符合WHO的标准，具备核心技术，可以用于医院质量控制管理，且同时适用于临床康复和科学研究（图6-31）。

	杭泰科技产品	环宇产品	六六脑产品	翔宇产品	美国语谷KayPENTAX
产品系列	嗓音、构音、语言、认知、情绪	嗓音、构音	认知、语言	语言认知	言语语音、构音语音、方言
功能	评估、治疗、实时监控、疗效评价	治疗	治疗	评估、治疗	评估、实时监控
应用范围	临床、科研、培训	临床	临床	临床	科研
参考标准	中国参考标准	中国参考标准	中国参考标准	中国参考标准	美国参考标准
相关服务	专业技术培训、配置服务、售后维护	配置服务、售后维护	配置服务、售后维护	配置服务、售后维护	配置服务、售后维护
产品市场	医院、康复机构、残联、高校	康复机构、特殊教育机构、残联	医院、高校	医院	医院、高校

图6-31 杭泰科技竞争产品分析

经过不断调整和市场信息搜集，杭泰科技推出的产品在种类、功能、应用范围等方面均和同类产品进行了差异化竞争。除了有服务于患者的软硬件实体产品，杭泰科技还专门针对市场需求，设计推出专业技术服务。

四、财务状况

（一）商业模式

目前，杭泰科技已经拥有完备的商业模式，创造了多元化的营业收入渠道，主要为非医疗部分的产品直销与医疗部分的产品直销与经销两部分。其中，非医疗部分的产品直销收入主要来自言语康复整体解决方案、康复设备、康复云平台与康复辅具等方面；而医疗部分的产品直销收入主要在康复辅具上，经销收入主要集中在言语康复整体解决方案、康复软件和康复服务方面，且此部分目前市场销售额占绝对比重（图6-32）。

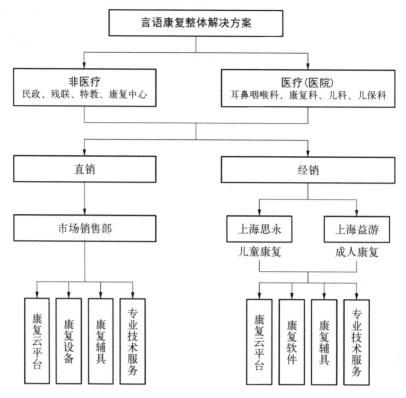

图 6-32 杭泰科技的商业模式

(二) 收支状况

截至 2021 年 12 月 31 日,杭泰科技年度营业收入达 455.2 万元,其中,医疗系统、民政残联、教育系统、康复中心的占比分别为 43%、9%、15%、33%,医疗系统占比最高;营业支出为 411.4 万元,其中营业成本为 256.9 万元,销售费用为 73.7 万元,管理费用为 79.9 万元,其他费用为 0.9 万元;毛利润为 198.3 万元,利润总额为 18.8 万元,交纳企业增值税与所得税后,所得净利润为 18.2 万元(图 6-33、图 6-34)。

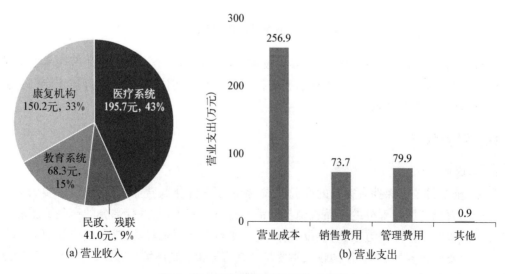

图 6-33 杭泰科技 2021 年收支分析

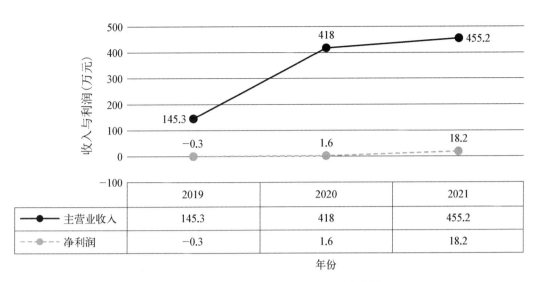

图 6-34　杭泰科技 2019—2021 年财务走势

2022 年,随着市场状况的好转,预计杭泰科技的营业收入将会保持增长态势。此外,2022 年杭泰科技分别与经销商上海思永电子科技有限公司和上海益游信息技术有限公司签订了产品采购意向合同,产品金额共计 3 025.44 万元,终端客户多以高校等教育系统为主,这也将直接推动杭泰科技健康持续发展,促进言语康复行业人才培养。另外,杭泰科技融资计划金额为 400 万元,出让 10% 股权,用于产品进一步迭代研发、市场渠道的开发与拓展。

五、小结

(一) 成绩显著

杭泰科技深入公司所在区域的社区,开展各类言语语言发展相关培训沙龙;深入各区幼儿园,举办幼师康复培训、言语语言筛查等公益活动;积极响应残联开展的各项活动,参与各类公益活动。结合"世界精神卫生日"、"全国爱耳日"、"全国残疾预防日"、"全国爱眼日"、"全国助残日"和"上海助残周"等专题宣传活动,开展形式多样的残疾预防、远程居家康复指导与康复宣传活动,始终践行惠民生的理念。

杭泰科技先后为 50 多家医院、10 多所高校提供了近百场免费授课,团队借助云平台为 2 万余名患者提供了专业康复,所办公益讲座惠及 48 万人次;针对机构,杭泰科技与 27 家单位共建规范化言语康复门诊,带动 300 余人就业。

通过不断的努力,杭泰科技创业团队大幅提高了康复效率,使得听障儿童的康复周期由三年缩短至一年,缓解了听障儿童家庭的经济负担。

(二) 未来发展

以助人为己任,以"帮助一个孩子,解放一个家庭"为目标,杭泰科技未来发展的三个方向:

1. 发展目标

品牌发展更强:将杭泰科技模式打造成中国言语康复领域中的专业品牌;

推广范围更广:杭泰科技模式在现有基础上,进一步复制推广至全国更多地区;

合作影响更大:联络康复协会、基金会、高校、特教学校、街道、居委等。

2. 平台建设

构建康复网络:构建学校、家庭、社会多元参与的康复网络,实现康复合力;

数据资源共享：建立患者康复档案，连通全国言语康复患者数据库；

建立康复联盟：建立言语康复联盟，持续引领行业的发展。

3. 技术升级

康复App应用：开发集科普、评估和康复为一体的App应用；

AI技术：人工智能参与，实现临床评估、个性化康复、实时康复的系统化。

参 考 文 献

[1] 邓猛,赵泓. 新时期我国融合教育现状和发展趋势[J]. 残疾人研究,2019(1)：12-18.

[2] 上海市民政局. 特殊儿童社会服务机构设置和服务规范(DB 31MZ/Z 001—2022)[EB/OL]. (2022-01-19)[2022-02-29]. http://www.baidu.com/link?url=egwjt-b1hQfoVTCRSsO553Cva-OZho9LK1jW7ad8SzDf28-xCaZ6NV5vRtVjU4eJdebC49nQTVAhqP2xaWBP4_Tb13uBxyXlC1iQWVd pbSCZMQl092 kOVWUVS-W6CnUzLsjae9t6q530UL4rtwLIAalq4hH_8OL0B9W4lW_7MzS&wd=&eqid=f8f7 6770 0004c1c0000000463f3079b.

[3] 周红省,易海燕,黄昭鸣,等. 1+X+Y聋儿康复教育模式的实践研究[J]. 中国听力语言康复科学杂志,2016(1)：43-46.

[4] 黄昭鸣,周红省. 聋儿康复教育的原理与方法：HSL理论与1+X+Y模式的构建与实践[M]. 上海：华东师范大学出版社,2006.

[5] 上海宋庆龄基金会. 上海宋庆龄基金会专项基金管理办法(2022年修订版)[EB/OL]. (2020-01-20)[2022-10-28]. http://ssclf.org/node/16030.

[6] 上海市民政局. 关于印发《上海市基金会专项基金管理办法》的通知. (2021-04-30)[2021-10-22]. https://mzj.sh.gov.cn/MZ_zhuzhan2739_0-2-8-15-55/20210430/8ef4bfba36b74070bd461c4f5c0b2faf. html.

[7] 何国科. 基金会的专项基金应该这样管理[EB/OL]. (2019-10-28)[2021-10-29]. https://ecop.bnuz.edu.cn/info/1025/1931.htm?mgdjmohdbaaiecba,2019-07-30.

[8] 中华人民共和国国务院. 中华人民共和国企业所得税法[EB/OL]. (2007-03-16)[2021-10-26]. https://guangdong.chinatax.gov.cn/gdsw/zhsw_yhssyshj_zcwj_zsshjfl/2021-10/13/content_569adee0c81c40db8acc5913afb3bf45.shtml.

[9] 新民晚报. 马兰花剧院一片欢声笑语 特殊儿童迎新音乐会精彩纷呈[N/OL]. (2019-12-22)[2021-10-29]. https://baijiahao.baidu.com/s?id=1653582503171413941&wfr=spider&for=pc.

[10] 新民晚报. 静安区举行特殊儿童迎新公益音乐会[N/OL]. (2020-12-27)[2021-10-22]. https://baijiahao.baidu.com/s?id=1687209387382371498&wfr=spider&for=pc.

[11] 上海静安."爱在静安·点亮星梦"4月2日世界孤独症关注日[EB/OL]. (2021-04-02)[2021-11-29]. https://www.163.com/dy/article/G6612HCJ0514CCT2.html.

[12] 速讯. 多特瑞携手关爱基金,鼓励"来自星星的孩子"追求梦想[EB/OL]. (2021-04-02)[2021-11-29]. https://baijiahao.baidu.com/s?id=1695896483138139675&wfr=spider&for=pc.

[13] 文汇客户端. 中国首家旗舰店落户上海,多特瑞本土化战略再迈新步伐[EB/OL]. (2021-07-08)[2021-11-29]. https://wenhui.whb.cn/third/baidu/202107/08/413192.html.

[14] 国家统计局,第二次全国残疾人抽样调查领导小组. 第二次全国残疾人抽样调查主要数据公报[EB/OL]. (2007-05-28)[2021-12-10]. http://www.stats.gov.cn/tjsj/ndsj/shehui/2006/html/fu3.htm.

[15] 王宁华. 康复医学概论[M]. 3版. 北京：人民卫生出版社,2018：42.

附录 1
残疾预防和残疾人康复条例

本条例由国务院总理签署，涵盖范围广且具备较强执行力，涉及新生儿疾病筛查、民营康复机构、残联监管以及社区康复等内容，其重要程度不言而喻，已成为后续相关残疾人康复政策的重要基础。

第一章 总　　则

第一条　为了预防残疾的发生、减轻残疾程度，帮助残疾人恢复或者补偿功能，促进残疾人平等、充分地参与社会生活，发展残疾预防和残疾人康复事业，根据《中华人民共和国残疾人保障法》，制定本条例。

第二条　本条例所称残疾预防，是指针对各种致残因素，采取有效措施，避免个人心理、生理、人体结构上某种组织、功能的丧失或者异常，防止全部或者部分丧失正常参与社会活动的能力。

本条例所称残疾人康复，是指在残疾发生后综合运用医学、教育、职业、社会、心理和辅助器具等措施，帮助残疾人恢复或者补偿功能，减轻功能障碍，增强生活自理和社会参与能力。

第三条　残疾预防和残疾人康复工作应当坚持以人为本，从实际出发，实行预防为主、预防与康复相结合的方针。

国家采取措施为残疾人提供基本康复服务，支持和帮助其融入社会。禁止基于残疾的歧视。

第四条　县级以上人民政府领导残疾预防和残疾人康复工作，将残疾预防和残疾人康复工作纳入国民经济和社会发展规划，完善残疾预防和残疾人康复服务和保障体系，建立政府主导、部门协作、社会参与的工作机制，实行工作责任制，对有关部门承担的残疾预防和残疾人康复工作进行考核和监督。乡镇人民政府和街道办事处根据本地区的实际情况，组织开展残疾预防和残疾人康复工作。

县级以上人民政府负责残疾人工作的机构，负责残疾预防和残疾人康复工作的组织实施与监督。县级以上人民政府有关部门在各自的职责范围内做好残疾预防和残疾人康复有关工作。

第五条　中国残疾人联合会及其地方组织依照法律、法规、章程或者接受政府委托，开展残疾预防和残疾人康复工作。

工会、共产主义青年团、妇女联合会、红十字会等依法做好残疾预防和残疾人康复工作。

第六条　国家机关、社会组织、企业事业单位和城乡基层群众性自治组织应当做好所属范围内的残疾预防和残疾人康复工作。从事残疾预防和残疾人康复工作的人员应当依法履行职责。

第七条　社会各界应当关心、支持和参与残疾预防和残疾人康复事业。

新闻媒体应当积极开展残疾预防和残疾人康复的公益宣传。

国家鼓励和支持组织、个人提供残疾预防和残疾人康复服务,捐助残疾预防和残疾人康复事业,兴建相关公益设施。

第八条　国家鼓励开展残疾预防和残疾人康复的科学研究和应用,提高残疾预防和残疾人康复的科学技术水平。

国家鼓励开展残疾预防和残疾人康复领域的国际交流与合作。

第九条　对在残疾预防和残疾人康复工作中作出显著成绩的组织和个人,按照国家有关规定给予表彰、奖励。

第二章　残 疾 预 防

第十条　残疾预防工作应当覆盖全人群和全生命周期,以社区和家庭为基础,坚持普遍预防和重点防控相结合。

第十一条　县级以上人民政府组织有关部门、残疾人联合会等开展下列残疾预防工作:

(一)实施残疾监测,定期调查残疾状况,分析致残原因,对遗传、疾病、药物、事故等主要致残因素实施动态监测;

(二)制定并实施残疾预防工作计划,针对主要致残因素实施重点预防,对致残风险较高的地区、人群、行业、单位实施优先干预;

(三)做好残疾预防宣传教育工作,普及残疾预防知识。

第十二条　卫生和计划生育主管部门在开展孕前和孕产期保健、产前筛查、产前诊断以及新生儿疾病筛查,传染病、地方病、慢性病、精神疾病等防控,心理保健指导等工作时,应当做好残疾预防工作,针对遗传、疾病、药物等致残因素,采取相应措施消除或者降低致残风险,加强临床早期康复介入,减少残疾的发生。

公安、安全生产监督管理、食品药品监督管理、环境保护、防灾减灾救灾等部门在开展交通安全、生产安全、食品药品安全、环境保护、防灾减灾救灾等工作时,应当针对事故、环境污染、灾害等致残因素,采取相应措施,减少残疾的发生。

第十三条　国务院卫生和计划生育、教育、民政等有关部门和中国残疾人联合会在履行职责时应当收集、汇总残疾人信息,实现信息共享。

第十四条　承担新生儿疾病和未成年人残疾筛查、诊断的医疗卫生机构应当按照规定将残疾和患有致残性疾病的未成年人信息,向所在地县级人民政府卫生和计划生育主管部门报告。接到报告的卫生和计划生育主管部门应当按照规定及时将相关信息与残疾人联合会共享,并共同组织开展早期干预。

第十五条　具有高度致残风险的用人单位应当对职工进行残疾预防相关知识培训,告知作业场所和工作岗位存在的致残风险,并采取防护措施,提供防护设施和防护用品。

第十六条　国家鼓励公民学习残疾预防知识和技能,提高自我防护意识和能力。

未成年人的监护人应当保证未成年人及时接受政府免费提供的疾病和残疾筛查,努力使有出生缺陷或者致残性疾病的未成年人及时接受治疗和康复服务。未成年人、老年人的监护人或者家庭成员应当增强残疾预防意识,采取有针对性的残疾预防措施。

第三章 康 复 服 务

第十七条 县级以上人民政府应当组织卫生和计划生育、教育、民政等部门和残疾人联合会整合从事残疾人康复服务的机构(以下称康复机构)、设施和人员等资源,合理布局,建立和完善以社区康复为基础、康复机构为骨干、残疾人家庭为依托的残疾人康复服务体系,以实用、易行、受益广的康复内容为重点,为残疾人提供综合性的康复服务。

县级以上人民政府应当优先开展残疾儿童康复工作,实行康复与教育相结合。

第十八条 县级以上人民政府根据本行政区域残疾人数量、分布状况、康复需求等情况,制定康复机构设置规划,举办公益性康复机构,将康复机构设置纳入基本公共服务体系规划。

县级以上人民政府支持社会力量投资康复机构建设,鼓励多种形式举办康复机构。

社会力量举办的康复机构和政府举办的康复机构在准入、执业、专业技术人员职称评定、非营利组织的财税扶持、政府购买服务等方面执行相同的政策。

第十九条 康复机构应当具有符合无障碍环境建设要求的服务场所以及与所提供康复服务相适应的专业技术人员、设施设备等条件,建立完善的康复服务管理制度。

康复机构应当依照有关法律、法规和标准、规范的规定,为残疾人提供安全、有效的康复服务。鼓励康复机构为所在区域的社区、学校、家庭提供康复业务指导和技术支持。

康复机构的建设标准、服务规范、管理办法由国务院有关部门商中国残疾人联合会制定。

县级以上人民政府有关部门应当依据各自职责,加强对康复机构的监督管理。残疾人联合会应当及时汇总、发布康复机构信息,为残疾人接受康复服务提供便利,各有关部门应当予以支持。残疾人联合会接受政府委托对康复机构及其服务质量进行监督。

第二十条 各级人民政府应当将残疾人社区康复纳入社区公共服务体系。

县级以上人民政府有关部门、残疾人联合会应当利用社区资源,根据社区残疾人数量、类型和康复需求等设立康复场所,或者通过政府购买服务方式委托社会组织,组织开展康复指导、日常生活能力训练、康复护理、辅助器具配置、信息咨询、知识普及和转介等社区康复工作。

城乡基层群众性自治组织应当鼓励和支持残疾人及其家庭成员参加社区康复活动,融入社区生活。

第二十一条 提供残疾人康复服务,应当针对残疾人的健康、日常活动、社会参与等需求进行评估,依据评估结果制定个性化康复方案,并根据实施情况对康复方案进行调整优化。制定、实施康复方案,应当充分听取、尊重残疾人及其家属的意见,告知康复措施的详细信息。

提供残疾人康复服务,应当保护残疾人隐私,不得歧视、侮辱残疾人。

第二十二条 从事残疾人康复服务的人员应当具有人道主义精神,遵守职业道德,学习掌握必要的专业知识和技能并能够熟练运用;有关法律、行政法规规定需要取得相应资格的,还应当依法取得相应的资格。

第二十三条 康复机构应当对其工作人员开展在岗培训,组织学习康复专业知识和技能,提高业务水平和服务能力。

第二十四条 各级人民政府和县级以上人民政府有关部门、残疾人联合会以及康复机构等应当为残疾人及其家庭成员学习掌握康复知识和技能提供便利条件,引导残疾人主动参与康复活动,残疾人的家庭成员应当予以支持和帮助。

第四章 保障措施

第二十五条 各级人民政府应当按照社会保险的有关规定将残疾人纳入基本医疗保险范围,对纳入基本医疗保险支付范围的医疗康复费用予以支付;按照医疗救助的有关规定,对家庭经济困难的残疾人参加基本医疗保险给予补贴,并对经基本医疗保险、大病保险和其他补充医疗保险支付医疗费用后仍有困难的给予医疗救助。

第二十六条 国家建立残疾儿童康复救助制度,逐步实现0—6岁视力、听力、言语、肢体、智力等残疾儿童和孤独症儿童免费得到手术、辅助器具配置和康复训练等服务;完善重度残疾人护理补贴制度;通过实施重点康复项目为城乡贫困残疾人、重度残疾人提供基本康复服务,按照国家有关规定对基本型辅助器具配置给予补贴。具体办法由国务院有关部门商中国残疾人联合会根据经济社会发展水平和残疾人康复需求等情况制定。

国家多渠道筹集残疾人康复资金,鼓励、引导社会力量通过慈善捐赠等方式帮助残疾人接受康复服务。工伤保险基金、残疾人就业保障金等按照国家有关规定用于残疾人康复。

有条件的地区应当根据本地实际情况提高保障标准,扩大保障范围,实施高于国家规定水平的残疾人康复保障措施。

第二十七条 各级人民政府应当根据残疾预防和残疾人康复工作需要,将残疾预防和残疾人康复工作经费列入本级政府预算。

从事残疾预防和残疾人康复服务的机构依法享受有关税收优惠政策。县级以上人民政府有关部门对相关机构给予资金、设施设备、土地使用等方面的支持。

第二十八条 国家加强残疾预防和残疾人康复专业人才的培养;鼓励和支持高等学校、职业学校设置残疾预防和残疾人康复相关专业或者开设相关课程,培养专业技术人员。

县级以上人民政府卫生和计划生育、教育等有关部门应当将残疾预防和残疾人康复知识、技能纳入卫生和计划生育、教育等相关专业技术人员的继续教育。

第二十九条 国务院人力资源社会保障部门应当会同国务院有关部门和中国残疾人联合会,根据残疾预防和残疾人康复工作需要,完善残疾预防和残疾人康复专业技术人员职业能力水平评价体系。

第三十条 省级以上人民政府及其有关部门应当积极支持辅助器具的研发、推广和应用。辅助器具研发、生产单位依法享受有关税收优惠政策。

第三十一条 各级人民政府和县级以上人民政府有关部门按照国家有关规定,保障残疾预防和残疾人康复工作人员的待遇。县级以上人民政府人力资源社会保障等部门应当在培训进修、表彰奖励等方面,对残疾预防和残疾人康复工作人员予以倾斜。

第五章 法律责任

第三十二条 地方各级人民政府和县级以上人民政府有关部门未依照本条例规定履行残疾预防和残疾人康复工作职责,或者滥用职权、玩忽职守、徇私舞弊的,依法对负有责任的领导人员和直接责任人员给予处分。

各级残疾人联合会有违反本条例规定的情形的,依法对负有责任的领导人员和直接责任人员给予处分。

第三十三条　医疗卫生机构、康复机构及其工作人员未依照本条例规定开展残疾预防和残疾人康复工作的,由有关主管部门按照各自职责分工责令改正,给予警告;情节严重的,责令暂停相关执业活动,依法对负有责任的领导人员和直接责任人员给予处分。

第三十四条　具有高度致残风险的用人单位未履行本条例第十五条规定的残疾预防义务,违反安全生产、职业病防治等法律、行政法规规定的,依照有关法律、行政法规的规定给予处罚;有关法律、行政法规没有规定的,由有关主管部门按照各自职责分工责令改正,给予警告;拒不改正的,责令停产停业整顿。用人单位还应当依法承担救治、保障等义务。

第三十五条　违反本条例规定,构成犯罪的,依法追究刑事责任;造成人身、财产损失的,依法承担赔偿责任。

第六章　附　　则

第三十六条　本条例自 2017 年 7 月 1 日起施行。

附录 2
关于加快推进康复医疗工作发展的意见

为贯彻落实党的十九届五中全会精神和实施健康中国、积极应对人口老龄化的国家战略，进一步加强康复医疗服务体系建设，加快推动康复医疗服务高质量发展，逐步满足群众多样化、差异化的康复医疗服务需求，2021年6月8日，国家卫生健康委、国家发展改革委、教育部、民政部、财政部、国家医保局、国家中医药管理局、中国残联制定《关于加快推进康复医疗工作发展的意见》。全文如下：

康复医疗工作是卫生健康事业的重要组成部分。加快推进康复医疗工作发展对全面推进健康中国建设、实施积极应对人口老龄化国家战略，保障和改善民生具有重要意义。为贯彻落实党中央、国务院重要决策部署，增加康复医疗服务供给，提高应对重大突发公共卫生事件的康复医疗服务能力，现就加快推进康复医疗工作发展提出以下意见。

一、总体要求和主要目标

（一）总体要求。全面贯彻落实党的十九届五中全会精神和实施健康中国、积极应对人口老龄化的国家战略，以人民健康为中心，以社会需求为导向，健全完善康复医疗服务体系，加强康复医疗专业队伍建设，提高康复医疗服务能力，推进康复医疗领域改革创新，推动康复医疗服务高质量发展。

（二）主要目标。力争到2022年，逐步建立一支数量合理、素质优良的康复医疗专业队伍，每10万人口康复医师达到6人、康复治疗师达到10人。到2025年，每10万人口康复医师达到8人、康复治疗师达到12人。康复医疗服务能力稳步提升，服务方式更加多元化，康复医疗服务领域不断拓展，人民群众享有全方位全周期的康复医疗服务。

二、健全完善康复医疗服务体系

（三）增加提供康复医疗服务的医疗机构和床位数量。各地卫生健康行政部门（含中医药主管部门，下同）要按照分级诊疗工作和医疗卫生服务体系规划要求，结合本地区康复医疗需求等，健全完善覆盖全人群和全生命周期的康复医疗服务体系。推动医疗资源丰富地区的部分一级、二级医院转型为康复医院。支持和引导社会力量举办规模化、连锁化的康复医疗中心，增加辖区内提供康复医疗服务的医疗机构数量。鼓励有条件的基层医疗机构根据需要设置和增加提供康复医疗服务的床位。

（四）加强康复医院和综合医院康复医学科建设。各地要按国家印发的康复医院、综合医院康复医学科和中医医院康复科的基本标准和建设管理规范等，加强软硬件建设。鼓励各地将增加康复医疗服务资源供给纳入"十四五"卫生健康服务体系建设，重点支持地市级康复医院、县级综合医院康复医学科建设。要科学统筹区域内公立医疗机构和社会办医资源，合理增加康复医院数量。原则上,每个省会城市、常住人口超过300万的地级市至少设置1所二级及以上康复医院;常住人口超过30万的县至少有1所县级公立医院设置康复医学科;常住人口30万以下的县至少有1所县级公立医院设置康复医学科门诊。

(五)加强县级医院和基层医疗机构康复医疗能力建设。结合国家加强县级医院综合服务能力建设的有关要求,鼓励各地结合实际将康复医疗服务作为补短板强弱项的重点领域予以加强,切实提升县级医院康复医疗服务水平。依托开展社区医院建设和持续提升基层医疗服务能力的工作平台,支持有条件的基层医疗机构开设康复医疗门诊,为群众提供便捷、专业的康复医疗服务。

(六)完善康复医疗服务网络。借助城市医疗集团、县域医共体、专科联盟、远程医疗等多种形式,建立不同医疗机构之间定位明确、分工协作、上下联动的康复医疗服务网络。医疗机构要按照分级诊疗要求,结合功能定位按需分类提供康复医疗服务。三级综合医院康复医学科、三级中医医院康复科和三级康复医院重点为急危重症和疑难复杂疾病患者提供康复医疗服务。公立三级医院要承担辖区内康复医疗学科建设、人才培训、技术支持、研究成果推广等任务,发挥帮扶和带动作用,鼓励社会力量举办的三级医院积极参与。二级综合医院康复医学科、二级中医医院康复科、二级康复医院、康复医疗中心、基层医疗机构等重点为诊断明确、病情稳定或者需要长期康复的患者提供康复医疗服务。以基层医疗机构为依托,鼓励积极开展社区和居家康复医疗服务。

三、加强康复医疗人才培养和队伍建设

(七)加强康复医疗人才教育培养。有条件的院校要积极设置康复治疗学和康复工程学等紧缺专业,并根据实际设置康复物理治疗学、康复作业治疗学、听力与言语康复学等专业,增加康复治疗专业人才培养供给,注重提升临床实践能力。鼓励在临床医学专业教育中加强医学生康复医学相关知识和能力的培养,普及康复医学专业知识。持续推进康复医学科住院医师规范化培训,探索开展康复医学科医师转岗培训,增加从事康复医疗工作的医师数量。

(八)强化康复医疗专业人员岗位培训。逐步建立以需求为导向,以岗位胜任力为核心的康复医疗专业人员培训机制。根据医疗机构功能定位和康复医疗临床需求,有计划、分层次地对医疗机构中正在从事和拟从事康复医疗工作的人员开展培训,提升康复医疗服务能力。加强对全体医务人员康复医疗基本知识的培训,增强康复医疗早介入、全过程的意识,将康复理念贯穿于疾病预防、诊疗、康复等全过程。

(九)加强突发应急状态下康复医疗队伍储备。各地要依托有条件、能力强的综合医院康复医学科、中医医院康复科和康复医院组建或储备康复医疗专家库,建立一支素质优良、专业过硬、调动及时的应对重大疫情、灾害等突发公共卫生事件康复医疗专业队伍,强化人员、物资储备和应急演练,切实提升突发应急状态下的康复医疗服务能力。

四、提高康复医疗服务能力

(十)完善康复医疗工作制度、服务指南和技术规范。结合康复医疗专业特点和临床需求发展,制(修)订完善医疗机构康复医疗工作制度、康复医疗服务指南和技术规范等,特别是重大疾病、新发传染性疾病的康复技术指南等,规范临床康复医疗服务行为,提高康复医疗服务的专业性和规范性,进一步增进医疗效果。

(十一)加强康复医疗能力建设。以提升康复医疗服务能力为核心,重点加强三级综合医

院康复医学科、三级中医医院康复科和三级康复医院的康复早期介入、多学科合作、疑难危重症患者康复医疗服务能力。根据不同人群的疾病特点和康复医疗服务迫切需求，积极推动神经康复、骨科康复、心肺康复、肿瘤康复、儿童康复、老年康复、疼痛康复、重症康复、中医康复、心理康复等康复医学亚专科建设，开展亚专科细化的康复评定、康复治疗、康复指导和康复随访等服务。

（十二）提高基层康复医疗能力。通过医联体、对口支援、远程培训等方式，发挥优质康复医疗资源辐射和带动作用，提高康复医疗中心和社区卫生服务中心、乡镇卫生院等基层医疗机构康复医疗服务能力和水平。鼓励医联体内有条件的二级以上医院通过建立康复医疗联合团队、一对一帮带、选派康复专家定期下沉基层医疗机构出诊、查房、培训等，帮扶基层医疗机构提升康复医疗能力。同时，要加强对全科医生、家庭医生签约团队的培训，提高其康复医疗服务能力。支持有条件的医疗机构与残疾人专业康复机构、儿童福利机构等加强合作，提高其康复水平。

（十三）提升中医康复服务能力。落实《关于印发中医药康复服务能力提升工程实施方案（2021—2025年）的通知》，充分发挥中医药在疾病康复中的重要作用。鼓励有条件的医疗机构积极提供中医药康复服务。加强中医药康复服务机构建设和管理，强化中医药康复专业人才培养和队伍建设，开展中医康复方案和技术规范研究，积极发展中医特色康复服务，增加基层中医康复服务供给，切实提升中医药康复服务能力和水平。

五、创新康复医疗服务模式

（十四）逐步推进康复与临床多学科合作模式。鼓励有条件的医疗机构创新开展康复医疗与外科、神经科、骨科、心血管、呼吸、重症、中医等临床相关学科紧密合作模式。以患者为中心，强化康复早期介入，推动加速康复外科，将康复贯穿于疾病诊疗全过程，提高医疗效果，促进患者快速康复和功能恢复。

（十五）积极发展社区和居家康复医疗。鼓励有条件的医疗机构通过"互联网＋"、家庭病床、上门巡诊等方式将机构内康复医疗服务延伸至社区和居家。支持基层医疗机构丰富和创新康复医疗服务模式，优先为失能或高龄老年人、慢性病患者、重度残疾人等有迫切康复医疗服务需求的人群提供居家康复医疗、日间康复训练、康复指导等服务。

（十六）推动康复医疗与康复辅助器具配置服务衔接融合。落实《关于加快发展康复辅助器具产业的若干意见》，推进康复医疗服务和康复辅助器具配置服务深度融合。医疗机构要按照有关要求，合理配置康复辅助器具适配设备设施，强化相关人员培训，建立康复医师、康复治疗师与康复辅助器具配置人员团队合作机制，提高专业技术和服务能力。

六、加大支持保障力度

（十七）统筹完善康复医疗服务价格和医保支付管理。将康复医疗服务价格纳入深化医疗服务价格改革中统筹考虑，做好相关项目价格的调整和优化工作。指导各地落实康复综合评定等29项医疗康复项目，加强医疗康复项目支付管理，切实保障群众基本康复医疗需求。

（十八）调动康复医疗专业人员积极性。医疗机构要建立完善康复医疗专业人员管理制度。健全以岗位职责履行、临床工作量、服务质量、行为规范、医疗质量安全、医德医风、患者满意度等为核心的绩效考核机制，将考核结果与康复医疗专业人员的岗位聘用、职称晋升、绩效分配、奖励评优等挂钩，做到多劳多得、优绩优酬，调动其积极性。

（十九）加强康复医疗信息化建设。要充分借助云计算、大数据、物联网、智慧医疗、移动互联网等信息化技术，大力推进康复医疗信息化建设，落实网络安全等级保护制度。借助信息化手段，创新发展康复医疗服务新模式、新业态、新技术，优化康复医疗服务流程，提高康复医疗服务效率。积极开展康复医疗领域的远程医疗、会诊、培训、技术指导等，惠及更多基层群众。

（二十）推动康复医疗相关产业发展。鼓励各地通过科技创新、产业转型、成果转化等方式，结合实际和特色优势，培育康复医疗相关产业。优先在老年人、残疾人、伤病患者及儿童等人群的康复医疗方面，推动医工结合。积极支持研发和创新一批高智能、高科技、高品质的康复辅助器具产品和康复治疗设备等，逐步满足人民群众健康需要。

七、组织实施

（二十一）加强组织领导。各有关部门要从全面推进健康中国建设、实施积极应对人口老龄化国家战略，增进人民群众健康福祉的高度，充分认识加快推进康复医疗工作发展的重要意义。切实加强组织领导，形成政策合力，完善支持配套政策。各省级卫生健康行政部门要会同有关部门在2021年10月底前制定并出台本地区加快发展康复医疗服务的具体实施方案。

（二十二）明确部门职责。各有关部门要明确职责分工，加强政策联动，合力推进康复医疗服务发展。各地卫生健康行政部门要按照要求合理规划布局区域内康复医疗资源，加强康复医疗专业人员培训和队伍建设，规范康复医疗行为，提高康复医疗服务能力，保障医疗质量和安全。教育部门要加强康复医疗相关专业人才教育培养。发展改革、财政部门要按规定落实政府投入政策。医疗保障部门要推进医保支付方式改革，完善医疗服务价格管理机制。民政部门要积极推动康复辅助器具产业发展。中医药主管部门要大力发展中医药特色康复服务。残联组织做好残疾儿童康复救助工作并配合做好残疾人康复医疗相关工作。

（二十三）强化指导评估。各地卫生健康行政部门要会同有关部门建立定期指导评估、重点工作跟踪机制，及时研究解决出现的困难和问题。注重总结经验，推广有益经验。鼓励各地探索将公立康复医院纳入公立医院综合绩效考核体系统筹要求，发挥绩效考核的激励作用，引导康复医院持续健康发展。

（二十四）加大宣传力度。各地要重视和加强康复医疗服务工作的宣传，加大医疗机构医务人员的康复医疗相关政策和业务培训，提升服务能力。要广泛宣传康复理念、康复知识和康复技术等，普及和提高群众对康复的认知和重视，在全社会营造推进康复医疗发展的良好氛围。

附录 3
"十四五"特殊教育发展提升行动计划

党中央、国务院高度重视残疾人教育,特别是党的十八大以来,国家组织实施了两期特殊教育提升计划,适龄残疾儿童少年接受义务教育的比例达到95%,残疾人受教育质量明显提升,社会参与程度显著提高,为"全面建成小康社会,残疾人一个不能少"目标如期实现提供了重要保障。

"十四五"时期,我国进入全面建设社会主义现代化国家新阶段。2022年1月,国务院办公厅转发教育部、国家发展改革委、民政部、财政部、人力资源社会保障部、国家卫生健康委和中国残联等七部门《"十四五"特殊教育发展提升行动计划》,明确了"十四五"时期特殊教育发展的总体目标、重点任务和实施要求。全文如下:

特殊教育主要是面向视力、听力、言语、肢体、智力、精神、多重残疾以及其他有特殊需要的儿童青少年提供的教育,是教育事业的重要组成部分,是建设高质量教育体系的重要内容,是衡量社会文明进步的重要标志。党中央、国务院高度重视特殊教育,党的十八大以来,国家组织实施了两期特殊教育提升计划,特殊教育普及水平、保障条件和教育质量得到显著提升,但还存在发展不平衡不充分等问题,仍是教育领域的薄弱环节。为认真贯彻党中央、国务院决策部署,推动特殊教育高质量发展,特制定本计划。

一、总体要求

(一)指导思想。以习近平新时代中国特色社会主义思想为指导,深入贯彻落实党的十九大和十九届历次全会精神,全面贯彻党的教育方针,落实立德树人根本任务,遵循特殊教育规律,以适宜融合为目标,按照拓展学段服务、推进融合教育、提升支撑能力的基本思路,加快健全特殊教育体系,不断完善特殊教育保障机制,全面提高特殊教育质量,促进残疾儿童青少年自尊、自信、自强、自立,实现最大限度的发展,切实增强残疾儿童青少年家庭福祉,努力使残疾儿童青少年成长为国家有用之才。

(二)基本原则。

——坚持政府主导、特教特办。落实政府主体责任,加强特殊教育统筹规划和条件保障,加大政策、资金、项目向特殊教育倾斜力度,在普惠政策基础上给予特别扶持,补齐发展短板。

——坚持精准施策、分类推进。根据不同地区经济发展、人口分布等情况,因地制宜,合理布局,统筹推进区域内特殊教育改革发展。针对不同类别、不同程度、不同年龄残疾儿童青少年的需要,科学评估、合理安置、分类施教。

——坚持促进公平、实现共享。切实保障残疾儿童青少年平等接受教育的权利,做到有教无类,促进他们共享发展成果,让每一名残疾儿童青少年都有人生出彩机会。

——坚持尊重差异、多元融合。尊重残疾儿童青少年身心发展特点和个体差异,做到因材施教,实现适宜发展,让残疾儿童青少年和普通儿童青少年在融合环境中相互理解尊重、共同成长进步。

(三)主要目标。到2025年,高质量的特殊教育体系初步建立。

——普及程度显著提高,适龄残疾儿童义务教育入学率达到97%,非义务教育阶段残疾儿童青少年入学机会明显增加。

——教育质量全面提升,课程教材体系进一步完善,教育模式更加多样,课程教学改革不断深化,特殊教育质量评价制度基本建立。融合教育全面推进,普通教育、职业教育、医疗康复、信息技术与特殊教育进一步深度融合。

——保障机制进一步完善,继续对家庭经济困难残疾学生实行高中阶段免费教育,确保家庭经济困难残疾学生优先获得资助,逐步提高特殊教育经费保障水平。教师队伍建设进一步加强,数量充足,结构合理,专业水平进一步提升,待遇保障进一步提高。

二、拓展学段服务,加快健全特殊教育体系

(四)持续提高残疾儿童义务教育普及水平。以县级为单位健全残疾儿童招生入学联动工作机制,依据有关标准对残疾儿童身体状况、接受教育和适应学校学习生活能力进行全面规范评估,适宜安置每一名残疾儿童。压实义务教育阶段普通学校接收残疾儿童随班就读工作责任,建立健全学校随班就读工作长效机制,确保适龄残疾儿童应随尽随、就近就便优先入学。加强特殊教育学校建设,鼓励20万人口以上的县(市、区、旗)办好一所达到标准的特殊教育学校。残疾儿童较多且现有特殊教育学校学位不足的县(市、区、旗),要根据需要合理规划布局,满足残疾儿童入学需求。20万人口以下的县(市、区、旗)要因地制宜合理配置特殊教育资源,鼓励在九年一贯制学校或寄宿制学校设立特教班。针对孤独症儿童教育基础相对薄弱的实际,要合理布局孤独症儿童特殊教育学校,鼓励省会城市、计划单列市及较大城市建设孤独症儿童特殊教育学校。保障儿童福利机构内具备接受教育能力的适龄残疾儿童接受中小学教育并纳入学籍管理,推动特殊教育学校在本地儿童福利机构设立特教班。健全送教上门制度,推动各省(自治区、直辖市)完善送教上门服务标准,科学认定服务对象,规范送教上门形式和内容,加强送教服务过程管理,提高送教服务工作质量,能够入校就读的残疾儿童不纳入送教上门范围。

(五)大力发展非义务教育阶段特殊教育。积极发展学前特殊教育,鼓励普通幼儿园接收具有接受普通教育能力的残疾儿童就近入园随班就读,推动特殊教育学校和有条件的儿童福利机构、残疾儿童康复机构普遍增设学前部或附设幼儿园,鼓励设置专门招收残疾儿童的特殊教育幼儿园(班),尽早为残疾儿童提供适宜的保育、教育、康复、干预服务。着力发展以职业教育为主的高中阶段特殊教育,支持普通中等职业学校和普通高中接收残疾学生随班就读。推动特殊教育学校增设职教部(班),鼓励普通中等职业学校增设特教部(班),到2025年实现每个市(地、州、盟)和有条件的县(市、区、旗)都有一个残疾人中等职教部(班),在每个省(自治区、直辖市)至少办好一所残疾人中等职业学校和盲、聋高中(部)。鼓励有条件的地区建立从幼儿园到高中全学段衔接的十五年一贯制特殊教育学校。稳步发展高等特殊教育,加强高校特殊教育学院建设,增设适合残疾学生就读的相关专业,完善残疾学生就读普通高校措施。支持普通高校、开放大学、成人高校等面向残疾人开展继续教育,畅通和完善残疾人终身学习通道。

三、推进融合教育,全面提高特殊教育质量

(六)加强普通教育和特殊教育融合。探索适应残疾儿童和普通儿童共同成长的融合教育模式,推动特殊教育学校和普通学校结对帮扶共建、集团化融合办学,创设融合教育环境,推动残疾儿童和普通儿童融合。加强校际资源共享与整合,发挥不同学校优势,推进残疾学生信息上报、教育评估、转衔安置和个别化支持等工作规范及时、科学专业。研究制定义务教育阶段融合教育教学指南,修订特殊教育学校义务教育课程设置实验方案和课程标准。到2023年完成特殊教育学校义务教育各学科课程教材编写,审定通过后的教材列入中小学教学用书目录。开展融合教育示范区示范校创建和优秀教育教学案例遴选,持续推进特殊教育改革实验区综合改革,积极开展特殊教育教师教学基本功展示交流活动。完善特殊教育办学质量评价指标体系。积极探索科学适宜的孤独症儿童培养方式,研究制定孤独症儿童教育指南,逐步建立助教陪读制度,为孤独症儿童更好融入普通学校学习生活提供支持。加大力度推广使用国家通用手语和国家通用盲文。

(七)推动职业教育和特殊教育融合。支持特殊教育学校职教部(班)和职业学校特教部(班)开设适应残疾学生学习特点和市场需求的专业,积极探索设置面向智力残疾、多重残疾和孤独症等残疾学生的专业,同步促进残疾人的康复与职业技能提升,让残疾学生有一技之长,为将来就业创业奠定基础。探索开展面向残疾学生的"学历证书+若干职业技能等级证书"制度试点,将证书培训内容有机融入专业培养方案,优化课程设置和教学内容,提高残疾学生培养的灵活性、适应性、针对性。支持各种职业教育培训机构加强残疾学生职业技能培训,积极开展残疾学生生涯规划和就业指导,切实做好残疾学生教育与就业衔接工作。对面向残疾学生开放的职业教育实习实训基地提供支持。

(八)促进医疗康复、信息技术与特殊教育融合。教育、卫生健康、民政、残联等部门和单位协同推进,加强医疗机构、妇幼保健机构、儿童福利机构、康复机构与学校合作,提高残疾学生评估鉴定、入学安置、教育教学、康复训练的针对性和有效性。实施辅助器具进校园工程,优先为义务教育阶段残疾儿童科学提供辅助器具适配及服务。鼓励有条件的地方充分应用互联网、云计算、大数据、虚拟现实和人工智能等新技术,推进特殊教育智慧校园、智慧课堂建设。推动残疾儿童青少年相关数据互通共享。开发特殊教育数字化课程教学资源,扩大优质资源覆盖面。

四、提升支撑能力,不断完善特殊教育保障机制

(九)改善特殊教育办学条件。支持特殊教育学校和普通学校资源教室配备满足残疾学生需求的教育教学、康复训练等仪器设备和图书。加强学校无障碍设施设备建设配备,为残疾学生在校学习生活提供无障碍支持服务。大力推进国家、省、市、县、校五级特殊教育资源中心建设。依托高校和科研机构建设若干个国家级特殊教育资源中心,依托现有特殊教育资源加快建设省、市、县级特殊教育资源中心,鼓励依托设在乡镇(街道)的小学和初中因地制宜建设特殊教育资源中心,逐步实现各级特殊教育资源中心全覆盖。

(十)巩固完善特殊教育经费投入机制。落实并提高义务教育阶段特殊教育学校和随班就读残疾学生生均公用经费补助标准,到2025年将义务教育阶段特殊教育生均公用经费补助标准提高至每生每年7 000元以上,有条件的地区可适当提高补助水平;各地应落实学前、高中阶段生均拨款政策,继续向特殊教育倾斜。地方财政可设立特殊教育专项补助经费,加强特

殊教育基础能力建设。进一步优化完善残疾学生特殊学习用品、干预训练及送教上门教师交通费补助等政策。中央财政特殊教育补助资金重点支持中西部地区特殊教育学校改善办学条件、向重度残疾儿童接受义务教育提供送教上门服务等。落实学生资助政策，确保家庭经济困难残疾学生优先获得资助。鼓励和引导社会力量兴办特殊教育学校，支持符合条件的非营利性社会福利机构向残疾人提供特殊教育，强化民办特殊教育规范管理，确保特殊教育公益属性。积极鼓励企事业单位、社会组织、公民个人捐资助学。

（十一）加强特殊教育教师队伍建设。适当扩大普通高校特殊教育专业招生规模，根据实际需求，优化公费师范生招生结构，倾斜支持特殊教育公费师范生培养；注重培养适应特殊教育需要、具有职业教育能力的特殊教育师资；加大特殊教育专业硕士、博士培养力度。推动师范类专业开设特殊教育课程内容，列为必修课并提高比例，纳入师范专业认证指标体系，落实教师资格考试中含有特殊教育相关内容要求。组织开展特殊教育学校和随班就读普通学校的校长、教师全员培训，将融合教育纳入普通学校教师继续教育必修内容。认真落实特殊教育教师津贴标准，保障特殊教育教师待遇，吸引优秀人才从事特殊教育事业。普通学校（幼儿园）在绩效工资分配中对直接承担残疾学生教育教学工作的教师给予适当倾斜。县级以上教研机构应配足配齐特殊教育教研员。教师职称评聘和表彰奖励向特殊教育教师倾斜。将儿童福利机构、残疾儿童康复机构等机构中依法取得相应教师资格的特殊教育教师，纳入特殊教育教师培训、职称评聘、表彰奖励范围，并按规定享受相关待遇、津贴补贴等。

五、组织实施

（十二）加强组织领导。加强党对特殊教育工作的全面领导，地方各级人民政府要提高政治站位，坚持人民立场，将办好特殊教育纳入重要议事日程，坚持特教特办、重点扶持，统筹安排资金，有效配置资源，确保各项目标任务落到实处。

（十三）健全工作机制。完善多方协调联动的特殊教育推进机制，明确教育、发展改革、民政、财政、人力资源社会保障、卫生健康、残联等部门和单位的职责，形成工作合力。加强省级、市级统筹，落实县级主体责任，加大对欠发达地区和特殊教育薄弱地区的支持力度。建立健全学校与科研、医疗、康复等机构协同的专业支撑工作机制，在全社会营造关心支持特殊教育改革发展的良好氛围。

（十四）强化督导评估。在省级人民政府履行教育职责督导评价和义务教育优质均衡发展督导评估认定中，将特殊教育改革发展情况作为重要内容。各地教育督导部门和责任督学要将特殊教育纳入督导范围。省级人民政府要加强对特殊教育发展提升行动计划实施情况的指导与督查，将落实情况纳入市县两级政府绩效考核，建立激励与问责机制，确保特殊教育发展提升行动计划有效实施。

后 记

2013年，华东师范大学新建教育康复学专业，参照教育学专业课程体系中的"教育管理"课程，我们系设定一门"教育康复管理"选修课程，系主任杜晓新教授让我来上这门新课，我应承下来就开始备课，找来《教育管理》《特殊教育管理》等教科书做参考，发现与我们的专业要求不太符合，因为我们培养的教育康复学专业毕业生不仅会去特殊教育学校担任专职教师，还会去康复机构、公益组织和康复技术公司就职，或者直接去创业，学生们应该有更大的舞台，于是就重新编制课程大纲，以创业计划书为基础备课整理资料。

从2013年讲授"教育康复管理"课程到2023年本书正式出版，历经10年时间，其间课程更名为"康复管理与创新创业教育"。首先应该感谢我们教育康复学专业历届同学，在课程讲授过程中，同学们讨论康复行业遇到的各类现实问题形成许多调研分析报告，我也收集了大量资料，使得本书内容日臻完备；同学们撰写创业计划书参加各类创业比赛，并取得很好的战绩，我们也有了很好的创业计划书案例；更有意思的是，在学校周边我们专业的毕业生开始创立康复机构和康复产品研发公司，我们有了更多的创业实践基地。还要感谢华东师范大学精品教材建设专项基金资助，我们才有可能将这些资料集中在一起编辑成册，《教育康复创业管理与实践》得以出版。

我也循着大学生创业计划书的技术思路，率领课题团队开始进行"基于机器人技术的孤独症儿童社交障碍干预系统"项目研究，期间先后获得教育部人文基金、上海市自然科学基金和华东师范大学"幸福之花"先导研究基金资助，与上海徐汇区博爱儿童康健园等机构合作建立课题实验基地，开发"华智启星"孤独症评估训练全系列软件，也算是课程教学之外的收获，是教学和科研相互促进的一个典型案例。

在本课程开设期间，也有老师对这门课程提出异议，认为教育康复人才本来就供不应求，没有必要再鼓励学生创业。其实不然，我们可以从印度大学课程设置上看，不论什么专业都会选修MBA管理课程，结果就是在硅谷，发现在谷歌、微软、脸书等大公司有许多位印度裔IT高管，我们坚信更为宏观的视野和更为理性的分析能力可以为学生赢得更为美好的前景。

以上这些是我们坚持在高校教育康复相关专业继续讲授商业管理课程的理由；同时也迫切地希望尽快完成本书的编辑和出版，最后非常感谢上海大学出版社大力支持，使本书得以顺利出版。

2023年5月20日
陈东帆
chendongfan@smmail.cn